Already got a compliment today?

# Sprachen und Sprachenlernen

Herausgegeben von
Heinrich P. Kelz

Sprachlernzentrum der
Universität Bonn

Band 322

Daniela Christina Werthwein

# Already got a compliment today?

## Wie Australier und Deutsche verbal auf Komplimente reagieren

*Inauguraldissertation zur Erlangung der*
*Doktorwürde der Philosophischen Fakultät der*
*Rheinischen Friedrich-Wilhelms-Universität Bonn*

Asgard-Verlag St. Augustin 2009

Gedruckt mit der Genehmigung der Philosophischen Fakultät
der Rheinischen Friedrich-Wilhelms-Universität Bonn.

**Bibliografische Information der Deutschen Bibliothek**

Die Deutsche Bibliothek verzeichnet diese Publikation in der
Deutschen Nationalbibliografie; detaillierte bibliografische Daten
sind im Internet über `http://dnb.ddb.de` abrufbar.

Asgard-Verlag im Internet:
**asgard.de**

ISBN 978-3-537-**83202**-3

© 2009 Asgard-Verlag Dr. Werner Hippe GmbH
Einsteinstraße 10, 53757 Sankt Augustin
Alle Rechte vorbehalten
LaTeX-Satz: Kay Weyel, Bonn
Druck und Verarbeitung: Druckerei Martin Roesberg,
Zur Degensmühle 3, 53347 Alfter - Impekoven

**Printed in Germany**

# Vorwort

Die vorliegende, für den Druck gekürzte Arbeit wurde in den Jahren 2003–2007 für die Abteilung Sprachlernforschung/Sprachlernzentrum des Instituts für Kommunikationswissenschaften an der Rheinischen Friedrich-Wilhelms-Universität Bonn unter der Obhut von Herrn Prof. Dr. Heinrich P. Kelz angefertigt.

Ihm möchte ich an dieser Stelle ganz besonders danken für seine hervorragende fachliche Betreuung bei der Fertigstellung meiner Promotion sowie seine Unterstützung nicht zuletzt bei der Kontaktherstellung zu meinen lokalen Betreuern Herrn Prof. Dr. Michael Clyne und Herrn Prof. Dr. Carsten Roever sowie bei der Organisation meines Forschungsaufenthaltes zur Datenerhebung an der *University of Melbourne* in Australien.

Dem DAAD, durch dessen Förderung die Datenerhebung im Rahmen meines Forschungsaufenthaltes in Australien in Form eines Doktorandenstipendiums ermöglicht wurde, möchte ich an dieser Stelle ebenfalls meinen Dank aussprechen.

Ganz herzlich möchte ich mich bei der *Melbourne Research* and *Innovation Office* und dem *Arts and Education Human Ethics Subcommittee* der *University of Melbourne* bedanken, die durch ihre Genehmigung der Durchführung meines Projekts in Melbourne erst die Datenerhebung in Australien ermöglicht haben, und insbesondere auch bei Michael Clyne und Carsten Roever für ihre ausgezeichnete Betreuung und die Bereitstellung eines Arbeitsplatzes während meines Forschungsaufenthaltes an der *University of Melbourne*.

Herzlicher Dank gebührt in diesem Zusammenhang auch den Instituten *German & Swedish Studies, French, Italian & Spanish Studies, Department of Linguistics and Applied Linguistics* sowie dem RUMACCC (*Research Unit for Multilingualism and Cross-Cultural Communication*) und allen während meines Forschungsaufenthaltes 2004 anwesenden Mitarbeitern für ihre Unterstützung bei der Kontaktaufnahme zu Teilnehmern oder Teilnahme an den Interviewgesprächen.

Ich möchte auch den 60 Teilnehmern einen herzlichen Dank aussprechen, die sich bereitwillig für die Datenerhebung zur Verfügung gestellt und sich Zeit genommen haben für die Interviewgespräche mitsamt Vor- und Nachbesprechungen.

Darüber hinaus bedanke ich mich sehr herzlich bei Frau Dr. Eva van Leewen für ihre fachlichen Ratschläge und ihre konstruktive Kritik, bei Kay Weyel für die Hilfe bei der Erstellung der Druckvorlagen, bei Michael Spatz für die technische

Unterstützung, bei allen weiteren an der Korrektur dieser Promotion Beteiligten und bei denen, die mich kennen und mich in dieser langen Zeit begleitet, immer wieder motiviert und mir tatkräftig zur Seite gestanden haben.

Schließlich möchte ich meinen Eltern und meinem Bruder für ihre liebevolle und geduldige Unterstützung, ihre kreativen Denkanstöße und Ratschläge sowie ihre unermüdliche, tatkräftige Präsenz während meiner Promotionszeit danken und meinen Eltern besonders auch dafür, dass sie mir meine Ausbildung, damit auch diese Arbeit und überhaupt erst diesen Lebensweg ermöglicht haben.

You are all real go-getters!

# Inhaltsverzeichnis

# Einleitung

„Already got a compliment today?" lautete die Frage meines australischen Besuchs in Deutschland, der von meiner auf Fragebögen basierenden Forschungstätigkeit zu Komplimenterwiderungen im australischen Englisch im Rahmen meiner Staatsexamensarbeit wusste und diese in Australien mitverfolgt hatte. Ich erwiderte: „Well, yes and no. It's always in the eye of the beholder I suppose." Es war zunächst die Unsicherheit hinsichtlich folgender Überlegung, die mich stutzig werden ließ: wie definierte wohl meine australische Freundin im Vergleich zu mir Komplimentreaktionen und wie vermochte sie im persönlichen Gespräch spontan auf Komplimente zu antworten. Diese Gedanken veranlassten mich zur Auseinandersetzung mit der Frage, wie Australier ganz allgemein im Vergleich zu Deutschen in quasi-natürlichen Gesprächssituationen verbal auf Komplimente reagieren.

Als eine weitere Herausforderung, mich mit diesem Thema im Rahmen einer Dissertation zu beschäftigen, erwies sich darüber hinaus während der Literaturrecherche meine Erkenntnis, dass es noch keine Studie zu geben schien, die sich vergleichend mit Komplimenterwiderungen im australischen Englisch und Deutschen befasst hatte. Folglich entwickelte sich aus dieser Motivation heraus die in dieser Arbeit dargestellte kontrastive Studie. Die Ergebnisse meiner Untersuchung offenbaren sowohl Gemeinsamkeiten als auch Unterschiede — Abweichungen lassen sich insbesondere in der präferentiellen Verteilung erkennen — und deuten somit auf ein bedeutsames Potential hin in Bezug auf die Auslösung interkultureller, die Beziehung belastender Missverständnisse und Divergenzen zwischen Australiern und Deutschen in der Verständigung hinsichtlich dieses Sprechaktes.

Da es sich bei dieser Arbeit um ein Einzelprojekt handelt, kann in dieser Studie aufgrund des Umfangs des Datenmaterials und der notwendigen Einschränkungen kein Anspruch auf Vollständigkeit erhoben werden, sondern ausschließlich ein dezidierter Einblick und gleichzeitig Gelegenheit zur Sensibilisierung gegeben werden.

Dies betrifft im Einzelnen insbesondere die Detailanalysen des australischen und deutschen Korpus, bei denen davon auszugehen ist, dass die in der jeweiligen Analyse herausgegriffenen Mittel nicht die einzigen Regulierungsfaktoren darstellen, sondern lediglich einen Ausschnitt der diversen, miteinander in Wechselwirkung stehenden und auf Inhalt und Struktur der einzelnen Erwiderungsstrategien einwirkenden Elemente und Einheiten bilden.

# Kapitel 1

# Konkretes Forschungsanliegen

Institutsleiterin zu Mitarbeiterin:
„Das ist aber eine schöne Kette!"
„Oh, dankeschön."

Komplimente und Komplimenterwiderungen wie diese sind in vielen Sprach- und Kulturgemeinschaften existent, dies beweist nicht zuletzt die weltweit zu verzeichnende Vielzahl von Etikettebüchern und Ratgeberliteratur, die das oben erwähnte Komplimentverhalten als idealtypisch deklarieren. Komplimente und ihre Erwiderungen zählen zu einer großen Gruppe von Alltagsroutinen, die mündlich spontan, direkt und knapp ausfallen können, dialogisch eingebettet sind und mindestens zwei Akteure (Sprecher und Empfänger) voraussetzen. Man äußert sie in Mutter- und/oder Fremdsprache, ohne sich genau bewusst zu machen, wie, wann, wo und warum man sie mit welchen Mitteln realisiert und wie man je nach Kontext, Situation und weiteren Einfluss nehmenden Faktoren angemessen darauf reagiert. Es scheint zum natürlichen Sozialisationsprozess des Menschen zu gehören, dass die jeweiligen, z. B. auch das Komplimentverhalten regelnden Bedingungen in den jeweils als adäquat empfundenen Interaktionssituationen aktiviert und sofort intuitiv abgerufen werden können. Sowohl die Bewusstmachung als auch der Rekonstruktionsprozess solcher zuvor verwendeten Alltagsmuster erfolgt in der Regel immer nur dann, wenn es zu einem subjektiv als unangemessen empfundenen oder nicht den Erwartungen entsprechenden Verhalten des Gesprächspartners kommt, d. h. zur Verletzung oder Nichtbeachtung konventionell oder individuell determinierter Ansprüche und Erwartungen. Dies passiert sowohl innerhalb derselben Sprach- und Kulturgemeinschaft als auch in verschiedenen Kulturräumen aufgrund z. B. soziokulturell divergierender Verhaltens- und Ausdrucksmuster.

In den letzten Jahrzehnten ist besonders der Aspekt interkultureller Differenzen im alltäglichen Sprachverhalten — u. a. Komplimentverhalten — aufgrund potentieller, soziale Beziehungen sowie das Vertrauensverhältnis belastender und den höflichen Umgang miteinander beeinträchtigender Gefahren (z. B. durch Missverständnisse, Abbruch, Fehlinterpretationen und dadurch Stereotypisierung im Verlaufe des Kommunikationsprozesses) in den Blick des Forschungsinteresses gerückt. Dabei konzentrieren sich sowohl Einzel- als auch Kontrastivuntersuchungen im Bereich der Höflichkeitsforschung oder der im Rahmen dieser erst seit Ende der 70er Jahre betriebenen Komplimentforschung besonders auf den amerikanischen, asiatischen und im Verhältnis dazu seltener auf den afrikanischen, europäischen und australisch-neuseeländischen Kulturraum.

Während es verhältnismäßig wenige Studien zu Komplimenten und Kompliment-erwiderungen im Deutschen (Schneider 2000; Nixdorf 2002; Golato 2002, 2005; Mulo Farenkia 2004; 2006) und nur eine zu Komplimenten im australischen Englisch (Cordella et al. 1995) gibt, existiert meines Wissens bis dato weder eine veröffentlich-te Studie zu Komplimenterwiderungen im australischen Englisch — mit Ausnahme der Pilotstudie, die ich im Rahmen meiner Staatsexamensarbeit (Werthwein 2002) selbst durchgeführt habe — noch eine kontrastive Untersuchung, wie die im Rah-men dieser Arbeit Durchgeführte, speziell zu Komplimenterwiderungen im australi-schen Englisch und Deutschen.

Ziel dieser Arbeit wird es daher sein, anhand von vor Ort aufgezeichneten offe-nen Interviewgesprächen, die als Datenkorpus bis jetzt lediglich in ähnlichem For-mat in einer Studie zu Komplimenterwiderungen im amerikanischen Englisch (Nel-son/Al-Batal/Echols 1996) Verwendung gefunden haben, darzustellen, wie Australier und Deutsche verbal auf relativ spontan integrierte Komplimente in quasi-natürli-chen und nicht thematisch gesteuerten *small talk*-Interviewgesprächen reagieren.

Die Wahl dieses Themas liegt dabei in der Absicht begründet, sich mit folgenden Aspekten zu beschäftigen:

- In Komplimentsequenzanalysen wird die Komplimenterwiderung als sekun-därer Akt im Gegensatz zu den bereits ausgiebig bearbeiteten Komplimenten als primäre Akte oft nur am Rande, d. h. der Vollständigkeit halber, kategori-siert, jedoch selten linguistisch umfassend analysiert — und dies, obwohl gera-de an dieser Stelle das ganze Potential konventioneller, individueller, soziokul-tureller, Werte enthaltender verbaler und nonverbaler Unterschiede gebündelt auftritt und zu Differenzen im Verständigungsprozess führen kann. Mit die-ser auf einer erweiterten Sprechakttheorie basierenden, ausgewählte illokuti-onsindizierende Mittel verschiedener linguistischer Beschreibungsebenen und soziokulturelle Faktoren integrierenden kontrastiven Studie speziell zum Re-aktionsverhalten auf Komplimente im australischen Englisch und Deutschen möchte ich herausfinden, ob diese Randposition aufgrund des herausgearbei-teten Potentials an Unterschieden im Reaktionsverhalten beider Sprachge-meinschaften gerechtfertigt ist.

- Die Erkenntnisse und Erfahrungen aus der vorangegangenen Pilotstudie zu Komplimenterwiderungen im australischen Englisch in der Staatsexamensar-beit, deren Ergebnisse sowohl Verhaltensparallelen als auch -unterschiede mit dem Deutschen aufgedeckt haben und deren verwendete schriftliche Datenerhebungsmethode (Diskursergänzung und *Multiple-Choice*-Test) im Hinblick auf die Analyseergebnisse an ihre Grenzen gestoßen ist, haben mich neugierig gemacht und zur Wahl dieses Themas auf der Grundlage einer mündlichen Datenerhebungsmethode veranlasst.

• Auch wenn insbesondere Vertreter der Konversationsanalyse dafür plädieren, die als Nachbarschaftspaar (*adjacency pair*) bezeichneten Sprechakte[1] wie z. B. Komplimente und ihre Erwiderungen aufgrund umfassenderer Analysemöglichkeiten nicht getrennt voneinander zu analysieren, sondern als eine zusammengehörige Sequenz in ihrem jeweiligen situativen Kontext zu betrachten, erscheint es mir in dieser Arbeit sinnvoll, mich zwecks mangelnden Vergleichsmaterials insbesondere zum australischen Englisch zunächst auf die sekundäre, sequenzabhängige Sprechhandlung der Komplimenterwiderung zu konzentrieren. Ich werde dabei, sofern erforderlich, zur Schaffung eines umfassenden Gesamtbildes den Bezug zur vorangegangenen Komplimenthandlung herstellen und eine situative und kontextuelle Einbettung der gesamten Sprechaktsequenz vornehmen.

Vor dem Hintergrund dieser Überlegungen soll die empirische Studie in einer jeweiligen Einzeluntersuchung mit anschließendem kontrastiven Vergleich aus dem gesammelten Datenmaterial Antworten auf folgende Fragen liefern:

1. Welche kommunikativ-pragmatische(n) Funktion(en) kommt/kommen australischen und deutschen Komplimenterwiderungen im geäußerten Kontext zu, wie sind sie allgemein und quantitativ hinsichtlich ihrer Präferenzen zu klassifizieren und thematisch einzuordnen?

2. Wie linguistisch differenziert, d. h. welcher illokutionsindizierender syntaktischer, lexikalischer und prosodischer Mittel wird sich in den Komplimenterwiderungen im jeweiligen Kontext bedient, und welche Funktion übernehmen sie im Hinblick auf die kommunikativ-pragmatische(n) Funktion(en) im jeweiligen Kontext? Werden Komplimenterwiderungen ebenso floskelhaft geäußert, wie dies bei Komplimenten konstatiert wird?

3. Inwiefern und in welchem Maße beeinflussen soziokulturelle Faktoren wie z. B. Geschlecht, Alter, Status oder Beziehungsgrad die Formulierung der entsprechenden Komplimenterwiderungen? Gibt es noch andere Faktoren, die auf die Äußerung des Sprechhandlungsmusters der Komplimenterwiderung einwirken?

4. Wo oder an welchen Stellen können im kontrastiven Vergleich beider Kulturen Gemeinsamkeiten und Unterschiede festgestellt werden sowie potentielle Interpretations- oder Verständigungsschwierigkeiten auftreten?

---

[1] Die Begriffe Sprechakte und Sprechhandlungen werden in dieser Arbeit als gleichbedeutende Übersetzung für den englischen Originalbegriff *speech act* verwendet.

Darüber hinaus stellen folgende theoretische Grundüberlegungen den Ausgangspunkt für die Analyse des empirischen Datenmaterials zur Beantwortung der genannten Fragen dar:

Im Sinne Austins gehe ich prinzipiell von der Annahme aus, dass Sprache auch gleichzeitig Handeln impliziert, d. h., dass wir mit dem, was wir äußern, auch über die reine Informationsvermittlung hinaus etwas beim Gegenüber bewirken oder erreichen wollen. Die Auswahl sprachlicher Formulierungen wird dabei von pragmatischen Faktoren determiniert.

Diese differenzierte Sichtweise zur Sprachfunktion, die sowohl die Erforschung sprachlicher Höflichkeit als auch in ihrem Rahmen diejenige von Komplimenthandlungen erst ermöglicht, geht davon aus, dass Sprache mehr als nur eine Funktion zukommt und somit auch Höflichkeit, Komplimente und deren Erwiderungen ebenso verschiedene Funktionen übernehmen können. Dies erschwert entsprechend sowohl eine genaue Beschreibung als auch die eindeutige Zuordnung, denn innerhalb des immer noch theoretisch wenig einheitlichen Rahmens stehen u. a. Sprechakttheorie, erweiterte Sprechakttheorie, Dialoganalyse und Konversationsanalyse ebenso gleichberechtigt nebeneinander wie zahlreiche Höflichkeitskonzepte und in verschiedene linguistische Beschreibungsebenen reichende Grammatik- und Prosodiemodelle.

Dem in dieser konzeptionellen Vielfalt begründeten Mangel einer einheitlichen theoretischen Grundlage in den zuvor genannten Bereichen wird diese Arbeit aufgrund ihrer Thematik keine Abhilfe schaffen können. Daher wird die Auseinandersetzung mit ausgewählten pragmatischen, sprechakt- und höflichkeitstheoretischen Ansätzen auf einen Seite und sprachsystematischen Beschreibungsmodellen der in den jeweiligen Kapiteln behandelten syntaktischen, lexikalischen und prosodischen Mittel auf der anderen Seite in dieser Arbeit lediglich eine Randposition einnehmen. Sie dient somit ausschließlich als Ausgangspunkt und Bezugsrahmen im Hinblick auf eine theoretische Einbettung des zentralen Themas „Komplimenterwiderungen" im Rahmen der Analyse.

Die Darstellung der verschiedenen Forschungsansätze, Theorien und Konzepte in den jeweiligen Bereichen und Kapiteln erhebt infolgedessen keinen Anspruch auf Vollständigkeit, sondern liefert vielmehr einen Definitionsrahmen.

Die Arbeit wird sich aus diesem Grund facettenhaft aus verschiedenen Blickwinkeln dem zentralen Thema nähern, sich auf eine formale, detaillierte linguistische Realisierung sowie interpersonale Aspekte konzentrieren, d. h. Fragestellungen und ungelöste Problemfelder innerhalb des repräsentierten theoretischen Rahmens zwar ansprechen, aber nicht abschließend beantworten oder lösen können.

Bezüglich der verwendeten Terminologie in den einzelnen Disziplinen, die sich in der Literatur in den seltensten Fällen einheitlich darstellt, werde ich zum einen zur besseren Lesbarkeit und zum anderen wegen des sowohl wissenschaftlichen als auch alltagsrelevanten Themas (Alltagskonversation) neben fachsprachlichen Termini absichtlich allgemeinsprachliche Begriffe verwenden. Aufgrund der Tatsache, dass sich die englischsprachige Terminologie weitgehend durchgesetzt hat und es nicht Ziel dieser Arbeit sein soll, durch Einführung neuer Termini zusätzliche Verwirrung in den ohnehin bereits unübersichtlichen Terminologiegebrauch zu bringen, werden englische Termini wie z. B. *face* als Termini technici verwendet und entsprechend den Regeln für die Verwendung fremdsprachlicher Termini in wissenschaftlichen Arbeiten kursiv dargestellt.

Insbesondere im Bereich der Höflichkeitsforschung gibt es neben einer traditionellen auch eine neuere angloamerikanische Höflichkeitsforschung, die auf der Grundlage sprechakttheoretischer Ansätze von der Vorstellung des zweckgebundenen höflichen Handelns ausgeht. Bei dieser Betrachtungsweise ist zu berücksichtigen, dass sowohl zweckgerichtete, ein kommunikatives Ziel verfolgende höfliche Handlungen als auch unbewusste, nur teilweise zweckgerichtete Reflexhandlungen stets in eine soziale Situation und einen Kontext eingebettet sind und dadurch innerhalb ihres jeweiligen soziokulturellen und kontextuellen Rahmens immer eine entsprechende Wirkung erzeugen, d.h. zum Erreichen eines kommunikativen Ziels beitragen.

In diesem Zusammenhang bleibt anzumerken, dass innerhalb der Komplimentforschung als Spross der Höflichkeitsforschung sowohl Höflichkeit als auch Komplimente und ihre Erwiderungen als komplexe Verhaltensmuster menschlicher Kommunikation erst ansatzweise erforscht sind. Aus diesem Grunde existiert weder für Konzepte von Höflichkeit noch von Komplimentsprechhandlungen bislang eine einheitliche zufriedenstellende Definition, so dass sie sich in kein zu formalisiertes Korsett zwängen lassen. Eine allgemeine Einordnung von Komplimenten und Komplimenterwiderungen sollte jedoch folgende Aspekte einbeziehen: Komplimente und Komplimenterwiderungen beinhalten Aussagen, haben also einen Informationsgehalt und fungieren gleichzeitig als Regulatoren sozialer Kontakte, haben also interpersonellen Beziehungscharakter. Komplimente können demzufolge als vom Sprecher intendierte Sprechakte u. a. in folgenden Konstellationen und Funktionen auftreten:

1. Komplimente zur (Wieder-)Herstellung und/oder Pflege sozialer Kontakte (die Komplimentaussage wird positiv gewertet, da es um eine positive Stellungnahme eines Sprechers dem Gesprächspartner gegenüber geht).

2. Komplimente zum Ausdruck gesellschaftlicher Werte und deren Erhaltung (zur Höflichkeits- und Respektbezeugung).

3. Komplimente als strategisches Mittel zur Beeinflussung des Gesprächspartners bzw. zu einem erkennbaren Selbstzweck.

4. Komplimente als Ermunterung oder Ansporn.

5. Ironische Komplimente und Komplimente als Kritik.

6. Komplimente als indirekte Sprechakte.

7. Kombinationen von Komplimenten und z. B. Dankesäußerung, Bitte, Entschuldigung oder Gruß, die stellvertretend für den zuletzt genannten Akt stehen können.

Eine solche Unterscheidung diverser Komplimentformen und -funktionen bedingt eine ebenso differenzierte Betrachtung der äquivalenten Komplimenterwiderungen, die im Gegensatz zu Komplimenten je nach Konstellation und Kombination beeinflussender Faktoren sowohl eine für den Gesprächspartner positive als auch negative Konnotation und Auswirkung haben kann, je nachdem ob das Kompliment akzeptiert, abgelehnt oder umgangen wird. In welcher Form Komplimenterwiderungen als illokutionäre Handlungen auch immer geäußert werden, sie beinhalten spezifische für ihre kommunikative Funktion relevante Elemente, illokutionäre Indikatoren, die ihnen ihre illokutionären Rollen als Komplimenterwiderungen zuweisen. Zu diesen Indikatoren zählen u. a. Wortfolge, Betonung, Intonation, Interpunktion, der Modus des Verbs und die sogenannten performativen Verben (vgl. Searle 1969, S. 30), Mittel, die zusammen mit Formen und Funktionen der Komplimenterwiderungen im Verlauf dieser Arbeit analysiert werden.

Hinsichtlich der Gliederungsstruktur dieser Arbeit wird Kapitel 2 zur wissenschaftlichen Einbettung des konkreten Forschungsgegenstandes zunächst einen Überblick geben über die für die empirisch fundierte Analyse dieser Arbeit relevanten theoretischen Modelle und Konzepte aus dem Bereich der Pragmalinguistik — insbesondere Sprechakttheorien und Höflichkeitsansätze — unter Berücksichtigung der Abgrenzungsproblematik hinsichtlich anderer linguistischer Bereiche. Dabei werden die jeweiligen Theorien und Modelle zunächst einmal vorgestellt, beschrieben und anschließend die daraus für die Analyse dieser Arbeit relevanten Einzelaspekte abschließend zusammengeführt.

Kapitel 3 beschäftigt sich im Anschluss daran mit dem aktuellen Forschungsstand in der Kompliment(erwiderungs)forschung, stellt im Rahmen dieser insbesondere Studien über den deutsch- und englischsprachigen Kulturraum vor und nimmt eine Einordnung der untersuchten Sprechhandlung „Komplimenterwiderung" in einen für diese Studie geeigneten Definitionsrahmen vor.

In Kapitel 4, das zum empirischen Analyseteil dieser Arbeit hinführt, wird zunächst im Rahmen der gegenwärtigen Methodendiskussion ein Vergleich von bisher in der Komplimentforschung angewandten Methoden unter Angabe ihrer jeweiligen Stärken, Schwächen und Besonderheiten vorgenommen, bevor die Beschreibung des für diese Untersuchung gewählten methodischen Verfahrens bei der empirischen Datenerhebung in Australien und Deutschland folgt.

Die daran anschließenden Kapitel 5 und 6 umfassen die Einzelanalysen der australischen und deutschen Komplimenterwiderungsäußerungen. Im Rahmen der Ergebnisdarstellung geht es dabei auf der Grundlage einer Klassifizierung der in den jeweiligen Korpora enthaltenen Antworten an ausgewählten Reaktionsbeispielen um folgende Aspekte: Darstellung der verwendeten Strategien, ihrer Form und ihrer kommunikativen Funktionen, ihres quantitativ präferierten Vorkommens, der gewählten syntaktischen, lexikalischen und prosodischen illokutionsindizierenden Mittel und Elemente zur Unterstützung der kommunikativ-pragmatischen Leistung der jeweiligen Erwiderungssprechhandlung, der thematischen Bezugnahme auf das zuvor geäußerte Kompliment sowie der Einflussnahme bestimmter soziokultureller

Faktoren auf die Wahl und Formulierung der jeweiligen Komplimentreaktion. Auf detaillierte Einzelzusammenfassungen wird in diesen Kapiteln aufgrund eines hohen Maßes an Überschneidungen in den Ergebnissen verzichtet und stattdessen auf eine Gesamtzusammenfassung in Kapitel 7 verwiesen.

In Kapitel 7 werden im Rahmen einer Zusammenführung der australischen und deutschen Ergebnisse Gemeinsamkeiten und Unterschiede in der Wahl und Verwendung der in beiden Korpora geäußerten Komplimenterwiderungen präsentiert, unter Einbezug relevanter Forschungsliteratur diskutiert und zusammengefasst.

Das letzte 8. Kapitel erlaubt sowohl einen resümierenden Rückblick auf die erzielten Ergebnisse als auch einen Ausblick auf noch zu bewältigende wissenschaftliche Aufgaben im Rahmen des Forschungsthemas.

# Kapitel 2

# Konzepte der linguistischen Pragmatik und Höflichkeitsforschung

## 2.1 Grundlegende pragmatische Aspekte

Das, was wir in alltäglicher zwischenmenschlicher Interaktion mittels Sprache formulieren, steht nicht einfach bedeutungs-, wirkungslos und isoliert da, sondern basiert auf und ist verknüpft mit bewusst oder unbewusst konstruierten Gedanken und wird ständig beeinflusst, ja häufig sogar gesteuert, von eigenen Wissensbeständen, Erfahrungen, Emotionen und Persönlichkeitsstrukturen sowie zahlreichen Gesellschafts- und Umweltfaktoren. Im Moment der Verbalisierung unserer Gedanken handeln wir intentional mit dem Bestreben, etwas zu erreichen: Wir teilen unsere Gedanken unserer Umwelt öffentlich mit und lösen somit bei unserem Gesprächspartner auf direkte oder indirekte Weise sowie bewusst oder unbewusst, aber auf jeden Fall von unserem Vorgehen gesteuert, ein Sprach- und Reaktionsverhalten aus. Dabei kommt ein pragmatisch und sprachlich komplexes Funktions- und Faktorennetzwerk zum Einsatz.

Sprache fungiert im Allgemeinen nicht nur als Vehikel zum Austausch von Fakten und Meinungen — sei es auf schriftlichem oder mündlichem Wege — sondern es werden durch sie insbesondere in Gesprächen auch positive oder negative Emotionen übermittelt, die sich u. a. in Formulierungen von Unwichtigem, Selbstverständlichem, Floskeln und immer wiederkehrenden Themen widerspiegeln können. Aus diesem Grunde dient Sprache neben der Übermittlung von Informationen auch der sozialen Interaktion und zwar mit dem Ziel der Kontaktpflege, Schaffung einer positiven Atmosphäre und Gestaltung eines spannungsfreien, freundlichen Verhältnisses zwischen den Gesprächspartnern.

Mit welchen vielfältigen Mitteln dieses Ziel erreicht wird, hängt von zahlreichen Parametern wie z. B. dem situativen und kommunikativen Kontext, kulturellen Normen und moralischen Werten ab, die, wenn sie nicht beachtet und einbezogen werden (z. B. in Form von ausbleibenden Floskeln der Begrüßung oder des Abschieds) statt zur Überbrückung von Distanz zwischen Personen zu deren Vergrößerung beitragen (hier setzt u. a. die Höflichkeitsforschung an, die als weitere Grundlage für das Forschungsthema im Folgenden noch behandelt wird). Wir führen also, indem wir uns der Sprache bedienen, gleichzeitig auch eine Handlung aus (vgl. Harras 1983), d. h., wir wollen unsere Mitmenschen nicht nur informieren, sondern durch das Gesagte bei ihnen in kommunikativer Absicht und zu einem bestimmten (Eigen-) Zweck etwas bewirken. Welche sprachlichen Formulierungen im Einzelnen zu diesem Zweck gewählt werden, hängt von pragmatischen Faktoren ab.

Es ist also die Disziplin der linguistischen Pragmatik[1] — Schnittstelle, an der die Forschungsinteressen zahlreicher Wissenschaften, u. a. die von Kommunikationstheorie, Sprachwissenschaft und Soziolinguistik, aufeinandertreffen — die sich damit beschäftigt,

> „[...], was im Sprachgebrauch die Form und/oder die Interpretation sprachlicher Äusserungen regelhaft beeinflusst kraft der Tatsache, dass Sprache in einer Situation und zur Kommunikation, zum sprachlichen Handeln mit anderen, gebraucht wird." (Linke et al. [5]2004, S. 201)[2].

Auf der Grundlage dieser Definition, die besonders den interaktionalen Aspekt innerhalb eines pragmatischen Beschreibungsrahmens hervorhebt, lassen sich unter anderem folgende Aspekte thematisieren, die sich mit den Funktionsweisen des Sprechhandelns beschäftigen (vgl. Linke et al. [5]2004, S. 201 ff.):

1. Die Beziehung zwischen sprachlich Geäußertem und möglichem Zweck von Seiten des Sprechers oder der Sprecherin gegenüber der angesprochenen Person: Es geht um die Klärung, wie und unter welchen Bedingungen Sprecher den Sinn und Zweck ihrer Äußerungen ausdrücken und wie und unter welchen Bedingungen die Rezipienten diesen Sinn und Zweck des Sprechers erschließen.

2. Die Gestaltungsweise des sprachlichen Austauschs zwischen den Kommunizierenden, d. h. prinzipielle Regularitäten im Sprachgebrauch von Sprecher

---

[1] Der Terminus *pragmatics* bzw. seine Übersetzung in „Pragmatik" wurde zum ersten Mal von Charles Morris vorgeschlagen in seiner Programmschrift *Foundations of the Theory of Signs* (Chicago 1938) zur methodischen Integration der Umgangssprache (*ordinary language*) in die Sprachanalyse (vgl. Morris 1973, Einführung, S. 14).

[2] Die Einordnung des eigentlichen Themas dieser Arbeit in den entsprechenden pragmatischen Rahmen und die Darstellung der verschiedenen pragmatischen Ansätze zur Beschreibung von Sprechhandlungen orientiert sich u. a. an Linke et al. ([5]2004), S. 197 ff. und Erndl (1998), S. 4 ff.

Eine Einführung bzw. Überblicksdarstellung über den Bereich der Pragmatik bietet alternativ auch Levinson ([3]2000).

und Rezipient (situationsspezifisch und partnergerichtet) zum Aufbau oder zur Modifikation ihres Verhältnisses. An dieser Stelle setzt Oksaar an, die in ihrer Kulturemtheorie diese allgemein soziokulturell anerkannten kommunikativen Verhaltensweisen oder Regularitäten im Sprachgebrauch als Kultureme bezeichnet und von Behavioremen, welche die tatsächlichen Realisierungsformen dieser Kultureme in verschiedenen kommunikativen Akten in konkreten Kontexten darstellen, unterscheidet (vgl. Oksaar 1988, S. 26 ff.).

Diese Aspekte werden in unterschiedlicher Gewichtung in Theorien und Ansätzen behandelt, die seit den 70er Jahren, d. h. seit der Etablierung der Pragmatik als eigenständiger linguistischer Disziplin, von der Sprachwissenschaft für pragmatisch-linguistische Analysen adaptiert wurden und ihren Ursprung in zahlreichen humanistischen Wissenschaftsbereichen (Soziologie, Ethnographie, Sprachphilosophie, etc.) haben (vgl. Linke et al. ⁵2004, S. 205 ff.). Aufgrund der vielfältigen Herkunft dieser wissenschaftlichen Ansätze und der Komplexität des gesamten Themenbereichs existiert vermutlich deshalb bis dato auch keine einheitliche Theorie im Gesamtfeld der Pragmatik, durch die u. a. auch die oben thematisierten Aspekte des Sprechhandelns einheitlich behandelt werden können (vgl. Linke et al. ⁵2004, S. 205).

Folgende Aspekte des Sprechhandelns aus den in den folgenden Unterkapiteln beschriebenen Theorien und Konzepten bilden als Ausgangspunkt den theoretischen Hintergrund für den konkreten Forschungsgegenstand dieser Arbeit:

- Die bis heute als Grundstein für die Entwicklung der linguistischen Pragmatik sowie ihrer einzelnen Themenbereiche unumstrittene, von Austin und Searle begründete Sprechakttheorie mit besonderer Berücksichtigung der Sprecherperspektive (wie und unter welchen Bedingungen Sprecher den Sinn und Zweck ihrer Äußerungen ausdrücken)

- Die Kooperationsmaximen und konversationelle Implikatur von Grice, die sich ergänzend insbesondere mit der Hörerperspektive (wie und unter welchen Bedingungen die Rezipienten den Sinn und Zweck des Sprechers erschließen) beschäftigt

- Relevante Aspekte der Theorie der Pragmatik von Leech (1983)

- Das Konzept der erweiterten sprechakttheoretischen Dialoganalyse, da insbesondere dieses für eine Berücksichtigung und Einbettung des sequenzabhängigen reaktiven Sprechakttyps der Komplimenterwiderung unter Berücksichtigung des Beziehungsaspekts von Sprechhandlungen innerhalb der Sprechakttheorie sorgt (Adamzik 1984; Franke 1990; Hindelang 1994).

## 2.1.1 Sprechhandeln aus der Sprecherperspektive: Die Sprechakttheorie von Austin und Searle

Die Erkenntnis, dass sprachliche Äußerungen im Rahmen der Beschreibung der *langue* von der Semantik *und* der objektiv gegebenen Situation abhängig sind, demnach auch nur innerhalb dieses Rahmens hinreichend analysiert werden können, ließ Austins Ansatz (*How to do things with words*, 1962) als eine praktische Lösung für die Sprachanalyse erscheinen.

Seine anfängliche Unterscheidung zwischen konstativen, nach ihrem Wahrheitsgehalt zu bestimmenden Aussagen und performativen, sowohl Äußerung *als auch* Handlung beinhaltenden Äußerungen verwarf Austin im Verlaufe seiner Theoriemodifikation zugunsten der performativen handlungsimmanenten Äußerungen, die glücken oder missglücken können, denn

> „dass ich mit einer Äusserung eine Handlung vollziehe, steht nicht im Gegensatz dazu, dass ich mit einer Äusserung etwas über die Welt aussage, was wahr oder falsch ist. Beides kann durchaus in derselben Äusserung vereinigt sein." (Linke et al. ⁵2004, S. 210).

In der Weiterentwicklung der Sprechakttheorie von Austin und besonders Searle (*Speech Acts*, 1969), für den ein Sprechakt die grundlegende oder kleinste Einheit sprachlicher Kommunikation (Searle 1992, S. 30) und das Sprechen eine regelgeleitete Form des Verhaltens darstellt, und der die Sprachtheorie daher als Teil einer semantisierten, an das Satzformat gebundenen Handlungstheorie verstanden wissen will (Searle 1992, S. 31), führt diese Erkenntnis zur Konstruktion eines Ebenenmodells, das „im Normalfall eine *Gleichzeitigkeit von vier Akten*" (Linke et al. ⁵2004, S. 211) impliziert zwischen

1. dem *Äußerungsakt* (Lautproduktion und Realisierung von sprachlichen Lautmustern), der eine oder keine sprachlich korrekte Form darstellt,

2. dem *propositionalen Akt*, der durch Referenz (Bezugnahme auf Objekte der außersprachlichen Welt) und Prädikation (Zusprechen von Eigenschaften) mittels Sprache einen Sachverhalt einführt und wahr oder falsch sein kann,

3. dem *illokutionären Akt*, der die Tatsache bezeichnet, dass wir uns, indem wir sprechen, intentional handelnd an jemanden wenden (dieser Akt kann glücken oder auch misslingen) und

4. dem *perlokutiven Akt*, der etwas darüber aussagt, ob der in der Illokution enthaltene Zweck auch zu der intendierten Reaktion beim Hörer führt, und erfolgreich sein kann oder auch nicht.[3]

Im weiteren Verlauf der Spezifizierung seiner Theorie, bei der sich Searle insbesondere auf die Beschaffenheit der illokutionären Äußerungsakte konzentriert, analysiert er den Akt des Versprechens mit Hilfe spezifischer Typen von Sprechaktregeln (drei regulative Regeln, die eine bereits existierende Tätigkeit regeln: Bedingungen des propositionalen Gehalts (*propositional content rule*), Einleitungsbedingungen/

---

[3] Vgl. Erndl (1998), S. 5 ff. und Linke et al. (⁵2004), S. 210 ff.

-regeln (*preparatory rules*), Aufrichtigkeitsbedingungen (*sincerity rule*), und eine konstitutive Regel, die eine Tätigkeit konstituiert, deren Vorhandensein von den Regeln logisch abhängig ist: wesentliche Bedingung (*essential rule*))[4], die für den Vollzug eines nicht-defektiven Sprechaktes notwendigerweise erfüllt sein müssen (vgl. Rolf 1997, S. 14).

Die Formulierung dieser Regeln für den Gebrauch entsprechender Illokutionsindikatoren (formale Elemente der Äußerung, z. B. performative Verben, das grammatische Prädikat als Prädikation, Eigennamen oder Pronomina als Referenz, Modus, Partikeln, Satzarten, Prosodie, die in eine bestimmte Illokutionsrichtung weisen), die illokutionäre Rollen anzeigen, wird bei Searle durch das sogenannte Prinzip der Ausdrückbarkeit (man kann alles, was man meint, auch sagen[5]) ermöglicht, das die Gleichsetzung von an sich pragmatischer Sprechaktanalyse mit semantischer Ausdrucksanalyse erlaubt (Bußmann ²1990, S. 726 ff.).

Da die Sprechakttheorie zwar die Hörerperspektive berücksichtigt, jedoch besonders die Produktion von illokutionären Äußerungen aus der Sprecherperspektive hervorhebt, beschäftigt sie sich mit der Klassifizierung ihrer illokutionären Rollen (z. B. Sprechakt des Fragens, Forderns, Bittens, etc.) und deren zugrunde liegenden semantischen Regeln und Bedingungen. Besonders einflussreich ist dabei Searles Taxonomie der fünf illokutionären Äußerungstypen (Assertiva oder Repräsentativa, Direktiva, Kommissiva, Expressiva und Deklarativa) unter Einbezug der Kriterien der illokutionären Absicht des Sprechers, der Anpassungsrichtung zwischen Sprache und Welt und der psychischen Grundlage (vgl. Fritz/Hundsnurscher 1994, S. 100).

Allgemeine Kritik an Austins und Searles Ansätzen — stets Ausgangspunkt für zahlreiche Weiterentwicklungen und Alternativansätze[6], die bis dato jedoch weder weiterführende Erkenntnisse noch brauchbare Lösungen geliefert haben, dagegen stets die von Austin erkannte Beziehung zwischen Wörtern, Handlungen und Realität als grundlegend akzeptieren — konzentriert sich insbesondere auf die folgenden Punkte:

1. eine zu sehr am Sprecher orientierte Beschreibung des Sprechhandelns, die den hörerseitigen Aspekt vernachlässigt.

2. die Satzverhaftetheit der Theorie, die eine Bezeichnung der kommunikativen Funktion in längeren Äußerungen erschwert und den situativen Kontext zu wenig einbezieht.

3. eine Ausrichtung an dialogischem Sprachgebrauch, die eine Beschreibung des kommunikativen Wechselspiels im Dialog nicht ermöglicht.[7]

---

[4]Vgl. Searle ²2000, S. 146.

[5]Searle 1992, S. 34 f.

[6]Siehe dazu u. a. Wunderlich (1976; 1979; 1986), Habermas mit seinen Vorstudien (1971), seiner Endfassung der Theorie des kommunikativen Handelns (1981) und Ergänzungen (1995) sowie Bach/Harnish (1979).

[7]Vgl. Linke et al. ⁵2004, S. 218 f.

Der im zweiten Kritikpunkt erwähnte situative Kontext, den Searle auch als Kriterium zur Bestimmung einer Illokution nennt (vgl. Erndl 1998, S. 5 f.), lässt dabei erkennen, dass die Benennung der Illokutionsindikatoren allein nicht ausreicht, um etwas über die Bedingungen der sprecherseitigen Kodierung und hörerseitigen Dekodierung von Illokutionen auszusagen.

Zieht man in diesem Zusammenhang Searles Unterscheidung von direkten Sprechakten (solche, in denen der propositionale Akt mit dem illokutionären Akt übereinstimmen, d. h. direktes Ausdrücken der intendierten Bedeutung) und indirekten Sprechakten (solche, in denen die erste Bedeutung aus der zweiten zu schlussfolgern ist) heran, erweist sich dieser Aspekt insbesondere im Hinblick auf die indirekten Sprechakte (z. B. Metaphern oder Ironie) als noch problematischer, denn bei indirekten Sprechakten wird die Illokution erst durch den situativen Kontext verständlich, kann also nicht von den Illokutionsindikatoren erfasst werden. Die Tatsache, dass ein Sprecher vermutlich aufgrund des für ihn profitableren Effekts indirekte Sprechakte verwendet — und zwar weniger deswegen, weil er etwas nicht ausdrücken kann, sondern weil er es absichtlich nicht ausdrücken möchte[8] (hier setzt auch Grice (*Meaning*, 1957) durch den Einbezug des Gedankens der *Intentionalität* an) — wirkt Searles Ausdrückbarkeitsprinzip (Searle 1969, S. 19) somit entgegen. Als ein Beispiel dafür, an welchem Punkt die Sprechhandlungstheorie aus den oben genannten Kritikpunkten an ihre Grenzen stößt, nennt Erndl die Höflichkeit:

> „Für den Bereich der Höflichkeit sind indirekte Sprechakte von besonderer Bedeutung, da sich sowohl standardisiertes wie weniger standardisiertes höfliches Sprechen oft in indirekten Sprechakten vollzieht. Gerade die Existenz indirekter Sprechakte zeigt, dass die Sprechakttheorie einer hörerseitigen Ergänzung bedarf, wenn man sprachliche Kommunikation als sprachliches Handeln beschreiben will. Wie schon angesprochen, liefert die Theorie der Konversationsmaximen und der konversationellen Implikaturen nach Grice eine solche Ergänzung." (Erndl 1998, S. 6).

## 2.1.2 Sprechhandeln aus der Hörerperspektive: Die Grice'schen Kooperationsmaximen und Implikaturen

Unabhängig von Austins und Searles Theorie der illokutionären Sprechakte führt Grice bereits 1957 in seinem Aufsatz *Meaning* den Begriff der *Intentionalität* ein. Ziel seiner intentionalistischen, eher präskriptiven Bedeutungstheorie (*Logic and Conversation*, 1967, publiziert 1975) ist es, darzustellen, dass sprachliches Handeln kommunikatives *und* kooperativ-interaktionales Handeln ist. Das Prinzip der Kooperation basiert dabei auf allen die kommunikative Kompetenz umfassenden Kenntnissen der Gesprächspartner wie z. B. Kenntnisse der Sprache, Wissen um Funktionsweisen der

---

[8]Zur detaillierten Auseinandersetzung mit dem Aspekt der Intentionalität siehe auch Searle (1991).

Sprechakte, Bewusstsein von sprachlichen und gesellschaftlich-kulturellen Normen (vgl. Erndl 1998, S. 7).

Ausgehend von diesem Kooperationsprinzip zeichnet sich ein Kommunikationsversuch mit dem Ziel optimaler Verständigung durch die Tatsache aus,

> „daß jemand durch ein Tun eine Partnerhandlung dadurch auszulösen beabsichtigt, daß der Partner diese Absicht erkennt und aufgrund dieser Erkenntnis die Handlung ausführt." (Hundsnurscher/Fritz 1994, S. 101).

Damit geht Grice über den illokutionären Begriff Searles[9] hinaus, indem er ein minimales gemeinsames Interesse der Kommunikationspartner zugrunde legt und sein Kooperationsprinzip als Konversationsmaximen formuliert, denen rational Kommunizierende immer schon folgen, die — ausgehend von einer minimalen Grundbedeutung — durch rationale Rekonstruktion eine Ableitung von Bedeutungsvarianten erlauben, durch die auch nicht wörtlich zu verstehende Äußerungen, d. h. indirekte Sprechakte, über sogenannte Implikaturen (Schlussfolgerungsprozesse) verstehbar werden (vgl. Fritz/Hundsnurscher 1994, S. 101).

Vor dem Hintergrund seines Kommunikationsgrundsatzes, der eine Anpassung an Thematik und Situation einer zu vollziehenden kommunikativen Handlung sowie einen von beiden Partnern akzeptierten und eine Richtung verfolgenden Zweck (d. h. es gibt mindestens zwei Einheiten und den Versuch, sich einander anzunähern und dabei sinnstiftende Kommunikation zu finden) voraussetzt (Harras 1983, S. 189 ff.), stellt Grice die folgenden vier Konversationsmaximen auf, die den Gesprächsteilnehmern angeben, was sie tun können, um sich in ihrem Gesprächsbeitrag angemessen zu verhalten:

1. Maxime der Quantität — betrifft die Menge der abgegebenen Information („Mache deinen Beitrag so informativ wie für die gegebenen Zwecke nötig, aber nicht informativer als nötig.")

2. Maxime der Qualität — betrifft den Wahrheitsgehalt einer Äußerung („Versuche, die Wahrheit zu sagen; sage nichts, was du für falsch hältst oder für das dir die angemessenen Gründe fehlen.")

3. Maxime der Relation — betrifft die thematische Kohärenz von Äußerungen („Sei relevant!")

4. Maxime der Modalität — betrifft die Art und Weise der Formulierung von Äußerungen („Sei klar! Vermeide Dunkelheit des Ausdrucks, Mehrdeutigkeiten, Weitschweifigkeit. Sei folgerichtig!") (vgl. Grice ²2000, S. 168 ff.).

---

[9] Da Searles sprechakttheoretischer Ansatz nicht genug darüber aussagt, wie Hörer innerhalb des Verstehensprozesses Illokution und Perlokution einer Äußerung erkennen können, stellen die von ihm herausgearbeiteten Illokutionsindikatoren zwar eine wichtige Stütze für den Verstehensprozess dar, sind aber wenig zuverlässig und, wie im Falle indirekter Sprechakte (siehe z. B. Metaphern und Ironie), teilweise sogar irreführend (vgl. Linke et al. ⁵2004, S. 219 ff.), da propositionaler Gehalt, konkret und direkt formulierter Inhalt und Illokution, d. h. konkrete Sprechabsicht, nicht kongruent sind.

Sowohl Abweichungen von diesen Maximen als auch den Bedarf weiterer Maximen (z. B. „Sei höflich" (Grice ²2000, S. 169)) schließt Grice nicht aus.

Die Nichtbefolgung dieser Maximen kann entweder zum Abbruch der Konversation führen oder Interpretations- oder Umdeutungsverfahren auslösen, so genannte konversationelle Implikaturen, mit Hilfe derer Hörer eine Erklärung für das Motiv der sprecherseitigen Nichtbeachtung der Maximen, d. h. die beabsichtigte, evtl. für den Hörer auf den ersten Blick unerwartete oder unpassende Indirektheit, zu finden versuchen. Als einen Grund für die Nichtbeachtung erwähnt Grice die Maxime „Sei höflich", denn auch diese kann „nicht-konventionale Implikaturen erzeugen." (Grice ²2000, S. 169).

Konversationelle Implikaturen, die also erklären, warum Sprecher oft mehr meinen, als sie sprachlich ausdrücken, sind laut Grice demzufolge nicht konventionell an Äußerungen gebunden, sondern abhängig von konkreten Kommunikations- und Verwendungssituationen im Unterschied zu konventionellen Implikaturen wie z. B. Präsuppositionen, die viel weniger situationsgebunden sind und daher aus dem sprachlich Formulierten mit größerer Sicherheit erschlossen werden können (vgl. Linke et al. ⁵2004, S. 222).

Im Hinblick auf das Thema Höflichkeit spielen für Grice die Auswirkungen sprachlicher Höflichkeit immer noch eine untergeordnete Rolle. Vor dem Hintergrund der Sprechakttheorie und des Kooperationsprinzips mit seinen Konversationsmaximen und konversationellen Implikaturen entwickelte sich erst allmählich eine eigenständige Höflichkeitsforschung heraus, die sich nicht mehr nur auf Sprechakte zur optimalen Informationsübermittlung bezieht und damit indirekte Sprechakte als von den Regeln abweichend einstuft, so wie es bei Searle und Grice noch der Fall ist.

Insbesondere Robin Lakoff (1973) knüpft von einem pragmalinguistischen Standpunkt aus an diesen Punkt an: zum einen gilt Indirektheit für sie nicht mehr als Ausnahme, zum anderen sind Höflichkeitsregeln ihr zufolge universal und haben Regeln gegenüber, die der Klarheit der Äußerung dienen, Vorrang:

„2. [...] there are rules of politeness and rules of clarity (conversation), the latter a subcase of the former [...]

3. [...] the rules of politeness may differ dialectally in applicability, but their basic form remains the same universally." (Lakoff 1975, S. 305)[10].

---

[10] Höflichkeit stellt für Lakoff einen integralen Bestandteil der kommunikativen Kompetenz bezüglich der Adäquatheit von Äußerungen dar. In Konfliktfällen von Höflichkeit und Klarheit gilt: „Politeness supersedes: it is considered more important in a conversation to avoid offense than to achieve clarity" (Lakoff 1973, S. 297 f.). Die erste und dritte der drei Höflichkeitsregeln „1. Don't impose, 2. Give options, 3. Make A feel good—be friendly" (Lakoff 1973, S. 298) widersprechen sich dabei scheinbar, da Solidarität und Distanz nicht gleichzeitig vermittelt werden können (vgl. Duttlinger 1999, S. 15). Der Grad an Formalität von Höflichkeit nimmt entsprechend von Regel 1 über Regel 2 bis Regel 3 ab.

## 2.1.3 Zusammenfassung und ergänzende Konzepte

Die vorangegangenen Abschnitte haben gezeigt, dass sich der sprechakttheoretische Ansatz von Austin und insbesondere Searle als terminologisch fundierte deskriptive Grundlage zur Erklärung des Verhältnisses von Wörtern, Handlungen und Realität innerhalb der Pragmatik etabliert hat und daher häufig als theoretischer Ausgangspunkt für pragmatische Analysen einzelner, häufig vom Sprecher initialisierter Sprechakte dient.

Dieser Ansatz stellt stets eine Basis konstruktiver Kritik dar mit dem Ziel der Modifikation durch zahlreiche, die Pragmatik berührende Forschungsdisziplinen hin zu einer umfassenden pragmatischen Theorie der Funktionsweisen und -bedingungen sprachlichen Handelns, die bis dato jedoch nicht existiert.[11]

Innerhalb des theoretischen Beschreibungsrahmens dieser Arbeit werden als terminologisches Grundgerüst zum besseren Verständnis eines komplizierten Sprechhandlungs-, Verstehens- und Be- oder Umdeutungsablaufes (stets Ansatzpunkt gegenseitiger Kritik bezüglich des Verständnisses grundlegender Begriffe wie der des „Verstehens", der „Bedeutung" und „Intention" (vgl. Searle ²2000, S. 150 ff.)) insbesondere folgende Aspekte zugrunde gelegt:

- Austins und Searles Erkenntnis des Sprechens als gleichzeitig intentionalem Handeln und somit der Vollzug illokutionärer Akte

- Searles Gelingensbedingungen und der Gebrauch von Illokutionsindikatoren zum Vollzug bestimmter Sprechakttypen

- Searles Erkenntnis der Existenz indirekter Sprechakte.

Eine weitere für das konkrete Thema dieser Arbeit bedeutsame Grundlage für die Beschreibung der Funktionsweisen sprachlicher Höflichkeit stellt die präskriptive, bedeutungstheoretisch fundierte Ergänzung durch Grice dar, die sich

- mit der Erklärung der Hörerperspektive als ebenfalls integralem Bestandteil einer Sprechhandlung beschäftigt,

- ein kommunikativ-interaktionales Kooperationsprinzip mit Konversationsmaximen zugrundelegt und

---

[11] Zahlreiche Modifikationen bzw. Alternativvorschläge werden von Autoren aus verschiedenen Forschungsperspektiven besonders im Hinblick auf die Searle'sche Taxonomie von Illokutionstypen vorgenommen, haben jedoch bis dato hauptsächlich zu einer Terminologieerweiterung geführt: Wunderlich (1976; 1979; 1986) z. B. unterscheidet aus empirisch-pragmatischer Sicht innerhalb eines eigenen sprechakttheoretischen Ansatzes zwischen acht illokutiven Akten (Direktiv, Commissiv, Erotiv, Repräsentativ, Satisfaktiv, Retraktiv, Deklarativ und Vokativ), Bach/Harnish (1979) zwischen sechs Klassen, von denen sie vier zu den kommunikativen Akten (Konstative, Direktive, Kommissive, Expressive) und zwei zu den konventionalen Akten (Effektive, Verdiktive) zählen, und Habermas (1971) differenziert aus universalpragmatischer Sicht zwischen Kommunikativa, Konstativa, Repräsentativa, Regulativa und Deklarativa. Klein (1987) z. B. erweitert Searles Taxonomie dagegen lediglich um den Typ der Konklusiva (Begründen, Erklären warum, Folgern, Rechtfertigen, Widerlegen, Beweisen).

- konversationelle Implikaturen konstatiert, die es dem Gesprächspartner ermöglichen, im Rahmen von Interpretations- oder Umdeutungsverfahren das über die eigentliche sprachliche Äußerung hinaus implizierte Gemeinte zu erschließen.

Für das Thema Höflichkeit, welches auch aus den zuvor beschriebenen Ansätzen Beschreibungs- und Erklärungsparameter schöpft, sind für das konkrete Forschungsanliegen dieser Arbeit aus den vorhergegangenen Abschnitten daher mitunter folgende Aspekte relevant:

1. „Höflichkeit bezieht sich auf die Handlungsfunktion der Sprache. [...]

2. Höflichkeit realisiert sich häufig in indirekten Sprechakten. [...]

3. Als Hörer kann man mittels konversationeller Implikatur bei indirekten höflichen Sprechakten das Gemeinte erkennen. [...]" (Erndl 1998, S. 9 f.)

Geht man im Hinblick auf die Integration des Höflichkeitsaspekts vom Grice'schen Kooperationsprinzip mit seinen Konversationsmaximen und der Unterscheidung von konventionellen und konversationellen Implikaturen aus, in dessen Beschreibungsrahmen der Aspekt Höflichkeit zwar angesprochen, jedoch nicht weiter verfolgt wird, muss zunächst der in Kapitel 2.1.2 bereits erwähnte frühe pragmalinguistische Beitrag Lakoffs (1973) und insbesondere auch der im nächsten Kapitel genauer zu erläuternde Ansatz von Leech hinzugezogen werden, der als Teil einer allgemeinen Theorie der Pragmatik eine die pragmatische Sprachfunktion in den Vordergrund rückende Modifikation des Kooperationsprinzips insbesondere im Hinblick auf die Nichtbeachtung der Grice'schen Kooperationsprinzipien und den Aspekt der Indirektheit darstellt.

Leech (1983) zufolge wird der gewählte Grad an Höflichkeit bei der Ausführung eines Sprechaktes in diesem Zusammenhang je nach Gesprächskontext und Bedürfnissen von Sprecher oder Hörer durch eine Kosten/Nutzen-Skala bzw. eine Optionalitätsskala bestimmt.

Ein weiterer modifizierend erweiternder Schritt, der die Bedeutung von Äußerungen in Beziehung zum jeweiligen Sprechereignis besonders betont und dadurch der Kritik der Satzverhaftetheit der Searle'schen Sprechakttheorie entgegenwirkt, stellt unter besonderer Berücksichtigung der systematischen Aspekte der Äußerungsformen die sprechakttheoretische Dialoganalyse (Franke 1990, S. 21; Hindelang 1994, S. 95 ff.) dar. Diese konzentriert sich im Rahmen einer erweiterten Sprechakttheorie — unter Angabe von Verkettungsprinzipien von Sprechakten — besonders auf die für den konkreten Untersuchungsgegenstand dieser Arbeit relevanten Reaktionsalternativen als responsive Sprechakttypen zu den ihnen vorauslaufenden initialen Sprechakttypen und misst so dem sogenannten Sequenzierungsaspekt von Sprechhandlungen besondere Bedeutung bei. Dieser Sequenzierungsaspekt impliziert, dass Sprechakte durch ihre unterschiedliche Diskursposition unterschieden werden, und er erhält seine Erklärungskraft durch die von Schegloff (1972) zugrunde gelegte Kategorie der bedingten Relevanz, die in einer Sequenzabfolge den zweiten Teil in einem Sprechakt sequentiell und inhaltlich durch den ersten Teil begründet (Nixdorf 2002, S. 21).

In dieser Hinsicht nimmt eine erweiterte Sprechakttheorie Franke (1990, S. 14) zufolge eine vermittelnde Rolle ein zwischen einer Theorie der initialen Sprechakte wie der von Austin und Searle und einer sprechhandlungstheoretisch fundierten Dialoganalyse (siehe Tabelle 1):

| Initiale Sprechakttypen | Reaktionsalternativen als responsive Sprechakttypen | Handlungsalternativen weiterer Züge | Klassifizierung einfacher Dialogtypen |
|---|---|---|---|
| 1. Zug | 2. Zug | 3. Zug, 4. Zug, etc. | |
| Sprechakttheorie (Austin/Searle) | Erweiterte Sprechakttheorie | | Dialoganalyse |

Tabelle 1: Schematische Darstellung der Zusammenhänge zwischen Sprechakttheorie, erweiterter Sprechakttheorie sowie Dialoganalyse und der Sprechakttypensequenzierung

Von dieser Perspektive ausgehend schlägt Franke im Rahmen einer erweiterten Sprechakttheorie folgende in Abbildung 1 dargestellte Systematik der Handlungsalternativen des zweiten, responsiven Zugs einer Sprecheinheit vor:

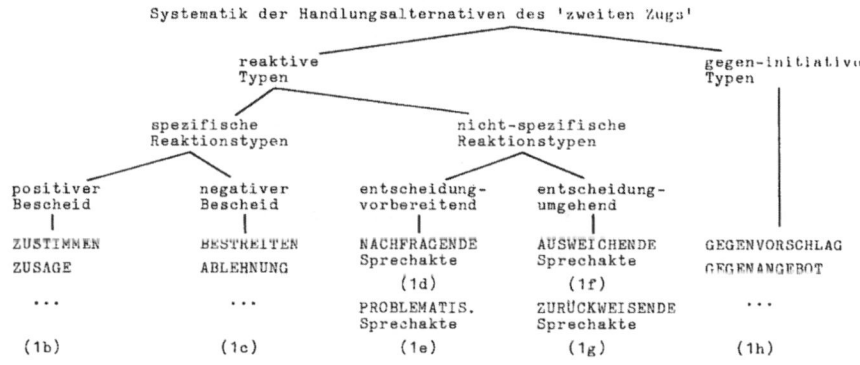

Abbildung 1: Systematik der reaktiven Handlungsalternativen des 2. Zuges (Franke 1990, S. 21).

Die Beschreibung von Sprechakten als mehrzügige Sequenz- oder Handlungsmuster, die durch die Angabe ihres Handlungsziels beschrieben werden, das ein Sprecher mit seinem initialen Sprechakt absteckt, stellt einen noch verhältnismäßig jungen Versuch der theoretisch-methodischen Verknüpfung sprechakttheoretischer (Austin 1962; Searle 1969) und konversationsanalytischer (Schegloff 1972; Sacks/ Schegloff 1973; Sacks/Schegloff/Jefferson 1974) sowie sprecher- und hörerrelevanter Aspekte und Beschreibungsparameter dar, für den Held (1992) insbesondere im Zusammenhang mit der Beschreibung des Sprechhandlungen beeinflussenden Beziehungsaspekts plädiert:

> „[…] für eine Verbindung der beiden kontroversen Methoden der linguistischen Pragmatik[6]: der Konversationsanalyse und der Sprechakttheorie. Ich meine nämlich, dass die lokalen und endogenen Einzelfakten, welche über die Konversationsanalyse interaktiv mitvollzogen werden, durch Zuordnung zu Handlungstypen und deren von der Sprechakttheorie generalisierten Charakteristiken zielgerichtet interpretiert werden können." (Held 1992, S. 409).

Die hier nur kurz beschriebenen Ansätze und Verknüpfungsversuche (unter besonderer Berücksichtigung des im nächsten Kapitel zu behandelnden Aspekts der Höflichkeit als weiterem thematischen Rahmen dieser Arbeit) werden in den folgenden Kapiteln je nach Bedarf in ihrem jeweiligen Bedeutungskontext aufgegriffen und einbezogen. In fortwährender Ermangelung eines einheitlichen, in sich schlüssigen und umfassenden pragmatischen Theoriekonzepts zur Analyse von Sprechakten werden — dies gilt ebenfalls für den theoretischen Beschreibungsrahmen dieser Arbeit —

> „[h]eutzutage […] bei der Analyse der Sprechakte Kriterien aus verschiedenen Ansätzen herangezogen. Einige der wichtigsten Parameter sind die genannten Gelingensbedingungen (Austin/Searle), die indirekten Sprechakte (Searle), die Kosten/Nutzen-Skala (Leech) und die Optionalitätsskala (Leech) sowie der Sequenzierungsaspekt (Schegloff/ Sacks 1972)" (Nixdorf 2002, S. 20 ff.).

## 2.2 Konzepte und Modelle der linguistischen Höflichkeitsforschung

Wie in Kapitel 2.1.3 erwähnt, bedient sich die linguistische Höflichkeitsforschung zumeist Beschreibungs- und Erklärungsparameter der sprechakt- und konversationstheoretischen Ansätze, um die Funktionsweisen sprachlicher Höflichkeit zu analysieren.

Da der Höflichkeitsbegriff durch eine Vielfalt von Elementen bedingt und aus unterschiedlichen Perspektiven beschreib- und definierbar ist, möchte ich zunächst einen Überblick über die wichtigsten Richtungen und Entwicklungen linguistischer Höflichkeitsmodelle geben, der es erlaubt, aus der Breite der Ansätze eine Synthese jener Elemente vorzunehmen, die eine adäquate Beschreibungs- und Erklärungsbasis für die folgende Analyse von Komplimenterwiderungen im australischen Englisch und im Deutschen darstellt.

Einen ersten, bereits in Kapitel 2.1.3 erwähnten Ausgangspunkt stellt Lakoff (1973) mit dem von ihr postulierten universalen Charakter von Höflichkeitsregeln dar, die sprachlichen Äußerungen prinzipiell zugrunde liegen und diese beeinflussen. Lakoff geht in ihrem Beitrag also über den Searle'schen und Grice'schen Ansatz der Beschreibung von Sprechhandlungen zur optimalen Informationsübermittlung hinaus, indem sie dem Aspekt der Höflichkeit mit all seinen Facetten in Bezug auf sprachliches Verhalten eine zentrale Rolle zuweist; denn Höflichkeit gehört auch Weinrich (1986) zufolge „zur Normalität des sprachlichen Umgangs, und es gibt — außer in Fachsprachen — keinen höflichkeitsfreien Gesprächsraum." (Weinrich 1986, S. 10)

Ausgehend von der Tatsache, dass man nicht nur miteinander spricht, um optimal Informationen zu übermitteln oder einfach etwas zu vollziehen, sondern dies ebenfalls tut, um zwischenmenschliche Beziehungen in einem gegebenen soziokulturellen Kontext aufzubauen oder aufrecht zu erhalten, haben sich seit dem Bestehen einer eigenständigen Höflichkeitsforschung laut Hickey/Stewart (2005) vor allem zwei traditionelle Richtungen herausentwickelt, die von unterschiedlichen Definitionen des Höflichkeitsbegriffs ausgehen: traditionell-konventionelle Höflichkeitskonzepte und interaktionspragmatische bzw. strategische Höflichkeitsmodelle der personalen Aushandlung und Imagewahrung. Daneben existieren zahlreiche Ansätze zur Erweiterung der Höflichkeitssicht, z. B. solche des routinierten und ritualisierten Sprachgebrauchs, die nur kurz behandelt werden.

## 2.2.1  Traditionelles soziokulturell-normatives Höflichkeitskonzept

Vor der pragmatischen Neuorientierung Anfang der siebziger Jahre (vgl. Kapitel 2.1) und der damit einhergehenden Aufwertung der linguistischen Pragmatik bestand Höflichkeit einzig und allein darin, auf der Grundlage eines festen, als höflich markierten und in der Gesellschaft verankerten Normen- und Formeninventars ein bestimmtes Verhalten, Tatbestände oder persönliche Einstellungen in dem jeweiligen Kontext entsprechend sprachlich zu äußern.

Diese ausschließlich an eine soziale und gesellschaftliche Realität gebundene, von Fraser als *social-norm view* (Fraser 1990, S. 220) bezeichnete Perspektive setzt ein Inventar sprachlicher Höflichkeitsformen voraus, das demzufolge außersprachlich, d. h. sozial und kulturell, determiniert ist und auf in zahlreichen Anstands- und Etikettbüchern festgeschriebenen Regeln des guten Anstands und Respekts basiert (vgl. Erndl 1998, S. 16 ff.).

Typische Beispiele sind z. B. Gruß- und Abschiedsformeln, in denen sich das Bild einer stark ständisch-hierarchisch gegliederten Gesellschaft widerspiegelt.

Auch die Wahl von Komplimenten und Komplimenterwiderungen können durch die Kriterien dieses normativen Ansatzes motiviert sein, wenn sie lediglich zur Erfüllung dieser sozialen Norm dienen und in dieser Funktion sprachlich vorwiegend formelhaft und routiniert durch die Wahl knapper Lexeme oder Wortgruppen erscheinen. In diesem Zusammenhang gilt der Gebrauch von Komplimenten und Erwiderungen laut Mulo Farenkia „als erwartete konventionelle kommunikative Tätigkeit in Alltagssituationen [. . . ]. Wer Komplimente macht, ist zwangsläufig höflich und sozial kompetent." (Mulo Farenkia 2004, S. 9).

Dieser Ansatz hat laut Fraser (1990, S. 221) in der Forschung bis dato nur wenig Anklang gefunden. Dies mag u. a. an der Kritik liegen, die Erndl (1998) vor allem in drei Aspekten begründet sieht:

> „erstens, daß höfliches Sprechen auf feste sprachliche Formulierungen beschränkt wird, zweitens, daß die Ebene der *parole*, also die Ebene des situationsbezogenen und kreativen sprachlichen Umgangs einzelner mit den Geboten der Höflichkeit außer acht gelassen wird und drittens, daß die Funktion der Höflichkeit lediglich in der Anerkennung und Reproduktion gesellschaftlicher Werte und Normen im Laufe eines Gesprächs gesehen wird." (Erndl 1998, S. 18).

## 2.2.2 Höflichkeitsmodelle strategisch-personaler Aushandlung und Imagewahrung

Ausgangspunkt dieser Modelle stellen die frühen Höflichkeitskonzepte von Lakoff (1973), das Kooperationsprinzip und die Konversationsmaximen von Grice (1967, publiziert 1975) bzw. Goffmans (1967) soziologisch begründete Theorie des *face*-Begriffs dar, von dem aus sich in den 70er und 80er Jahren verschiedene Konzepte von Höflichkeit entwickelt haben. Die entsprechenden Vertreter, insbesondere Brown/Levinson (1978; 1987), Fraser/Nolen (1981) sowie Leech (1983), gehen dabei in ihren jeweiligen Modellen von der grundlegenden Annahme aus, dass Höflichkeit in strategischer Konfliktvermeidung begründet liegt. Höflich agieren ihrer Auffassung zufolge Personen, die

- in einer Interaktion jede Störung der Balance von Kosten und Nutzen für die beteiligten Gesprächsteilnehmer vermeiden,

- somit dazu beitragen, dass das Image aller Beteiligten durch die Gewährleistung des notwendigen Maßes an positiver Zuwendung und die Vermeidung unnötiger Verletzung des Handlungsspielraums bzw. der persönlichen Autonomie entsprechend gewahrt wird, und

- im Falle einer Störung der Kosten-Nutzen-Balance Mittel der sprachlichen Indirektheit zur Abschwächung der Imagebedrohung einsetzen.

Vor dem Hintergrund der Grundüberlegung, dass Sprecher auf einer Skala der Indirektheit idealerweise möglichst den Weg in Richtung Indirektheit wählen, um sich selbst und dem Hörer zunehmend Raum zur Distanzierung von einer potentiellen Imagebedrohung in einem kommunikativen Sprechakt zu gewähren, lassen sich die in Kapitel 1.1 bereits erwähnten, jedoch von Austin, Searle und Grice innerhalb ihrer Theorien und Konzepte nicht näher determinierten indirekten Sprechakte in einen direkten Zusammenhang mit dem Aspekt der Höflichkeit bringen (vgl. Erndl 1998, S. 18); denn

> „[w]ährend indirekte Akte als weniger beeinträchtigend und gesichtsbedrohend gesehen werden, und damit als höflicher gelten, wird die Wahl direkter Strategien und Ausdrucksweisen als Anzeichen fehlenden Bemühens um Gesichtswahrung und damit als unhöflicher angesehen."
> (Blum-Kulka 1990, S. 269 f.).

Die einflussreichsten Vertreter dieser Sichtweise von Höflichkeit — ihre jeweiligen Modelle stellen eine in sich geschlossene Höflichkeitstheorie dar — sind Leech (1983), der vom Grice'schen Kooperationsprinzip und seinen Konversationsmaximen ausgeht und diese um grundlegende Prinzipien erweitert, und Brown/Levinson (1978; 1987), die den Goffman'schen *face*-Begriff zugrunde legen und auf dieser Basis zu erklären versuchen, welche Mittel oder Strategien Gesprächspartner unter Einflussnahme bestimmter Faktoren anwenden, wenn sie mit einem das Image bedrohenden Akt konfrontiert werden.

## Conversational-maxim view

Ausgangspunkt in der von Leech formulierten Theorie der Pragmatik, die sich unter anderem auch mit Austins und Searles Sprechakttheorie sowie Searles illokutionären Sprechakten im Rahmen der Analyse performativer Äußerungen bzw. der Taktmaxime beschäftigt, stellt zunächst einmal eine Unterscheidung zwischen illokutionären und sozialen Zielen eines Sprechers und damit zwischen zwei Arten von Konversationsprinzipien mit jeweiligen darunter fallenden Maximen dar: *Interpersonal Rhetoric* (pragmatischer Aspekt der Sprache) und *Textual Rhetoric* (inhaltlicher Aspekt der Sprache) (Leech 1983, S. 16). Der Aspekt der Höflichkeit, der von ihm nie explizit definiert wird, fällt dabei in den Bereich der *Interpersonal Rhetoric*, die aus mindestens drei Arten von gleichberechtigt nebeneinander agierenden Maximen besteht: dem Grice'schen Kooperationsprinzip, einem Höflichkeitsprinzip und einem Ironieprinzip (vgl. Fraser 1990, S. 224 f.).

Im Gegensatz zu Grice, der zwar anmerkt, dass es außer den von ihm formulierten Konversationsmaximen durchaus auch Bedarf an weiteren Maximen wie der der Höflichkeit gebe, auf diese jedoch nicht näher eingeht (vgl. Kapitel 2.1.2), geht Leech also davon aus, dass es ein spezifisches Höflichkeitsprinzip geben muss, das in solchen Situationen und an den Stellen greift, an denen die Grice'schen Kooperationsprinzipien nicht beachtet werden, d. h. an denen die pragmatische Bedeutung von sprachlichen Äußerungen nicht mehr mit den genannten Konversationsmaximen dekodiert werden kann (vgl. Erndl 1998, S. 19).

Leech greift somit den von Grice nur angedeuteten und von Lakoff (1973) als signifikant formulierten Status der Höflichkeit (vgl. Lakoff 1973, S. 297 f.) auf, unterscheidet zwischen relativer und absoluter Höflichkeit[12] und betont die Bedeutsamkeit des Höflichkeitsprinzips, das sowohl mit dem Kooperationsprinzip konkurriert als auch dieses ergänzt — dies vor allem in solchen kommunikativen Situationen, in denen zwar z. B. mehrere der Grice'schen Konversationsmaximen verletzt werden, der Hörer aber dennoch die intendierte Sprechabsicht zu verstehen vermag:

> „Far from being a superficial matter of ‚being civil', politeness is an important missing link between the CP [Cooperative Principle] and the problem of how to relate sense to force." (Leech 1983, S. 104)[13].

Das von ihm formulierte Höflichkeitsprinzip — „Minimiere den Ausdruck unhöflicher Einschätzungen" (vgl. Erndl 1998, S. 20) — hat dabei Vorrang vor dem Kooperationsprinzip, weil eine Verlässlichkeit auf das Kooperationsprinzip innerhalb der zwischenmenschlichen Beziehung in der Kommunikation erst durch dieses Höflichkeitsprinzip gewährleistet wird.

Leech unterteilt dieses Prinzip — ähnlich wie Grice sein Kooperationsprinzip — in sechs verschiedene Maximen (vgl. Leech 1983, S. 132 ff.; Erndl 1998, S. 20 ff.; Mulo Farenkia 2004, S. 10):

1. **Taktmaxime:** Minimiere die Kosten für den anderen (Maximiere den Nutzen für den anderen).

2. **Großzügigkeitsmaxime:** Minimiere den Nutzen für dich selbst (Maximiere die Kosten für dich selbst).

3. **Anerkennungsmaxime:** Minimiere die Geringschätzung des anderen (Maximiere die Wertschätzung des anderen).

4. **Bescheidenheitsmaxime:** Minimiere die Wertschätzung deiner selbst (Maximiere die Geringschätzung deiner selbst).

5. **Zustimmungsmaxime:** Minimiere Unstimmigkeiten zwischen dir selbst und dem anderen (Maximiere die Übereinstimmung zwischen dir selbst und dem anderen).

6. **Sympathiemaxime:** Minimiere Antipathie zwischen dir selbst und dem anderen (Maximiere die Sympathie zwischen dir selbst und dem anderen).

---

[12] Für Leech ist relative Höflichkeit kontext- und situationsabhängig, während absolute Höflichkeit von ihm als eine Skala bzw. als Skalen mit einem positiven und einem negativen Pol definiert wird. Da einige Illokutionen per se als höflich bzw. unhöflich gelten, unterscheidet Leech zwischen negativer und positiver Höflichkeit. Negative Höflichkeit minimiert das Unhöfliche in einer unhöflichen Illokution, positive Höflichkeit maximiert das Höfliche in einer höflichen Illokution (Leech 1983, S. 83 f.).

[13] Mit *Sense* umschreibt Leech die semantische Bedeutung einer sprachlichen Äußerung, mit *force* die pragmatische Bedeutung. Leech zufolge tritt Höflichkeit somit als *missing link* an solchen Stellen auf, an denen konversationelle Implikaturen greifen müssen. Höflichkeitsmaximen fungieren somit als Hilfen zur Durchführung der Implikaturen.

Charakteristisch für diese Maximen ist zum einen ihre kurze, klare und einfach verständliche und nachvollziehbare Formulierung, zum anderen eine doppelte Formulierung jeder einzelnen Maxime, durch die den Gesprächsteilnehmern ein größerer Verhaltensspielraum zugesprochen wird (die erste Formulierung der Minimierung zeigt eine Tendenz zum Indirektheits- oder Vermeidungsverhalten, die zweite Formulierung der Maximierung dagegen eine Tendenz zu mehr Explizitheit, Konkretheit und damit positiv-offensivem Verhalten) (vgl. Erndl 1998, S. 21). Darüber hinaus entsprechen die ersten beiden Maximen einander — sie stellen einen Bezug zu einer Kosten-Nutzen-Skala her — sowie die dritte und vierte Maxime mit einer Lob-Kritik-Skala.

Wie bereits erwähnt, sorgen das Höflichkeitsprinzip und seine Maximen dafür, dass auch eine indirekt formulierte pragmatische Bedeutung in einer konkreten Kommunikationssituation vom Hörer dekodiert werden kann. Der Grad formulierter Indirektheit in solchen indirekten Sprechhandlungen hängt dabei von der konkreten Gesprächssituation und -konstellation ab: je geringer vertikale (Autorität, Macht, etc.) und horizontale (Vertrautheit) soziale Distanz, desto direkter können Sprechhandlungen ausgedrückt werden (vgl. Erndl 1998, S. 21).

Die innerhalb des Höflichkeitsprinzips formulierten Maximen mit ihren pragmatischen Skalen (Kosten-Nutzen-Skala, Optionsskala, Indirektheitsskala, Autoritätsskala, Skala sozialer Distanz), die den in einer bestimmten Gesprächssituation erforderlichen Takt bestimmen, dienen dazu, den Gesprächsteilnehmern in der jeweiligen Kommunikationssituation je nach Absicht und Gesprächsziel mehr Interpretationsauswahl und Flexibilität, d. h. Sprechhandlungs- und Anpassungsspielraum, zu gewähren und somit einer Regelstarrheit entgegenzuwirken (vgl. Leech 1983, S. 123).

In realen Gesprächssituationen unterstellt man idealerweise allen Gesprächsteilnehmern gleichermaßen die Absicht, sich an die Höflichkeitsmaximen zu halten, d. h. aufeinander zuzugehen, so dass eine besonders höreradressierte Ausrichtung der Maximen dadurch ausbalanciert wird. So wie das Höflichkeitsprinzip insgesamt eine Sicherstellung jenes zwischenmenschlichen Verhältnisses anstrebt, welches das Grice'sche Kooperationsprinzip ermöglicht, somit Höflichkeit an dem durch sie erreichten Ziel misst, so stellen die Höflichkeitsmaximen einen Rahmen dar, in dem die (Beziehungs-) Funktionen sowohl von Höflichkeit als auch z. B. von Komplimenten oder deren Erwiderungen ermittelt werden können. Höflich verhält sich entsprechend jene Person, die ihren Gesprächspartner oder eine Eigenschaft, Leistung oder Besonderheit desselben positiv bewertet und somit die Wertschätzung ihres Gegenübers maximiert, d. h. der Anerkennungsmaxime nachkommt. Ein Mangel an positiver Bewertung würde in diesem Falle also zur Verletzung dieser Anerkennungsmaxime führen und somit als unhöflich interpretiert werden.

Im Hinblick auf Komplimenterwiderungen gibt es verschiedene Reaktionsmöglichkeiten, die den jeweiligen Maximen folgen: Reagiert man auf ein Kompliment mit einer Formulierung der Dankbarkeit oder einer Geste des Lächelns, nimmt das Kompliment an oder äußert ein Gegenkompliment, gilt man als höflich, denn

- der Empfänger demonstriert durch die Annahme des Kompliments oder ein Gegenkompliment Bescheidenheit bei der Annahme der Wertschätzung und entspricht somit der Bescheidenheitsmaxime,

- er minimiert z. B. durch ein Lächeln als Zeichen von Dankbarkeit die Kosten für den anderen, folgt also der Taktmaxime,

- er minimiert die Wertschätzung seiner eigenen Person durch eine bescheidene Geste des Lächelns im Sinne der Bescheidenheitsmaxime,

- er hebt die Wertschätzung des anderen durch ein Gegenkompliment hervor und folgt damit der Anerkennungsmaxime,

- er optimiert durch die Annahme des Kompliments die Übereinstimmung zwischen dem Gesprächspartner und sich selbst gemäß der Zustimmungsmaxime und

- er entwickelt durch sein Lächeln und die Anerkennung der Wertschätzung gemäß der Sympathiemaxime eine sympathische Relation zum Partner (vgl. Mulo Farenkia 2004, S. 10 f.).

Als unhöflich und potentiell beziehungsstörend wird dagegen eine Reaktion interpretiert, die eine Äußerung des Eigenlobs impliziert und somit einen übertriebenen Nutzen für den Sprecher (Selbstprofilierung) sowie hohe Kosten für den Partner (Imageverlust) ausdrückt, da durch sie sowohl die Bescheidenheits- als auch die Sympathiemaxime verletzt wird (vgl. Mulo Farenkia 2004, S. 11).

Über die Ursachen oder Faktoren einer potentiellen Gefährdung sowohl des zwischenmenschlichen Verhältnisses der Gesprächspartner als auch deren Imageverlust, wie z. B. bei einem wie oben beschriebenen Reaktionsmuster des Eigenlobs, gibt Leechs Theorie durch die Formulierung der Maximen nur implizit Auskunft, so dass die Frage, welchen Arten von Gefährdung (Image, Beziehung, etc.) Höflichkeit in konkreten Gesprächssituationen nun eigentlich entgegenwirkt, erst bei einem Blick auf die Theorie von Brown/Levinson (1978; 1987) expliziter beantwortet werden kann (vgl. Erndl 1998, S. 22).

## Face-saving view

Brown/Levinson gehen in ihrer bis jetzt am häufigsten rezipierten Höflichkeitstheorie von Goffmans *face*-Begriff aus und integrieren diesen in ein ihrer Meinung nach universales Modell strategisch-sprachlicher Höflichkeit. Sie setzen die Grice'sche Perspektive konversationeller Interaktion zwar als korrekt voraus, legen ihrer Theorie jedoch explizit nur den Rahmen des Grice'schen Entwurfs zugrunde,

> „(...) namely that there is a working assumption by conversationalists of the rational and efficient nature of talk. It is against that assumption

that polite ways of talking show up as deviations, requiring rational explanations on the part of the recipient, who finds in considerations of politeness reasons for the speaker's apparent irrationality or inefficiency." (Brown/Levinson 1987, S. 4).

Den Autoren zufolge bedingt erst eine Nichtbeachtung oder Verletzung der Konversationsmaximen Höflichkeit. Im Gegensatz zu Leech dient das Grice'sche Kooperationsprinzip in ihrem Modell nicht als Grundlage zur Konzeption von Höflichkeitsprinzipien, sondern spezifiziert in ihrer Theorie ein sozial neutrales System, in dem normale Kommunikation unter der Prämisse erfolgt, dass eine Abweichung von rationaler Effizienz nicht grundlos passiert, d. h., dass es erst sprachliche Höflichkeit ist, die prinzipielle Gründe für eine Abweichung liefert, und dass diese sprachliche Höflichkeit wie eine Botschaft, d. h. wie eine von Grice vorgeschlagene konversationelle Implikatur, erst sprachlich kommuniziert oder vermittelt werden muss (vgl. Fraser 1990, S. 228).

Höflichkeit wird in diesem Sinne als zweckrationales Verhalten beschrieben. Im weiteren Verlauf ihrer Theorie gehen Brown/Levinson von einer Modellperson aus, die sowohl durch zweckrationales Handeln (*rationality*) als auch durch ein eigenes positives Selbstbild (*face*)[14] gekennzeichnet ist (vgl. Brown/Levinson 1987, S. 58) und übernehmen somit Goffmans Begriff des *face*, das aus einem universellen öffentlichen und verletzlichen Selbstbild besteht. Dieses aus zwei konträren, jeweils einen Komplex von Bedürfnissen darstellenden Teilen (*positive face*, d. h. positives Selbstbild, und *negative face*, d. h. negatives Selbstbild) bestehende Selbstbild sind alle Gesellschaftsmitglieder eines Kulturkreises bemüht, wechselseitig füreinander zu wahren (vgl. Brown/Levinson 1987, S. 61). Brown/Levinson gehen davon aus, dass dieses individuelle Bedürfnisse statt soziale Normen konstituierende *face* der eigenen Person und des Gegenübers in konkreten Interaktionssituationen gefährdet, verletzt, aufrechterhalten sowie verbessert werden kann.

Das positive Selbstbild umfasst dabei die elementaren Bedürfnisse des Menschen nach Anerkennung, Wertschätzung und positiver Zuwendung, das negative Selbstbild beinhaltet den Wunsch nach Respektierung der eigenen Autonomie und uneingeschränkter Aufrechterhaltung der Handlungsfreiheit (vgl. Brown/Levinson 1987, S. 62). Brown/Levinson zufolge handeln entsprechend solche Personen höflich, die entweder imagebedrohende Sprechhandlungen, sogenannte *FTAs* bzw. *Face-Threatening Acts* (vgl. Brown/Levinson 1987, S. 65 ff.), vermeiden, abschwächen oder das Image schonende Akte realisieren. Ist eine imagebedrohende oder -verletzende Handlung — wie so oft in täglicher Interaktion — unausweichlich, setzen verschiedene zur Abmilderung führende Strategien ein, die planvoll von den Gesprächsteil-

---

[14]In dem stetigen Bemühen vieler Autoren, den Begriff des *face* adäquat und seiner exakten Bedeutung entsprechend ins Deutsche zu übersetzen, bietet die Literatur bis dato keine einheitliche Terminologie, sondern präsentiert eine Vielzahl von Termini wie Image, Selbstbild, Gesicht, etc. für denselben Begriff. Im weiteren Verlauf dieser Arbeit wird der Übersichtlichkeit halber und um Missverständnissen vorzubeugen ausschließlich auf die Begriffe *face*, ‚Selbstbild‘ bzw. ‚Image‘ zurückgegriffen.

nehmern zur Wahrung des gegenseitigen Images nach folgenden Kriterien eingesetzt werden:

- „the want to communicate the content of the FTA x
- the want to be efficient or urgent
- the want to maintain H's *face* to any degree" (Brown/Levinson 1987, S. 68).

Auf der Grundlage dieser Bedürfnisdifferenzierung formulieren die Autoren mögliche imagebedrohende Akte für Sprecher und Hörer, die immer an solchen Stellen in Kommunikationssituationen auftreten, wo begründete Erwartungen oder Ansprüche der Gesprächsteilnehmer nicht oder zu wenig beachtet werden. Auf Hörerseite gibt es Erndl (1998, S. 23) zufolge drei Arten der Bedrohung des negativen Selbstbildes:

1. Einschränkung der Handlungsfreiheit des Hörers dadurch, dass er etwas tun soll (z. B. Aufforderungen, Ratschläge, Erinnerungen, Drohungen, etc. von Seiten des Sprechers).

2. durch eine positive Handlung des Sprechers Verpflichtung des Hörers zu einer (Re-)Aktion (z. B. Angebote, Versprechungen, etc. des Sprechers).

3. Schutz der eigenen Person oder einer Sache vor dem Sprecher (z. B. Komplimente, Neid, Bewunderung, Ausdruck starker negativer oder positiver Gefühle durch den Sprecher).

Als das positive Selbstbild des Hörers bedrohende Akte nennt Erndl die

1. negative Beurteilung des Sprechers über etwas den Hörer Betreffendes (z. B. Widerspruch, Kritik, Beschwerden, Beleidigungen, etc.).

2. mangelnde gebührende Wertschätzung eines sozialen Wertes des Hörers (z. B. missbilligende Anrede, Indiskretion in der Themenwahl, fehlende Kooperation, etc.).

Im Hinblick auf eine potentielle Imagebedrohung auf Sprecherseite sind dagegen für Erndl (1998, S. 23) folgende das positive oder negative Selbstbild potentiell bedrohende Akte möglich:

1. Potentielle Bedrohung der negativen *face*-Bedürfnisse des Sprechers durch Dank, Annahme von Dank, Entschuldigung oder Angebot, etc.

2. Potentielle Bedrohung der positiven *face*-Bedürfnisse des Sprechers durch Entschuldigungen, Komplimentannahme, Eingeständnis oder Verlust emotionaler Kontrolle.

Da die Art und Stärke des imagebedrohenden Aktes im Allgemeinen abhängig ist vom zu vermittelnden Inhalt, den Gesprächsteilnehmern und dem Kontext, wählt der Sprecher mittels logischen Kalküls zwischen verschieden starken Varianten diejenige Höflichkeitsstrategie, die einen Imageverlust weder zu sehr noch zu wenig, sondern gerade in ausreichendem Maße abschwächt. Auf das logische Kalkül des Sprechers nehmen dabei drei Kontextfaktoren Einfluss: die soziale Distanz (Vertrautheit), Macht und Status sowie der absolute Wert der Imagebedrohung im jeweiligen Kulturkreis (vgl. Brown/Levinson 1978, S. 79 ff.). Entsprechend der konträren negativen und positiven *face*-Bedürfnisse unterteilen Brown/Levinson die Höflichkeitsstrategien in negative Höflichkeit (*negative politeness*), welche die Ansprüche des negativen Selbstbildes wahren, und positive Höflichkeit (*positive politeness*), die zur Aufrechterhaltung der Erwartungen des positiven Selbstbildes dienen:

> „Positive politeness is oriented toward the positive face of H, the positive self-image that he claims for himself. Positive politeness is approach-based; it 'anoints' the face of the addressee by indicating that in some respects, S wants H's wants (e.g. by treating him as a member of an in-group, a friend, a person whose wants and personality traits are known and liked)." (Brown/Levinson 1987, S. 70).

> „Negative politeness, on the other hand, is oriented mainly toward partially satisfying (redressing) H's negative face, his basic want to maintain claims of territory and self-determinations. Negative politeness, thus, is essentially avoidance-based, and realizations of negative-politeness strategies consist in assurances that the speaker recognizes and respects the addressee's negative-face wants and will not (or will only minimally) interfere with the addressee's freedom of action." (Brown/Levinson 1987, S. 70).

Während positive Höflichkeit dazu dient, soziale Distanz zu verringern und mit einem niedrigen Formalitätsgrad assoziiert wird, gilt negative Höflichkeit als Strategie zum Ausdruck von Respektbezeugung und impliziert einen hohen Formalitätsgrad (vgl. Duttlinger 1999, S. 18). Brown/Levinson[15] zufolge stehen beim Vollzug eines imagebedrohenden Aktes zur Minimierung der Imagebedrohung und Belastung zwischen den Gesprächsteilnehmern fünf Strategien mit unterschiedlichem Grad der Direktheit zur Auswahl (vgl. Duttlinger 1999, S. 19; Erndl 1998, S. 24 f.):

1. Bei Vollzug eines imagebedrohenden Aktes wird unterschieden zwischen:

    (a) *bald on record*, das dem Grice'schen Kooperationsprinzip entspricht, maximale Effektivität z. B. beim Gebrauch von Imperativen impliziert und als Strategie der unverblümten Direktheit ohne Rücksicht auf Hörer- oder Sprecherbedürfnisse bei Machtgefälle und in dringenden Fällen zugunsten des Hörerinteresses vollzogen wird.

---

[15] Brown/Levinson (1987), S. 60 und 68 ff. sowie Kapitel 5.

(b) *with redressive action*, d. h. Abschwächung des Direktheitsgrades und des durch einen imagebedrohenden Akt ausgelösten Imageverlusts zur größtmöglichen Wahrung des Images des Gegenübers. Während bei den Strategien der *positive politeness*, die 15 Hauptstrategien umfassen, der ausgeführte FTA durch Zuwendungen (Annäherung, Signalisieren von Zustimmung) an die positiven *face*-Bedürfnisse des Hörers ausbalanciert wird, dienen die Vermeidungsstrategien der *negative politeness* (10 Hauptstrategien beinhaltend) der Abschwächung durch Respektierung der negativen *face*-Bedürfnisse (Nichteinmischen, Wahrung von Distanz und Handlungsfreiheit) und werden in verschiedenen Sprechakten unterschiedlicher Kulturen z. B. mit Hilfe von Abtönungspartikeln, unpersönlichen Ausdrücken oder Entschuldigungen realisiert.

2. Die *off record*-Strategie deutet den imagebedrohenden Akt und damit die Sprechabsicht des Sprechers nur indirekt an, so dass der Hörer versuchen muss, sie zu erkennen. Somit wird ihm durch den Sprecher unter Verwendung von z. B. Unter- oder Übertreibungen, rhetorischen Fragen oder Ironie die Wahl gelassen, den Sprechakt als imagebedrohend oder nicht imagebedrohend zu interpretieren.

3. Unterlassung eines imagebedrohenden Aktes

Meibauer gibt in Abbildung 2 ein anschauliches Beispiel für die Anwendung dieser Höflichkeitsstrategien, wenn es darum geht, einen Kuli zu bekommen:

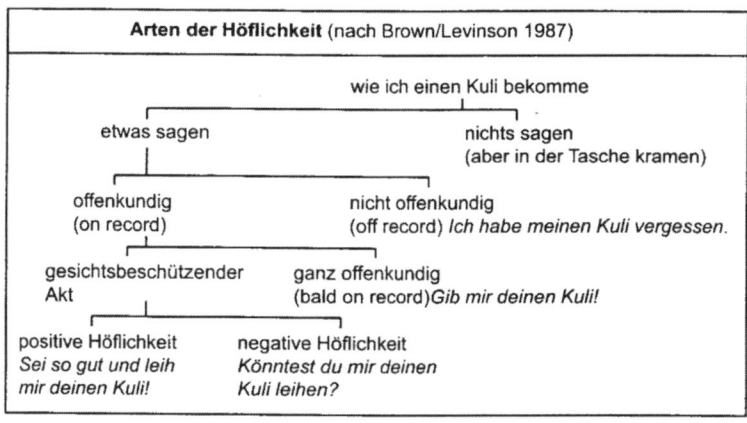

Abbildung 2: Höflichkeitsstrategien zum Vollzug des potentiell imagebedrohenden Aktes „Kuli bekommen" (Meibauer 1999, S. 115)

Als Kompromiss für ein innerhalb der *positive politeness* natürlich vorhandenes Spannungsfeld zwischen dem Wunsch, *on record* zu gehen zur Senkung des Imageverlustrisikos und dem, *off record* zu gehen zur Aufdringlichkeitsvermeidung existiert laut Brown/Levinson (1987, S. 70) darüber hinaus die *conventionalized indirectness*, also indirekte, konventionalisierte Formen zum Vollzug von imagebedrohenden Akten. Allgemein kritisch betrachtet wird diese Theorie aus folgenden Gründen:

- Der Universalitätsanspruch der Höflichkeitstheorie wird angezweifelt, weil die Theorie insbesondere in nicht-amerikanischen oder -europäischen Kulturen zur Erklärung von negativer Höflichkeit nicht uneingeschränkt anwendbar sei, da diesen Kulturen kein individualistisch orientiertes westliches Konzept von Höflichkeit bzw. Autonomie und individueller Handlungsfreiheit zugrunde liege (vgl. Kasper 1990, S. 195).

- Das Sprecherkalkül wird als zweckrational und wertfrei — also keiner gesellschaftlichen Norm unterworfen — bezeichnet, um so die verschieden starken Höflichkeitsformulierungen oder unterlassene Höflichkeit erklären zu können. Durch die zugrunde liegende Komponente des *face* eines jeden Gesprächsteilnehmers wird die Normkomponente jedoch dadurch indirekt wieder eingeführt, dass Höflichkeitsnormen Alltagsnormen sind, die vom Sprecher berücksichtigt und gegen andere teilweise widersprechende Normen abgewogen werden, d. h., der Sprecher wägt also eigene und Hörerinteressen stets gegeneinander ab (vgl. Erndl 1998, S. 26).

- Höflichkeit wird als ein vom Sprecher bei der Produktion von Äußerungen zu verantwortender Aspekt dargestellt und nicht interaktiv verstanden.

- Aufgrund des von Brown/Levinson und Leech postulierten primären Ziels von Höflichkeit, mithilfe bestimmter Mittel und Strategien (z. B. Indirektheit) Konflikte zu vermeiden, gelte das Modell weniger als eine allgemeine Theorie der Höflichkeit, sondern vielmehr als eine des instrumentellen Einsatzes von Höflichkeit, da diese insbesondere auf das Verhalten der jeweiligen Gesprächsteilnehmer in kritischen und prekär empfundenen Gesprächssituationen ausgerichtet sei (vgl. Erndl 1998, S. 27).

Komplimente, die den Autoren zufolge wie andere Sprechakte auch (Dank, Entschuldigungen, etc.) zunächst einmal als potentiell imagebedrohend gewertet werden, dienen idealerweise der Wahrung des *positive face* und werden somit dem Bereich der *positive politeness* zugeschrieben, da durch sie anderen Gesprächsteilnehmern Anerkennung, Zuwendung und Respekt zufallen.

### Conversational-contract view

Ebenso wie bei Leech (1983) und Brown/Levinson (1987) dienen Fraser/Nolens (1981) sowie Frasers (1990) Höflichkeitskonzept des Gesprächsvertrags (*conversational contract*) als Grundlage sowohl das Grice'sche Kooperationsprinzip als auch Goffmans *face*-Begriff. Fraser geht jedoch abweichend von den oben beschriebenen Theorien davon aus, dass es in der zwischenmenschlichen Interaktion u. a. kulturspezifisch bedingt eine Fülle von Verhaltensmöglichkeiten gibt, dass die Gesprächsteilnehmer auf der Grundlage dieser Tatsache sowie ihrem Wissen von Rechten, Verpflichtungen und Konventionen zu Beginn eines Gesprächs eine bestimmte Verhaltensnorm vereinbaren, die im weiteren Verlauf des Gesprächs, z. B. bei kontextuellen, durch Status oder Macht bedingten Veränderungen neu ausgehandelt, verändert und justiert werden kann, so dass Höflichkeit die jeweils auf diesem meist stillschweigend vereinbarten Gesprächsvertrag beruhende gültige erwartete Norm darstellt (vgl. Vorderwülbecke 2001, S. 31).

Ausgehend von diesem Konzept des individuellen gegenseitigen Aushandelns einer gültigen Höflichkeitsnorm für jedes Gespräch bedeutet Fraser (1990) zufolge höfliches Verhalten folgendes:

> „Being polite does not involve making the hearer ‚feel good‘, à la Lakoff or Leech, nor with making the hearer not ‚feel bad‘, à la B&L. It simply involves getting on with the task at hand in light of the terms and conditions of the CC [Conversational Contract]. The intention to be polite is not signaled, it is not implicated by some deviation(s) from the most ‚efficient‘ bald-on record way of using the language. Being polite is taken to be the hallmark of abiding by the CP [Cooperative Principle]—being cooperative involves abiding the CC. Sentences are not *ipso facto* polite, no rare languages more or less polite. It is only the speakers who are polite, and then only if their utterances reflect an adherence to the obligations they carry in that particular conversation." (Fraser 1990, S. 233).

## 2.2.3 Höflichkeit als routinierter und ritualisierter Sprachgebrauch

Schließlich wird Höflichkeit auch vielfach als alltägliches Ritual im Sinne einer Vermeidungsstrategie[16] oder Routine, d. h. abrufbarer, stereotyper sprachlicher Routineformeln[17], aufgefasst. Als ein solches ähnelt es dem in Kapitel 2.2.1 beschriebenen traditonell-normativen Verständnis insofern, als es sich um fest vorgeformte, standardisierte Formeln handelt, die als fertige Problemlösungsmuster gespeichert in oft wiederkehrenden Situationen immer wieder angewendet werden. Dagegen formt es einen Gegenpol zu den in Kapitel 2.2.2 skizzierten Konzeptionen und Modellen, die höflichen Sprachgebrauch als strategisch betrachten. Während Routinen sich dadurch auszeichnen, dass sowohl die Verteilung der Rollen im Gespräch als auch der Verlauf der Interaktion vorhersehbar sind, besitzen Rituale einen überwiegend symbolischen Charakter, der sich z. B. in Gruß- und Abschiedsritualen zeigt, bei denen

---

[16] Dazu auch Werlen (1983), Höflichkeit als Vermeidungsstrategie.

[17] Coulmas (1981) unterscheidet in seiner Routinedefinition zwischen Verhaltens- und Ausdrucksroutinen, da ihm zufolge etwas routinehaft tun und sagen nicht dasselbe beinhalten, sondern insbesondere Verhaltensroutinen in ihrer verbalen Realisierbarkeit variabel sein können. An dieser Stelle weist Held (1992) auf den bestehenden Konflikt zwischen Universalität und Individualität in der Höflichkeitslinguistik hin, zwischen passiver konventionalisierter bzw. standardisierter Höflichkeit und aktiver, situations- und hörerorientierter Höflichkeit.

die Gesprächsteilnehmer sowohl bezüglich ihrer sozialen Beziehung als auch der Einhaltung grundlegender Interaktionsregeln zu einem gemeinsamen Grundkonsens gelangen (vgl. Erndl 1998, S. 32). Beide erleichtern demnach aufgrund ihrer Wiederholbarkeit und Standardisierung die Interaktion und implizieren für die Gesprächsteilnehmer eine gewisse Vorhersehbarkeit und damit Berechenbarkeit im Gesprächsverlauf. Trotz der Nähe zu dem in Kapitel 2.2.1 skizzierten traditionell-normativen Höflichkeitsverständnis unterscheidet sich das Konzept des routinierten und ritualisierten Sprachgebrauchs von diesem durch seine Einbettung in empirisch unterlegte linguistische, psychologische, soziologische und kulturell-ethnographische Forschungsansätze wie z. B. den von Coulmas (1981). Parallelen zu den in Kapitel 2.2.2 dargestellten Konzepten lassen sich laut Erndl (1998, S. 32) ebenfalls erkennen:

1. Der Gebrauch von Routinen und Ritualen weist sowohl durch eine wechselseitige Erhöhung der Erwartungssicherheit als auch eine Beziehungsaktualisierung ein hohes Maß an Hörerorientierung auf, die ein zentrales Merkmal der vorgestellten Modelle in Kapitel 2.2.2 darstellt.

2. Durch die Realisierung von Routinen oder Ritualen sowohl auf verbaler als auch nonverbaler Ebene ergeben sich Möglichkeiten sprecherindividueller Feindosierung, so dass eine Verknüpfung zwischen höflicher Normerfüllung und individueller, kreativer, kontextbezogener und strategischer Höflichkeit entsteht (siehe Kapitel 2.2.4).

Insgesamt bietet dieser Ansatz jedoch — ebenso wie derjenige traditionell-normativer Höflichkeit — lediglich eine Erklärung und Analyse nur *eines* Bereichs von Höflichkeit, nämlich dem des vorgeformten, standardisierten Sprachgebrauchs.

## 2.2.4 Erweiterungen und Ergänzungen der Höflichkeitsbetrachtung

Die Tatsache, dass keine der bisher erläuterten Höflichkeitsmodelle die Komplexität sprachlichen Interaktionsverhaltens zum Ausdruck bringt, hat zu zahlreichen Ergänzungsvorschlägen veranlasst, die Höflichkeit weniger als Mittel zur Konfliktvermeidung betrachten, sondern vielmehr als eines zur erfolgreichen Beziehungsförderung oder -arbeit und Aufrechterhaltung eines interaktiven Gleichgewichts unter Berücksichtigung insbesondere emotionaler Parameter (vgl. Held 1992, S. 142 ff.).

Zum einen geht es dabei um eine inhaltliche Erweiterung, denn die den meisten Modellen zugrunde liegende Gleichsetzung von Höflichkeit mit dem Gebrauch indirekter Strategien wird angezweifelt und damit betont, dass erst die Gesamtheit sich durchaus ergänzender direkter *und* indirekter Strategien, d. h. Explizitheit *und* Implizitheit, im Hinblick auf ein an *positive* und *negative politeness* orientiertes Sprechen das Höflichkeitsrepertoire kompetenter Sprecher ausmache (Erndl 1998, S. 27).

Darüber hinaus wird eine Erweiterung der methodischen Analysebasis bereits beschriebener Forschungsansätze angestrebt, indem nicht mehr nur Realisierungen imagewahrender Einzelsprechaktäußerungen dargestellt werden, sondern längere interaktive Sequenzen in den Blick des Interesses gerückt werden, auf deren Basis ein umfassender verstandenes *face work* im Sinne Goffmans entsteht (Erndl 1998, S. 27), in der deutschen Pragmatik als Beziehungs- oder Imagearbeit (vgl. Holly 1979; Adamzik 1984) bezeichnet.

Mit dem Aspekt der Beziehungsarbeit, die sich vorwiegend an die positiven *face*-Bedürfnisse der Gesprächsteilnehmer richtet und z. B. Komplimente oder Dank als verbalen Ausdruck positiver Gefühle betrachtet, wird der Aspekt der Höflichkeit um den des unterstützenden emotionalen, dem Sachthema nicht unbedingt fremden Elements sprachlichen Handelns erweitert (Held 1992, S. 143). Held geht davon aus, dass zu einer umfassenden Beziehungsarbeit bestimmte Maximierungsstrategien erforderlich sind, die sie in affektive (Steigerung des emotionalen Engagements der Gesprächsteilnehmer) und inhaltliche (mögliche Förderung der Kooperationsbereitschaft des Gegenübers durch Redundanz und Explizitheit) Strategien unterteilt. Bezüglich des Aspekts inhaltlicher Explizitheit ist Edmondsons diskursanalytischer Beitrag zu nennen, der Höflichkeit im Rahmen seiner Analyse von Gesprächselementen (*conversation gambits* oder *supportive moves*) als bewusste, zielgerichtete, hörerbezogene Explizitheit verstanden wissen will (vgl. Erndl 1998, S. 28). Als solche *gambits* oder *supportive moves* bezeichnet Edmondson z. B. eine bewusst vorweggenommene Antwort auf eine vermutete Frage nach Grund oder Motivation einer Aktion oder der Adäquatheit einer Reaktion sowie vorbeugende Rechtfertigung bezüglich möglicher Kritik (Edmondson 1981, S. 122 ff.).

Arndt/Janney (1985) untersuchen den Einfluss nonverbaler Kommunikationsanteile auf den Aspekt der Höflichkeit und beschäftigen sich mit den affektiven Strategien im Rahmen einer kognitiv-emotionalen Beziehungsarbeit. Sie gehen davon aus, dass „[at] its most basic level, [...], politeness consists of knowing how to express positive and negative feelings without threatening one's partner emotionally." (Arndt/Janney 1985, S. 292). Grundlage dieses Ansatzes bilden ebenfalls Goffmans *face*-Bedürfnisse, d. h. positive Zuwendung (*partners' interpersonal face needs*) und persönliche Handlungsfreiheit (*partners' personal face needs*), die ihnen zufolge jedoch — entgegen vielen, die positiven Bedürfnisse aus verbaler Sicht zu sehr berücksichtigenden Höflichkeitsmodellen — in ausgewogener Weise durch die richtige Kombination von die verbale Kommunikation begleitenden nonverbalen Signalen (verbal, vokalisch, kinesisch) befriedigt werden (Erndl 1998, S. 29). Die Nützlichkeit oder Schädlichkeit solcher unterstützenden Kombinationen nonverbalen Verhaltens stellen sie für den Ausdruck positiver oder negativer Emotionen im Englischen übersichtlich dar (Arndt/Janney 1985, S. 297 f.).

Obwohl auch ihnen die positiven, vorwiegend nonverbal befriedigten *face*-Bedürfnisse wichtiger erscheinen, besteht Höflichkeit für sie darin, sowohl während einer verbalen Äußerung eines Lobes als auch einer Kritik auf nonverbaler Ebene bei beiden Respekt und Wertschätzung zu signalisieren.

Im Englischen wird entsprechend bei der Äußerung positiver Mitteilungen auf vokaler Ebene eine fallende Satzmelodie, positiver Stimmklang und ausgeprägte

Hauptbetonungen, auf kinesischer Ebene Lächeln und sehr intensiver Blickkontakt gewählt. Bei der Äußerung negativer Mitteilungen dagegen vermittelt man Wertschätzung mittels fallend-steigender Satzmelodie, positivem Stimmklang sowie dem Verzicht auf ausgeprägte Betonungen sowie auf kinesischer Ebene Lächeln und weniger intensivem Blickkontakt (Arndt/Janney 1985, S. 297 f.). Beide verbal gleichen Äußerungstypen können auf nonverbaler Ebene entsprechend jeweils Wertschätzung enthalten (*speakers' supportive positive* und *supportive negative emotive strategies*) oder auch nicht (*speakers' nonsupportive positive* und *negative emotive strategies*).

Zur Unterscheidung dieser vier Grundformate ziehen die Autoren die Begriffe *cue redundancy* und *cue contrastivity* (gleiche bzw. abweichende Richtungsweisung verbaler und nonverbaler Signale) heran, wobei *cue redundancy* der positiven, Wertschätzung ausdrückenden, höflichen Äußerung positiver Gefühle (Lob, Komplimente), *cue contrastivity* derjenigen negativer Gefühle (Kritik, Ablehnung) zugeordnet wird (Arndt/Janney 1985, S. 295). Stimmigkeit wird im Fall negativer Mitteilungen oder Gefühle durch *cue contrastivity* erzielt, indem verbal Distanz, nonverbal zwar Akzeptanz und Wertschätzung signalisiert wird, jedoch in weniger pointierter oder engagierter Weise als bei positiven Mitteilungen. Insgesamt propagieren Arndt und Janney: „[t]echniques of supportiveness, or INTERPERSONAL POLITENESS, as we might finally call it, are much less abstract than rules of social politeness." (Arndt/Janney 1985, S. 297).

Sie werden dabei von Held (1989) unterstützt, die für einen erweiterten Höflichkeitsbegriff hinsichtlich einer linguistischen Modellierung plädiert, weil für sie eine kontinuierliche, wechselseitige Orientierung an den Bedürfnissen des Anderen ein wesentliches Merkmal der Kommunikation darstellt, und „Höflichkeit einfach eine positiv zu bewertende Beziehungsarbeit impliziert, wie auch immer diese kulturell bestimmt sein mag." (Held 1989, S. 424).

Ergänzend gibt Karen Tracy einen Überblick über Beiträge und Desiderata zu *face work* aus soziolinguistischer und -psychologischer Perspektive. Sie erweitert Brown/Levinsons Spektrum Einfluss nehmender soziokultureller Faktoren, indem sie *face* als kultur-, situations- und persönlichkeitsabhängig deklariert und dabei auf ein in sozialer Interaktion immer gegebenes Spannungsfeld zwischen gegenseitiger Ehrlichkeit und Rücksichtnahme — entsprechend der Grice'schen Maxime der Qualität oder der Searle'schen *sincerity conditions* — bzw. Kooperation und Konkurrenz hinweist (Tracy 1990, S. 219 f.):

> „Facework has many faces. It can be respectful and deferential; it can be forthright; it can be hostile. Facework may be oriented to enhancement of the self and/or other; it may be oriented to self-defense and other-attack. Because people's self and other identity concerns are often complicated, many of the faces of facework may be visible in the same interaction." (Tracy 1990, S. 221).

Die Kombination von Parametern zur Darstellung einer Skala mit zwei oder mehr Polen, wie z. B. bei Holmes (1995) (Skala: *intimate – distant, high – low solidarity, positive – negative politeness*) oder bei Wolfson in ihrem *Bulge*-Modell (1988) (Skala: *intimates – friends – strangers*), zeigt insbesondere im mittleren Beziehungsgrad (*friends*) eine ausgeprägte Konzentration von Höflichkeit, d. h. besonders markiertes Verhalten (vgl. Duttlinger 1999, S. 24).

Über die hier dargestellten Erweiterungskonzepte hinaus gibt es zahlreiche weitere Ergänzungsvorschläge.[18] Von der mittlerweile nahezu unüberschaubaren Auswahl sollte jedoch noch folgendes Konzept erwähnt werden: Vorderwülbecke (1986; 2001), Edmonson/House (1982) sowie Ehlich (1992) schlagen auf der Grundlage eines allgemeinsprachlichen Verständnisses von Höflichkeit, das die Existenz sprecher- und hörerseitiger *face*-Bedürfnisse umfasst, eine konzeptuelle Differenzierung des Höflichkeitsphänomens vor, die eine Zweiteilung des Aspekts beinhaltet:

> „Konventionelle, normenorientierte und sprachlich weitgehend standardisierte Höflichkeit auf der einen Seite [...]. Individuelle, situationsabhängige und sprachlich eher der Kreativität des einzelnen überlassene Höflichkeit auf der anderen Seite [...]." (Erndl 1998, S.36 f.).

Basierend auf der Annahme einer engen Verbindung zwischen höflichem Sprechen und gleichzeitig Handeln mittels vorwiegend sprachlicher Mittel orientiert sich konventionelle Höflichkeit den Autoren zufolge an gesellschaftlichen Normen, die durch weitgehend sprachliche Routinen ausgedrückt werden und deren Nichtbeachtung als unhöflich bewertet wird. Individuelle Höflichkeit dagegen, die über die Erfüllung der gesellschaftlichen Normen als Mindestmaß hinausgeht und ko- bzw. kontextgebunden ist, vermittelt Respekt und Wertschätzung (vgl. Vorderwülbecke 2001, S. 32). Ihr Ausbleiben impliziert nicht unhöfliches, sondern normales, korrektes, alltagsdiplomatisches Verhalten, das zu gutem Einvernehmen (*comity* bei Leech (1983)) führt. Individuelle Höflichkeit baut auf die von konventioneller, normorientierter Höflichkeit ausgehende Erwartungshaltung auf, wobei die verwendeten sprachlichen Mittel mit denen konventioneller Höflichkeit sowohl überlappen als auch divergieren können. Vorderwülbecke betrachtet diese Konzeption, die er mit Frasers Gesprächsvertrag (Kapitel 2.2.2) vergleicht, weniger als eine von den Gesprächspartnern vertraglich ausgehandelte Übereinkunft im Sinne Frasers, sondern eher als einen Korridor, in dem die Gesprächspartner agieren:

> „Ich sehe den jeweils gewählten Ausschnitt aus dem Verhaltenspotential eher als einen Korridor, in dem die Beteiligten einen gemeinsamen (Gesprächs-)Weg gehen. Wenn sich ihr Verhältnis zueinander ändert oder ein erneuter Kontakt in einer anderen sozialen Umgebung stattfindet, können sie diesen Korridor in die eine oder andere Richtung

---

[18] Dazu gehören z. B. Slugoski/Turnbull (1988), die dem Aspekt der Sympathie/Antipathie zwischen Gesprächspartnern höhere Priorität einräumen als sozialer Distanz, Turnbull/Saxton (1997), die Höflichkeit im Sinne Tracys als nur eine bestimmte von vielen Arten von *face work* betrachten und Wood/Kroger (1994) folgend als solche z. B. *maintenance, enhancement, restoration* und *damage* nennen sowie Culpeper, der *impoliteness* als Kontrastierung mit bekannten Höflichkeitstheorien und Darstellung analoger Strategien zu Brown/Levinsons Höflichkeitsstrategien erarbeitet (vgl. Duttlinger 1999, S. 24 f.).

verschieben. Bei einem wiederholten Kontakt werden sie sich in dem Korridor bewegen, der am Ende ihrer letzten Begegnung gültig war." (Vorderwülbecke 2001, S. 32).

In diesem Sinne stellt Höflichkeit keine feste Größe dar, sondern situationsspezifisches, -adäquates und -abhängiges konventionell *und* individuell sprachliches Verhalten, das abhängig ist von vielen Variablen und daher von den Gesprächspartnern immer wieder angepasst werden muss. Im Hinblick auf die Berücksichtigung der *face*-Bedürfnisse ist dabei jedem Gesprächsteilnehmer klar, dass die Bedürfnisse des anderen nur so lange respektiert werden können, solange sie nicht mit den eigenen Bedürfnissen in Konflikt geraten.

Weitere Veröffentlichungen und Ansätze, die an dieser Stelle nicht ausführlich behandelt werden können, beschäftigen sich zum einen noch detaillierter mit der Dreiteilung zwischen Höflichkeit und nonverbaler Kommunikation, Kultur und Person sowie zum anderen mit dem Einsatz verbaler Höflichkeit in verschiedenen Gruppen und Kulturen (z. B. Anredeformen in verschiedenen Kulturen, geschlechtsspezifische Männer- bzw. Frauengruppe, inter- und intrakulturelle Unterschiede).

## 2.2.5 Zusammenfassung und Bestimmung eines Definitionsrahmens von Höflichkeit für diese Arbeit

Mit einer Veränderung gesellschaftlicher Werte, Normen und Sprache selbst im Verlaufe der Zeit ändert sich auch das Verständnis davon, was Höflichkeit eigentlich ist und wie sie sich verbal äußert. Dies gilt gleichermaßen für die verhältnismäßig junge linguistische Höflichkeitsforschung, die insbesondere in den letzten Jahrzehnten im Zuge wachsenden Interesses einige Entwicklungsstadien durchlaufen hat. Während man sprachliche Höflichkeit anfänglich auf die verbale sprecherseitige Realisierung gesellschaftlich normierter Floskeln und deren musterhafter Reproduktion reduzierte, veränderte sich die Betrachtungsweise im weiteren Verlauf: Man sah Sprache als zweckrationales Handeln und gelang zu der Einsicht, dass in kommunikativen Situationen die Durchführung bestimmter sprachlicher Akte und nicht allein linguistische Elemente als Grundeinheiten zu werten sind.

Darüber hinaus beschäftigte man sich mit indirekten Sprechakten als Ausdruck von Höflichkeit und Ausnahme zu gefordertem syntaktisch-semantischem Sprachverhalten, das eine optimale Informationsübermittlung gewährleistet. Damit ebnete man neuen Konzepten den Weg, die Höflichkeit als situations- und kontextabhängiges Handeln betrachten, das in jeder kommunikativen Interaktion von allen Gesprächsteilnehmern mit Hilfe verfügbarer sprachspezifischer, konventionell-standardisierter Mittel auf der einen Seite und spontaner, verstärkt individueller Mittel auf der anderen Seite gestaltet wird — dies immer in dem Bewusstsein und unter Berücksichtigung beidseitig vorhandener *face*-Bedürfnisse und Ansprüche sowie weiterer, z. B. emotionaler und nonverbaler Variablen.

Somit hat das Konzept sprachlicher Höflichkeit zunehmend an Komplexität gewonnen mit dem Ziel, über das Bild von Höflichkeit zur Distanzwahrung und Respektbezeugung hinaus diese als Zugangsstrategie zu verstehen, die sowohl die Wertschätzung des Gegenübers als auch ein möglichst konfliktfreies Verhältnis anstrebt.[19]

Im Rahmen einer notwendigen Erweiterung dieses Höflichkeitskonzepts ist sprachliche Höflichkeit somit als eine Synthese aus konventioneller *und* individueller Höflichkeit zu verstehen. Dabei nehmen universale und kulturspezifische, jeweils den geltenden Wertvorstellungen angepasste Merkmale ebenfalls Einfluss. Insbesondere auf verschiedene Kulturen und deren Wertvorstellungen zurückzuführende Divergenzen im Hinblick auf unterschiedliche Höflichkeitstypen und die Verwendung von Indirektheitsstrategien bieten inzwischen einen beliebten Untersuchungsgegenstand für diverse Forschungsansätze.

Besonderes Augenmerk wird dabei auf intra- und interkulturelle Unterschiede in Häufigkeit und Realisierungsform in bestimmten Situationen sowie die jeweilige Bevorzugung floskelhafter oder individueller Höflichkeitsformen gelegt, um ein besseres gegenseitiges Verständnis zu erzielen und eine umfassendere kommunikative und pragmatische Zweitsprachenkompetenz zu gewährleisten.

Obwohl die Höflichkeitsforschung in den letzten Jahrzehnten durch die Vielzahl an Veröffentlichungen mit neuen Anstößen und Einsichten einen großen Entwicklungsschritt genommen hat, gibt es nach wie vor viel zu tun, insbesondere im Hinblick auf den Einbezug vieler bislang unberücksichtigter Parameter wie z. B. den Einfluss individueller Gemütsverfassung sowie Persönlichkeitsstrukturen (Selbstbewusstsein, -sicherheit, etc.), die empirisch u. a. durch ihren variablen Charakter schwer messbar oder herauszufiltern sind.

Dadurch wird es auch weiterhin schwierig sein, ein allgemeingültiges Bild von dem aufzuzeichnen, was Höflichkeit eigentlich ist und welche Faktoren im Einzelnen darauf Einfluss nehmen, warum man in einer bestimmten Situation eine bestimmte Formulierung wählt.

Im Rahmen dieser Arbeit dient die dargestellte Vielfalt theoretischer Ansätze zum Thema Sprechakttheorie sowie linguistische Höflichkeit, die durchweg keinen Anspruch auf Vollständigkeit erhebt, als Bezugsrahmen für das zentrale Thema „Komplimenterwiderungen"; die mit ihnen verbundene Problematik eines uneinheitlichen theoretischen Rahmens kann jedoch in dieser Arbeit nicht gelöst werden, so dass für das Konzept „Komplimenterwiderung" in erster Linie diejenigen Aspekte aus den einzelnen Ansätzen und Konzepten herangezogen werden, die eine besondere Hilfs- und Klärungsfunktion für die Analyse des spezifischen Themas bieten.

Da es an einer einheitlichen Definition von Höflichkeit bis dato mangelt, erscheint es mir ebenso wie Duttlinger (1999) sinnvoll, dieser Arbeit einen weiter gefassten Definitionsrahmen von Höflichkeit zugrunde zu legen, um der Untersuchung von Komplimenterwiderungen im australischen Englisch und Deutschen genügend

---

[19]Zahlreiche Arbeiten beschäftigen sich auch mit interkulturellen und geschlechtsspezifischen Unterschieden in der Verwendung spezifischer Sprechakte (z. B. Entschuldigungen, Bitten, Angebote, Vorschläge (vgl. Barron 2003, Márquez Reiter 2000, Holmes 1995, Kasper/Blum-Kulka 1993, Cordella 1990, Kasper/Blum-Kulka/House 1989).

Analysespielraum zu gewähren. Daher dient folgende Auslegung von Höflichkeit als Bezugsrahmen für die weitere Analyse:

> „Höflichkeit in ihrer ganzen Breite kann — auch unbefriedigend, weil unzureichend — als ein jedem präsenter vielseitiger Verhaltenskodex verstanden werden oder als Bewusstsein um ein Gleichgewicht (im Interesse aller Beteiligten), das zu erhalten bzw. (sofern nicht gegeben) wiederherzustellen ist, damit den *face*-Ansprüchen der Gesprächsteilnehmer Rechnung getragen und ihr Verhältnis zueinander nicht beeinträchtigt wird." (Duttlinger 1999, S.32).

# Kapitel 3

# Forschungsstand zu Komplimenten und Komplimenterwiderungen

Komplimente und Komplimenterwiderungen stellen im Rahmen der Höflichkeitsforschung einen beliebten Untersuchungsgegenstand dar, dies beweist alleine schon das breite Spektrum an Untersuchungen[1] in zahlreichen Sprachen, darunter alleine sechs englischen Varietäten[2].

In vielen Studien werden in Anlehnung an die mündliche, sprechakttheoretische Dialoganalyse Komplimente und ihre Erwiderungen als eine aus zwei Teilen bestehende Einheit behandelt — in der Fachliteratur auch als Nachbarschaftspaar (*adjacency pair*) bezeichnet — wobei der zweite, respondierende Teil sequentiell und inhaltlich vom ersten, initialisierenden Teil abhängig ist. Herbert (1989, S. 5) zufolge besteht beispielsweise eine Komplimenteinheit aus den zwei Teilakten *A compliments B* und *B responds/acknowledges that A has spoken*.

Während eine Vielzahl an Studien zum Komplimentverhalten in anderen Sprachen und insbesondere im Englischen in Anlehnung an diese zweigliedrige Komplimenteinheit empirisch fundierte linguistische Forschungsergebnisse anbieten, existiert für das australische Englisch meines Wissens nur eine veröffentlichte empiri-

---

[1]Eine umfassende Auflistung der bisherigen Veröffentlichungen zu Komplimenten und Komplimenterwiderungen in den jeweiligen Sprachen und Varietäten ist bei Golato (2005, S. 213) zu finden.

[2]In dieser Arbeit werden Varietäten als die mehreren nationalen Zentren zufallenden Standardvarietäten bezeichnet. Zu diesen zählen im deutschsprachigen Raum z. B. das deutsche, österreichische oder schweizerische Deutsch und im englischsprachigen Raum u. a. das amerikanische, neuseeländische, australische bzw. südafrikanische Englisch. Wenn nicht ausdrücklich markiert, geht es in den präsentierten Studien zum Deutschen in diesem Kapitel ausschließlich um die in Deutschland gesprochene Standardvarietät mit eventuellen regionalen oder dialektalen Färbungen.

sche Studie (Cordella et al. 1995), die sich mit dem initialisierenden Akt, den Komplimenten, beschäftigt.

Für das Komplimentverhalten im Deutschen stellen neben den empirisch fundierten Studien u. a. von Schwitalla (1995), Lambert (2003), Schneider (1999; 2000), Nixdorf (2002), Probst (2003), Mulo Farenkia (2004; 2005; 2006) und Golato (2002; 2005) vor allem Etikettbücher und einige Studien zur Geschichte des Komplimentverhaltens in Deutschland (Beetz 1990; Steves 1995), zu populärwissenschaftlichen, auf muttersprachlichen Intuitionen basierenden Berichten (Schwarze 1994) sowie zur Etymologie des Begriffs (Duttlinger 1999) eine reiche Informationsquelle dar, die zuletzt genannten Studien sind jedoch — wie auch Golato anmerkt —

> „[...] similar to the etiquette books in that while they do not empirically test their claims, they nonetheless offer some suggestions about social conduct in German society (Goffman 1963: 5-6). As they limit themselves to providing lists and descriptions of presumed appropriate behavior, Schwarze (1994) and Duttlinger (1999) fail to provide ‚an analysis of the system of norms underlying those proprieties‘ (Goffman 1963: 6)." (Golato 2005, S. 1).

Da Komplimenterwiderungen im australischen Englisch und Deutschen das zentrale Thema dieser Arbeit darstellen, werde ich mich auf die Betrachtung der Studien und Ergebnisse zum deutschen und englischsprachigen Kulturraum konzentrieren. Auf Untersuchungen zum Komplimentverhalten in anderen Sprach- und Kulturräumen wird der Vollständigkeit und Übersicht halber in den jeweiligen Abschnitten nur verwiesen.

## 3.1 Komplimente

Komplimente dienen als positiv bewertende Sprechhandlungen u. a. der Entwicklung des Individuums durch die Stärkung seines Selbstbewusstseins, der Erleichterung gegenseitiger Wahrnehmung, der Förderung sozialer Harmonie, der Konfliktreduzierung oder -vermeidung sowie dem Abbau von Stress und Frustrationen und können zur Kontaktaufnahme oder -pflege, Höflichkeits- und Respektbezeugung, Solidaritäts- und Sympathiebekundung, Gesprächseröffnung, Ermunterung oder zum Ansporn, als Bitte um einen Gefallen oder auch zum Flirten sowohl als strategisches Mittel (Aufmerksamkeitsappell, Indiz der Themenfokussierung) als auch als Kontaktritual (Signal der Gesprächsbereitschaft) eingesetzt werden (Mulo Farenkia 2004, S. 4 ff.).

Komplimente lassen sich laut Marten-Cleef (1990) primär zu den von Searle genannten Expressiva zählen. Sie stellen Sprechhandlungen dar, „[...] mit denen ein Sprecher zu erkennen gibt, wie ihm zumute ist, oder anders ausgedrückt, Sprechakte, die vollzogen werden, um ein Gefühl des Sprechers auszudrücken." (Marten-Cleef 1990, S. 6). Expressiva zeichnen sich durch eine ausgeprägte Sprecherpräferenz mit sympathisierender Funktion und geeigneten thematischen Mustern von Äußerungs-formen (performativer Gefühlsausdruck, Empfindungsausdruck, Hinweis auf Emotion, Evaluation (Objekt- oder Adressatenbewertung), Reaktion) aus, wobei der von beiden Gesprächspartnern positiv bewertete Sachverhalt in erster Linie vom Adressaten bevorzugt wird (Marten-Cleef 1990, S. 126, 144).

Komplimente können der Searle'schen Klassifikation folgend jedoch je nach Kontext und Situation auch den Repräsentativa zugeordnet werden, wenn mit ihnen nicht der propositionale Gehalt eines Gefühls- oder Sympathieausdrucks, sondern der einer Behauptung oder Feststellung verbunden ist, wie dies z. B. in einem institutionellen Umfeld der Fall sein kann, in dem ein Dozent nach abgeschlossenem Korrektur- und Bewertungsvorgang bei Rückgabe einer Seminararbeit oder Klausur die gute Qualität derselben feststellt[3].

Während Duttlinger Komplimenten nur selten eine performative Ausführung und den Gebrauch illokutiver Indikatoren zuspricht und diese als ihrem Wesen nach höfliche Sprechhandlung in der Regel den implizit performativen Äußerungen zuordnet, da ihre Funktion vom Hörer meist erst erschlossen werden muss (Duttlinger 1999, S. 121, 297), gibt Marten-Cleef als mögliche konventionell gebräuchliche performative Äußerungsformen für das Deutsche deklarativ-performative im Konjunktiv (z. B. „Ich würde dir gern mein Kompliment darüber aussprechen, wie hübsch du bist") an, modalisiert-performative mit Verben wie „gern würden" oder „möchten" und „wollen", interrogativ-performative mit Modalverb (z. B. „Darf ich dir mein Kompliment zu diesem Projekt aussprechen?") sowie performative Einstufungen (z. B. „Ich muss dir" bzw. „Ich würde dir gern ein Kompliment machen") (Marten-Cleef 1990, S. 134 ff.).

Die bisherige Klassifikation des Sprechhandlungstyps „Kompliment" ist sicherlich sinnvoll, reicht jedoch alleine für eine umfassende, Inhalt und Funktion des Begriffs integrierende Definition nicht aus.

Duttlinger (1999) kritisiert in diesem Zusammenhang berechtigterweise, dass bis dato in keinem der linguistischen Beiträge zum Komplimentverhalten[4] eine zufriedenstellende, weil umfassende und über die in Enzyklopädien und Wörterbüchern festgehaltene Erläuterung der Wortbedeutung hinausgehende explizite oder implizite Definition des Komplimentbegriffs angeboten wird, sondern lediglich Minimal-, Grobdefinitionen und definitorische Nachträge zu Form oder Funktion existieren. Dies mag daran liegen, dass die Kenntnis über das, was ein Kompliment tatsächlich ist, schlichtweg als bekannt vorausgesetzt wird. Weder die dem Konzept „Kompliment" eigene Abgrenzungsproblematik durch vorhandene Definitionsansätze noch

---

[3]Hier wird einerseits die von Harras angesprochene Problematik der Searle'schen Klassifikation von Sprechakten deutlich, die abhängig ist vom propositionalen Gehalt des Sprechaktes (Harras 1983, S. 211), andererseits weist die Tatsache, dass eine pauschale Zuordnung dieser Sprechhandlung zu nur einem Illokutionstyp nicht möglich ist, auf die multifunktionale Verwendung des Handlungstyps „Kompliment" hin und auf die Bedeutsamkeit des Kontextes für den Hörer insbesondere zur Erschließung der Funktion einer implizit-performativen Sprechhandlung wie der des Kompliments (Duttlinger 1999, S. 121 f.).

[4]Dazu zählen u. a. Wolfson/Manes (1980, S. 391 f., 397 und 399); Manes/Wolfson (1981, S. 123 und 129); Wolfson (1983, S. 86); Wolfson (1989, S. 220); Herbert (1991, S. 382); Holmes (1986, S. 488).

zugrunde liegende Beurteilungskriterien, was als Kompliment gilt, werden angesprochen oder geklärt (Duttlinger 1999, S. 74 ff.).

Anknüpfend an diese Kritik wird zunächst eine Abgrenzung der Komplimenthandlung von benachbarten Handlungstypen wie Lob, Gratulation, Schmeichelei und Bewunderung vorgenommen, um eine adäquate Ausgangsbasis für die Formulierung einer Arbeitsdefinition der Handlungstypen „Kompliment" und „Komplimenterwiderung" zu bieten.

### 3.1.1 Abgrenzung zu anderen benachbarten Sprechhandlungen

Der Handlungstyp „Kompliment" zeichnet sich durch seine große Nähe zu anderen kommunikativen Sprechakten wie Loben, Gratulieren, Schmeicheln oder Bewundern aus, da diese auch als Mittel der Anerkennung oder Wertschätzung des Partners dienen. Trotz häufiger Überlappungen gibt es dennoch geringfügige Unterschiede in der Realisierung.

Ein Kompliment, das in unterschiedlichsten Situationen und in beliebigen Momenten innerhalb einer Gesprächssituation geäußert werden kann, impliziert die positive Bewertung eines Objekts, einer Leistung, Eigenschaft oder Handlung im Rahmen von subjektiven Wertvorstellungen des Sprechers, der zu verstehen gibt, dass der von ihm wahrgenommene vergangene oder gegenwärtige Sachverhalt seinen eigenen Wertmaßstäben entspricht.

Dagegen bezieht sich beim Handlungstyp „Loben", dem eine motivierende Funktion zugrunde liegt, die positive Bewertung auf eine Handlung oder Leistung des Hörers in Rückbezug auf ein als objektiv geltendes Normsystem. Im Unterschied zum Kompliment stellt das Lob häufig eine Leistungsbewertung dar, die somit eine gewisse Bewertungskompetenz seitens des Sprechers voraussetzt, d. h. statusabhängig ist (Beetz 1990, S. 174).

Beim Gratulieren dagegen nimmt der Sprecher laut Mulo Farenkia (2004, S. 13 f.) den Status eines Beobachters ein, der sich auf konventionell festgelegte persönliche Ehrentage des Hörers, wie z. B. familiäre Ereignisse, und sein damit verbundenes Glück und Wohlergehen bezieht. Anders als beim Kompliment sind die Formulierungsmöglichkeiten bei der Sprechhandlung „Gratulieren" insbesondere im Hinblick auf die Vermittlung von emotionalen Nuancen aufgrund der förmlichen Natur dieser Sprechhandlung verhältnismäßig begrenzt (vgl. Probst 2003, S. 211).

Abweichend von den bisher aufgeführten Sprechhandlungen kann das Handlungsmuster „Schmeicheln" sich insofern anders verhalten, als der Sprecher bei dieser Handlung aus Eigeninteresse einen nicht vorhandenen Sachverhalt, d. h. eine Leistung oder Eigenschaft des Hörers, in unangemessener Weise entsprechend als positiv hervorheben und somit unaufrichtig handeln kann.

Gegenteilig verhält es sich mit der Bewunderung, die oft in der deutschen und englischen Fachliteratur ebenso wie der Terminus „Hochachtung" synonym zur Umschreibung des Handlungsmusters „Kompliment" verwendet wird.

Bewunderung beschreibt sicherlich einen wichtigen Aspekt von Komplimenten, reicht jedoch alleine nicht aus, um die vielschichtige Bedeutung des Handlungsmusters „Kompliment" aufgrund seiner Multifunktionalität adäquat zu erfassen. Die verbale Äußerung der Bewunderung ist zwar ebenso wie das Kompliment an soziale Normen gebunden, sie folgt jedoch weder einer Erwartungshaltung noch unterliegt sie situativen Zwängen und wird auch nicht wie Komplimente mit Höflichkeit als rollengerechtem Verhalten zur Gestaltung einer möglichst konfliktfreien Beziehung zwischen Personen assoziiert (Duttlinger 1999, S. 91).

Während der Ausdruck von Bewunderung ein echtes Empfinden impliziert, das klar und deutlich formuliert ist, kann die Sprecherintention bei der Formulierung eines Kompliments nicht immer eindeutig vom Hörer eruiert werden.

Insgesamt unterscheiden sich Komplimente von den genannten bewertenden Handlungstypen dadurch, dass sie nicht nur vollzogen werden, um eine positive Bewertung auszudrücken, sondern um Sympathie aufgrund der positiven Bewertung eines Sachverhalts mit Hilfe bestimmter Formulierungsmöglichkeiten zum Ausdruck zu bringen (Marten-Cleef 1990, S. 134).

Diese „positive" Seite geht maßgeblich auf die Bedürfnisse des *positive face* des Gesprächspartners ein und kann sowohl als eine zweckfreie als auch zweckgebundene höfliche Zugangsstrategie für den Sprecher interpretiert werden zum Ausdruck seiner Sympathie für sein Gegenüber und als verbales Geschenk. Komplimente als Bestandteil höflichen Verhaltens in der Funktion einer solchen Zugangsstrategie gelten als unabdingbar für das Funktionieren sozialer Kontakte sowie die Schaffung einer guten Atmosphäre und kommen auch dem Ego des Sprechers zugute, der sich dadurch selbst in ein „gutes Licht" rückt (vgl. Duttlinger 1999, S. 28).

### 3.1.2 Entwicklungsstand zum Thema Komplimente

Bisher veröffentlichte Studien in Form von Beiträgen und Monographien, von denen viele aus dem englischsprachigen Raum stammen, untersuchen Komplimente entweder innerhalb einer Kultur, im Rahmen eines interkulturellen oder interlingualen Projekts in mindestens zwei unterschiedlichen Kulturen oder im Rahmen einer mono- und bilingualen Sprecherkonstellation.

Insgesamt behandeln die bisherigen Studien zu Komplimenten in Anlehnung an Nixdorf (2002, S. 31 ff.) insbesondere die syntaktische, morphologische und semantische Struktur sowie ethnographisch-pragmatische Fragestellungen[5], geschlechtsspezifische Differenzen bei Komplimenten[6], die Verbindung zwischen Komplimenten und soziokulturellen Werten[7] und den muttersprachlichen versus nicht-muttersprachlichen Umgang mit Komplimenten[8].

---

[5] Siehe hierzu u. a. Manes/Wolfson 1981; Wolfson 1983, 1988; Holmes 1986; Herbert 1991; Cordella et al. 1995.

[6] Dazu gehören z. B. Wolfson 1984; Holmes 1988; Herbert 1990; Cordella et al. 1995.

[7] Darunter fallen u. a. Wolfson 1981; Wolfson/Manes 1980; Manes 1983; Chen 1993; Jaworski 1995; Cordella et al. 1995.

[8] Hierzu z. B. Nelson/El Bakary/Al Batal 1993; Barnlund/Araki 1985; Wolfson 1989.

## Studien zu englischsprachigen Varietäten

Im Rahmen bedeutsamer Untersuchungen zu englischen Varietäten schreiben Wolfson/Manes Komplimenten im amerikanischen Englisch die Funktion einer sozialen Strategie zur Schaffung oder Aufrechterhaltung von Solidarität zwischen Gesprächspartnern zu (Wolfson/Manes 1980, S. 392). Zur Erfüllung dieser sozialen Funktion und damit einhergehend zur Vermeidung von Missverständnissen in der Interpretation und verbalen Reaktion muss ein Kompliment vom Hörer jedoch als positiv, d. h. ehrlich und spontan, erkannt und empfunden werden (Manes/Wolfson 1981, S. 130; Wolfson 1983, S. 102). Die Ergebnisse zur Funktionsweise von Komplimenten in der Interaktion, d. h. wann, wie und an wen ein Kompliment gerichtet wird und wie die soziale und kulturelle Bedeutung zu interpretieren ist, zeigen, dass Komplimente vor allem das Aussehen, besonders Kleidung und Haarfrisuren, Fähigkeiten und materiellen Besitz ansprechen, wobei im amerikanischen Englisch dem kulturellen Wert des „Neuen" eine besondere Bedeutung zukommt (Manes 1983, S. 98 ff.).

Sie weisen regelmäßig auftretende lexikalische und syntaktische Strukturen auf, die auf einen formelhaften Charakter schließen lassen, da durch ihn vermutlich sozial bedingte Differenzen im Verständnis sowie das Potential an Missverständnissen reduziert werden können (Wolfson/Manes 1980, S. 392; Wolfson 1981a, S. 120).[9] Bezüglich sozialer Variablen erhalten laut Wolfson Frauen insgesamt wesentlich mehr Komplimente, unabhängig vom Inhalt des Kompliments und Geschlecht des Sprechers (Wolfson 1984, S. 241 ff.), die Mehrheit der Komplimente ist dabei an Personen gleichen Alters, Status sowie an Bekannte und Freunde gerichtet (Wolfson 1988, S. 32 ff.), da dort die Beziehung und Solidarität zwischen Sprecher und Hörer entweder aufrechterhalten oder immer wieder neu verhandelt werden muss.

Die in Texas durchgeführten Studien von Knapp/Hopper/Bell (1984) zum amerikanischen Englisch basieren zwar auf einer anderen Methodenwahl, untermauern aber die Ergebnisse zur syntaktischen und lexikalischen Formelhaftigkeit, zur bevorzugten Komplimentvergabe zu Aussehen, Fähigkeiten und Besitzgegenständen zwischen Personen gleichen Status sowie zum häufigeren Austausch zwischen Bekannten und Freunden entsprechend Wolfsons *Bulge Theory* (Knapp et al. 1984, S. 28 ff.).

Holmes (1986; 1988; 1995) untersucht wie Wolfson/Manes mit der von Hymes (1972) entwickelten ethnographischen Methode das Komplimentverhalten in Neuseeland. Ihre Ergebnisse stimmen im Hinblick auf die syntaktische, semantische und lexikalische Formelhaftigkeit, den thematischen Rahmen (Aussehen, Fähigkeiten, Besitzgegenstände, Persönlichkeit (Holmes 1995, S. 130)) sowie den Einfluss der sozialen Variablen Alter, Status (Komplimente werden zumeist von Beschäftigten in höheren Positionen und an Personen mit gleichem Status verteilt (Holmes 1986,

---

[9] In ihrem amerikanischen Korpus kommen ausschließlich vor: das Adverb *well*, die Verstärkungswörter *really, very, such* und *so*, die fünf Adjektive *nice, good, beautiful, pretty* und *great* regelmäßig sowie semantische Formeln mit den beiden Verben *like* und *love* (Wolfson/Manes 1980, S. 400 ff.). Alleine 79% der Komplimente weisen nur die drei syntaktischen Strukturen NP is/looks (really) ADJ, I really like/love NP und PRO is (really) (a) ADJ NP auf, die restlichen 21% verteilen sich auf lediglich sechs weitere Strukturen (Wolfson 1984, S. 237 f.).

S. 497)), Vertrautheitsgrad und Geschlecht weitestgehend mit denen von Wolfson/ Manes sowie Herbert überein (Holmes 1986, S. 505). Unterschiede beziehen sich insbesondere auf den Faktor Geschlecht: Im Gegensatz zu den amerikanischen Ergebnissen verteilen und erhalten Männer in Neuseeland genauso häufig Komplimente zum Aussehen wie Frauen, die wiederum in höheren Positionen häufiger Komplimente erhalten als ihre männlichen Kollegen oder ihnen untergeordnete Mitarbeiter und Mitarbeiterinnen (Holmes 1988, S. 456 f.). Holmes führt dies auf die immernoch untergeordnete Rolle der Frau in der Gesellschaft zurück (Holmes 1995, S. 134 f.).

In Herberts (1986; 1989; 1990; 1991) interkultureller, ethnographischer Untersuchung zu Komplimenten englischsprachiger amerikanischer und südafrikanischer Universitätsstudenten sowie einer kontrastiven Studie in Polen[10] bestätigt er sowohl für das südafrikanische Englisch als auch für das Polnische die dem amerikanischen Englisch nachgewiesene strukturelle Formelhaftigkeit von Komplimenten, den thematisch mehrheitlichen Bezug auf das persönliche Aussehen oder Besitzgegenstände und ihre Solidarität schaffende bzw. aufrechterhaltende Funktion (Herbert 1989, S. 22; 1991, S. 397; 1997, S. 496).

Während Norrick (1980) dagegen in seinem Beitrag argumentiert, man solle eine offene Wertschätzung des Gesprächspartners vermeiden, insbesondere diejenige gegenüber älteren und gleichaltrigen Personen, und sich darauf basierend mit indirekten Komplimenten unter Berücksichtigung sozialer Maximen beschäftigt, untersuchen Barnlund/Araki (1985) mit Hilfe von Fragebögen und Interviews kontrastiv das direkte Komplimentverhalten amerikanischer und japanischer Universitätsstudenten. Ihnen zufolge werden Komplimente in beiden Kulturen als Lob empfunden, beziehen sich in unterschiedlicher Gewichtung auf die Attribute Aussehen, Fähigkeiten, Charaktereigenschaften und Geschmack und richten sich zumeist an Frauen (Barnlund/Araki 1985, S. 22). Die für die japanische Gesellschaft typische Dynamik einer Harmonie fördernden Gruppenzusammengehörigkeit statt einer die Individualität des Einzelnen und die Konfrontation des Unterschiedlichen fördernde Dynamik der amerikanischen Gesellschaft sorgen dabei ihrer Meinung nach dafür, dass amerikanische Studenten Komplimente häufiger und bevorzugt innerhalb ihres engen Freundeskreises verwenden als japanische Studenten, die bescheidener wirken im Umgang mit diesen und sie bevorzugt an Bekannte richten (Barnlund/Araki 1985, S. 22 ff.).

Sims (1989), die sich im Rahmen eines sequenzanalytischen Ansatzes mit amerikanischen Komplimenten und Komplimenterwiderungen als Paarsequenz beschäftigt, stellt in ihrer an Sacks, Schegloff und Jefferson anknüpfenden Präferenzanalyse (*first pair part – second pair part*) auf der Grundlage von 150 in quasi-natürlichen Situationen auf Band aufgenommenen Komplimentsequenzen aus dem Universitätsmilieu fest, dass sowohl die Formulierung des Kompliments (d. h. semantische und syntaktische Formeln) sowie der diesem vorangehenden oder folgenden Äußerungen als auch Status und Geschlecht der am Kompliment Beteiligten jeweils den Verlauf und das Ergebnis der zweiteiligen Komplimentsequenz beeinflussen. Die Ana-

---

[10] Vergleiche hierzu auch Lubecka (2000).

lyse basiert auf einem neungliedrigen Kodierungsschema, das Aussagen trifft über Positionierung, Einbettung, Format, Thema, Direktheitsgrad, syntaktische und semantische Formelhaftigkeit der Komplimente sowie zwei verschiedene Erwiderungstypen ausmacht (*ritual compliment response* und *compliment amendment response*).

Nelson/El-Bakary/Al Batal (1993), die sich kontrastiv auf Komplimente ägyptischer und amerikanischer Universitätsstudenten konzentrieren, stellen keine gravierenden Unterschiede im Verhalten beider Kulturen fest, da uniform direktes Verhalten bevorzugt und vor allem das Aussehen von Frauen hervorgehoben wird (Nelson et al. 1993, S. 309).

Die Studie von Cordella/Large/Pardo (1995) stellt bis dato die einzige zu Komplimenten im australischen Englisch dar und vergleicht in Australien lebende Englisch- und Spanischsprecher. Sie testet die Validität von Wolfsons *Bulge*-Theorie (1988), arbeitet Funktion, Typ, quantitatives Vorkommen und die Position von Komplimenten innerhalb der Konversation im australischen Englisch heraus — dies auf der Grundlage eines ethnographisch basierten Korpus spontan geäußerter Komplimente von Männern und Frauen unter Einbezug der Einflussfaktoren Alter und Geschlecht — und versucht eine Erklärung für den Gebrauch von unehrlich verwendeten Komplimenten unter Australiern zu liefern (Cordella et al. 1995, S. 235).

Es lässt sich ein besonders häufiger Gebrauch von Komplimenten bei Frauen und Freunden in beiden Sprachgruppen (im australischen Englisch und Spanischen) erkennen (Cordella et al. 1995, S. 239). Während die Faktoren Geschlecht und Grad der Vertrautheit einen besonders großen Einfluss auf die Frequenz der Komplimente nehmen, spielt das Alter in der australischen Studie keine Rolle. In Übereinstimmung mit Wolfsons Theorie verteilen Frauen untereinander und an Bekannte und Freunde mehr Komplimente (Cordella et al. 1995, S. 246). Abweichungen vom australischen Material und der *Bulge Theory* zeigt das spanische Material bezüglich des Alters, das zwischen sehr vertrauten Personen, Fremden ähnlichen Alters und besonders zwischen Mann und Frau quantitativ eine größere Rolle spielt (Cordella et al. 1995, S. 247). Komplimente tauchen an jeder beliebigen Stelle innerhalb eines Gesprächs auf, bevorzugt aber am Anfang und je nach Alter der Interaktanten auch in der Mitte (Cordella et al. 1995, S. 247). Komplimentfunktionen variieren, sie können daher andere Sprechakte wie Begrüßungen ersetzen, zur Aufrechterhaltung sozialer Beziehungen und zur für den Sprecher zweckgebundenen und damit profitablen Würdigung des Gegenübers dienen — dies insbesondere innerhalb der australischen Gesellschaft, in der aufgrund der hohen Mobilität und Multikulturalität unaufrichtige Komplimente bei Bekannten und Freunden zur Stärkung der freundschaftlichen Beziehung verwendet werden und bei Fremden und intimen Freundschaften deshalb vermieden werden können, weil dies für die Beziehungsgestaltung keine Konsequenzen bedeutet (Cordella et al. 1995, S. 248 f.). In beiden Gruppen erhalten Frauen unter 30 Jahren mehr Komplimente zu ihrem Aussehen und diejenigen über 30 Jahren mehr Komplimente zu ihren Fähigkeiten (Cordella et al. 1995, S. 250).

## Kontrastive Studie zum Deutschen und einer englischsprachigen Varietät

Als meines Wissens einzige kontrastive Studie, die deutsche Komplimente mit denen einer englischsprachigen Varietät vergleicht, ist diejenige von Kotthoff (1989) zu erwähnen, die sich zu deutsch-amerikanischen pragmatischen Unterschieden im universitären Milieu unter anderem mit Unterschieden in der funktionalen und situativen Verwendung von Komplimenten beschäftigt. Im Hinblick auf das deutsche und amerikanische Komplimentverhalten lässt sich deutlich eine unterschiedliche Bewertung von Direktheit oder Ehrlichkeit sowie höflicher Beziehungsarbeit in beiden Kulturkreisen erkennen.[11]

## Studien zum Deutschen

Im Hinblick auf Untersuchungen zu Komplimenten im Deutschen sind chronologisch nach Publikationsjahr mit unterschiedlichem Untersuchungsansatz, -schwerpunkt und -ziel besonders die Studien von Adamzik (1984), Schwitalla (1995), Sims (1989), Beetz (1990), Leisi (1993), Schwarze (1994), Steves (1995), Duttlinger (1999), Probst (2003), Lambert (2003), Mulo Farenkia (2004; 2005; 2006) und Golato (2002; 2003; 2005) zu nennen.

Adamzik (1984) hebt in ihrem Beitrag insbesondere den Beziehungsaspekt hervor, d. h. die Funktion von Komplimenten zur Gestaltung einer harmonisch einvernehmlichen Beziehung. Komplimente beinhalten ihr zufolge ritualisierte, direkt an den Partner gerichtete Objektbewertungen mit dem Zweck der Vermittlung von Wertschätzung und dem Ziel positiver Beziehungsgestaltung. Neben der Angabe von Zuordnungskriterien von Äußerungen zur Sprechhandlung „Kompliment" analysiert sie anhand selbst konstruierter Beispiele verschiedene Formulierungs- und Reaktionsmöglichkeiten (vgl. Mulo Farenkia 2004, S. 19).

Schwitalla (1995) analysiert in seiner Publikation, die mit zwei umfangreichen soziolinguistischen Untersuchungen zum sprachlichen Verhalten bzw. zur Lebens- und Kommunikationsweise zweier ausgewählter Frauengruppen (Literatur- und Politikgruppe) zu den ausführlichsten Studien zu Beziehungshandlungen und Komplimenten zählt, auf allen linguistischen Ebenen (von der Phonologie bis zur Pragmatik) und mit Hilfe konkreter Beispiele die für die jeweilige Gruppe typischen Merkmale des kommunikativen sozialen Stils (typische Redeweisen, Gesprächsthemen, kommunikative, sozial regulierende Aktivitäten wie z. B. Regelungen der sozialen Ordnung, Bearbeitung von Störungen, Demonstration von Mitgefühl, die das Zusammengehörigkeitsgefühl gewährleisten).

---

[11]Daneben existieren zahlreiche Studien, die Komplimente in anderen Sprachen, u. a. auch im Vergleich mit einer englischsprachigen Varietät, kontrastiv behandeln. Dazu gehören das Französische (Kerberat-Orecchioni 1987; Wieland 1995), Spanische (Moore 1996), Polnische (Lewandowska-Tomaszczyk 1989; Jaworski 1995; Lubecka 2000), Arabische (Mursy/Wilson 2001), südafrikanische Englisch (Chick 1996), Chinesische (Yang 1987; Liu 1995; Yuan 1996, 2001, 2002), Japanische (Saito/Beecken 1997), Englisch der Afroamerikaner (Henderson 1996) und der in den Südstaaten der USA lebenden Spanisch sprechenden Frauen (Yañez 1990) sowie das brasilianische Portugiesisch (Brezolin 1995).

Hervorzuheben ist dabei die Analyse authentischer Komplimentsequenzen (Komplimentanlässe, Formen, kommunikative oder beziehungsdeterminierende Funktionen von Komplimenten) insbesondere aus dem Gespräch einer Literaturgruppe, die anhand konkreter Beispiele aus dem deutschen Sprachraum belegt, dass die Frauen der Literaturgruppe im Vergleich zu einer Politikgruppe Komplimente häufig in starker intonatorischer Modalisierung expandieren (Schwitalla 1995, S. 434).

Thematisch ähnlich wie Adamzik und Schwitalla geht es Beetz (1990) ebenfalls um die Hervorhebung des Beziehungsaspekts in seinem pragmalinguistisch und kulturwissenschaftlich basierten Beitrag zu Struktur und Funktionen von Komplimenten und ihren Erwiderungen in der Barockzeit. Er arbeitet neben sozialen auch kommunikative Funktionen heraus und konstatiert, dass mit Komplimenten nicht Informationen über die Welt, sondern Einstellungen der Gesprächspartner zu ihrer Beziehung vermittelt werden (vgl. Beetz 1990, S. 139).

Im Hinblick auf die erotische Rolle der Sprache in der Paarbeziehung identifiziert Leisi (1993) Komplimente als Sprechhandlungen mit auf den Partner emotional stimulierender Wirkung (vgl. Leisi 1993, S. 59 ff.). Er unterstreicht, dass Interaktionsteilnehmer aus Angst vor zu gewagten positiven Wertungen und damit verbundenen vorwurfsvollen Reaktionen des Partners häufig nur auf konventionelle, harmlose Komplimente zurückgreifen, obwohl auch konventionelle Komplimente oft als unzulässige Eingriffe in die Privatsphäre empfunden werden. Darüber hinaus gelten Männer als vergleichsweise komplimentaktiver, da für sie positive Bewertungen einen integralen Bestandteil von Werberitualen darstellen.

Schwarze (1994) und Steves (1995) stützen sich in ihren Arbeiten, die keinen linguistischen Ansatz zugrunde legen, auf selbst konstruierte Komplimente und gehen mit Hilfe dieser auf Funktionen von Komplimenten sowie die an sie gebundenen Reaktionen ein. Während Schwarze, der eine Abgrenzung von anderen nahe liegenden Sprechhandlungen vornimmt, erläutert, welche Komplimente wem gegenüber geeignet sind, und einige Komplimentthemen vorstellt, umreißt Steves darüber hinaus die Geschichte von Komplimenten.

Lambert (2003) beschreibt auf der Basis eines gesprächsanalytischen Ansatzes unterschiedliche Realisierungen von Komplimenten in Altentagesstätten bzw. Altenheimen und stellt fest, dass ältere Menschen trotz alltäglicher gesellschaftlicher Diskriminierung und mangelnder öffentlicher Aufmerksamkeit kommunikative Strategien wie Komplimente zur Kompensation des Mangels an Zuwendung und Nähe entwickeln (vgl. Mulo Farenkia 2004, S. 18).

Duttlingers (1999) Dissertation umfasst eine detaillierte etymologische Analyse des Höflichkeits- und Komplimentbegriffs sowie die Untersuchung von Komplimenten und Komplimenterwiderungen im Spanischen im Vergleich zu anderen romanischen Sprachen, dem Englischen und Deutschen. Auf der Basis eines Korpus von Komplimentsequenzen aus 80 spanischsprachigen Werken des 20. Jahrhunderts, Fach- und Ratgeberliteratur sowie Wörterbuch- und Enzyklopädieeinträgen zum Komplimentverhalten der jeweiligen Vergleichssprachen erarbeitet Duttlinger (1999) mangels adäquater definitorischer Grundlage eine Arbeitsdefinition des Komplimentbegriffs. Auf der Grundlage dieser Definition analysiert sie kontrastiv Funktionen von Komplimenten (zur Herstellung oder zum Erhalt von Solidarität, als *positive politeness*-Strategie, als Ausdruck von Bewunderung, als *face-boosting acts*, als Mittel, gewünschtes, gesellschaftlich anerkanntes Verhalten zu fördern, als *face-threatening acts*), ihre Verwendungsweise und Form sowie zugrunde liegende Themen, geschlechts-, status-, altersspezifische und interkulturelle Unterschiede sowie soziokulturelle Werte.

Eine weitere kontrastiv ausgerichtete Studie zu Komplimenten stellt der Beitrag von Probst (2003) dar, in dem ausschließlich Komplimentäußerungen und nicht Erwiderungen im Deutschen und Französischen analysiert werden. Ausgehend von einem Korpus schriftlich und mündlich erhobener Daten von 80 Probanden beschreibt Probst verschiedene Realisierungsmuster von Komplimenten, darunter auch syntaktische Strukturen und lexikalische Elemente, und stellt sowohl Parallelitäten als auch Unterschiede in beiden Sprachen fest.

Mulo Farenkia (2004; 2005; 2006) beschäftigt sich als Erster in einer kontrastivpragmatischen Untersuchung mit Komplimenten und Komplimenterwiderungen im kamerunischen Französisch und Deutschen. Auf der Grundlage schriftlich erhobenen Datenmaterials erfasst er prototypische Realisierungsmuster von Komplimenten (verbale und paraverbale Äußerungsformate, lexikalische und rhetorisch-stilistische Mittel sowie verschiedene Realisierungsmodi) und Komplimenterwiderungen in beiden Kulturen. Seine Ergebnisse lassen ein strukturell wesentlich variantenreicheres, komplexeres und phantasievolleres Komplimentverhalten im kamerunischen Französisch erkennen, das ihm zufolge insbesondere auf ein stark ausgeprägtes Interaktionsbedürfnis der Kameruner zurückzuführen ist.

In der bis dato aktuellsten Studie zum Komplimentverhalten im Deutschen untersucht Golato (2002; 2003; 2005) ebenso wie Sims (1989) auf der Basis eines sequenzanalytischen Ansatzes im Rahmen einer interaktionalen Linguistik Komplimente und Komplimenterwiderungen zwischen Freunden und Familienmitgliedern in auf Video oder Band aufgezeichneten *face to face*-Interaktionen und Telefongesprächen. Neben einer ebenso wie bei Sims an Sacks und Schegloff angelehnten detaillierten, strukturellen und funktionalen Präferenzanalyse von Komplimenten nach referenziell *preferred/dispreferred first and second parts* innerhalb größerer Gesprächssequenzen sowie in *multiparty conversation* nimmt Golato in Anlehnung an Pomerantz' (1978; 1984) ethnographische Studie eine Kategorisierung von Komplimenterwiderungen vor. Ihre Ergebnisse, die im Deutschen eine seltene Verwendung von Verben zum Ausdruck positiver Bewertungen sowie die erste Person Singular und einen häufigen Gebrauch anerkennender Geräusche sowie unbestimmter Adjektive wie *schön* oder *gut* aufweisen, deuten auf eine im Deutschen bevorzugte neutrale, verhältnismäßig unpersönliche und wertfreie Ausdrucksweise im Hinblick auf Komplimente hin.

## 3.1.3 Definitionsrahmen für diese Arbeit

Anhand der in den vorangegangenen Kapiteln gesammelten Informationen zu Komplimenten sind folgende aus den englischen und deutschen Beiträgen stammenden Komplimenttypen auszumachen: Komplimente aus Höflichkeit, Dank, Bewunderung, als Begrüßung, *face-threatening act*, Bitte, mit Entschuldigung, erkennbarem Selbstzweck und Kritik sowie ironische Komplimente.

Die auf diese Arbeit zugeschnittene Arbeitsdefinition bezieht sich ausschließlich auf Komplimente, die von Golato (2002; 2005) als *preferred first pair parts* bezeichnet werden, und versteht ein Kompliment in Anlehnung an Duttlinger (1999, S. 118 f.) daher als

- eine mündlich geäußerte positive Bewertung eines Sprechers an einen Komplimentempfänger gleichen oder ungleichen Geschlechts; diese Bewertung kann die gesamte Person oder nur einen Teilaspekt dieser thematisieren; sie kann Sachverhalte zur Person oder zum Thema haben, die mit der Person in unmittelbarem Zusammenhang stehen. Ziel der Bewertung ist es, das Verhältnis zwischen den Gesprächspartnern positiv zu beeinflussen und einvernehmlich zu gestalten. Komplimente über Dritte werden nicht einbezogen.

- Ein Kompliment enthält eine eindeutig positive Bewertung oder Bemerkung.

- Ein Kompliment muss als solches erkennbar sein; indirekt formulierte Komplimente werden nach dieser Arbeitsdefinition i. d. R. ausgeschlossen.

- Es werden — sofern im Datenmaterial nachweisbar — auch positive Bewertungen mit einer nachfolgenden Einschränkung als Kompliment angesehen, die als Komplimente intendiert und oft scherzhaft geäußert werden, wobei für die Beurteilung der vermeintlichen Sprecherintention auch der Beziehungsgrad, d. h. eine situative Variable, als Hilfe hinzugezogen wird.

- Komplimente werden anhand ihrer (vermeintlichen) Sprecherintention beurteilt, insbesondere deshalb, weil sämtliche im Datenmaterial enthaltenen Komplimente von der Autorin selbst formuliert wurden und somit auch leichter aus der eigenen Intention heraus beurteilt werden können.

- Nicht als Komplimente gewertet werden nachweislich nicht ehrlich gemeinte und ironische positive Bewertungen — sofern im Korpus enthalten.

- Als Komplimente betrachtet werden positive Bewertungen oder vollbrachte Leistungen zwischen Personen gleichen und ungleichen Status, Alters und Geschlechts in unterschiedlichen Beziehungskonstellationen. Dabei hängt die Beurteilung meist von mehr als nur einem Kriterium ab.

- Sowohl die Komplimentäußerung selbst als auch ihre Beurteilung sind wie Komplimentreaktionen immer vor dem jeweiligen situativen, kontextuellen

Hintergrund zu betrachten, denn es gibt nicht nur das eine Kompliment und daher auch kein Patentrezept für eine Beurteilung. Adamzik ordnet entsprechend Komplimente innerhalb verschiedener Bewertungstypen im Hinblick auf die Beziehungsgestaltung den Partnerbewertungen zu (Abbildung 3), die als positive Objektbewertungen Komplimente implizieren:

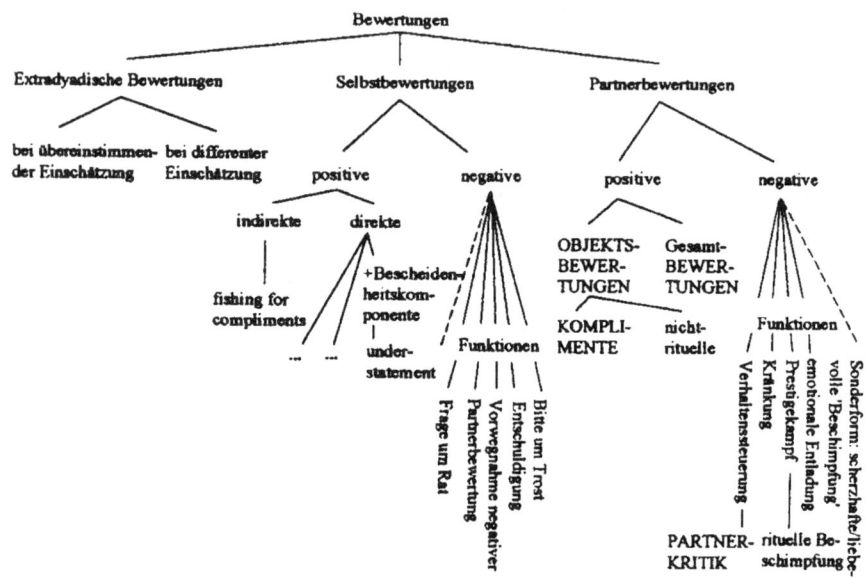

Abbildung 3: Schematische Übersicht über Typen von BEWERTUNGEN unter dem Gesichtspunkt der Beziehungsgestaltung (Adamzik 1984, S. 310)

## 3.2   Komplimenterwiderungen

Ebenso multifunktional und komplex wie Komplimente sind auch deren Erwiderungen. Dies bestätigt Pomerantz (1978), die sich erstmals mit dem respondierenden Teilakt der Komplimenterwiderung beschäftigt und die in Etikettbüchern zumeist deklarierte Präferenz hin zur Akzeptanz als adäquater idealer Reaktion auf ein Kompliment anzweifelt. Sie macht dabei auf folgendes Paradoxon aufmerksam: Auf die in einem Kompliment implizierte Proposition einer positiven Bewertung kann entweder mit Zustimmung zum Sprecherkompliment, d. h. Annahme der Proposition, oder zur Vermeidung von Eigenlob durch Nichtannahme der Proposition reagiert werden. Da eine Zustimmung zum Kompliment gleichzeitig auch ein Eigenlob impliziert — in diesem Fall wird gegen die Bescheidenheitsmaxime von Leech (1983) und die erwartete Befriedigung der *face*-Ansprüche (Brown/Levinson 1987) verstoßen —

und Eigenlob zur Wahrung dieser Maxime und Ansprüche entsprechend theoretisch nur durch Nichtzustimmung vermieden werden kann — dies verstößt wiederum gegen die Taktmaxime von Leech und entsprechend andere *face*-Bedürfnisse — tendieren Sprecher zu einem Kompromiss, der zwischen den Polen der Zustimmung oder Nichtzustimmung liegt. Diese von Pomerantz bezeichneten Anforderungen an den Sprecher (*constraint systems*) mit dazwischen liegenden Reaktionsvarianten als Kompromisslösungen bilden eine Ausgangsbasis für die weitere Erforschung von Komplimenterwiderungen mit Hilfe der Erstellung von Klassifizierungssystemen[12], denen folgende drei allgemein anerkannte Erwiderungsbereiche zugrunde liegen: Zustimmung zum Kompliment/Kompromissbereich/Nichtzustimmung zum Kompliment.

Eine potentiell auftretende Problematik bei der Erstellung solcher Klassifizierungssysteme insbesondere bezüglich der Bildung spezifischer Substrategien betrifft dabei deren Transparenz und Replizierbarkeit, d. h. ihre Anwendbarkeit auf möglichst viele Sprachen unterschiedlicher Kulturen; denn ein für eine Sprache gültiges Klassifizierungssystem muss nicht zwangsläufig für andere Sprachen brauchbar sein. In diesem Zusammenhang betont Lewandowska-Tomaszczyk zu Recht, dass eine klar geteilte Klassifizierung unmöglich und allein eine Analyse im Sinne von Präferenzen durchführbar sei (1989, S. 92).

Wie bereits erwähnt wird eine Komplimenteinheit als interaktiver Prozess betrachtet, der neben der initialisierenden Sprechhandlung des Kompliments im Sinne Herberts in der Regel eine Komplimenterwiderung als notwendigen zweiten, respondierenden Teilakt einer Komplimenteinheit nach sich zieht. Dabei wird die Komplimenterwiderung ebenso wie bei anderen abgeschlossenen Sprechhandlungseinheiten (z. B. Gruß – Gegengruß) immer zum vorangegangenen Kompliment in Beziehung gesetzt. Wie für den Komplimentierenden bezüglich der Äußerung eines Kompliments können dabei auch für den Adressaten im Hinblick auf die Funktionsvielfalt von Komplimenten und ihren Erwiderungen Schwierigkeiten bei der Wahl der Reaktion entstehen, die z. B. bei akustischen Übertragungsproblemen oder bei Unsicherheit des Komplimentempfängers gar zum Ausbleiben einer Reaktion oder einer nonverbalen Reaktion mittels Mimik oder Gestik führen können.

Wie funktional variabel Komplimentreaktionen ausfallen können, zeigen nicht zuletzt die bereits angesprochenen diversen Klassifizierungssysteme wie z. B. das von Pomerantz mit etwa elf Erwiderungsstrategien. Je nach den ihnen zugrunde liegenden Funktionen, den Bedingungen ihres propositionalen Gehalts und weiteren Einfluss nehmenden Faktoren lassen sich solche Reaktionsstrategien unterschiedlichen Sprechhandlungstypen zuweisen.[13] So können laut Marten-Cleef (1990) z. B. das Dan-

---

[12] Zu den Wissenschaftlern, die solche Klassifizierungssysteme erstellt haben, gehören u. a. Holmes 1988, Lewandowska-Tomaszczyk 1989, Herbert 1990, Chen 1993 und Golato 2002.

[13] Die bereits im Hinblick auf Komplimente und ihren implizit-performativen Gebrauch angesprochene pauschale Zuordnungsproblematik zu nur einem Illokutions- bzw. Sprechhandlungstyp wird im Hinblick auf ein wesentlich variantenreicheres Repertoire an Komplimenterwiderungen u. a. bezüglich kultureller Konventionen und dem zur Erschließung der jeweiligen Funktion einer spezifischen Erwiderung notwendigen Kontext noch deutlicher (vgl. Harras 1983, S. 211; Duttlinger 1999, S. 121 f.).

ken oder etwas Begrüßen als mögliche Erwiderungsstrategien der Zustimmung zu einem Kompliment u. a. den sympathisierenden Expressiva mit Sprecherpräferenz zugeordnet werden, wobei der von beiden Gesprächspartnern positiv bewertete Sachverhalt — anders als bei Komplimenten — primär vom Sprecher präferiert wird. Anzumerken sei an dieser Stelle, dass die Unklarheiten in der Linguistik, wie sie bezüglich einer systematischen funktionalen Klassifizierung und definitorischen Abgrenzung der Komplimente zu verzeichnen sind, umso deutlicher im Bereich der Komplimenterwiderungsstrategien zutage treten, da insbesondere dieser Bereich noch verhältnismäßig wenig erforscht ist. Das liegt u. a. daran, dass viele komplexe empirische Studien sich zwar intensiv mit Komplimenten beschäftigen, Komplimentreaktionen jedoch entweder nur beiläufig und ausschließlich klassifizierend oder gar nicht berücksichtigen — und dies, obwohl Pomerantz zufolge Komplimenterwiderungen noch deutlicher als Komplimente kulturelle Konventionen aufzeigen, die den Einzelnen zur Kompromissentscheidung zwischen Eigeninteresse und Interesse am sozialen Miteinander veranlassen.

### 3.2.1 Entwicklungsstand zum Thema Komplimenterwiderungen

Ebenso wie die meisten Studien zu Komplimenten beschäftigen sich die linguistischen Beiträge zu Komplimenterwiderungen[14] entweder mit einer Kultur, vergleichend mit zwei oder mehr Sprachen oder mit dem muttersprachlichen oder fremdsprachlichen Gebrauch. Zu den untersuchten Sprachen gehören das Arabische, Chinesische, Deutsche, Finnische, Französische, Hebräische, Italienische, Japanische, kamerunische Französisch, Polnische, Russische, Spanische sowie einige englische Varietäten (amerikanisches, britisches, irisches, neuseeländisches, südafrikanisches Englisch). Komplimenterwiderungen im australischen Englisch werden basierend auf meiner als Pilotstudie geltenden unveröffentlichten Staatsexamensarbeit in diesem Umfang erstmalig in dieser Arbeit untersucht. Wie zuvor bereits erwähnt, geht eine Analyse dieses Sprechhandlungstyps in der Fachliteratur selten über eine rein formal-funktionale Kategorisierung identifizierter Reaktionen — in einigen Fällen unter Einbezug der Wirkung soziokultureller Faktoren — hinaus. Die folgenden Kapitel geben einen Überblick über ausschließlich linguistisch-empirische Beiträge und Ergebnisse zu Komplimenterwiderungen der letzten Jahrzehnte.

#### Studien zu englischsprachigen Varietäten

Pomerantz (1978), die als erste Komplimenterwiderungen im amerikanischen Englisch auf der Grundlage eines konversationsanalytischen Ansatzes bearbeitet, hebt die widersprüchliche Beschaffenheit der beiden Maximen „Übereinstimmung mit

---

[14]Dazu gehören Pomerantz 1978; Valdés/Pino 1981; Herbert 1990; Holmes 1986; Lewandowska-Tomaszczyk 1989; Han 1992; Chen 1993; Mao 1995; Brezolin 1995; Barbosa 1996; Frescura 1996; Yuan 1996, 2001; Schneider 1999; Lorenzo-Dus 2001; Farghal/Al-Kathib 2001; Nixdorf 2002; Mulo Farenkia 2004, 2005, 2006; Golato 2002, 2005.

dem Komplimentgeber" vs. „Vermeidung von Eigenlob" hervor, mit denen Komplimentempfänger im Hinblick auf ihr Reaktionsverhalten konfrontiert werden und die dazu veranlassen, sich verschiedene Erwiderungsstrategien anzueignen, die von den präskriptiven sozialen Normen, d. h. *thank you*, abweichen (*in-betweenness*) (Pomerantz 1978, S. 106). Sie listet für den Bereich der *acceptances* die Erwiderungsstrategien *appreciation token* und *agreements/second assessment* auf, für den der *rejections* die Strategie *disagreement* und für den Bereich der Zwischenlösungen (*solution types for two conflicting constraints*) die Erwiderungsstrategien *questions-neutral stance, Evaluation shift downgrade* und *qualification, referent shift away from self* und *compliment return, comment history, reinterpretation* und *ignoring*.[15] Obwohl sie keine klare, relative Häufigkeit für jede dieser Strategien angibt, bildet ihr Klassifizierungssystem bis heute für zahlreiche empirische, auf unterschiedlichen Ansätzen (Konversationsanalyse, sprechakttheoretische Dialoganalyse, Sprechakttheorie) basierende Studien den Ausgangspunkt für die Kategorisierung von Komplimenterwiderungen.

In den ethnographischen Studien von Wolfson/Manes, in denen Pomerantz' kategoriale Dreiteilung (*acceptances – rejections – in betweens*) für die Analyse von Komplimenterwiderungen akzeptiert wird, ist zu erkennen, dass Amerikaner die Strategie ANNEHMEN und AUSWEICHEN favorisieren:

> „[...] the recipient is faced with the problem of accepting the compliment graciously without appearing to be conceited. A common response to compliments on the result of talent or hard work is to deny that one deserves the credit." (Manes 1983, S. 101).

Die ebenfalls an Pomerantz angelehnte Kategorisierung neuseeländischer Komplimenterwiderungen von Holmes (1986) zeigt eine ähnliche Verteilung wie bei Wolfson/Manes (1980) und Herbert (1986; 1989) im amerikanischen Englisch: Obwohl die meisten Erwiderungen in die Kategorie *Accept* einzuordnen sind, fällt ein Drittel der Antworten in die Superstrategie D*eflect/Evade*.

Herbert (1986; 1990) stellt fest, dass amerikanische und südafrikanische Universitätsstudenten unterschiedlich auf Komplimente reagieren.

Er erstellt auf der Grundlage von Pomerantz ein eigenes Klassifizierungssystem mit 3 Kategorien, 8 Superstrategien und jeweils bis zu drei Unterstrategien (Herbert 1986, S. 79). Sowohl Amerikaner als auch Südafrikaner bevorzugen *Agreement*-Strategien, die Erstgenannten ziehen die Unterstrategie *Appreciation Token* vor, die letzteren *Comment Acceptance* (Herbert/Straight 1989, S. 39 f.). Signifikant ist, dass ein Drittel der amerikanischen Antworten in die *Comment History*-Kategorie bzw. die Unterstrategie *Disagreement* der *Nonagreement*-Strategie fällt (Herbert/Straight 1989, S. 39). Herbert/Straight begründen die Ergebnisse damit, dass zum einen unterschiedliche kulturelle Wertesysteme bei Amerikanern und Südafrikanern, zum anderen verschiedene soziokulturelle Variablen (Religion, Politik und Ökologie) aufeinandertreffen:

---

[15]Eine Darstellung des verwendeten Klassifizierungssystems mit Verwendung und Funktion der diesem zugrunde liegenden Komplimenterwiderungstypen erfolgt in Kapitel 3.2.2.

„This contrast between egalitarianism versus elitism as descriptions of white-majority American versus white minority South African ideology does not seem at all preposterous in light of the social histories and political activities of the majority of the members of these two groups. The image of language as a mirror of social values appears to be confirmed in this instance." (Herbert/Straight 1989, S. 43).

Beachtet man, dass Amerikaner viele Komplimente austeilen und auch viele ablehnen, Südafrikaner dagegen wenig Komplimente machen, aber die meisten annehmen (Herbert/Straight 1989, S. 41), werden Südafrikaner sowie Sprecher anderer Kulturen, die nicht viele Komplimente gewohnt sind, dazu veranlasst, das amerikanische Komplimentverhalten als nicht durchweg ehrlich zu betrachten (Herbert/Straight 1989, S. 44). Viele Polen antworten auf solche Komplimente ausweichend mit den Argumenten, das Objekt sei teuer oder schwierig zu erstehen gewesen (Herbert 1991, S. 398). In diesem Zusammenhang betont Herbert die Multifunktionalität dieses Sprechaktes, der sowohl die Bewunderung für ein Objekt als auch den Wunsch nach sozialem Verhandeln und Miteinander ausdrückt.

In diesem thematischen Zusammenhang deckt Lewandowska-Tomaszczyks (1989) Studie, die sich im Rahmen der Diskursanalyse mit Komplimenterwiderungen im britischen Englisch und Polnischen aus unterschiedlichen Quellen (Teilnehmerbeobachtung, Auswahltests, Interviews, Selbstbeobachtung) beschäftigt, darüber hinaus präferenzorganisatorische Unterschiede bei der Verwendung von Komplimenterwiderungen in beiden Kulturen auf (Lewandowska-Tomaszczyk 1989, S. 92, 98):

| Polnisch | Britisches Englisch |
|---|---|
| ACCEPTANCE, AGREEMENT, DOWNGRADING | ACCEPTANCE, AGREEMENT (thanks), (EXPANSION) |
| NON-ACCEPTANCE, DISAGREEMENT (explanation) | ACCEPTANCE, AGREEMENT, DOWNGRADING |
| ACCEPTANCE, AGREEMENT (hesitation) | ACCEPTANCE, AGREEMENT, RETURN |
| ACCEPTANCE, (AGREEMENT), RETURN | |

Sims (1989) unterscheidet in ihrer ebenfalls sequenzanalytischen Untersuchung zu Komplimenten und Komplimenterwiderungen im amerikanischen Universitätsmilieu in Anlehnung an Pomerantz (1978) und Knapp et al. (1984) zwei Typen von Erwiderungen: *ritual compliment response types* mit vier Erwiderungskategorien (*acceptance (pleased, scaled-down), agreement, rejection (disagreement, denial), pass (no clear acknowledgement)*) und *compliment amendment response types* mit fünf Antwortstrategien (*account, return compliment, affect (embarrassment), continuing (solicit confirmation/clarification), amendment plus (any combination of 1 through 4)*). Ihre Ergebnisse deuten darauf hin, dass die Wahl der einzelnen Komplimentantworten stark abhängig ist von den Variablen Geschlecht, Status sowie der syntaktischen und thematischen Beschaffenheit des Kompliments als vorausgegangenem ersten Teilakt (Sims 1989, S. 182).

In Ylänne-McEwens (1993) Studie zum Komplimentverhalten britischer[16] und finnischer Sprecher sowie finnischer Englischlerner wählen die drei Gruppen in den

---

[16] Vergleiche hierzu auch Spencer-Oatey/Ng/Dong (2000).

ausgewerteten Rollenspielen häufiger Zustimmungsstrategien: englische und finnische Sprecher *Comment History* und dann *Appreciation Token*, finnische Englischlerner *Appreciation Token* und dann *Comment History* (Ylänne-McEwen 1993, S. 505). Ihren Ergebnissen zufolge neigen finnische Sprecher eher dazu, *Nonagreement*-Strategien anzuwenden (Ylänne-McEwen 1993, S. 505). Basierend auf Herberts (1986; 1989) Beschreibung der amerikanischen Kultur beschreibt Ylänne-McEwen das finnische Milieu als wesentlich egalitärer als das britische und das Verhandeln von Solidarität als vorherrschend.

Nelson/El-Bakary/Al Batal (1993) stellen in ihrer Studie als Unterschiede im Komplimentverhalten der amerikanischen und arabischen Kulturen heraus, dass die Erwiderungen im Arabischen vergleichsweise länger ausfallen, mehr Wiederholungen und Metaphern enthalten, Komplimente sich auf persönliche Charakteristika beziehen und seltener ausgeteilt werden (Nelson et al. 1993, S. 310 f.). Als Gründe für dieses Verhalten geben sie zum einen den Fokus auf die Werte an, die eine Person ausmachen, und — ähnlich wie in der japanischen Gesellschaft — die Aufrechterhaltung der Gruppenharmonie.

Chen (1993) stellt in seiner auf einem *Discourse Completion Test* (Diskursergänzungsbogen) basierenden interkulturellen Studie zu Komplimenterwiderungen chinesischer und amerikanischer Studenten auf der Grundlage von Herbert (1986) und Holmes (1986; 1988) ein eigenes Klassifizierungssystem auf mit vier Superstrategien und 13 Strategien (Chen 1993, S. 71 ff.):

*Accepting* (DANKEN, ZUSTIMMEN, FREUDE AUSDRÜCKEN, SCHERZEN)
*Returning* (KOMPLIMENT ERWIDERN, OBJEKT ANBIETEN, ERMUTIGEN)
*Deflecting* (ERKLÄREN, BEZWEIFELN)
*Rejecting* (DANKEN U. SCHMÄLERN, ABLEHNEN U. SCHMÄLERN, WIDERSPRECHEN U. SCHMÄLERN, VERLEGENHEIT AUSDRÜCKEN)

Ihm zufolge ziehen es chinesische Studenten vor, Komplimente abzulehnen oder abzuwerten, um ihrer Bescheidenheit Ausdruck zu verleihen, amerikanische Studenten dagegen nehmen Komplimente bevorzugt an oder weichen ihnen aus (Chen 1993, S. 54 ff.). Wegen dieser kulturell bedingten Differenzen erklärt Chen die Höflichkeitstheorie von Brown/Levinson lediglich für die Erklärung der amerikanischen Reaktionen brauchbar, ein anderes Höflichkeitsmodell (Gu 1990) dagegen lediglich für die Interpretation der chinesischen Erwiderungsstrategien (Chen 1993, S. 57 ff.). Leechs Maximen hingegen scheinen auf beide Kulturgemeinschaften anwendbar, da durch sie erkennbar wird, dass amerikanische Sprecher von seiner Zustimmungsmaxime, die chinesischen Sprecher dagegen von seiner Bescheidenheitsmaxime motiviert sind (Chen 1993, S. 64).

In Nelson/Al-Batal/Echols' (1996) an Pomerantz (1978) und Herbert (1986) orientierter Untersuchung zu Komplimenterwiderungen amerikanischer und syrischer Sprecher mit Hilfe von Interviews stellt sich heraus, dass beide Gruppen Komplimente bevorzugt annehmen oder ihnen ausweichen (Nelson et al. 1996, S. 419, 423). Dennoch unterscheiden sich beide Gruppen darin, dass sie verschiedene Strategien in der Kategorie ANNEHMEN bevorzugen. Während die amerikanischen Studenten ähnlich wie bei Herbert (1989) und Chen (1993) die Strategie *Appreciation Token* vorziehen, verwenden die syrisch-arabischen Sprecher häufiger die Strategie *Acceptance + formula strategy*. Erwiderungen fallen dann in die zuletzt genannte Strategie, wenn eine ritualisierte oder automatische Äußerung erfolgt, die im Arabischen formelhaft zur Erfüllung einer sozialen Funktion verwendet wird (Nelson et al. 1996, S. 425).

Lorenzo-Dus (2001) beschäftigt sich auf der Basis von Diskursergänzungsmaterial mit Komplimenterwiderungen britischer und spanischer Universitätsstudenten und weist in seinen Ergebnissen auf kultur- und geschlechtsspezifische Unterschiede in der Verwendung hin: stärkeres Infragestellen der Aufrichtigkeit eines Kompliments unter britischen Studenten, häufigerer Gebrauch ironischer oder humorvoller Aufwertung, Aufforderung zur Wiederholung des Kompliments unter spanischen Studenten und stärker ausgeprägte Stereotypisierung bezüglich des Geschlechteraspekts im spanischen Datenmaterial.

Werthwein (2002), die sich in ihrer an Chen und Schneider (1999; 2000) angelehnten Pilotstudie auf der Grundlage von Diskursergänzungsbögen mit Komplimenterwiderungen australischer Studenten beschäftigt, hebt hinsichtlich der Distribution der australischen Antwortstrategien deren individuellen Charakter hervor: Australische Studenten entgegnen einem Kompliment zwar ähnlich wie im irischen Englisch bevorzugt mit einer Erklärung (AUSWEICHEN), einem Dank (ANNEHMEN) oder zweifeln dieses an (ABLEHNEN), sie tun dies jedoch mit entsprechend anderer Verteilung. In einem Vergleich der Ergebnisse mit bereits erarbeiteten Äquivalenten in anderen Kulturen sind Ähnlichkeiten vor allem zum irischen und amerikanischen Englisch sowie zum Deutschen zu erkennen (Werthwein 2002, S. 85 ff.).[17]

### Kontrastive Studien zum Deutschen und einer englischsprachigen Varietät

Schneider (1999; 2000), der in der Tradition von Chen (1993) mit Hilfe eines Diskursergänzungsbogens Komplimenterwiderungen deutscher und irischer Studenten untersucht, kommt zu folgenden Ergebnissen: Irische und deutsche Studenten verwenden alle von Chen für das Chinesische und amerikanische Englisch entwickelten Superstrategien und Strategien (Schneider 2000, S. 71), die Iren jedoch darüber hinaus noch die Strategien RÜCKFRAGEN und ZURÜCKWEISEN in einer zusätzlichen Superstrategie ABWEISEN, die Deutschen die Strategien RÜCKFRAGEN und IRONISCHER DANK. Insgesamt lehnen die Iren Komplimente eher ab, die Deutschen nehmen sie bevorzugt an und beide Gruppen weichen einem Kompliment auch gerne aus.

Nixdorf (2002) zeigt in ihrer kontrastivpragmatischen, empirischen, interkulturellen, interlingualen und geschlechtsspezifischen Arbeit zu Erwiderungen im Deutschen, Englischen und Russischen anhand von Diskursergänzungsbögen und Ra-

---

[17]Die Zuordnung der Erwiderungsstrategien zur Zustimmungs- bzw. Bescheidenheitsmaxime von Leech lässt folgende Verteilung erkennen: Zustimmung (amerikanisches Englisch 76 %; irisches Englisch 57 %; australisches Englisch 67 %; Deutsch 62 %), Bescheidenheit (amerikanisches Englisch 24 %; irisches Englisch 43 %; australisches Englisch 33 %, Deutsch 38 %) (Werthwein 2002, S. 88).

tingskalen, dass kaum gravierende Unterschiede in der Distribution der Erwiderungs-strategien und dem geschlechtsspezifischen Verhalten in den drei Sprachen zu ver-zeichnen sind, dass vorhandene Differenzen jedoch kultur- und geschlechtsspezi-fisch bedingt sind (Nixdorf 2002, S. 159).

Golato (2002; 2003; 2005) kategorisiert in ihrer gesprächs- und konversationsana-lytisch geprägten Studie Komplimenterwiderungen im Deutschen in der Tradition von Pomerantz (1978), unterteilt sie bezüglich ihrer Verknüpfung mit Komplimen-ten in ihren Positionen als *preferred* und *dispreferred parts* und vergleicht sie mit Pomerantz' amerikanischen Ergebnissen. Ihre Resultate zeigen, dass Deutsche und Amerikaner zwar dieselben Strategien (*acceptances – rejections – solution types for two conflicting constraints*) verwenden, dass die Deutschen jedoch ein Kompliment an-ders akzeptieren: entweder durch Bewertung, zustimmende Bestätigung der Kompli-mentbehauptung oder Verwendung einer gleichstarken Bewertung mit angeschlos-sener Partikel *ne* (Golato 2005, S. 206). Golato führt dieses ungewöhnliche Reakti-onsverhalten auf die Orientierung der deutschen Interaktanten am Wahrheitsgehalt der Äußerung zurück, macht jedoch auf die Tatsache aufmerksam, dass ein erhöh-tes Maß an Zustimmung auch auf die freundschaftliche Beziehung und Atmosphäre der Interaktanten zurückgeführt werden kann (Golato 2005, S. 196). Darüber hinaus stellt sie fest, dass alle Arten des Erwiderns ohne Präferenznachweis genutzt werden, wenn das Kompliment als Akt des Komplimentierens oder Bemerkens erfolgt, wäh-rend einem Kompliment als Bewertungsakt ausschließlich mit einem Dank begeg-net wird (Golato 2005, S. 190 ff.). Daraus kann man schließen, dass Sprecher sich gegenseitig ein unmittelbares Verständnis der sich entfaltenden Gesprächssequenz signalisieren und sich durch die flexible Anpassung der Reaktion an die Funktion der Äußerung solidarisch erklären (Golato 2005, S. 191).

## Studien zum Deutschen

Adamzik (1984) analysiert im Rahmen ihrer an Holly (1979) angelehnten Untersu-chung zur Interdependenz zwischen sprachlichem Handeln und sozialem Kontakt anhand von selbst konstruierten Beispielen u. a. Reaktionsmöglichkeiten auf Kom-plimente und beschäftigt sich ausführlich mit der in Abbildung 4 präsentierten sys-tematischen Darstellung der von Pomerantz (1978, S. 106) klassifizierten Komplimen-tantworttypen mit Bezug auf Illokution und Proposition.

Mulo Farenkia (2004; 2006) behandelt in seinem kontrastivpragmatischen Bei-trag zu Komplimenten und Komplimenterwiderungen im kamerunischen Franzö-sisch und Deutschen prototypische Erwiderungsmuster in beiden Sprachen und er-läutert mit Hilfe von Beispielen ihre kommunikativen und beziehungsrelevanten Funktionen. Zu den üblichen Erwiderungsstrategien im kamerunischen Französisch zählt er: SICH BEDANKEN, SICH FREUEN, KOMMENTIEREN/ERKLÄREN, GEGENKOMPLI-MENT, MINIMIEREN, ZURÜCKWEISEN, FRAGEN NACH DER AUFRICHTIGKEIT DES KOM-PLIMENTS, AUSDRUCK VON EIGENLOB, SCHERZEN, BESTÄTIGUNG, BELEHRUNGEN und RATSCHLÄGE als periphere Reaktionsmuster sowie nonverbale Reaktionen (Lächeln,

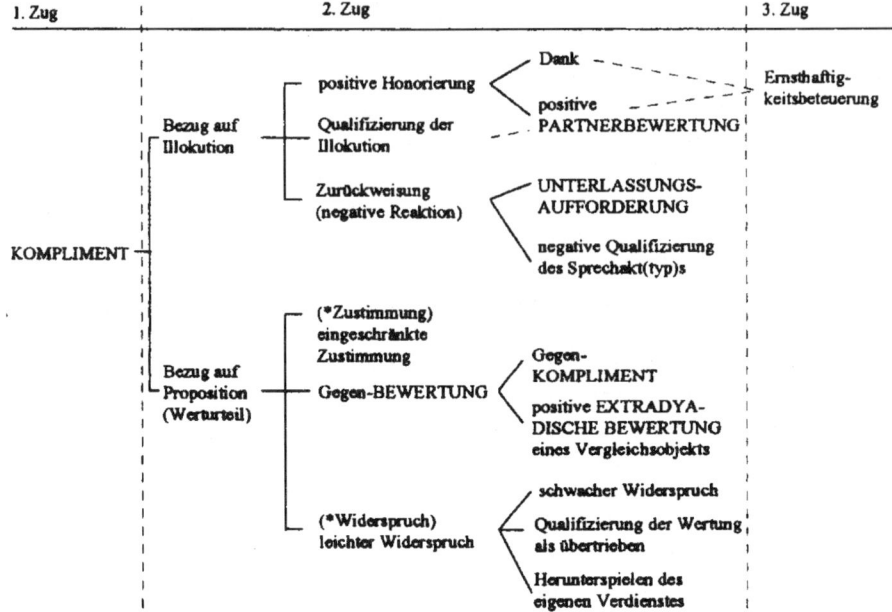

Abbildung 4: Reaktionsformen auf Komplimente (Adamzik 1984, S. 278)

freudiges Gesicht zeigen, etc.) und verschiedene Kombinationen von Reaktionsmustern (2004, S. 120). Zu den typischen Reaktionsformen im Deutschen gehören ihm zufolge lediglich die sechs Reaktionsmuster SICH BEDANKEN, HERUNTERSPIELEN, BESTÄTIGEN, GEGENKOMPLIMENT, FRAGE NACH DER AUFRICHTIGKEIT DES KOMPLIMENTS und ZURÜCKWEISEN, die vergleichsweise formelhaft und knapp formuliert sind (Mulo Farenkia 2004, S. 121 ff.). Die am häufigsten zu verzeichnende Reaktion ist die des SICH BEDANKENS, während das Eigenlob gar keine Verwendung findet und daher vom Autor als Tabustrategie in Deutschland bezeichnet wird (Mulo Farenkia 2004, S. 121).

### 3.2.2 Klassifizierungssystem

Die mittlerweile umfangreiche, auf unterschiedlichen Forschungsansätzen und Datenerhebungsmethoden basierende sowie auf bestimmte Sprachen spezifizierte Auswahl an Klassifizierungssystemen hat — wie bereits zuvor erläutert — in ihrer Makrostruktur eines gemeinsam: Ihre Kategorienbildung baut auf der Pomerantz'schen Dreiteilung Zustimmung – Kompromissbereich – Nichtzustimmung auf. Anzahl und Art der diesen Schemata zufallenden Substrategien ähneln sich zwar, können aber entsprechend je nach zugrunde liegender Methode sowie untersuchter Kultur und den jeweils Einfluss nehmenden Faktoren variieren. Daher ist es im Hinblick auf eine Gewährleistung der intra- und interkulturellen Vergleichbarkeit von Ergebnissen weitgehend üblich, sich z. B. im Rahmen einer auf Diskursergänzungsbögen basierenden empirischen Analyse eines auf einer ähnlichen Datenerhebungsmethode beruhenden Klassifizierungssystems zu bedienen (vgl. z. B. Schneider 1999, 2000; Nixdorf 2002). Golato (2002; 2005) folgt daher in ihren Studien der Klassifikation von Pomerantz, da die Untersuchungen beider einem konversations- oder diskursanalytischen Forschungsansatz folgen (vgl. Golato 2005, S. 168). Sie stellt die Strategien von Pomerantz für das amerikanische Englisch vor und klassifiziert entsprechend die deutschen Komplimenterwiderungen nach ihrer kommunikativen Funktion und Bedeutung, die in der Bezeichnung der Strategie zum Ausdruck kommt:

| Amerikanische Antworttypen (nach Pomerantz 1978) | Deutsche Antworttypen (Golato 2002; 2005) |
|---|---|
| I. ACCEPTANCES | |
| 1. *Appreciation token*<br>A compliments B<br>B accepts compliment | 1. *Appreciation token*<br>------------------------------------------------- |
| 2. *Agreements/assessment of compliment*<br>------------------------------------------------- | 2. *Agreements/assessment of compliment*<br>A compliments B<br>B positively assesses compliment |
| 3. *Agreements/second assessment*<br>A compliments B<br>B agrees with compliment assertion | 3. *Agreements/second assessment*<br>------------------------------------------------- |
| 4. *Agreements/confirmation*<br>------------------------------------------------- | 4. *Agreements/confirmation*<br>A compliments B<br>B confirms compliment assertion |
| 5. *Assessment + agreement-pursuit*<br>------------------------------------------------- | 5. *Assessment + agreement-pursuit*<br>A compliments B<br>B uses same strength adj. + tag<br>A compliments again<br>B accepts compliment |
| II. REJECTION | |
| 1. *Disagreement*<br>A compliments B<br>B disagrees with compliment assertion | 1. *Disagreement*<br>A compliments B<br>B disagrees with compl. assertion |

| Amerikanische Antworttypen (nach Pomerantz 1978) | Deutsche Antworttypen (Golato 2002; 2005) |
|---|---|
| III. SOLUTION TYPES FOR 2 CONFLICTING CONSTRAINTS | |
| 1. *Questions/neutral stance*<br>A compliments B<br>B questions compliment assertion<br>A confirms question/compliment | 1. *Questions/neutral stance*<br>A compliments B<br>B questions compliment assertion<br>A confirms question/compliment |
| 2. *Evaluation shift (downgrade)*<br>A compliments B<br>B scales down compliment assertion | 2. *Evaluation shift (downgrade)*<br>A compliments B<br>B scales down compliment assertion |
| 3. *Evaluation shift (qualification)*<br>A compliments B<br>B qualifies compliment assertion | 3. *Evaluation shift (qualification)*<br>A compliments B<br>B qualifies compliment assertion |
| 4. *Referent shift (away from self)*<br>A compliments B<br>B compliments other-than-self | 4. *Referent shift (away from self)*<br>A compliments B<br>B compliments other-than-self |
| 5. *Referent shift (compliment return)*<br>A compliments B<br>B compliments A | 5. *Referent shift (compliment return)*<br>A compliments B<br>B compliments A |
| 6. *Comment history*<br>A compliments B<br>B comments on item/gives history | 6. *Comment history*<br>A compliments B<br>B comments on item/gives history |
| 7. *Reinterpretation*<br>A compliments B<br>B reinterprets compliment | 7. *Reinterpretation*<br>A compliments B<br>B reinterprets compliment |
| 8. *Ignoring*<br>A compliments B<br>B ignores compliment | 8. *Ignoring*<br>A compliments B<br>B ignores compliment |

Tabelle 2: Vergleich amerikanischer und deutscher Erwiderungsstrategien (Golato 2002, S. 551 ff.)

Dieses in Tabelle 2 dargestellte Klassifizierungssystem gibt aus konversations- oder diskursanalytischen Gründen keine quantitative, d. h. prozentuale Verteilung der verwendeten Strategien an, macht jedoch Aussagen zu allgemeinen Präferenzen. Golatos Klassifizierungssystem wird trotz abweichender methodischer Grundlage aus verschiedenen Gründen zur Darstellung von Form und Funktion australischer und deutscher Komplimenterwiderungen herangezogen.

Zum einen beschäftigt sich die vorliegende Arbeit — ebenfalls wie die von Golato — mit der kontrastiven Analyse zweier germanischer Kulturen, einer englischsprachigen (Australien) und einer deutschsprachigen (Deutschland), was einen Vergleich der verwendeten Strategien ermöglicht. Zum anderen basiert sie zwar nicht auf einem konversationsanalytischen, sondern auf einem erweiterten sprechakttheoretisch-dialoganalytischen Ansatz, jedoch erfolgt eine Ergebnisanalyse auf der Basis mündlicher, aufgezeichneter Interviewgespräche, die thematisch weitgehend ungesteuert und in relativ ungezwungener Atmosphäre sowie gewohnter Umgebung (Pausen- oder Sitzungsraum der Studenten, Büroräume an der Universität sowie private Domizile der Teilnehmer oder Interviewerin) erfolgten. Zur Authentizitätssteigerung wurden die Teilnehmer vor der Aufnahme, der sie zunächst aus rechtlichen Gründen schriftlich zustimmen mussten, lediglich von der Untersuchung kommunikativer Strategien in ihrer Muttersprache in Kenntnis gesetzt, das konkrete Thema der Studie blieb bis zum Ende des Gesprächs unerwähnt. Als Hauptgrund für die Verwendung des gewählten Klassifizierungsschemas gilt jedoch die Tatsache, dass dieses am ehesten die für das australische Englisch und Deutsche ermittelte Verteilung erfasst und widerspiegelt. Zur Darstellung der australischen und deutschen Daten wurde allerdings im Annahme- und Kompromissbereich eine Modifikation vorgenommen.

Die folgende Analyse wird im Gegensatz zu anderen Studien sowohl Form(en), Funktion(en) und strategiepräferentielle Aspekte von Komplimenterwiderungen in den beiden Sprachen untersuchen als auch eine Analyse durchführen, die Aussagen macht zur illokutionsindizierenden Verwendung syntaktischer, lexikalischer und prosodischer Mittel mitsamt ihrer bedeutungsidentifizierenden oder -verändernden Funktionen sowie zum Einfluss verschiedener soziokultureller Faktoren auf die jeweilige Wahl der Erwiderung.

### 3.2.3 Definitionsrahmen für den Untersuchungsgegenstand Komplimenterwiderungen

Ebenso wie bei Komplimenten ergeben sich auch bei der Definition von Komplimenterwiderungen und ihrer systematischen Untersuchung auf der Grundlage praktikabler und vergleichbarer Einteilungskriterien Schwierigkeiten aufgrund ihrer Komplexität. Der zu verzeichnende Mangel an verbindlichen Definitionsansätzen und -kriterien in der Fachliteratur lässt auch bei Komplimenterwiderungen darauf schließen, dass die Definition dessen, was eine Komplimenterwiderung eigentlich ist, offensichtlich als bekannt vorausgesetzt oder als nicht erwähnenswert erachtet wird. Übereinstimmung herrscht sowohl in der kommunikativen Praxis als auch in der Fachliteratur zunächst einmal darüber, dass zu einer initiierten Sprechhandlung wie dem Kompliment in Form eines ersten Zuges als erwartbare Folge die kommunikative Aktivität eines anderen Typs, der Komplimenterwiderung, als zweiter Zug gehört, dass eine solche Grundsequenz unter Umständen durch einen dritten oder vierten Zug erweiterbar ist und dass die Nichtrealisierung eines reaktiven zweiten Zuges in vielen Fällen eine Verletzung von Kommunikationsverpflichtungen darstellt und unter Umständen Sanktionen wie Missverständnisse oder Beziehungsstörungen nach sich zieht (vgl. Mulo Farenkia 2004, S. 90; Franke 1990, S. 21; Adamzik 1984, S. 278)[18]. Reaktionen auf Komplimente sind also in gewisser Weise (verbal, nonverbal, kombiniert, gar keine Antwort) erwartbar, müssen aber weder mit der kommunikativen Intention des Sprechers noch mit der Erwartung des Hörers übereinstimmen. Entspricht eine Reaktion auf ein Kompliment nicht der Erwartung des Gesprächspartners oder enthält sie eine zusätzliche Bedeutung, d. h., findet also eine scheinbare Verletzung einer oder mehrerer der vier Konversationsmaximen des Grice'schen Kooperationsprinzips, die den Gesprächsteilnehmern angeben, was sie tun können, um sich in ihrem Gesprächsbeitrag angemessen zu verhalten, statt, so ermittelt der Gesprächspartner mit Hilfe konventioneller oder konversationeller Implikaturen (Interpretationsprozesse) entsprechende in Frage kommende Zusatz- oder Alternativbedeutungen. Die spezielle Anwendung des Grice'schen Kooperationsprinzips auf Komplimenterwiderungen, d. h. die Formulierung der Maximen, könnte demzufolge aus der Perspektive und Erwartungshaltung des Komplimentgebers heraus folgendermaßen aussehen:

1. **Quantität:** Wenn du auf ein Kompliment reagierst, dann erwarte ich, dass du weder mehr noch weniger formulierst, als erforderlich ist; wenn ich dir beispielsweise an einem bestimmten Punkt ein Kompliment mache zu etwas Außergewöhnlichem, das du trägst, vollziehst, besitzt, etc., dann erwarte ich von dir, dass du mir auf dieses Kompliment *eine* Antwort gibst, nicht mehrere oder gar keine.

2. **Qualität:** Ich erwarte, dass du wirklich aufrichtig auf ein Kompliment reagierst, und nicht bloß so tust. Wenn ich z. B. für ein Kompliment eine entsprechende Antwort verdient habe, erwarte ich nicht, dass du mich beleidigst.

3. **Relation:** Ich erwarte von deinem Beitrag, dass er zu dem passt, was an dem jeweiligen Punkt der Interaktion gerade vonnöten ist; wenn ich dir ein Kompliment zu deiner schicken Abendkleidung gemacht habe, möchte ich nicht zu allererst Kritik, sondern eine positive Reaktion für mein Bemühen bekommen.

4. **Modalität:** Ich erwarte von dir, dass du klarmachst, was du beiträgst, und dass du es einigermaßen zügig tust. Ich erwarte von dir, dass du die Komplimenterwiderung klar und einigermaßen zügig formulierst (d. h. nicht um den heißen Brei herumredest).

Wie auch Leech (1983) in Anlehnung an Grice beteuert, steuern solche Maximen Problemlösungsstrategien. Es handelt sich dabei um Skizzen des möglichen Vorgangs, die in einer Sprach- und Kulturgemeinschaft auf der Basis der dort bestehenden

---

[18] Vergleiche dazu auch die in Kapitel 2.1.3 dargestellte Systematik des zweiten Zuges im Rahmen einer erweiterten Sprechakttheorie, wie sie von Franke (1990) und daran anknüpfend Hindelang (1994) vorgeschlagen wird.

Normen und Konzepte operieren und folglich unterschiedlich gewichten. Die kulturspezifische Variante dieser Maximen veranlasst eine Person dazu, ihre Strategien bei der Realisierung der Sprechakte entsprechend einzusetzen. Asiatische Kulturen, in denen Komplimente häufig abgelehnt werden, messen der Bescheidenheitsmaxime mehr Bedeutung bei; in einigen westlichen Kulturen ist dagegen die Zustimmungsmaxime gewichtiger, und überwiegt der Kompromissbereich, so hat weder die Zustimmungs- noch Bescheidenheitsmaxime Vorrang (vgl. Nixdorf 2002, S. 56 ff.). Die folgende Tabelle 3 präsentiert den theoretischen Bezugsrahmen dieser Arbeit, nämlich das in der Tradition von Golato für die australischen und deutschen Erwiderungen modifizierte Klassifikationsschema, die Zuordnung der zugrunde liegenden Kommunikations- oder Beziehungsfunktionen der ermittelten reaktiven Sprechhandlungstypen im Rahmen einer erweiterten Sprechakttheorie sowie der jeweils geltenden Maximen des Höflichkeitsprinzips von Leech:

| Reaktionsstrategien Deutsch — Englisch | Kommunikative/Beziehungs-Funktion | Reaktiver Hand-lunsgstyp (Franke 1990) | Maximen Leech (1983) |
|---|---|---|---|
| **I. ANNAHME — ACCEPTANCES** | | | |
| 1. Dank — *Appreciation token* | B akzeptiert das Kompliment und nimmt es dankend an, beziehungsfestigend, kommunikationsförderlich | | |
| 2. Bewertung der Komplimentaussage — *Agreements/assessment of compliment* | B beurteilt die Komplimentaussage positiv, A fühlt sich bestätigt, beziehungsfestigend, kommunikationsförderlich | | |
| 3. Direkte Zustimmung zur Komplimentaussage — *Agreements/second assessment* | B stimmt Komplimentaussage zu, A fühlt sich bestätigt, beziehungsfestigend, kommunikationsförderlich | Spezifisch, positiver Bescheid | Zustimmung |
| 4. Zustimmende Bestätigung der Komplimentaussage — *Agreements/confirmation* | B bestätigt Komplimentaussage, A fühlt sich bestätigt, beziehungsfestigend, kommunikationsförderlich | | |
| 5. Gleichstarke zustimmende Bewertung der Komplimentaussage — *Assessment + agreement-pursuit* | B verwendet gleichstarkes Adj. + Frageanhängsel, A erneut Kompliment B, B nimmt Kompliment an, A fühlt sich bestätigt, beziehungsfestigend, kommunikationsförderlich | | |
| 6. Humorvoll zustimmende Bestätigung der Komplimentaussage — *Humorous agreements/confirmation* | B bestätigt Komplimentaussage humorvoll als Zeichen, wirkt auflockernd-positiv auf Urheber, beziehungsfestigend, kommunikationsförderlich | | |

| II. ABLEHNUNG — REJECTION | | | |
|---|---|---|---|
| 1. Nichtzustimmung — *Disagreement* | B stimmt Komplimentaussage nicht zu, Urheber fühlt sich auch abgelehnt, keine weiteren Komplimente. Im spielerischen Ton und unter Freunden beziehungsfestigend, kommunikationsförderlich, in ernsten Situationen beziehungsstörend | Spezifisch, negativer Bescheid | Bescheidenheit |

**III. LÖSUNGSTYPEN FÜR ZWEI DIVERGIERENDE ZWÄNGE — SOLUTION TYPES FOR 2 CONFLICTING CONSTRAINTS**

| | | | |
|---|---|---|---|
| 1. Rückfrage/neutrale Haltung — *Questions/neutral stance* | B stellt Komplimentaussage in Frage, A bestätigt Frage/ Kompliment, beziehungsfestigend, kommunikationsförderlich, wenn Urheber bestätigt. | Nicht-spezifisch, entscheidungsvorbereitend, nachfragend | Nicht-spezifisch, entscheidungsumgehend, ausweichend / Zustimmung, Bescheidenheit |
| 2. Abwertung der Komplimentbewertung — *Evaluation shift (downgrade)* | B wertet Komplimentaussage ab, Demonstration von Bescheidenheit, daher beziehungsfestigend, kommunikationsfördernd | Nicht-spezifisch, entscheidungsumgehend, ausweichend | |
| 3. Abschwächung/Einschränkung der Komplimentbewertung — *Evaluation shift (qualification)* | B schwächt Komplimentaussage ab bzw. schränkt sie ein, Demonstration von Bescheidenheit, daher beziehungsfestigend, kommunikationsförderlich | Nicht-spezifisch, entscheidungsvorbereitend, problematisierend | |
| 4. Referenzverschiebung (zu anderer Person bzw. zu Objekt) — *Referent shift (away from self)* | B leitet Kompliment weiter an Person/Objekt, Demonstration von Bescheidenheit, daher beziehungsfestigend, kommunikationsförderlich | | |
| 5. Referenzverschiebung (Rückgabe d. Kompliments an A) — *Referent shift (compliment return)* | B akzeptiert Anerkennung und gibt Kompliment an Urheber zurück, beziehungsfestigend, kommunikationsförderlich | | |
| 6. Erklärung — *Comment history* | B gibt Erklärung ab zu Gegenstand/Hintergrund, beziehungsfestigend, kommunikationsförderlich | | |
| 7. Ignorieren — *Ignoring* | B ignoriert Kompliment | | |
| 8. Scherzen — *Joking* | B spielt mit scherzhafter Äußerung Kompliment herunter, positiv-auflockernd, beziehungsfestigend, kommuniktionsförderlich | | |

Tabelle 3: Reaktionsstrategien (vgl. Golato 2002; 2005) mit zugrunde liegenden Funktionen, Sprechhandlungstypen (Franke 1990) und Maximen (Leech 1983)

Die Arbeitsdefinition dieser Arbeit schließt allgemein Komplimentantworten ein, die Bezug nehmen auf den interpersonalen und inhaltlichen Aspekt, auf Zwänge wie Eigenlobvermeidung und Gleichgewichtswiederherstellung und die sowohl zur Herstellung, Bestätigung und zum Erhalt von Solidarität (vgl. Leech 1983) als auch zur Distanzverringerung und Beziehungskonsolidierung oder -förderung dienen.

Eine Komplimenterwiderung wird in diesem Sinne verstanden als eine verbal und in der Regel aufrichtig geäußerte Reaktion eines Komplimentempfängers gleichen oder ungleichen Geschlechts, Status, Alters oder Beziehungsgrades auf ein Kompliment als positiver Bewertung und *preferred first part*.

Dieser Definition zufolge werden offensichtlich ironisch oder unaufrichtig geäußerte Komplimenterwiderungen ebenso wie die ihnen vorauslaufenden Komplimente (siehe Kapitel 3.1.3) von der Analyse ausgeschlossen. Die verbale Reaktion wird innerhalb der Dreiteilung Zustimmung – Kompromissbereich – Nichtzustimmung angesiedelt sein, sie kann die Komplimentäußerung an sich oder Komplimentinhalt oder -aussage thematisieren und Sachverhalte zur Person oder zum Thema haben, die mit den Gesprächsteilnehmern in unmittelbarem Zusammenhang stehen. Ziel der Reaktion ist es vor allem, das Verhältnis zwischen den Gesprächspartnern einvernehmlich und höflich zu gestalten, d. h. durch Respektierung der gegenseitigen *face*-Bedürfnisse (Brown/Levinson 1978; 1987) die Beziehung zwischen den Gesprächspartnern zu konsolidieren oder zu fördern, indem man sich möglichst kooperativ (vgl. Grice 1957; 1975) und konfliktvermeidend verhält (vgl. Brown/Levinson 1978, 1987; Fraser/Nolen 1981; Leech 1983) und somit kommunikationsförderlich agiert.

Eine Komplimenterwiderung enthält eine eindeutige Aussage, die Bezug nimmt auf das vorangegangene verbale Kompliment (es sei denn, das Kompliment wird ignoriert) und muss als Reaktion klar erkennbar sein.

Komplimenterwiderungen werden anhand ihrer (vermeintlichen) Sprecher- bzw. Komplimentempfängerintention beurteilt, die nicht notwendigerweise mit der Form der Antwort übereinstimmen muss.

Die Komplimenterwiderung und deren Beurteilung sind immer vor dem jeweiligen situativ-kontextuellen Hintergrund zu betrachten (vgl. Franke 1990, S. 21), denn es gibt nicht nur *die eine* Komplimenterwiderung und daher auch weder ein Patentrezept für eine Beurteilung noch allgemeingültige Einteilungskriterien für Komplimentantworten. Als Orientierungshilfe zur Einordnung der Reaktionsformen auf Komplimente in einen erweiterten sprechakttheoretisch-dialoganalytischen Rahmen mit Berücksichtigung des Beziehungsaspekts dient die in Kapitel 3.2.1 abgebildete Darstellung Adamziks (1984, S. 278). Die Klassifizierung der Komplimentantworten erfolgt auf der Grundlage des Systems von Golato (2002; 2005) in Anlehnung an Pomerantz (1978). Weitere aussagekräftige, bedeutungsrelevante Kriterien wie syntaktische, lexikalische und prosodische Merkmale werden in die Interpretation mit einbezogen, allerdings können Mimik und Gestik in der folgenden Analyse nicht berücksichtigt werden, da die Studie ausschließlich auf Audiomaterial basiert, das kaum Zugang zu nonverbalem Verhalten ermöglicht.

Individuelle Aspekte wie Selbstbewusstsein oder Selbstwertgefühl, Charaktereigenschaften (introvertiert vs. extrovertiert) oder emotionale Beteiligung (Stellenwert des Kompliments, Sympathie für den Gesprächspartner), die Duttlinger (1999, S. 332) bezüglich geleisteter Beziehungsarbeit erwähnt und die ihr zufolge die Form einer Antwort eventuell stärker bestimmt als die von Pomerantz aufgeführten Zwänge, werden als möglicherweise einflussreich im Hinblick auf die Nähe- oder Distanzschaffung in der Analyse an relevanter Stelle genannt, die Darstellung des Grades emotionaler Beteiligung wird aufgrund ihres Stellenwertes insbesondere in die syntaktische, lexikalische und prosodische Beschreibung mit einbezogen.

# Kapitel 4

# Verfahren bei der Datenerhebung

## 4.1 Methodische Vorüberlegungen

Zur empirischen Erschließung der für interaktive Gespräche relevanten, Einfluss nehmenden Phänomene bedarf es der Analyse von Datenmaterial, das mit Hilfe einer auf die Beantwortung der angestrebten wissenschaftlichen Fragen abgestimmten Methode erzeugt wird. Da die Forschungsergebnisse von der Wahl dieser Untersuchungsmethode in hohem Maße beeinflusst werden, ist darüber hinaus auch im Hinblick auf interdisziplinäre und interkulturell angelegte Studien ein besonderes Augenmerk auf die Gewährleistung der Vergleichbarkeit der Daten zu legen. Die wissenschaftliche Debatte darüber, welche Methode in linguistischen Studien idealerweise zur Erforschung von Gesprächen und diese strukturierenden Merkmalen zugrunde gelegt werden soll, ist — wie in der Forschungsliteratur vielfach deutlich wird — kontrovers. Dies liegt nicht zuletzt daran, dass die Wahl der Methode davon abhängt, was man genau aus welcher forschungsdisziplinären Perspektive heraus untersuchen möchte. Es gibt eine Reihe von Studien, die einen Überblick darüber geben, welche Forschungsergebnisse zu welchen linguistischen Phänomenen mit welchen Methoden und Resultaten bezüglich der Validität erzielt worden sind. Kasper (2000) und Kasper/Dahl (1991) z. B. stellen unter Angabe der Modalität der Sprachverwendung (Sprachproduktion, -rezeption, metapragmatische Urteile) und des Grades an Kontrolle über die Probanden die Vor- und Nachteile verschiedener Methoden zur Untersuchung linguistischer Phänomene aus unterschiedlichen wissenschaftlichen Perspektiven vor.

Sprechakte, speziell Komplimente und Komplimenterwiderungen, sind laut Golato bisher in vielen verschiedenen Sprachen, aus vielfältigen Forschungsperspektiven (Pragmatik, Zweitsprachenerwerb, Konversationsanalyse, Diskursanalyse, Sprechakttheorie, Sprechkommunikation) mit zahlreichen unterschiedlichen Methoden untersucht worden (Diskursergänzungsaufgaben und Fragebögen, Erinnerungsprotokolle (*recall protocols*), Rollenspiele, Feldforschung und Audioaufnahmen natürlicher Gesprächsinteraktionen), jedoch spiegeln viele Ergebnisse aufgrund der angewandten Methoden nicht den angepriesenen natürlichen Sprachgebrauch (*pragmatic action*) wider, sondern präsentieren subjektive Eindrücke und gesellschaftlich verankerte Wertungen (*symbolic action*) bezüglich der Art und Weise, wie ein Kompliment gemacht oder auf dieses reagiert werden *sollte* (vgl. Golato 2005, S. 11 ff.).

Zu den bisher für die Analyse von Komplimenterwiderungen verwendeten unterschiedlich gesteuerten Datenerhebungsmethoden, die vorzugsweise *symbolisches* Verhalten widerspiegeln, zählen die folgenden:

| Methode | Diskursergänzungs-aufgabe/Fragebögen (u. a. Chen 1993; Nixdorf 2002; Werthwein 2002) | Rollenspiele (u. a. Ylänne-McEwen 1993; Saito & Beecken 1997) | *Recall protocols (Self-report)* Interviews (u. a. Knapp et al. 1984; Nelson et al. 1996) |
|---|---|---|---|
| Format | Schriftliche Produktionsaufgabe, gesteuert (Präsenz/Beteiligung der Forscher) | Mündliche Produktionsaufgabe, gesteuert (Präsenz/Beteiligung der Forscher) | Mündliche Produktionsaufgabe, gesteuert (Präsenz/Beteiligung der Forscher) |
| Vorteile | Schnelle, quantitativ umfangreiche Datensammlung möglich, Variablenkontrolle, statistisch einfach vergleichbares Material, muss nicht transkribiert werden | Interaktive Aufgabe, gewährleistet dadurch eher Einblick in natürliche Interaktion durch Merkmale wie Sequenzierung, Sprecherwechsel, etc. | Durch Beschreibung der zuletzt erlebten Komplimentsituation wird mehr Natürlichkeit gewährleistet als bei Fragebögen |
| Nachteile | Spiegelt oft keinen natürlichen Sprachgebrauch wider, zu hohe Steuerung von außen, metapragmatische Artikulation situationsadäquaten Verhaltens in imaginären Interaktionssituationen, keine Interaktion, keine interaktive Aufgabe | Motiviert durch Forscher, nicht durch Interaktanten, nachgestellte, imaginäre Interaktionen, Darstellung von Vorstellungen über Rollen, die vermutlich im Leben noch nie verkörpert wurden | Fehlendes detailliertes Erinnerungsvermögen oft hinderlich, keine interaktive Aufgabe, daher kein Verfahren zur Sammlung natürlichen Sprachmaterials |

| Ergebnis | Darstellung symbolischen, subjektiv empfundenen, normadäquaten Verhaltens insbesondere bei Vergleichen Muttersprachler vs. Nicht-Muttersprachler | Darstellung symbolischen, subjektiv empfundenen adäquaten Verhaltens, insbesondere im Bereich interlingualer Pragmatik verwendet | Wiedergabe des propositionalen Inhalts, jedoch nicht detaillierter Strukturmerkmale, subjektive Darstellung des Verhaltens |
|---|---|---|---|

Tabelle 4: Übersicht über die für die Analyse von Komplimenten und Komplimenterwiderungen verwendeten Datenerhebungsmethoden zur Darstellung symbolischen Verhaltens (vgl. Golato 2005, S. 20 ff.)

Für die Untersuchung natürlichen *pragmatischen* Komplimenterwiderungsverhaltens sind bisher die Feldbeobachtung sowie Audio- oder Videoaufzeichnungen natürlich-spontaner Interaktion insbesondere im Rahmen der Konversationsanalyse hinzugezogen worden (Golato 2005, S. 12 ff.):

| Methode | **Feldbeobachtung** (u. a. Herbert 1986, 1990; Herbert/Straight 1989; Holmes 1988) | **Audio-/Videoaufnahmen natürlich spontaner Interaktion** (u. a. Pomerantz 1978; Sims 1989; Golato 2002) |
|---|---|---|
| Format | Schriftliche, verdeckte Dokumentation von im persönlichen Alltagsumfeld vernommenen natürlich-spontanen Komplimentakten, ungesteuert, keine Beteiligung der Forscher | Digitale (verdeckte) Aufzeichnung von natürlich-spontanen interaktiven Gesprächen oder Telefonaten, ungesteuert, (keine) Beteiligung der Forscher |
| Vorteile | Sammlung eines großen Datenkorpus mit großer Sprecher- und Situationsvielfalt, damit statistische Analyse zur Hypothesenunterstützung möglich | Möglichkeit des wiederholten Abspielens, detaillierte Analyse von Sprechakteinheiten, -sequenzen und -strukturen möglich, Einbezug aller verbalen und nonverbalen Elemente, keine im Voraus erstellten Kategorisierungen bzw. Klassifizierungen, sondern sich durch die Analyseergebnisse herauskristallisierende Einteilungen |

| | | |
|---|---|---|
| *Nachteile* | Einschränkungen in Qualität und Quantität aufgrund von Erinnerungsverlust, keine Möglichkeit des wiederholten Abspielens wie bei Audio- bzw. Videoaufnahmen, daher höherer Verlust insbesondere von strukturellen Detailinformationen | Schwierigkeit der Erstellung eines umfangreichen Datenkorpus, oftmals zu wenig Datenmaterial für eine statistisch aussagekräftige Analyse, Schwierigkeit der Kontrolle von potentiell Einfluss nehmenden soziokulturellen Variablen (Macht, Status, Geschlecht, Alter) |
| *Ergebnis* | Darstellung natürlichen, spontanen pragmatischen Verhaltens insbesondere in der Ethnographie, im Bereich Soziolinguistik und Kommunikationswissenschaften, nützliche Methode zur Analyse von Sprechaktinhalt und syntaktischen und semantischen Merkmalen, jedoch nicht zur Aufdeckung von Interaktions- bzw. Diskursmerkmalen | Darstellung natürlich-spontanen pragmatischen Sprachverhaltens insbesondere im Rahmen der Konversationsanalyse zur Beschreibung der Art und Weise der Entfaltung von Kommunikationsmustern im Verlauf der Interaktion. |

Tabelle 5: Übersicht über die für die Analyse von Komplimenten und Komplimenterwiderungen verwendeten Datenerhebungsmethoden zur Darstellung natürlichen pragmatischen Verhaltens (vgl. Golato 2005, S. 20 ff.)

Jede der aufgeführten Methoden weist — wie aus den Tabellen 4 und 5 hervorgeht — Vor- und Nachteile verschiedener Art auf, die besonders im Hinblick auf das angestrebte Forschungsziel in der Fachliteratur immer wieder kontrovers diskutiert werden. Eine allen Datenerhebungsmethoden zugrunde liegende, stets vorhandene Problematik betrifft dabei auch das *observer's paradox*. Wie Labov (1972) erklärt, liegt unser Bestreben idealerweise darin zu beobachten, wie Menschen sich sprachlich verhalten, wenn sie nicht beobachtet werden, da nur dieser Sprachgebrauch als unbeeinflusst, d. h. natürlich-spontan, gilt.[1] Dies ist jedoch — wie Stubbs (1983) treffend zusammenfasst — ein in sich widersprüchliches und daher nicht realisierbares Unterfangen, denn „you cannot observe people when they are not being observed." (Stubbs 1983, S. 227). Vielfach ist es insbesondere bei der Audio- und Videoaufzeichnung als Datenerhebungsmethode allein aus ethisch-rechtlichen Gründen nicht erlaubt, Gespräche verdeckt, d. h. ohne das Wissen der Beteiligten, aufzunehmen, da die Teilnehmer um Aufzeichnungserlaubnis gebeten und damit über die Aufnahme- und Beobachtungsabsichten in Kenntnis gesetzt werden müssen (vgl. Johnstone 2000, S. 41; Denzin/Lincoln 2000, S. 662). Damit büßen die aufgezeichneten Gespräche entsprechend an Authentizität, Spontaneität und Natürlichkeit ein,

---

[1]Labov beschreibt dieses Beobachterparadoxon folgendermaßen: „Our goal is then to observe the way that people use language when they are not being observed." (Labov 1972, S. 209).

weil sich die Beteiligten vor Mikrophon oder Kamera formaler verhalten und artikulieren (vgl. Stubbs 1983, S. 224).

Insbesondere im Hinblick auf die Verwendung solcher Audio- und Videoaufzeichnungen ist jedoch zu betonen, dass die Beteiligten sich erfahrungsgemäß — nicht zuletzt auch durch die immer selbstverständlicher gewordene Präsenz technischer Geräte in unserem Alltagsleben — mittlerweile relativ schnell an eine Aufzeichnungssituation gewöhnen, d. h. Mikrophon oder Kamera durch ihr verhältnismäßig zügiges Zurückfallen in alltägliche Routinen ignorieren oder vergessen, wodurch die erwähnte Beeinflussung des Sprachverhaltens entsprechend nachlässt (vgl. Johnstone 2000, S. 106, 111 f.). Im Allgemeinen wird empfohlen, den eigentlichen Aufnahmen eine kurze Aufwärmphase z. B. in Form von persönlichen Fragen zur Eingewöhnung vorzuschalten, um den Grad an Authentizität, Natürlichkeit und Spontaneität zu optimieren (Kasper 2000, S. 319 f.). Für wesentlich bedeutsamer als die Frage nach dem Einfluss elektronischer Aufnahmegeräte auf den Teilnehmer erachtet Johnstone bei Interviews z. B. diejenige nach dem Einfluss des präsenten Interviewers:

> „What is probably more important than whether a tape recorder or camera is running is how the fieldworker manages the conversational ambience and encourages people, by example and through decisions about how to set up the scene, not to clam up or clown awkwardly." (Johnstone 2000, S. 110).

Sowohl die angesprochenen jeweiligen Stärken und Schwächen der bisher für die Analyse von Komplimenterwiderungen verwendeten Datenerhebungsverfahren als auch der in der Fachliteratur viel diskutierte Einfluss weiterer relevanter Faktoren (z. B. Gesprächsatmosphäre und -umfeld, Selbstrepräsentation und emotionale Beteiligung des Forschers oder der Forscherin sowie Kenntnisse und Erfahrungen bezüglich der Sprache und Kultur) auf das Datenmaterial zeigen, wie wichtig es ist, im Hinblick auf eine für den spezifischen Untersuchungsgegenstand geeignete und auf diesen abgestimmte Methode sorgfältig abzuwägen, um Fehlinterpretationen und Einbußen in der Zuverlässigkeit der Ergebnisse aufgrund von unpassendem Datenmaterial zu vermeiden.

Interviews können zu unterschiedlichen Zwecken in verschiedenen Formaten mit unterschiedlicher Struktur verwendet werden. Sie können z. B. die Form eines individuellen verbalen *face to face*-Gesprächsaustausches, eines per E-Mail zugesandten oder selbst ausgeteilten Fragebogens oder einer Telefonbefragung annehmen, sie können strukturiert, weniger strukturiert oder gar nicht strukturiert sein und für wirtschaftliche, politische, therapeutische Zwecke sowie zur wissenschaftlichen Analyse verwendet werden (vgl. Denzin/Lincoln 2000, S. 645). Wie bei jedem anderen Datenerhebungsverfahren sind auch Interviews je nach Format, Struktur und Verwendungszweck Stärken und Schwächen nachzuweisen. Für Lubecka z. B. liegen die Vorteile von Interviews darin, dass die Konversation im Verlaufe dieser normalerweise von selbst informeller wird und dass mit ihnen die Möglichkeit der Befragung zu interkulturellen persönlichen Erfahrungen besteht (vgl. Lubecka 2000, S. 73). Dagegen betrachtet sie als Nachteil, dass Interviews zwar weniger strukturiert und gesteuert sind als Fragebögen, die Rolle des Interviewers jedoch im Hinblick auf den Grad an Formalität im Gespräch sowie das Stellen gezielter Leitfragen zum Zweck der Erlangung vollständiger, detaillierter Antworten bzw. linguistischer und sozialer Erklärungen immer noch sehr einflussreich ist und dadurch die Konversation zu sehr steuert (vgl. Lubecka 2000, S. 73). Darüber hinaus ermöglichen Interviews es nicht, zu beobachten, „[...] when particular speech acts appear in natural discourse and how they function there, e. g. it is hard to check the validity of Wolfson's (1984: 236) statement that compliments are free to occur at any point in conversation." (Lubecka 2000, S. 73).

Die hier aufgezeigten Stärken und Schwächen beziehen sich insbesondere auf solche Interviews, die durch Fragen von Seiten des Interviewers oder Fragebögen strukturiert sind und die aufgrund starker Fokussierung auf den konkreten Untersuchungsgegenstand wenig Spielraum lassen für einen annähernd natürlichen Gesprächsaustausch. Inzwischen ist man im Zuge modifizierter Interviewtrends zunehmend zu der Erkenntnis gelangt, dass Forscher keine unsichtbaren, neutralen Entitäten mehr in Interviews darstellen, sondern dass sie teilhaben an den Interaktionen, die sie untersuchen möchten, und diese — ähnlich wie bei den ethnographisch geprägten Verfahren — beeinflussen: „Interviewers are increasingly seen as active participants in interactions with respondents, and interviews are seen as negotiated accomplishments of both interviewers and respondents that are shaped by the context and situations in which they take place." (Denzin/Lincoln 2000, S. 663).

Ausgehend von dieser Erkenntnis lässt sich ein solches Interviewformat im Rahmen qualitativer Analysen definieren als „[...] a form of discourse between two or more speakers or as a linguistic event in which the meanings of questions and responses are contextually grounded and jointly constructed by interviewer and respondent." (Schwandt 1997, S. 79).

Nicht vergessen werden sollte jedoch, dass ein Forscher bei diesem und allen anderen Interviewformaten dabei nicht umhin kann, sich über die angemessene Einbettung des Interviews in einen entsprechenden Rahmen Gedanken zu machen. Hinsichtlich dieser Rahmenbedingungen sollte er bereits im Vorfeld stets Aspekte wie adäquates *Setting*, Kenntnisse über Sprache und Kultur der Teilnehmer, Art des eigenen Auftretens bzw. der eigenen Erscheinung, Platzierung der Teilnehmer, Art und Weise der Herstellung von Empathie (Vertrauen, Verständnis, Übereinstimmung, Harmonie) — sprich die präzise Form der Sammlung empirischen Datenmaterials schlechthin — in seine Überlegungen und Entscheidungen einbeziehen (vgl. Denzin/Lincoln 2000, S. 645 ff.).

In Bezug auf die digitale Aufnahme solcher Interviews lassen sich ebenso wie bei anderen Datenerhebungsverfahren entsprechend Vor- und Nachteile erkennen. Johnstone (2000) argumentiert diesbezüglich zum einen, dass die Aufzeichung von Interviews eine komplexe, detaillierte, auch selten auftretende Phänomene erfassende Analyse dadurch ermöglicht, dass das Datenmaterial immer wieder abgespielt oder abgehört werden kann und den Analysten dadurch — im Gegensatz zur ethnographischen Feldforschung, die sich bei der Teilnehmerbeobachtung auf schriftliche Notizen und selektives Erinnerungsvermögen verlassen muss — vor wenig eindeutigen Schlussfolgerungen bewahrt (vgl. Johnstone 2000, S. 104 f.). Zum anderen wirkt sich der Autorin zufolge jedoch nachteilig aus, dass Audioaufnahmen keine Einblicke in Mimik und Gestik der Interaktanten und damit keinen Zugang zum gegenseitig entgegengebrachten nonverbalen Verhalten bietet, dass darüber hinaus oftmals möglicherweise wichtige Kontextinformationen nicht zur Verfügung stehen und man mit einem Rekorder solange nicht interagieren kann (d. h. man kann Teilnehmer nicht stoppen und fragen, warum sie gerade das gesagt haben, was sie gesagt haben oder bitten, das vorher Gesagte noch einmal zu wiederholen) wie der Interviewer nicht an der Interaktion, die aufgezeichnet wird, aktiv teilnimmt (vgl. Johnstone 2000, S. 104). Solche Schwächen können laut Johnstone zwar durch zusätzliche Aktivitäten wie schriftliche Notizen zu nonverbalem Verhalten, Kontextinformationen u. a. bereits während der Aufnahme behoben werden, dennoch können im Nachhinein Fragen auftauchen, die das gesammelte Datenmaterial selbst nicht beantworten kann (vgl. Johnstone 2000, S.104).

Meines Erachtens lässt sich diese vieldiskutierte, bis dato ungelöste Problematik als für alle Datenerhebungsverfahren allgemeingültig identifizieren. Im Allgemeinen gilt bei der Sammlung empirischen Interviewmaterials stets:

> „[...] the „best" data for answering sociolinguistic questions come from the „best" interviews: ones that are relaxed, friendly, spontaneous sounding, like a good conversation. [...] Pilot-testing an interview format also helps you see what kind of interviewer you are, whether, for example, you are prone to letting the conversation wander and take longer than you told the interviewee it would, or whether you are the sort of person who insists so vehemently on sticking to the plan that you risk missing interesting other topics or styles. It may be wise to remember that you can get comparable data from different people without having exactly the same conversation with each other." (Johnstone 2000, S. 114 f.).

## 4.2   Entstehung des empirischen Datenmaterials

### 4.2.1   Erhebungsmethode

Die für die Datenerhebung dieser Arbeit verwendete Methode umfasst die digitale, statische Aufzeichnung offener Interviewgespräche, die meines Wissens bis jetzt in ähnlicher Art und Weise nur von Nelson et al. (1996) in ihrer in Kapitel 3.2.1 beschriebenen Studie zu Komplimenterwiderungen im amerikanischen Englisch und syrischen Arabisch für die Sammlung des englischsprachigen Datenmaterials verwendet worden ist. Nelson et al. beschreiben sie wie folgt:

„In the United States, data were collected during audiotaped interviews. [...] Before the interviews, interviewers asked interviewees if they were willing to be interviewed on audio-tape for a sociolinguistic study. If they agreed, the interviewer began the interview by asking demographic questions (e. g. What part of the United States are you from?). After a few questions, the interviewer complimented the interviewee on an aspect of his or her appearance, on a personality trait, or on a skill or well done job. For instance, one interviewer casually mentioned, ‚By the way, you really gave a good presentation to the class last night'. In this way, the compliments were given as an aside, as an utterance not connected to the formal interview, and thus, resulted in naturalistic responses. [...] At the completion of the interviews, interviewees were asked if their responses could be used in this study. All signed a consent form giving their permission." (Nelson et al. 1996, S. 416).

Im Gegensatz zu Nelson et al. wurden die Interviews in dieser Studie nicht von mehreren Interviewern unterschiedlichen Geschlechts geführt, sondern von der Autorin selbst in Eigenregie und -verantwortung gestaltet, um die gewünschten Effekte zu erzielen und das Gesprächsereignis insbesondere aus interpretatorisch-analytischen Gründen selbst mitzuerleben, denn „[...] a researcher who is not there has almost no effective control over what sorts of discourse go on, and how." (Johnstone 2000, S. 111). Darüber hinaus wurde die von der universitären Ethik-Kommission vorgeschriebene Unterzeichnung in die Einwilligung der Datenmaterialverwendung in dieser Studie bereits vor Aufnahmebeginn vorgenommen. Nach dem Gespräch folgte eine kurze Aufklärung über den exakten Untersuchungsgegenstand, der vor dem Gespräch aus Gründen möglicher Teilnehmerbefangenheit nicht genannt wurde, sowie eine Validitätsfrage, die sicherstellen sollte, dass die Teilnehmer von den eigentlichen Untersuchungsabsichten nichts mitbekommen hatten.

Um dem Interviewgespräch ein im Rahmen dieser Methode höchstmögliches Maß an Natürlichkeit und Spontaneität zu verleihen, begann die Interviewerin das Gespräch nicht mit demographischen Fragen, sondern forderte die Teilnehmer entweder zwecks solcher demographischer Angaben sowie näheren Kennenlernens dazu auf, etwas über sich selbst zu erzählen oder führte ein bereits vor der Aufnahme begonnenes Thema zu alltäglichen Begebenheiten weiter oder kam auf dieses zurück. Fragen und von der Interviewerin eingeflochtene Komplimente waren bewusst nicht vorformuliert, sondern entwickelten sich aus dem Gesprächskontext und -verlauf spontan von selbst heraus mit dem Ziel, dem Interview ein möglichst natürliches Gesprächsformat zu verleihen und die Teilnehmer dadurch zu natürlich-spontanen Reaktionen auf Komplimente zu veranlassen.

Zu den notwendigen Vorkehrungen für eine reibungslose Audioaufnahme zählten dabei im Vorfeld die Wahl der Teilnehmer, Räumlichkeit oder Umgebung, die Bitte um ein Interview mit sofortiger Terminabsprache, die Wahl der technischen Ausstattung für die Aufnahme (Mikrophon und Minidisc-Rekorder) sowie die entsprechende Vorbereitung kurz vor dem Interview (Positionierung und Prüfung der

Funktionstüchtigkeit des technischen Geräts, Bereitstellen von Getränken oder Sü-ßigkeiten zur Gestaltung einer angenehm freundlichen und gemütlichen Atmosphä-re). Wie auch bei Nelson et al. erfolgten die Audioaufnahmen — in diesem Fall aus ethisch-rechtlichen Gründen von der australischen universitären Ethikkommission kontrolliert — nicht verdeckt, Mikrophon sowie Minidisc-Rekorder mussten dem-zufolge für die Teilnehmer sichtbar platziert werden und zumindest das dem eigent-lichen Untersuchungsgegenstand übergeordnete Thema musste den Probanden mit-geteilt werden.

Insgesamt ist hinsichtlich der in dieser Studie verwendeten Datenerhebungsme-thode anzumerken, dass der Forscherin durchaus bewusst ist, dass Einschränkun-gen hinsichtlich der Natürlichkeit des Datenmaterials sowohl durch eine ethisch-rechtlich untersagte verdeckte Aufnahme als auch durch die Präsenz und Teilnahme der Forscherin an den Interviwegesprächen nicht vollständig ausgeschlossen werden können. Dies gilt ebenso für eine mit Blick auf das verfolgte Untersuchungsziel even-tuell von der Forscherin unbewusst und daher unbeabsichtigt erfolgte Steuerung des Geschehens. Solche Einschränkungen lassen sich jedoch allein schon durch die Tat-sache, dass es sich um zwischenmenschliche und in den seltensten Fällen vollkom-men zweckfreie Interaktion handelt, weder bei dieser noch bei irgendeiner anderen Erhebungsmethode dieses Formats vermeiden — es sei denn, es handelt sich um ethisch-rechtlich durchaus umstrittene verdeckte Aufnahmen ohne Beteiligung des Forschers oder der Forscherin, die an australischen Universitäten jedoch strikt un-tersagt sind.

## 4.2.2  Strukturierung und besondere Merkmale des Datenmaterials

Das Korpus umfasst 60 Interviewgespräche, 30 australische Gespräche mit insgesamt 182 Komplimentsequenzen und 30 deutsche mit 206 Sequenzen. Das Datenmate-rial in Australien wurde zwischen dem 17. 3. und 16. 5. 2004 aufgenommen, das in Deutschland zwischen dem 1. 6. und 22. 7. 2004.

Die Aufnahme des australischen Datenmaterials war mit einem viermonatigen Forschungsaufenthalt mit lokaler Betreuung an der Universität in Melbourne ver-bunden, er wurde von mir selbst organisiert und vom DAAD durch ein Doktoran-denstipendium unterstützt. Der Planung ging eine Bewerbung um Genehmigung der Projektdurchführung bei der Ethikkommission der entsprechenden philosophi-schen Fakultät der Universität Melbourne voraus. Das Projekt erhielt eine Registri-rungsnummer (HREC 030661 A&E 3, 480), und die Durchführung wurde für den Zeitraum vom 14. 11. 2003 bis 31. 12. 2004 genehmigt.[2] Verdeckte Aufnahmen der Ge-spräche wurden bei der Datensammlung jedoch strikt untersagt (bei Missachtung drohte der Abbruch des Projekts).

Die Aufnahmen wurden statisch durchgeführt, d. h., die Interviewerin installier-te die aus einem Minidisc-Rekorder und einem unidirektionalen Mikrophon beste-

---

[2]Die schriftliche Bestätigung der Ethikkommission der Universität Melbourne über die Projektgeneh-migung und Registrierung befindet sich im Anhang.

hende Aufnahmeapparatur zusammen mit anderen Alltagsgegenständen (Getränke, Süßigkeiten, Tasche und Dokumente, u. a. um die Aufmerksamkeit von der Apparatur abzulenken) auf einem Tisch und nahm so die von sitzenden Personen geführten Gespräche auf. Dies geschah aus folgendem Grund: „Statische [...] Aufnahmen werden in der Regel dann gemacht, wenn ein bestimmtes lange andauerndes und komplexes Gesprächsgeschehen möglichst vollständig von Anfang bis Ende dokumentiert werden soll." (Brinker/Sager [3]2001, S. 38).

Die Gesamtdauer der Aufnahmen variiert zwischen ca. 34 und 105 Minuten, die für die Ergebnisanalyse relevanten Interviewgespräche dauern zwischen 30 und 60 Minuten; zwei deutsche Interviewgespräche fanden in Paaren statt.

Der thematische Inhalt war nicht von der Interviewerin vorbestimmt, er entwickelte sich nach einer Begrüßungs- und Aufwärmphase von selbst im Verlaufe der Gespräche. Dies war beabsichtigt, da den Teilnehmern so die Entscheidung bezüglich der Themenwahl selbst überlassen blieb. Auffallend war, dass die Themen sich in jedem einzelnen Gespräch ohne Einflussnahme oder Lenkung von Seiten der Interviewerin automatisch wiederholten, wenn auch nicht immer in derselben Reihenfolge. Es handelte sich regelmäßig um folgende weitgehend alltäglichen Inhalte: persönliche Angaben (Familienkonstellation und -herkunft (insbesondere in Australien), Kindheits- und Jugenderinnerungen, Geburtstag und -ort, persönliche Entwicklung), demographische Daten (Wohnort, -gegend, -umfeld), aktuelle Themen und Begebenheiten, Beruf oder Studium der Teilnehmer und ihrer Angehörigen, Herkunft, kultureller Hintergrund, Hobbys, gemeinsame Bekannte, Freunde und Erfahrungen. Die aufgezeichneten Interviewgespräche waren inklusive ihrer jeweiligen Vor- und Nachbesprechungsphase wie folgt strukturiert[3]:

1. Kontaktaufnahme zu den Teilnehmern, Einladung zum Gespräch, bei freiwilliger Zusage mündliche oder schriftliche (E-Mail) Termin- und Treffpunktvereinbarung. Als Treffpunkte dienten vertraute, informelle Räumlichkeiten: universitäre Versammlungs- und Pausenräume der Studenten in Melbourne, Dozentenbüros und ansonsten private Domizile der Teilnehmer oder Interviewerin.

2. Interviewgespräch:

   (a) Kurze mündliche Einführung in das übergeordnete Thema „Kommunikationsstrategien im australischen Englisch und im Deutschen" mit Hilfe eines vorgefertigten Informationsblattes[4] und den groben Verlaufsplan sowie die Unterzeichnung einer Einverständniserklärung zur Auf-

---

[3]Zu Verwendung, Struktur und Validität von Interviews als methodischem Instrument in der qualitativen Forschung siehe auch Kvale 1996.

[4]Zwecks strenger Vorgaben der universitären Ethikkommission in Australien enthalten die Informationsblätter und die Einverständniserklärung für die australischen Teilnehmer detailliertere Informationen zum Projekt als die deutschen Informationsblätter. Da die Datenerhebung in Deutschland keiner ethischrechtlichen Kontrolle unterliegt, wurden die deutschen Informationsblätter und Einwilligungen lediglich der Vervollständigung halber zur persönlichen Absicherung eingesetzt.

nahme des Gesprächs. Das konkrete Thema wurde erst in der Nachbesprechung genannt, um eine Verhaltensbeeinflussung aufgrund von Befangenheit zu vermeiden, die entweder wegen der Interviewerin als weiblicher Komplimentierender oder aufgrund zu starker Fokussierung auf den konkreten Untersuchungsgegenstand entstehen konnte.

(b) Beginn des Gesprächs unmittelbar nach der Unterzeichnung der Einverständniserklärung entweder mit einer einführenden Frage zur Person, einer Aufforderung von Seiten der Interviewerin an die Teilnehmer, sich vorzustellen oder etwas über sich zu erzählen, oder mit dem nahtlosen Übergang zu einem bereits während der mündlichen Einführung begonnenen Thema.

(c) Merkmale der Interviewgespräche: Sie sind offen strukturiert, die Interviewerin versuchte durch aktives Zuhören, Empathie- und Sympathieaufbau ein Vertrauensverhältnis und somit ein möglichst gleichberechtigtes Beziehungsgefüge zu den Teilnehmern herzustellen, damit sich Themen, Fragen und Antworten während des Gesprächs — ähnlich wie in natürlich-spontanen Alltagsgesprächen — von selbst aus dem Gesprächsverlauf heraus entwickeln konnten. Je nach Dauer der Gespräche wurden von der Interviewerin zwei bis acht möglichst spontan formulierte, d. h. nicht vorformulierte, Komplimente im Deutschen sowie drei bis zwölf Komplimente im Australischen in den Gesprächskontext eingepasst und so unbemerkt wie möglich als Nebenbemerkungen ausgeteilt, um eine ebenso natürlich-spontane, möglichst unreflektierte Reaktion auf das entsprechende Kompliment hervorzurufen. Die Komplimente beziehen sich in Anlehnung an Knapp et al. (1984) auf die vier am häufigsten verwendeten Themen in diesem Zusammenhang: Besitzgegenstände (z. B. *Hast ne schöne Uhr!* oder *You've got a nice watch!*), Leistungen oder Fähigkeiten (z. B. *Ihr macht ja so Riesenprogramme, ich find das toll!* bzw. *I think you do a remarkable job!*), Merkmale (z. B. *Das passt ja jetzt wunderbar zusammen!* bzw. *That's a nice sort of dialect!*) und Charaktereigenschaften (z. B. *Du warst echt ne klasse Kollegin!* bzw. *I could imagine you're a very good organizer!*). Insbesondere im Kontext der Diskussion um den Wahrheitsgehalt einer Aussage wurden entsprechend Komplimente nur dann verteilt, wenn es sich um etwas handelte, was der Interviewerin im Verlaufe des Gesprächs tatsächlich positiv auffiel und daher unbedingt erwähnenswert erschien. Aus diesem Grunde war es demzufolge nicht möglich, in allen Gesprächen Komplimente in der gleichen Anzahl, mit derselben thematischen Häufigkeit und mit gleichem Inhalt zu verteilen.

3. Beendigung des Gesprächs mit einer Dank- und Verabschiedungssequenz.

4. Kurze Nachbesprechung, in der die Teilnehmer über den konkreten Untersuchungsgegenstand in Kenntnis gesetzt und zur Absicherung der Datenqualität gefragt wurden, ob ihnen während des Gesprächs aufgefallen sei, dass es

um die Untersuchung von Komplimenterwiderungen ging (z. B. „Hätten Sie gedacht, dass ich mich in meiner Untersuchung und dem Gespräch konkret auf Komplimenterwiderungen konzentriere?"). Sie wurden daraufhin gebeten, für die Erhebung soziodemographischer Faktoren und zu Kodierungszwecken einen Hintergundfragebogen mit Angaben zur Person auszufüllen.[5]

5.  Da bereits nach dem allerersten Gespräch zum Erstaunen der Interviewerin eine vom Teilnehmer selbst initiierte lebhafte Gesprächs-, Erfahrungs- und Interpretationsphase zum Thema Komplimente und Komplimenterwiderungen einsetzte, wurde dieses mit aufgezeichnet und umgehend ein zusätzlicher Fragebogen[6] entwickelt, der im Rahmen der Auswertung und Analyse des Datenmaterials, d. h. der Kategorisierung der einzelnen Komplimenterwiderungen, zur späteren Interpretationserleichterung einen Einblick in das individuelle, persönliche Verständnis der Teilnehmer vom Funktionsprinzip des Komplimentverhaltens unter Einbezug soziologischer, situativer, individueller und kultureller Faktoren geben und Zugang verschaffen sollte zum Sprecherbewusstsein und zum symbolischen, normativ verankerten Verhalten der Teilnehmer.

## 4.2.3   Probanden

In der in Kapitel 4.2.1 beschriebenen Art und Weise wurden in der vorliegenden Studie Daten von zwei kulturellen Gruppen, nämlich 30 Australiern und 30 Deutschen, erhoben. Alle Probanden führten ihr Interviewgespräch mit der Autorin in der jeweiligen Muttersprache, d. h. in australischem Englisch (*General* bzw. *Standard Australian English*)[7] bzw. auf Deutsch (zumeist hochdeutscher Standard, bei manchen Teilnehmern mit regionalen oder dialektalen Färbungen). Da es sich bei den regionalen oder dialektalen Färbungen ausschließlich um Unterschiede in der Aussprache handelt, die offenbar keine Auswirkungen auf die syntaktische oder lexikalische Gestaltung der entsprechenden Komplimenterwiderungen haben, gelten sie für die weitere Analyse als irrelevant und werden dementsprechend im Verlauf der weiteren Analyse nicht weiter berücksichtigt.

Bis auf fünf deutsche Teilnehmer, die in Melbourne an einem Gespräch partizipierten, wurden die Konversationen mit allen Probanden in deren Herkunftsland aufgezeichnet. Zwei der fünf in Melbourne teilnehmenden Deutschen hielten sich wegen eines Praktikums oder eines Urlaubs für einen Monat in Australien auf, die

---

[5] Der Hintergrundfragebogen (in Anlehnung an Kelz 1969, S. 22 f.) wurde in der jeweiligen Muttersprache ausgeteilt und enthielt Angaben zu Gesprächssituation, Person, Wohnort und -umgebung, Alter, Geschlecht, Ausbildung, Beruf, Sprachkenntnissen und dialektalen Färbungen.

[6] Die australischen und deutschen Fragebögen wurden in Anlehnung an Lubecka (2000) erstellt.

[7] Die Forscherin und Komplimentgeberin ist keine englische bzw. australische, sondern deutsche Muttersprachlerin, jedoch wurde ihr vor den Aufnahmen in Besprechungen von zahlreichen englischsprachigen Linguisten an der Universität in Melbourne versichert, dass es aufgrund ihrer sehr guten Englischkenntnisse zu keinen Einbußen in der Datenqualität kommen dürfte.

restlichen drei Probanden gehören dem Dozentenkollegium des germanistischen Seminars der Universität Melbourne an und leben schon längere Zeit in Australien.

Die Interviewgespräche verliefen in Absprache mit den jeweiligen Hochschuleinrichtungen (*School of Languages and Linguistics* der Melbourne University mit den Instituten *German & Swedish Studies, French, Italian & Spanish Studies, Department of Linguistics and Applied Linguistics,* der *Research Unit for Multilingualism and Cross-Cultural Communication (RUMACCC),* dem *Arts and Education Human Ethics Subcommittee* sowie dem Sprachlernzentrum der Rheinischen Friedrich-Wilhelms-Universität Bonn) unter Berücksichtigung der Raumkapazität und -belegung der studentischen Versammlungs- und Pausenräume sowie Dozentenbüros im Hinblick auf informelle Terminabsprachen mit den Teilnehmern an beiden Universitäten.

Sowohl in Australien als auch in Deutschland wurden zunächst einmal Bekannte und Freunde kontaktiert und entweder selbst zur Teilnahme animiert und/oder um Kontaktaufnahme zu weiteren Personen aus deren Bekannten- und Freundeskreis gebeten, so dass sich dadurch ein überwiegend der Mittelschicht zugehöriges Teilnehmernetzwerk verschiedener Beziehungskonstellationen und Berufe sowie unterschiedlichen Alters, Status und Geschlechts entwickelte. Es wurde in diesem Zusammenhang darauf geachtet, dass überwiegend Nicht-Linguisten an der Untersuchung teilnahmen, damit durch ihr fachliches Hintergrundwissen die Ergebnisse nicht zusätzlich beeinflusst werden konnten. Bei jeweils 26 australischen und deutschen Teilnehmern konnte dies gewährleistet werden.

Es ist in diesem Zusammenhang zu betonen, dass weder die australischen noch die deutschen Probanden während des Zeitraums der Aufnahmen in einem privaten oder beruflichen Abhängigkeitsverhältnis zur Forscherin standen (z. B. Notenabhängigkeit bei Teilnahme an einerm Seminar). Die Teilnahme an den Gesprächen war somit zu keiner Zeit an eine Belohnung, einen Nutzen oder Gewinn gebunden, welche die Teilnehmer zu einem bestimmten Sprachverhalten während der Gespräche hätten veranlassen können. Es fällt auf, dass alle deutschen Probanden wenigstens eine Fremdsprache sprechen (meist Englisch gefolgt von Französisch, Spanisch, Japanisch sowie Persisch, Russisch, Norwegisch, Griechisch, Portugiesisch, Türkisch, Finnisch und Italienisch), während elf der dreißig australischen Teilnehmer keiner einzigen Fremdsprache mächtig sind und neunzehn eine odcr mehrere Sprachen beherrschen (meist Deutsch gefolgt von Französisch, Italienisch, Spanisch sowie Schwedisch, Niederländisch, Türkisch, Indonesisch, Japanisch und Griechisch). Ob diese Fremdsprachenkenntnisse einen Einfluss auf das untersuchte Sprachverhalten ausüben, kann in dieser Untersuchung nicht beantwortet werden, es ist jedoch zu vermuten, dass das Erlernen von und damit die Auseinandersetzung mit Fremdsprachen zur Sensibilisierung der Teilnehmer im Hinblick auf das (inter-)kulturelle (Sprach-)Verhalten und -verständnis führt.

Bezüglich verschiedener soziokultureller Variablen und ihrer Kontrolle gilt für die australische und deutsche Probandengruppe:

**Alter:** Die Altersspanne ist im gesamten Korpus beider Kulturen ausgeglichen, sie variiert bei den Australiern zwischen 19 und 60 Jahren, bei den Australierinnen zwischen 21 und 59 Jahren und bei den Deutschen zwischen 21 und 63 Jahren (Männer) bzw. 23 und 64 Jahren (Frauen);

**Geschlecht:** Es wurden sowohl für das australische als auch für das deutsche Korpus jeweils 15 Frauen und 15 Männer einbezogen, Komplimente erfolgten nur von Seiten der Interviewerin, also einer weiblichen Person, daher beschränkt sich die messbare Geschlechterkonstellation auf die Kombinationen: weiblich/ männlich bzw. weiblich/weiblich;

**Status:** Es wurde ein möglichst ausgewogenes Verhältnis zwecks Vergleichbarkeit der Daten angestrebt, daher befinden sich unter den Australiern sieben männliche und acht weibliche Universitätsangehörige (zwei bzw. drei Dozent(inn)en, zwei Doktorand(inn)en und drei Student(inn)en) sowie acht männliche (Verwaltungsangestellter bzw. Techniker an der Universität, Ingenieur, Arzt, Rechtsanwalt, technischer Zeichner, Computerverkäufer, Unternehmensberater) und sieben weibliche (Hebamme, Verwaltungsangestellte an der Universität, angehende Lehrerin im Referendariat, pharmazeutische Assistentin, Illustratorin, Hausfrau/Künstlerin und ehrenamtliche Pflegerin in einem Heim mit Parkinsonkranken, Krankenpflegerin) in anderen Branchen Tätige mit oder ohne Universitätsabschluss, während zu den deutschen Teilnehmern sieben männliche und acht weibliche Universitätsangehörige zählen (drei Dozent-(inn)en, zwei Doktorand(inn)en und zwei bzw. drei Student(inn)en) sowie acht männliche (Handwerker, Banker, Lehrer, Künstler, Ingenieur, Arzt, Geologe/Entwicklungshelfer, Reisebürokaufmann) und sieben weibliche (Lehrerin/Kostümbildnerin, Diätassistentin, Versicherungskauffrau, Hausfrau, Ärztin, Reisebürokauffrau, Juristin) in anderen Branchen Tätige mit oder ohne Universitätsabschluss; insgesamt wurde ausgehend von der Interviewerin als feststehender Größe eine ausgewogene Verteilung von Gleich-, Niedriger- und Höhergestellten angestrebt.

**Beziehungsgrad:** Da die Interviewerin, die alle Interviewgespräche aus den in Kapitel 4.2 genannten Gründen in Eigenregie geführt hat, keine Verwandten in Australien besitzt, musste zwecks Vergleichbarkeit die Gruppe der Verwandten als Beziehungskonstellation in beiden Kulturen ausgelassen werden, so dass die drei Beziehungsgrade Fremde, Bekannte und Freunde einbezogen wurden.

## 4.3 Auswertung, Analyse und Transkription

Unmittelbar nach den Interviewgesprächen wurde durch eine direkte Konfrontation der Teilnehmer mit einer Validitätsfrage, die mit der Information über das bis dahin zurückgehaltene konkrete Thema der Studie verknüpft wurde und daher für die Teilnehmer unerwartet kam, versucht zu ermitteln, ob den Teilnehmern der eigentliche Zweck des Gesprächs, nämlich die Fokussierung auf die Sammlung von Komplimentsequenzen, überhaupt bewusst geworden und ihr Verhalten entsprechend während der Konversation beeinflusst worden war. Die Tatsache, dass alle australischen Teilnehmer und neunundzwanzig der dreißig deutschen Teilnehmer (nur eine Doktorandin, die selbst Linguistin ist, erahnte das konkrete Thema) in ihren Reaktionen beteuerten, sie hätten sich im Hinblick auf die ausgeteilten Komplimente während des Gesprächs keine Gedanken gemacht oder diese noch nicht einmal bewusst registriert, deutet darauf hin, dass die Gespräche weitgehend ohne Störfaktoren oder ohne offensichtliche Steuerung durch die Interviewerin bzw. das konkrete Thema dynamisch und authentisch verlaufen sind. Zu den häufigsten Bemerkungen auf die Validitätsfrage, ob den Teilnehmern aufgefallen sei, dass der Fokus der Forscherin während des Gesprächs insbesondere auf Komplimenten und deren Erwiderungen gelegen habe und die Komplimente aus diesem Grunde bewusst in das Gespräch eingeflochten wurden, gehören dabei folgende deutsche und australische Kommentare: *Nee. Gar nicht.; Nö, müsst ich/hätte ich dir auch welche geben sollen?; Ja?; Jaa, ne, ne, das hab ich nicht, ne.; Hat geklappt, (m)hm.; (M)hm, nee.* oder *Aaaaaoh! Noooooo!; Ah, you, you were interested in that!; Did you? Are you? Aah!; Noap, I just thought that was your personality.* und *I wouldn't have thought that. What I would have thought is that, ehm, in order to generate conversation you would just pay me compliments.* Inwiefern diese Reaktionen tatsächlich aussagekräftig sind im Hinblick auf den Authentizitätsanspruch des Datenmaterials, hängt von vielen Kriterien, u. a. auch von subjektiven Bewertungsmaßstäben, ab; dennoch wird durch die Reaktionen der Eindruck erweckt, dass die Atmosphäre und das Umfeld während des Gesprächs so ungezwungen und entspannt bzw. die Konversation selbst so interessant und anregend verlaufen sein muss, dass die Teilnehmer sich gerne darauf einließen und sich in diesen öffneten, so dass sie nicht zum Nachdenken über eine mögliche Themenfokussierung angeregt wurden. Im Hinblick auf die Einordnung des Datenmaterials auf einer Skala zwischen unnatürlich-gestellten und natürlich-spontanen Interaktionen zeichnen sich diese Reaktionen meines Erachtens dadurch aus, dass eine im Rahmen der methodischen Gestaltung von Interviewgesprächen höchstmögliche Spontaneität und Authentizität erreicht werden konnte, so dass sie alleine wegen der durch ethisch-rechtliche Beschränkungen nicht zu umgehenden kontrollierten externen Bedingungen sowie der Beteiligung der Forscherin an den Gesprächen vielleicht nicht der Kategorie der (verdeckten) offenen, ungelenkten, völlig unbeeinflussten, natürlich-spontanen Alltagsgespräche im Sinne der Konversationsanalyse (vgl. Golato 2005) zugeordnet, jedoch durchaus als annähernd spontane, quasi-natürliche und ungezwungen informelle Interviewgespräche bezeichnet werden können, die thematisch allgemeine und persönliche Aspekte behandeln.

Ausgehend von dieser Zuordnung und der Tatsache, dass bis jetzt außer den Ergebnissen der Staatsexamensarbeit (Werthwein 2002), die auf einer anderen Methodenwahl basieren, keine vergleichbaren Studien und Ergebnisse zu Funktion, Form (syntaktisch, lexikalisch, prosodisch) und soziokulturellen Faktoren insbesondere im australischen Englisch vorliegen, zu denen die hier erzielten Resultate in Beziehung gesetzt werden könnten, wird die folgende Auswertung des Datenmaterials überwiegend qualitativ ausfallen.

Die Kategorisierung der in den Interviewgesprächen enthaltenen Reaktionen hinsichtlich ihrer Funktionen führt zu dem in Kapitel 3.2.3 dargestellten Klassifizierungssystem. Es werden alle Daten durch dieses Schema erfasst und auch auf die Gefahr hin, Abstriche damit in Kauf zu nehmen, jeweils immer nur einer Kategorie zugeordnet. Dies erfolgt auch in Fällen, in denen Mehrfachzuordnungen möglich wären. Bei Erwiderungen, die auf der Grundlage der erstellten Transkriptionen eindeutig aus mehreren aufeinander folgenden Sätzen bestehen und unter Umständen durch längere Pausen getrennt sind, wird nur der erste Satz berücksichtigt. Ein zweiter Satz wird nur dann einbezogen, wenn er durch ein Komma mit dem ersten Satz verbunden ist und daher einen Teil eines mehrgliedrigen Satzes darstellt. Fallen die Teile eines solchen mehrgliedrigen Satzes unterschiedlichen Kategorien zu, werden die Satzteile jeweils derjenigen Kategorie zugeordnet, die Kontext, Bedeutungszusammenhang, Intonation und sprachlichen Mitteln entsprechend als ausdrucksstärker erachtet wird.

Für die Erfassung, Zuordnung und Kodierung aller australischen und deutschen Erwiderungen ist ausschließlich die Autorin dieser Arbeit verantwortlich. Dies gilt insbesondere auch für die australischen Audiobeispiele, Transkriptionen und Übersetzungen der Reaktionen, die ich — da es sich nicht um meine Muttersprache handelt — von einer Australierin habe überprüfen lassen, der ich vertraue und die ich auch bei Interpretationsfragen im Rahmen der Auswertung zu Rate gezogen habe.

Ergänzend erfolgt zusätzlich im Rahmen einer Häufigkeits- oder Präferenzanalyse die Angabe der numerischen und prozentualen Verteilung, da eine quantitative Präsentation und Evaluation an dieser Stelle sinnvoll erscheint.

Eine quantitative Analyse bietet sich im Rahmen dieser Arbeit ausschließlich in Form eines eindimensionalen *Chi-Square*-Tests für die jeweiligen Auswahlantworten und Produktionsdaten an.[8] Mit diesem Test lassen sich als statistisch signifikant eingestufte Unterschiede feststellen, wenn die ermittelte Irrtumswahrscheinlichkeit $p$ kleiner oder gleich dem gewählten Signifikanzniveau $\alpha$ (Alpha) ist, d. h., es werden die Verteilungen innerhalb jeder Gruppe geprüft um festzustellen, ob die Differenzen zwischen z. B. „ablehnen" und „zustimmen" bzw. Alter, Geschlecht, Beziehungsgrad und Status wirklich signifikant sind (interkulturelle Präferenzen) (vgl. Nixdorf 2002, S. 79 f.).

Im Hinblick auf die immer wieder in der Forschungsliteratur aufkommende Diskussion bezüglich der Generalisierbarkeit von Untersuchungsergebnissen ist anzumerken, dass es bei jeder Studie Einschränkungen gibt, die insbesondere auf die Wahl der Methode(n) zurückzuführen sind. Es lässt sich meines Erachtens darüber streiten, ob nicht jeder Methode in der einen oder anderen Weise bestimmte Bedingungen zugrunde liegen, die notwendigerweise bei der Datensammlung kontrolliert werden müssen und somit die Ergebnisse immer in einem bestimmten Maß beeinflussen (vgl. Kapitel 4.1, *observer's paradox*). Insofern stimme ich Golato nicht

---

[8]Zur Durchführung statistischer eindimensionaler *Chi-Square*-Tests siehe Hatch/Lazaraton 1991; Albert/Koster 2002; Bortz [6]2005.

Die entsprechende Formel für den *Chi-Square*-Test lautet: $\chi^2 = \Sigma \frac{(beobachtet - erwartet)^2}{erwartet}$.

zu, wenn sie aus der Perspektive der Konversationsanalyse (*Conversation Analysis*) behauptet, „there are no controlled conditions within CA, and no manipulations of participant- or item-related variables" (Golato 2005, S. 23); denn auch sie kontrolliert im Vorfeld gewisse Variablen (Alter, Geschlecht, Beziehungsgrad, Status), indem sie sich auf Gespräche zwischen engen Freunden und Familienangehörigen der Mittelschicht in geschlechtlich möglichst ausgewogenem Verhältnis konzentriert und somit gewissermaßen entsprechend den Umständen und ihrem fachlichen Hintergrundwissen vorab selektiert. Darüber hinaus macht sie keinerlei Angaben dazu, ob die aufgezeichneten Gespräche verdeckt oder für die Teilnehmer sichtbar aufgenommen wurden, d. h. ob die Teilnehmer von den Aufnahmen wussten, ein Aspekt, der im Hinblick auf die Validität des Datenmaterials und damit auch der Ergebnisse wichtig ist.

Meines Erachtens ist daher jede Studie in diesem Forschungsbereich eine Einzelstudie und in den wenigsten Fällen rekonstruierbar oder duplizierbar, d. h. ihre Ergebnisse aus diesem Grund nicht uneingeschränkt generalisierbar; dies insbesondere deswegen, weil sie unter konkreten Umständen innerhalb eines konkreten methodischen Rahmens von und mit ausgewählten Personen und Persönlichkeiten in einer bestimmten Konstellation, Situation und in einem ausgewählten Kontext durchgeführt wird.

Insofern gilt auch für diese Studie, dass ihre Ergebnisse nicht uneingeschränkt übertragbar sind, auch wenn bei der Datenerhebung die Kontrolle über die Bedingungen, d. h. die Manipulation teilnehmer- oder objektbezogener Variablen (Alter, Geschlecht, Beziehungsgrad, Status, etc.), so gering wie möglich zu halten versucht wurde und die Teilnehmer — mit Ausnahme der Aufforderung in einigen Fällen am Anfang des Gesprächs, etwas über die eigene Person zu erzählen — keine von der Interviewerin erteilten Aufgaben während der Konversation aufgetragen bekommen haben, so dass das Verhalten nicht mit statistische Prozeduren implizierenden Messinstrumenten gesammelt wurde (vgl. Golato 2005, S. 23).

Die Transkription der analyserelevanten Komplimentsequenzen und insbesondere Komplimenterwiderungen erfolgte mit Hilfe der computergestützten phonetischen Analysesoftware PRAAT und der Transkriptionssoftware EXMARALDA (*Extensible Markup Language for Discourse Annotation*). EXMARALDA orientiert sich dabei an dem Transkriptions- oder Notationssystem HIAT („ HalbInterpretative ArbeitsTranskription„), einem System zur Verschriftlichung gesprochener Sprache, das vor allem im Rahmen der funktional-pragmatischen Diskursanalyse eingesetzt wird. HIAT wurde in den 1970er Jahren im Zuge der „pragmatischen Wende" von Konrad Ehlich und Jochen Rehbein (1976; 1979) entwickelt und baut auf der Partiturschreibweise auf, die dadurch gekennzeichnet ist, dass die jeweiligen Sprecherbeiträge synchron, d. h. zeitgleich, auf einer Partiturfläche durch räumliche Versetzung nach rechts dargestellt werden, so dass ein Überblick über Stand und Verlauf der jeweiligen Gesprächsbeiträge in der Interaktion ermöglicht wird (vgl. Dittmar 2002, S. 111 ff.). Die auf diesem Notationssystem basierende Software wurde aus folgendem Grund verwendet:

„Gemessen an der Anzahl vorliegender transkribierter Korpora ist HIAT, [...], zweifellos das erfolgreichste System im deutschsprachigen Raum. Wenn es derzeit verstärkt Bemühungen gibt, zur Kooperation und zu Zwecken der Vergleichbarkeit Datenbanken und Transkriptionssysteme kompatibel zu machen [...], so gehören die HIAT-Transkriptionen zu denen, die — durch welches Computersystem auch immer — zugänglich und konvertierbar sein sollten." (Dittmar 2002, S. 124).

Das Datenmaterial wurde zunächst in der phonetischen Analysesoftware PRAAT, die auch als Transkriptionswerkzeug genutzt werden kann, eingehört, bevor die entsprechenden analyserelevanten Komplimentsequenzen selektiert und vortranskribiert wurden. PRAAT wurde verwendet, weil es ein Softwarewerkzeug darstellt, das mit EXMARALDA kompatibel ist; denn mit Hilfe von EXMARALDA kann ein Datenaustausch beider Programme in beide Richtungen erfolgen. Besonders interessant für die Auswertung in dieser Studie

„[...] sind dabei die verschiedenen Möglichkeiten der Visualisierung digitalisierter Audio-Signale (Oszillogramm, Spektogramm, Pitch-Kontur), die bei einer bezüglich prosodischer oder phonetischer Parameter sehr detaillierten Transkription wertvolle Hilfen für den Transkribenten darstellen können, die der Partitur-Editor [EXMARALDA] nicht bietet (siehe jedoch auch Abschnitt 5.2 für eine Möglichkeit, die Fähigkeiten von PRAAT direkt aus dem Partitur-Editor heraus zu nutzen)." (Schmidt/Wörner 2005, S. 175).

In einem anschließenden Schritt wurden die PRAAT-Transkriptionen entsprechend in das Transkriptionsprogramm EXMARALDA übertragen, dies vor allem für eine spätere Verwendung in Word, d. h. Integration in diese Arbeit. Mit PRAAT wurde über die Transkriptionen hinaus die in den prosodischen Kapiteln der Ergebnisdarstellung (Kapitel 5.1.4 und 6.1.4) präsentierten Intonationskonturen erstellt.

EXMARALDA ist ein System von Konzepten, Datenformaten und Werkzeugen für die computergestützte Transkription und Annotation gesprochener Sprache und wird als zentrale Architekturkomponente einer Datenbank „Mehrsprachigkeit" an der Universität Hamburg entwickelt, wobei alle Komponenten des EXMARALDA-Systems auch für Nutzer außerhalb dieses Forschungsbereichs frei verfügbar sind. Zu den wichtigsten Merkmalen gehören die Speicherung der Transkriptionen als xml-Dateien zur flexiblen Nutzbarmachung und langfristigen Archivierung, die Verwendung von auf allen derzeit gängigen Betriebssystemen lauffähigen Java-Softwarewerkzeugen zur Erstellung und Verarbeitung von EXMARALDA-Daten sowie der Konzeptaufbau auf dem *Annotation Graph-Framework* für eine größtmögliche Austauschbarkeit und Wiederverwendbarkeit von Transkriptionsdaten und zur Benutzung anderer weit verbreiteter Werkzeuge (u. a. PRAAT) zur Erstellung und Bearbeitung von EXMARALDA-Daten.[9] Abgesehen davon unterstützt EXMARALDA zum einen durch ver-

---

[9] Weiterführende Literatur zu Konzeption und Funktionsweise der Transkriptionssoftware EXMARALDA: Schmidt 2002; Schneider 2002.

schiedene parametrisierte Funktionen auch direkt die Arbeit mit anderen Transkriptionssystemen (HIAT, DIDA, GAT, CHAT), zum anderen können EXMARALDA-Daten für gedruckte oder web-basierte Veröffentlichungen in eine Vielzahl von gängigen Präsentationsformaten (RTF, HTML, PDF) überführt werden.

Im Hinblick auf die in dieser Studie verwendeten Transkriptionskonventionen wurden in der Transkriptions- und Analysesoftware die Merkmale Sprecherwechsel, Überlappungen und Pausen, Sprechgeschwindigkeit und -rhythmus, Intonationsmuster, Tonhöhenverlauf sowie außersprachliche Mittel (Husten, Lachen, Stöhnen, Räuspern, etc.) angegeben.[10] Wann immer Transkriptionen im Text dargestellt werden, beinhaltet das Transkript in der oberen Hälfte des Ausschnitts die Äußerungen des ersten und darunter diejenigen des zweiten Interaktanten. Die jeweiligen Sprecherbereiche enthalten zunächst eine Betonungsspur in der ersten Zeile, gefolgt von der Originaläußerung und einer Kommentarspur, in den Transkripten des australischen Materials liegt zwischen der Originaläußerung und der Kommentarspur eine weitere Zeile mit der jeweiligen alltagssprachlichen, idiomatischen Übersetzung ins Deutsche. Innerhalb der parallel verlaufenden Sprecherbereiche werden den Intervallen einer gemeinsamen Zeitachse entsprechende Sprecherereignisse zugeordnet. Die Intervalle ergeben sich aus meist unregelmäßigen Wechseln in der Sprecherkonstellation und werden dem Leser in Form von Intervallabschnitten präsentiert, die innerhalb der Äußerungen auftretende Sprecherwechsel oder -überlappungen markieren.

---

[10] Zu den Transkriptionskonventionen des Partitureditors EXMARALDA mit Bezug auf die Integration der bzw. Kompatibilität zur phonetischen Analysesoftware PRAAT siehe Rehbein et al. 2004; Schmidt/Wörner 2005.

# Kapitel 5

# Komplimenterwiderungen im australischen Englisch

Die folgende Ergebnisdarstellung basiert auf 30 Interviewgesprächen mit Australiern in deren Muttersprache. Die insgesamt 182 produzierten Komplimenterwiderungen wurden in den durch zahlreiche Überlappungen geprägten Gesprächen, die alle eine der natürlichen Alltagskonversation inhärente formal-strukturelle Gliederung in eine Anfangs-, Kern- und Endphase aufweisen, ausschließlich innerhalb der Kernphase im Rahmen der Abhandlung von spontan aufkommenden Themen geäußert. Dass die Komplimentsequenzen der Kernphase entstammen, ist aus folgenden Gründen relevant:

1. Komplimente können, insbesondere wenn sie in der Anfangs- oder Endphase geäußert werden, abweichend von ihrer kommunikativen Funktion als höfliche, positive Bewertungen u. a. als Begrüßung, Verabschiedung oder abschließender Dank fungieren. Damit fielen sie laut Definitionsrahmen dieser Arbeit nicht mehr dem Sprechakttyp des Kompliments zu, sondern dem des Grußes, der Verabschiedung oder des Dankes. Entsprechend würde eine darauffolgende Reaktion laut zugrunde liegendem Definitionsrahmen nicht mehr als Reaktion auf ein Kompliment gelten, sondern stattdessen als Gegengruß, Gegendank oder Gegenverabschiedung, an die wiederum ein Kompliment angeschlossen werden könnte. Dies bedeutete, dass sie damit für das Thema dieser Studie nicht mehr relevant wären.

2. Bei in der Kernphase geäußerten Komplimentsequenzen ist ein höherer Grad an Spontaneität und somit Authentizität zu erwarten, da davon ausgegangen werden kann, dass sich die meisten potentiellen Störfaktoren bereits im Verlauf der Anfangsphase u. a. durch Eingewöhnung in Situation und Umgebung, Routine im Umgang mit Gesprächspartnern und technischen Geräten sowie

die mit der Kennenlernphase einhergehende Schaffung einer gemeinsamen Vertrauensbasis gelegt haben.

Da Komplimentreaktionen als responsive Sprechhandlungen an die vorauslaufenden Komplimente eng gebunden und von diesen abhängig sind, wird innerhalb der Ergebnisdarstellung an denjenigen Stellen auf die jeweilige vorauslaufende Komplimentsprechhandlung zurückgegriffen, an denen sie für die strukturelle, funktionale, thematische Analyse der folgenden Erwiderung zur Klärung beiträgt oder zu weiteren relevanten Erkenntnissen führt.

Da nicht alle 182 produzierten Erwiderungen im Rahmen dieser Arbeit einzeln analysiert werden können, beschränkt sich die Analyse auf jeweils eines derjenigen Beispiele aus den vierzehn im Rahmen der Auswertung entstandenen australischen Reaktionsstrategien, welches aufgrund kommunikativ-funktionaler oder formal-struktureller Ähnlichkeiten als typisches Reaktionsmuster und damit als repräsentativ für alle weiteren dieser Strategie zufallenden Erwiderungen gilt.[1] An den Stellen, an denen es im Hinblick auf die kommunikative Funktion und syntaktischen Indikatoren sinnvoll erscheint, werden weitere Reaktionen als Alternativmuster zur Verdeutlichung herangezogen.

## 5.1 Form(en) und Funktion(en)

Die in den australischen Interviewgesprächen geäußerten Komplimenterwiderungen zeichnen sich durch ein vergleichsweise hohes Maß an Komplexität und Multifunktionalität aus. Dabei spielen zur Beantwortung von Fragen, welche Funktionen Komplimentreaktionen zufallen, ob und inwiefern sie denen der vorauslaufenden Komplimente ähneln und warum viele Leute eher unverfänglichere, neutralere Strategien zur Vermeidung von Eigenlob und Erfüllung des Bescheidenheitsanspruchs bevorzugen, sowohl kultur- als auch beziehungsspezifische Normen sowie konventionelle und individuelle Zwänge eine Rolle, die aus den verbalisierten Komplimentantworten abzulesen sind und von Pomerantz (1978) im Rahmen ihrer Darstellung von *action chains, constraint systems* sowie der Aufteilung in Annahme/Akzeptanz – Ablehnung/Zurückweisung – Kompromiss/Selektion in Bezug auf Komplimentreaktionen näher erläutert werden.

### 5.1.1 Verwendete Strategien, ihre Form und kommunikative Funktion

Im australischen Englisch variiert die Länge der im Datenmaterial auftretenden Kompliment-Antwort-Sequenzen zwischen mindestens zwei Redebeiträgen und bis zu

---

[1]Eine Gesamtübersicht über die vorgekommenen Strategien mit ihren kommunikativen Funktionen befindet sich in Kapitel 3.2.3.

vier Redebeiträgen. Dabei kann es durchaus vorkommen, dass sich einer Kompliment-Antwort-Sequenz — die Reaktion ist dabei zeitlich und inhaltlich stets mit dem vorauslaufenden Kompliment verbunden — unmittelbar darauffolgend eine weitere Sequenz anschließt, so dass im gegenseitigen Wechsel ein Aushandeln über mehrere Redebeiträge hinweg erfolgt. Dies ist z. B. in dem folgenden Gesprächsausschnitt[2] der Fall, in dem es um die auffallend schönen Ohrringe von Len geht, die Dan an ihr positiv auffallen:

| | 0 [0.] | | |
|---|---|---|---|
| | leiser, langsamer | | |
| Dan3[v] | By the way, just that you, you know, put your hair to/ together, very nice! | | |
| Dan3[ger] | Übrigens, wo du gerade dein, weisst du, dein Haar zu/ zusammengebunden hast, sehr nett! | | |
| Dan3[k] | (spricht über Lens Ohrringe) | | |
| Len3[v] | | | |
| Len3[ger] | | | |
| Len3[k] | | | |

| | 1 [5.8] | 2 [7.2] | 3 [8.9] |
|---|---|---|---|
| | Langgezogen | | Lauter |
| Dan3[v] | Yeah. | | They're really nice. |
| Dan3[ger] | Ja. | | Sie sind wirklich schön. |
| Dan3[k] | | | |
| | lauter, langsamer | Lauter | Leiser |
| Len3[v] | They're lovely, aren't they? | My cousin gave me these along | when the kids, |
| Len3[ger] | Sie sind hübsch, nicht wahr? | Meine Cousine hat sie mir geschenkt, | als die Kinder, |
| Len3[k] | | | |

| | 4 [10.2] | 5 [14.2] |
|---|---|---|
| | | Leiser |
| Dan3[v] | | I didn't know |
| Dan3[ger] | | Ich wusste |
| Dan3[k] | | |
| | leiser werdend, fast geflüstert | |
| Len3[v] | their kids were shown the fotos. They're just really cheap ones, but | |
| Len3[ger] | ihren Kindern sind die Fotos gezeigt worden. Sie sind halt wirklich Billige, aber | |
| Len3[k] | | |

| | .. | 6 [15.2] |
|---|---|---|
| Dan3[v] | it is... | |
| Dan3[ger] | nicht, dass es... | |
| Dan3[k] | | |
| | leiser werdend | |
| Len3[v] | lots of people comment on them and say they're nice. | |
| Len3[ger] | viele Leute machen einen Kommentar dazu und sagen, sie sind schön. | |
| Len3[k] | | |

---

[2] Zum Aufbau der Transkripte mit Bezug auf ihre Lesbarkeit siehe Kapitel 4.3. Die Transkriptionskonventionen befinden sich am Anfang dieser Arbeit.

Solche Fälle stellen ein gutes Beispiel dar für das Bemühen der Gesprächspartner, ein möglichst hohes Maß an Klarheit, Verständlichkeit und interpretativer Übereinstimmung beim Gegenüber zu erzielen. Im Hinblick auf die Betrachtung der Reaktionen hängt ein solches Bemühen dabei in erster Linie vom Komplimentempfänger ab, da dieser die wahre Sprecherintention erkennen muss. Die Wahl der entsprechenden Antwortmittel hängt jedoch nicht allein von dieser Erkennungs- und Interpretationsfähigkeit des Komplimentierten ab, sondern ebenso von seinen Gewohnheiten und Befindlichkeiten sowie den Zwängen zur Eigenlobvermeidung und insbesondere davon, wie er diese und andere Situationsparameter einschätzt oder bewertet.

All diese Faktoren haben im australischen Korpus dazu geführt, dass sich neben einem kurzen Dank als alleinigem Redebeitrag eine Vielzahl von Kombinationen verschiedener Antworttypen finden lassen, die — im Gegensatz zu den ihnen vorauslaufenden Komplimenten — in ihrer Länge variieren können und zur Regulierung der Partnerarbeit und persönlichen Beteiligung beitragen. Inwiefern die Länge Einfluss nimmt auf den Stärkegrad der persönlichen Beteiligung, ist bis dato nicht geklärt und bedarf weiterer Erforschung. Aus eigener Erfahrung im Umgang mit den australischen Teilnehmern während der Interviewgespräche ist zu vermuten, dass entweder eher die Intensität der verwendeten Mittel im Redebeitrag allein oder aber die Kombination aus Intensität und Länge regulierend auf die Stärke der Partnerarbeit oder persönlichen Beteiligung wirken. In diesem Zusammenhang zählen zur Intensität der Komplimenterwiderung u. a. die zur Beziehungsarbeit beitragenden emotionalen Elemente, die z. B. in einem Dank meist für die Situation zu schwach ausgedrückt werden und aufgrund der Kürze des Beitrags höchstens durch Intonation und/oder Mimik vermittelt werden können. Auf den Einfluss prosodischer Merkmale wie der Intonation auf die Äußerung der Komplimentantworten selbst oder ihre u. a. beziehungs- und kommunikationsfördernde Wirkung wird in Kapitel 5.1.4 näher eingegangen.

Die australischen Reaktionen weisen trotz der ihnen inhärenten eigendynamischen kulturspezifischen Normen hinsichtlich ihrer kommunikativen Beziehungsfunktion wie erwartet große Ähnlichkeiten zu anderen englischen Varietäten auf, denn sie werden überwiegend verwendet zur

1. Honorierung eines Kompliments als empfangenes verbales Geschenk.

2. Erwiderung auf eine im Kompliment enthaltene positive Bewertung.

3. Vermeidung von Eigenlob in Form von Abschwächung der positiven Komplimentbewertung, Weiterleitung der positiven Bewertung an eine andere, diese Bewertung verdienende Person oder ein Objekt, durch Gegenkompliment, Fragen oder Ignorieren.

Zum einen sind Kombinationen dieser Funktionen in den Erwiderungen ebenfalls möglich, zum anderen können diese bei näherer Betrachtung des australischen Datenmaterials noch um eine weitere ergänzt werden, die den Aspekt des Humors mit einbeziehet, nämlich:

4. Die Integration von Humor entweder zur Abschwächung des Eigenlobs innerhalb der Eigenlob implizierenden Zustimmungsstrategie im Annahmebereich
   oder zur Vermeidung von Eigenlob und damit Berücksichtigung der Bescheidenheitsmaxime in Form einer reinen *self praise-avoidance*-Strategie im Kompromissbereich.

Die australischen Erwiderungen im Datenmaterial variieren zwar stärker als die ihnen vorauslaufenden Komplimente, allerdings fällt ihnen — wie in Kapitel 3.2.3 bereits angesprochen — eine überwiegend beziehungsfestigende und kommunikationsförderliche Funktion zu, die im Sinne von Arndt/Janney (1985) und Held (1989)
zur gegenseitigen Aufrechterhaltung und Pflege der Partner- und Beziehungsarbeit
beiträgt und somit die Kommunikation im weiteren Verlauf der Gespräche voran-
treibt.

In diesem Zusammenhang bleibt anzumerken, dass mir durchaus bewusst ist,
dass Sprechakte wie Komplimenterwiderungen ebenfalls misslingen können, wenn
z. B. die Komplimentempfänger in den Reaktionsbeispielen durch den Einsatz von
Ironie genau das Gegenteil von dem meinen, was sie verbalisieren und dieses Mittel
bewusst z. B. zur Distanzwahrung einsetzen.

Entsprechend der zugrunde liegenden Definition sind Komplimente und Komplimenterwiderungen, die offensichtlich ironisch oder unaufrichtig geäußert werden, jedoch von der Analyse ausgeschlossen. Diese Einschränkung beruht auf der
Tatsache, dass bei der Auswertung des zugrunde liegenden Audiomaterials unter Einbezug der Persönlichkeitskonstellation der Beteiligten und des eigenen Erinnerungs-
vermögens hinsichtlich der miterlebten Gesprächssituationen keine offenkundig ironisch oder unaufrichtig formulierten Reaktionen auszumachen waren. Daher gehe
ich davon aus, dass es sich bei den integrierten Reaktionsbeispielen um aufrichtig geäußerte, im Sinne Searles gelungene Erwiderungssprechakte handelt, in denen das
Gesagte überwiegend dem Gemeinten entspricht. Zur Verifizierung dieser Annahme
werden der situative und kontextuelle Rahmen, die Audiobeispiele sowie die darauf
basierenden, in Kapitel 5.1.4 dargestellten Intonationskonturen herangezogen.

Alle 182 australischen Komplimenterwiderungen fallen in die Pomerantz'sche
Dreiteilung Annahme – Ablehnung – Kompromiss[3]. Sie verteilen sich im Bereich der
Annahme auf sechs verschiedene Strategien (Dank, Bewertung der Komplimentaussage, direkte Zustimmung zur Komplimentaussage, zustimmende Bestätigung der
Komplimentaussage, gleichstark zustimmende Bewertung der Komplimentaussage
und humorvoll zustimmende Bestätigung der Komplimentaussage), in dem der Ablehnung ausschließlich auf eine Strategie in Form einer Nichtzustimmung sowie im
Kompromissbereich als äußerst variablem Zwischenpol auf sieben Strategien (Neutrale Rückfrage, Abwertung der Komplimentbewertung, Abschwächung der Kompli-

---

[3]Wird auf die Bereiche der Annahme, Ablehnung und des Kompromisses im weiteren Verlauf des
5. und 6. Kapitels verwiesen, so beruht diese Kategorisierung ausschließlich auf der Pomerantz'schen
Dreiteilung.

mentbewertung, Referenzverschiebung zu einer anderen Person, Erklärung, Ignorieren und Scherzen).[4]

Die ausgewählten vierzehn Reaktionsbeispiele stammen aus den unter Punkt 5 genannten Gründen (S. 93 f.) aus der Kernphase und stellen als authentische Reaktionen eines zweiten bzw. vierten Zuges auf zuvor geäußerte Komplimente als erstem bzw. drittem Zug die Hauptbezugsquelle für die folgende Detailanalyse dar.

Wird ein Kompliment im australischen Englisch akzeptiert, so bedient sich der Komplimentempfänger eines spezifisch positiven Bescheids als reaktivem Handlungstyp. Mit Hilfe dieses Reaktionstyps führt er die vom Komplimentgeber mittels positiver Partner- oder Objektbewertung initiierte höflich-freundliche Beziehungsgestaltung fort, indem er seinem Gegenüber signalisiert, dass er das verbale Geschenk zu seiner Person oder einem ihm zugehörigen Objekt oder Merkmal als zulässig und in dieser Situation erwünscht zur Kenntnis nimmt. Dadurch honoriert er die an ihn gerichtete positive verbale Geste entsprechend und orientiert sich damit an der Leech'schen Zustimmungsmaxime[5]. Einem solchen Kompliment entgegnen die australischen Teilnehmer entsprechend positiv und differenziert mit sechs verschiedenen Strategien, die sich insbesondere dadurch voneinander unterscheiden, dass die in den Reaktionen enthaltene Intensität der Honorierung verbal z. B. durch Verwendung bestimmter modifizierender Formeln, Wendungen, Adjektive, Adverbien oder Partikeln stärker oder schwächer reguliert ausfällt. Als typische Äußerungsformen von Komplimentreaktionszügen auf positive Partnerbewertungen, die — wie Adamzik (1984) zeigt — ein Kompliment im australischen Englisch akzeptieren, gehört zum einen die konventionell idealtypische Strategie des Dankes als spezifisch positivem Bescheid und einfacher expliziter Annahme. Diese Strategie wird von den australischen Teilnehmern insgesamt am dritthäufigsten bzw. innerhalb des Akzeptanzbereichs am zweithäufigsten verwendet.

Grundsätzlich erfolgt eine Dankesäußerung auf eine vom Gesprächspartner initiierte und dem Gesprächspartner positiv zugute kommende Handlung. Da sie auf Seiten des Komplimentempfängers in einem Gefühl von Dankbarkeit begründet liegt, reiht sie sich Searle zufolge bei Erfüllung der Gelingensbedingungen in die Klasse der expressiven Sprechhandlungstypen ein, die folgenden von Aijmer (1996, S. 34) aufgelisteten Searle'schen Regelkriterien folgen:

„Thank (for)
Propositional content rule: Past act A done by H (the hearer).
Preparatory rule: A benefits S (the speaker) and S believes A benefits S.
Sincerity rule: S feels grateful or appreciative for A.
Essential rule: Counts as an expression of gratitude or appreciation.
(Searle 1969, S. 63)."

---

[4]Die in diesem Kapitel und in der Tabelle vorgenommene Nummerierung der analysierten Beispiele geht auf die vierzehn im australischen Korpus verwendeten Reaktionsstrategien zurück und ist uniform.
[5]Ist im Verlauf des 5., 6. und 7. Kapitels von Maximen der Zustimmung bzw. Bescheidenheit die Rede, so sind ausschließlich diejenigen des Leech'schen Höflichkeitsprinzips gemeint.

Ausgehend von diesen Regelkriterien werden gelungene Äußerungen des Dankes im australischen Korpus ausschließlich durch kurze, elliptische Formulierungen wie *thank you, thanks, thanks a lot, thank you very much* realisiert, wobei eine Maximierung der Höflichkeit im Rahmen eines sozial-funktionalen Gefüges durch lexikalische Mittel, z. B. intensivierende Adverbien wie *very much* oder *a lot*, und prosodische, die Emotionalität betonende Mittel erreicht wird (vgl. Aijmer 1996, S. 35). Die positiv affektive Sprechhandlung des Dankes kann demzufolge mit Hilfe von illokutionsmodifizierenden Strategien in der entsprechenden situationsspezifisch für angemessen empfundenen Intensität realisiert werden. Dies wird im folgenden Beispiel (1) umgesetzt, indem Dan in ihrem Gespräch mit Kate über die im Rahmen der Doktorarbeit zu bewältigende Lektüre und die damit einhergehende häufige Überanstrengung der Augen auf deren positiv auffallende Brille zu sprechen kommt.

| Nr. (1) | 0 [1691.4] | 1 [1695.3] |
|---|---|---|
| | lauter, langsamer, energisch | |
| **Dan13[v]** | I like your glasses! | [...] |
| **Dan13[ger]** | Ich mag Deine Brille! | [...] |
| **Dan13[k]** | | *lacht verlegen* |
| | | lauter, langsamer, energisch |
| **Kate13[v]** | | Oh, thank you! |
| **Kate13[ger]** | | Oh, dankeschön! |
| **Kate13[k]** | | *lacht verlegen* |

Auf das Kompliment zu ihrer Brille reagiert Kate mit einem kurzen Dank. Die Tatsache, dass dieser Dank unmittelbar an das zuvor geäußerte Kompliment anschließt und nicht mit einer Äußerung Dans überlappt, lässt darauf schließen, dass es sich bei dieser Reaktion um ein sich unmittelbar auf die zuvor geäußerte positive Bewertung beziehendes Signal positiver Kenntnisnahme und Honorierung von Seiten Kates handelt. Dass der Inhalt der Komplimentsequenz von beiden Teilnehmerinnen als Gesprächsgegenstand für den weiteren Gesprächsverlauf gewählt wird, weist überdies darauf hin, dass das Thema offensichtlich von der Komplimentempfängerin als angemessen und erwünscht empfunden wird. Abgesehen von der Minimalantwort des Dankes werden, wie in diesem Beispiel, zusätzlich ergänzende modifizierende (kommentierende oder intensivierende) Partikeln (*oh, well*) oder Anredeformen integriert, die dem eigentlichen, der Zustimmungsmaxime nachkommenden Dank vor- oder nachgestellt werden. Solche Elemente und insbesondere die mit *oh* eingeleiteten Reaktionen vermitteln neben einem bestimmten Grad an Emotionalität (z. B. Überraschtheit) laut Heritage (2002) ebenso den Anspruch des Komplimentierten auf eine epistemisch vom Komplimentgeber unabhängige Perspektive und Beurteilung des positiv bewerteten Objekts:

> „[...] *oh*-prefacing is used to convey the epistemic independence of a
> second judgement or evaluation from a first and primarily in cases whe-

re the parties have not had joint access to the referent being assessed. It is used by an agreeing party to markedly indicate access to and/or evaluation of a state of affairs that is independently grounded from that of the first speaker." (Heritage 2002, S. 219)

Darüber hinaus kann das verlegene Lächeln dadurch, dass es von beiden Beteiligten gleichsam erfolgt, als für beide Seiten einvernehmlich gewertet werden.

Eine weitere, weniger häufig eingesetzte Form der Annahme umfasst eine explizite Honorierung der freundlichen Geste durch die positiv freudige Beurteilung der Komplimentaussage in imperativisch-exklamativer Form (z. B. *cool, awesome* oder *yeah, that's great, exactly*), die entsprechend emotional intensive, bewertende Formen einer eher konventionellen, rituellen Beziehungsarbeit darstellen und oft elliptisch verwendet werden. In Beispiel (2) drückt Dan in ihrem Gespräch über den Auftritt von Mikes A-capella-Band am Vorabend ihm selbst gegenüber ihre positive Bewertung hinsichtlich der Zusammenstellung der Stimmen aus. Dieser reagiert unmittelbar darauf mit einer expliziten Honorierung in Form eines ausdrucksstarken Adjektivs, und zwar noch bevor Dan direkt im Anschluss mit einer Begründung ihrer positiven Bewertung fortfahren kann.

| Nr. (2) | 0 [522.8] | |
|---|---|---|
| | lauter, langsamer, ernster, erklärender Tonfall | |
| **Dan22[v]** | In general, I think, ehm, the, · · the composition of your/ of all of your voices, | |
| **Dan22[ger]** | Überhaupt denke ich, ähm, · · die, die Zusammenstellung eurer/ all eurer Stimmen, | |
| **Dan22[k]** | | |
| **Mike22[v]** | ((6,49s)) M(h)m. | |
| **Mike22[ger]** | ((6,49s)) M(h)m. | |
| **Mike22[k]** | | |
| | .. | 1 [533.3] |
| | | lauter, langsamer, ernster, erklärender Tonfall |
| **Dan22[v]** | that's just, that's just great! Th/ This, | you know, […] |
| **Dan22[ger]** | das ist einfach, das ist einfach toll! D/ Das, | weißt du, […] |
| **Dan22[k]** | | |
| | | lauter, langsamer, ernsthafter, neutraler Tonfall |
| **Mike22[v]** | | Cool! […] |
| **Mike22[ger]** | | Super! […] |
| **Mike22[k]** | | |

Die Tatsache, dass Mike sich seine Sprecherposition unmittelbar nach Komplimentvergabe erst „erkämpfen" muss, da Dan droht mit ihrer Begründung unverzüglich fortzufahren, spiegelt Mikes Bedürfnis wider, auf die zuvor geäußerte positive Bewertung unmittelbar anschließend mittels einer ähnlich positiven Honorierung des zuvor geäußerten Kompliments reagieren zu wollen. Im Rahmen des weiteren, durch Überlappungen und Sprechwechsel gekennzeichnete Gesprächsverlaufs wird dasselbe Thema dann fortgeführt. Eine Maximierung der Höflichkeit im Sinne Brown/

Levinsons wird bei dieser Annahmestrategie entsprechend wie auch beim Dank in Form einer Minimalantwort — in diesem Fall insbesondere durch emotional ausdruckstarke, bewertende Adjektive — bewirkt.

Ein ähnliches Muster eines spezifisch positiven Bescheids weist die Strategie der direkten Zustimmung zur Komplimentillokution in Beispiel (3) auf, die insgesamt am fünfthäufigsten und innerhalb des Annahmebereichs am dritthäufigsten eingesetzt wird. Sie zeichnet sich durch Formulierungen im Deklarativsatzformat aus, die entweder am Anfang oder Ende der Äußerung ein *yeah* oder *yes* kombiniert mit einer direkt zustimmenden, gleichstark wie im vorangegangenen Kompliment bewertenden Äußerung wie z. B. *it is (good), I like it, I agree* oder *I guess* (vgl. Pomerantz 1984, S. 67) beinhaltet, welche die höflichkeitsmaximierende Wirkung trägt. Im folgenden Beispiel unterhalten sich Dan und Maxi über die allgemeine Organisation von regelmäßigen Familientreffen, die von Maxi, ihrem Mann und den sechs erwachsenen Töchtern immer gemeinsam übernommen wird. Die laut Maxis Beschreibung offenbar gut funktionierende Absprache empfindet Dan als so bemerkenswert, dass sie Maxi diesbezüglich ein Kompliment zukommen lässt.

| Nr. (3) | 3 [1129.6] | 4 [1130.6] |
| --- | --- | --- |
| | lauter, langsamer, bewundernder Tonfall | |
| **Dan15[v]** | That's a good teamwork! | |
| **Dan15[ger]** | Das ist eine gute Zusammenarbeit! | |
| **Dan15[k]** | | |
| | lauter, langsamer, energisch zustimmend | lauter, langsamer, energisch zustimmend |
| **Maxi15[v]** | ((0,91s)) Yeah, | it is, it is. […] |
| **Maxi15[ger]** | ((0,91s)) Ja, | ist es, ist es. |
| **Maxi15[k]** | | |

Dans positive Bewertung begleitet Maxi zunächst mit dem Satzäquivalent *yeah* und schließt unmittelbar nach Beendigung des Kompliments daran umgehend die Äußerung *it is, it is* an, die direkte Zustimmmung signalisiert und mittels doppelter Ausführung die Übereinstimmung implizierende Wirkung noch verstärkt. Im weiteren Gesprächsverlauf behält Maxi die Sprecherposition zunächst und fährt durch weitere Beschreibungen insbesondere der elterlichen Organisationsfunktion mit demselben Thema fort.

Die insgesamt von den australischen Teilnehmern am zweithäufigsten und innerhalb des Akzeptanzbereichs am häufigsten verwendete Strategie mit spezifisch positivem Bescheid stellt die zustimmende Bestätigung der Komplimentaussage im Exklamativsatzformat dar, die in Form einer Minimalantwort ohne ausdrucksstarke Adjektive eine abgeschwächt bestätigende Übereinstimmung signalisiert und ausschließlich mit Hilfe der bedeutungsvariablen, überwiegend affirmativen Antwortpartikeln *yeah, yes, yees, m(h)m* oder *okay* formuliert wird (vgl. Gardner 1997, S. 134). Dies lässt sich am folgenden Beispiel (4) nachvollziehen, in dem Dan im Rahmen ihres Gesprächs mit Di über die doppelte Staatsangehörigkeit ihrer beiden Söhne spricht und ihre Leistung positiv bewertet, die sie zur Schaffung dieses Tatbestands erbracht hat.

| Nr. (4) | 5 [2018.1] | 6 [2019.4] |
|---|---|---|
| | leiser, langsamer, überzeugt | |
| **Dan10[v]** | So you did a good job! | To do […]. |
| **Dan10[ger]** | Da hast du also gute Arbeit geleistet! | Dies zu tun… |
| **Dan10[k]** | | |
| | | lauter, langsamer, langgezogen, energisch |
| **Di10[v]** | | Yeah! […] |
| **Di10[ger]** | | Ja! […] |
| **Di10[k]** | | |

Bevor Dan mit ihrer an die positive Bewertung unmittelbar anschließende nähere Erläuterung fortfahren kann, unterbricht sie Di, die sich ihr Rederecht zu erkämpfen beabsichtigt, um auf das zuvor geäußerte Kompliment mithilfe des Bestätigung implizierenden Satzäquivalents *yeah* zu reagieren. Da es sich zwar um eine überlappende Bemerkung Di's handelt, die jedoch energisch im Exklamativsatzformat geäußert wird, und Di im Anschluss daran ihre Sprecherposition behält, um mit demselben Thema fortzufahren, kann bei dieser Reaktion von einem affirmativen Satzäquivalent als Bestätigung implizierende Erwiderung auf das zuvor geäußerte Kompliment ausgegangen werden (im Gegensatz z. B. zur Funktion als Hörersignal).

Die Antwortpartikeln *m(h)m* und *yeah* sind also hier als Minimal-Antwortpartikeln zu werten, die auf kürzeste und damit unverbindlichste Art und Weise eine anerkennende Bestätigung der Komplimentaussage (*acknowledgement/assessment tokens*) beinhalten und insbesondere innerhalb eines zweiten, in seltenen Fällen auch dritten Zuges zum einen das problemlose Verstehen des zuvor Gesagten, d. h. des Kompliments, signalisieren und gleichzeitig das Komplimenthandlungsmuster damit abschließen. Dabei ist *m(h)m* im Vergleich zu *yeah* und insbesondere *yes* bzw. *yees* als die schwächste und neutralste Anerkennungs- und Bestätigungspartikel mit weitgehend fallendem Intonationsmuster einzustufen, während *okay* im Zusammenhang mit Komplimentreaktionen nicht nur ausschließlich eine im Sinne von Gardner beschriebene Partikel zum Ausdruck eines Themen- oder Aktivitätswechsels darstellt, sondern in diesem Kontext eine im Rahmen des Intensitätsgrades zwischen *m(h)m* und *yeah* einzustufende anerkennende, zustimmend-bestätigende Konnotation enthält (vgl. Gardner 2001, S. 2, 251). Mit Hilfe dieser Anerkennung implizierenden Minimalantwort kommt der Komplimentierte auf der einen Seite den positiven Höflichkeitserwartungen des Komplimentierenden nach, lässt damit auf der anderen Seite Eigenlob in abgeschwächter Form einfließen und bewegt sich damit auf der innerhalb des Akzeptanzbereichs minimal notwendigen affirmativen Ausdrucksebene (emotional, kommunikativ, partnerorientiert).

Eine weitere, deutlich seltenere Form der Zustimmung unter den australischen Teilnehmern stellt eine ähnlich intensive zustimmende Bewertung der Komplimentaussage als spezifisch positiver Bescheid im Exklamativsatzformat dar, die folgende vier Handlungszüge umfasst:

| Nr. (5) | 3 [6.3] | | 4 [8.7] | 5 [10.4] |
|---|---|---|---|---|
| | lauter, energisch | | | lauter, energisch, |
| Dan4[v] | You're such a lucky guy! | | | You're such a lucky guy! |
| Dan4[ger] | Du bist so ein Glückspilz! | | | Du bist so ein Glückspilz! |
| Dan4[k] | | | *Lacht* | |
| | laut, energisch, stakkato | | Lachend | |
| Eric4[v] | […],it's such a lovely walk! | | I can tell ya! | |
| Eric4[ger] | […], das ist so ein wunderschöner Weg! | | Ich kann dir sagen! | |
| Eric4[k] | | | | |

| | 6 [12.4] |
|---|---|
| Dan4[v] | |
| Dan4[ger] | |
| Dan4[k] | *Lacht* |
| | leiser, langsamer, zustimmend |
| Eric4[v] | Yeah, I know! |
| Eric4[ger] | Ja, ich weiß! |
| Eric4[k] | |

In diesem Beispiel (5) geht es um Erics Wohnlage und -situation und den von ihm begeistert beschriebenen morgendlichen Weg zur Uni durch Gärten und an Museen vorbei. Dan verteilt Eric zu seinem Wohnglück ein Kompliment, der wiederum unmittelbar darauf mit ähnlicher Intensität der positiven Bewertung zustimmt. Anschließend wiederholt Dan das Kompliment in einem bestätigenden dritten Zug in denselben Worten noch einmal, so dass Eric in einem vierten Zug ebenfalls in Form einer direkt an das zweite Kompliment anschließenden direkten Zustimmung erneut das Kompliment annimmt und dann im Rahmen der Fortführung dieses Themenkomplexes begeistert von seiner niedrigen Miete und seinem Mitbewohner erzählt. Ein Beispiel wie dieses spiegelt besonders deutlich den Charakter eines „Spielzuges" aufeinanderfolgender Sprechhandlungen wider, der zur Verständnissicherung zwischen den Gesprächspartnern und zur Aufrechterhaltung einer einvernehmlichen Gesprächsbasis beiträgt. Sowohl zu einer solchen Verständnissicherung als auch zur Aufrichtigkeitsbekundung der Komplimentäußerung trägt Dan in diesem Beispiel bei, indem dieselbe Komplimentformulierung wiederholt wird und Eric damit, ohne die zweite Komplimentsequenz durch eine entsprechende Reaktion ausgelöst zu haben (er trägt also an dieser Stelle nicht zur Selbstlobintensivierung in Form des sogenannten *fishing for compliments* bei), dazu veranlasst wird, wiederholt entsprechend der positiven Höflichkeitsbedürfnisse und der Grice'schen[6] bzw. Leech'schen

---

[6] Im Verlauf des 5. und 6. Kapitels handelt es sich ausschließlich um die von Grice geprägten Konversationsmaximen und sein Kooperationsprinzip.

Maximen situationsadäquat folgend zu reagieren. Dies erfolgt zunächst im ersten respondierenden Zug mit einer gleichstark bewertenden Beipflichtung *I can tell ya* und im zweiten Reaktionszug mit einer zustimmenden Bestätigung *Yeah, I know* auf das Kompliment. Durch die wiederholte Annahme des Kompliments sorgt Eric dafür, dass Dan sich bestätigt fühlt bezüglich ihrer positiven Bewertung und trägt somit zur Beziehungsfestigung und Gesprächsfortsetzung bei.

Eine weitere Möglichkeit, gemeinsame Übereinstimmung sowie gegenseitige Solidarität und Unterstützung in verstärktem Maße zu erwirken, besteht im Gebrauch einer Rückfrage des Komplimentierten im ersten respondierenden Zug durch eine Äußerung wie *They're lovely, aren't they?*, dem ein Kompliment wie *Very nice!* vorangeht und eine erneute positve Komplimentbewertung *Yeah, they're really nice!* in derselben Wortwahl folgt.

Die letzte Annahmestrategie der Zustimmung im australischen Datenmaterial bezieht in den zweiten Teil der Komplimentreaktion Humor als positive Strategie mit ein, ohne jedoch damit die zuvor geäußerte zustimmende Bestätigung im ersten Teil der Reaktion zu entkräften. Auch wenn diese Art der Annahme eines Kompliments nicht häufig Anwendung findet unter den australischen Teilnehmern, so scheint sie mir doch insbesondere deswegen unbedingt erwähnenswert, weil Humor im Allgemeinen und insbesondere derjenige, der gegen die eigene Person gerichtet ist, innerhalb der australischen Gesellschaft einen kulturell bedeutsamen und integrativen Bestandteil darstellt.

| Nr. (6) | 9 [12.9] | 10 [14.4] | | |
|---|---|---|---|---|
| | leiser, langsamer, | leiser, langsamer | | |
| Dan4[v] | · · Good job, | double degree! […] | | |
| Dan4[ger] | · · Gute Sache, | ein Doppelabschluss! | | |
| Dan4[k] | *verkürzte Satzkonstruktion* | | | |
| | | leiser, langgezogen, nachdenklicher Tonfall | | |
| Eric4[v] | | Yeah, […] | | |
| Eric4[ger] | | Ja, | | |
| Eric4[k] | | | | |
| | 11 [16.0] | | 12 [17.8] | 13 [18.3] |
| Dan4[v] | | | Wow! | |
| Dan4[ger] | | | Wow! | |
| Dan4[k] | | | | |
| | leiser, schneller, flunkernder Tonfall | | Leiser, schnel-  , flunkernder Tonfall | |
| | | | ler | |
| Eric4[v] | ((1,01s)) hey, gave me time to stay here | a long time, | I love Uni, so […] | |
| Eric4[ger] | ((1,01s)) hey, hat mir Zeit verschafft, lange hier zu bleiben, | | ich liebe die Uni, insofern […] | |
| Eric4[k] | *Scherzend* | | *scherzend* | *Scherzend* |

Während Dan in Beispiel (6) Erics Leistung eines erreichten doppelten Universitätsabschlusses im Rahmen ihres Gesprächs über Erics akademischen Werdegang elliptisch strukturiert komplimentiert, stimmt Eric direkt im Anschluss daran zunächst der Komplimentaussage in abgeschwächter Form zu und fügt nach einer einsekündigen Pause in scherzhaft-flunkerndem Tonfall hinzu, dass er dadurch Zeit gehabt habe, länger an der Uni zu bleiben, an der er sich ohnehin wohlfühle (*Yeah, ((1,01s)) hey, gave me time to stay here a long time, I love Uni, so* [...]). Eric setzt den in Anbetracht seines fortgeschrittenen Alters offensichtlich an die eigene Person gerichteten Humor in dieser Situation ergänzend zur eigentlichen Zustimmung im ersten Teil der Reaktion als positive, freundliche und konstruktive Reaktionsstrategie ein, löst damit bei Dan Heiterkeit aus und intensiviert dadurch das Vertrautheitsgefüge zu seiner Gesprächspartnerin im Rahmen dieser Beziehungskonstellation und dieses Gesprächs, das mit demselben Thema von beiden Seiten offenbar absichtlich fortgeführt wird. Durch den Einsatz von Humor als positiver Strategie werden Solidarität, Gemeinsamkeit und Bescheidenheit vermittelt, die wiederum zur Beziehungsfestigung und Kommunikationsförderung beiträgt, da dem Komplimentierenden die Chance gegeben wird, sich frei zu fühlen für weitere positive kommunikative Handlungen (vgl. Lorenzo-Dus 2001, S. 116).

Obwohl Humor im Allgemeinen als kommunikative Strategie im alltäglichen zwischenmenschlichen Umgang unter den entsprechenden gegebenen äußeren Umständen überaus variabel eingesetzt wird, d. h. vielerlei Facetten und Funktionen annehmen kann (von positiv-freundlich bis negativ-agressiv oder degradierend) und dadurch funktional und interpretativ schwer definierbar und oftmals sogar nur vage erfassbar scheint, ist er in den beiden im australischen Datenmaterial auftretenden Komplimentreaktionen Brown/Levinson zufolge eindeutig als strategisch positiv-höfliche Strategie auszumachen, da seine Funktion darin besteht, die Bedrohung von Dans *positive face* zu minimieren, dieses somit durch Dämpfung der Zustimmung mittels Humor zu schützen, und dadurch mehr soziale Nähe zu schaffen (vgl. Zajdman 1995, S. 237). Insgesamt nehmen die australischen Teilnehmer ein Kompliment bevorzugt an.

Deutlich seltener reagieren die australischen Teilnehmern ablehnend auf ein Kompliment. Die einzige verwendete Strategie umfasst eine klare Nichtzustimmung zur Komplimentaussage, d. h. eine Zurückweisung der Illokution mittels einer negativen Qualifizierung des Sprechhandlungstyps (vgl. Adamzik 1984, S. 278), wie im folgenden Beispiel (7) zu sehen.

Während sie in ihrem Gespräch das vorabendliche Dozententreffen mit integriertem Salsatanzen noch einmal gemeinsam Revue passieren lassen, teilt Dan Son ein Kompliment zu ihren Salsatanzkünsten aus. Noch bevor Dan ihre Komplimentformulierung beenden kann, fällt Son ihr ins Wort, um die Komplimentbewertung zurückzuweisen. Der in diesem Beispiel durch ein klares *Oh no, I'm not* formulierte spezifisch negative Bescheid stellt eine starke Form der Ablehnung der Komplimentaussage dar, da die positive Komplimentbewertung Dans durch eine genau gegenteilige, negative Bewertung von Son direkt in Opposition gesetzt wird.

| Nr. (7) | 0 [1397.1] | | |
|---|---|---|---|
| | laut, langsam, bedachter Tonfall | | |
| Dan9[v] | We've all really said, you know, • that • you're a • • • you're a very ((0,94s)) very | | |
| Dan9[ger] | Wir haben schon gesagt, weisst du, dass du eine • • • du bist eine sehr, ((0,94s)) sehr | | |
| Dan9[k] | | | |
| Son9[v] | | | |
| Son9[ger] | | | |
| Son9[k] | | | |

| | .. | 1 [1403.3] | |
|---|---|---|---|
| | | laut, langsam, langgezogen | |
| Dan9[v] | elegant salsa | dancer, really nice! | |
| Dan9[ger] | elegante Salsatänzerin, wirklich nett! | | |
| Dan9[k] | | | |
| | | lauter, langsamer, lächelnd | |
| Son9[v] | | Oh no, I'm not. […] | |
| Son9[ger] | | Oh nein, bin ich nicht. […] | |
| Son9[k] | | | |

Durch das der zurückweisenden Formulierung vorgelagerte *oh* modifiziert oder intensiviert Son ihre Nichtzustimmung, da der Interjektion an dieser Stelle im Hinblick auf die vorangegangene Komplimentäußerung eine (emotional) problematisierende Funktion zufällt (vgl. Gardner 2001; Heritage 2002).

Son kommt an dieser Stelle mit ihrer Reaktion zwar der Bescheidenheitsmaxime nach, indem sie durch die Nichtzustimmung zur Komplimentaussage Eigenlob vermeidet, sie entspricht damit jedoch nicht der Zustimmungsmaxime und ebenso wenig den *face*-Bedürfnissen von Dan, die für ihr „verbales Geschenk" eine adäquate Honorierung erwartet und stattdessen eine Zurückweisung der positiven Personen- oder Objektbewertung erhält. In ernsten Situationen, die nicht durch soziale Nähe und einen vergleichsweise vertrauten Beziehungsgrad gekennzeichnet sind, kann eine solche Reaktion auf ein Kompliment beziehungs- und kommunikationsstörend wirken, d. h. soziale Distanz schaffen. In Situationen, in denen eine solche Nichtzustimmung in spielerischem Tonfall geäußert wird — an dieser Stelle wären Prosodie und nonverbale Kommunikationsmittel in die Interpretation mit einzubeziehen — sowie unter Freunden hätte dieselbe Reaktion dagegen einen beziehungsfestigenden und kommunikationsförderlichen Effekt. In dem präsentierten Beispiel handelt es sich eindeutig um die letztgenannte Situation, und zwar deswegen, weil es zum einen im Anschluss an die Komplimentsequenz weder zu einem Themenabbruch noch zu irgendeiner anderen Form der Sanktionierung von Seiten Dans kommt. Dies erscheint Dan auch gar nicht angebracht, da Son ihre Ablehnung mit einem mitschwingenden Lächeln, welches besänftigend und sympathievermittelnd wirkt, verbalisiert. Darüber hinaus behält Son im Anschluss an diese Komplimentsequenz ihre Sprecherposition und fährt mit demselben Thema fort, indem sie eine kurze

Begründung für ihre Salsabegeisterung abgibt. Überlappend mit Sons Begründung drückt Dan nunmehr stellvertretend für ihre Kollegen erneute Bewunderung über ihr Können aus.

Wesentlich häufiger als mit einer klaren Ablehnung, jedoch weniger frequent als mit einer deutlichen Annahme reagieren die Teilnehmer mit einer der Kompromissstrategien, die sowohl Zustimmungs- als auch Nichtzustimmungskomponenten enthalten und dadurch unverbindlicher wirken, da sie Zwischenlösungen für den beschriebenen Annahme – Ablehnungskonflikt mit der damit einhergehenden Verletzung entsprechender Höflichkeitsmaximen darstellen.

Eine der sieben im australischen Datenmaterial auftretenden, jedoch selten verwendeten Strategien stellt diejenige der neutralen Rückfrage dar, die wie im folgenden Beispiel (8) formuliert sein kann:

| Nr. (8) | 0 [1110.5] | | | |
|---|---|---|---|---|
| | lauter, langsamer, heiter-bewundernder Tonfall | | | |
| **Dan25[v]** | Eh, I already told your husband, it's a really nice house, it/ I really/ it's | | | |
| **Dan25[ger]** | Äh, ich habe schon Ihrem Mann gesagt, das ist wirklich ein schönes Haus, es, ich, wirklich,es | | | |
| **Dan25[k]** | | | | |
| **Rose25[v]** | | | | |
| **Rose25[ger]** | | | | |
| **Rose25[k]** | | | | |

| | .. | 1 [1115.4] | |
|---|---|---|---|
| | | lauter, langsamer, heiter-bewundernder Tonfall | |
| **Dan25[v]** | very cosy and | ((0,63s)) yeah, • • I think it's really... | |
| **Dan25[ger]** | ist sehr gemütlich und | ((0,63s)) Ja, • • ich denke, es ist wirklich... | |
| **Dan25[k]** | | | |
| | | lauter, langsamer, überrascht-erfreuter Tonfall, geht erklärend über in | |
| **Rose25[v]** | | • • • Is it? • Oh,• • because sometimes I look | |
| **Rose25[ger]** | | • • • Ist es? • Oh, • • weil manchmal schaue ich | |
| **Rose25[k]** | | | |

| | 2 [1117.7] | .. |
|---|---|---|
| **Dan25[v]** | | |
| **Dan25[ger]** | | |
| **Dan25[k]** | | |
| | lauter, langsamer, sanft-erklärender Tonfall | |
| **Rose25[v]** | at it, it needs a bit of | Work doing to. |
| **Rose25[ger]** | es mir an, man muss ein bisschen | Arbeit reinstecken. |
| **Rose25[k]** | | |

Während ihres Gesprächs über die familiäre Wohnsituation und -umgebung macht Dan ihrer Gastgeberin Rose ein Kompliment zur ihr positiv aufgefallenen Verfassung und Einrichtung des Hauses. Rose stellt mit ihrer nach einer kurzen Pause unmittelbar darauffolgenden Reaktion Dans Komplimentaussage mit Hilfe eines nicht-spezifischen, entscheidungsvorbereitenden reaktiven Handlungstyps (*Is it?*) in Frage. Besonders durch die Kombination von Rückfrage und direkt angeschlossener Interjektion *oh*, die eine gewisse Überraschtheit impliziert, signalisiert Rose, dass sie nicht vollkommen überzeugt ist vom Komplimentinhalt. Sie weist Dan deshalb durch die Rückfrage auf die Notwendigkeit einer erneuten Bestätigung der Komplimentaussage hin, betont gleichzeitig jedoch insbesondere durch die angeschlossene Interjektion, dass sie nicht Dans Bewertungskompetenz anzweifelt, sondern vielmehr stutzig geworden und überrascht ist hinsichtlich der sich offenbarten unterschiedlichen Auffassung bezüglich der innenarchitektonischen Verfassung des Hauses. Die Interjektion dient somit zur Markierung der für Rose erwähnenswerten, überraschenden, im Kompliment enthaltenen Neuigkeit (vgl. Gardner 2001, S. 2). Die Rückfrage *Is it?* hat in diesem Fall dieselbe Funktion wie z. B. *you like it?*, ist jedoch — wie Golato (2005) richtig betont — nicht zu verwechseln mit der sogenannten *Reverse Polarity Question*, die statt einer neutralen Rückfrage eine negative Behauptung enthält und somit Nichtzustimmung signalisiert.

Die Tatsache, dass Dan die Aufrichtigkeit der Komplimentaussage durch ein zustimmendes *yeah* mit anschließender Komplimentwiederholung bestätigt und Rose nahezu zeitgleich mittels einer näheren Erklärung ihre von Dan divergierende Einschätzung zum Komplimentobjekt detailliert darstellt, wirkt dabei kommunikationsförderlich und beziehungsfestigend, da Rose mit ihrer neutralen Rückfrage sowohl der Zustimmungs- (minimiere Unstimmigkeiten zwischen dir selbst und dem anderen) als auch der Bescheidenheits- (minimiere die Wertschätzung deiner selbst), Takt- (minimiere die Kosten für den anderen) und Sympathiemaxime (minimiere Antipathie zwischen dir selbst und dem anderen) von Leech entspricht und daher im Sinne Brown/Levinsons (1987) mittels Abschwächung ihrer potentiell die positiven *face*-Bedürfnisse von Dan bedrohenden Handlung höflich agiert.

Peretti (1993) beschreibt die Rückfrage als einen Mischtyp sprachlicher Handlung, der zwar in der Rolle der Fragehandlung illokutiv selbständig ist, jedoch im propositionalen Gehalt und der formalen Ausprägung abhängig ist von der Art des Verstehensproblems, der Sprechklasse und dem Ausdruckstyp der Bezugsäußerung und dem folgende kommunikative Funktion zufällt:

> „Die grundlegende kommunikative Funktion, die eine Rückfragesequenz zu erfüllen hat, besteht darin, einen bestimmten Bezugsausdruck zu lokalisieren, zu reformulieren und einen Aspekt seiner Ausdrucks- oder Äußerungsbedeutung sicherzustellen. Rückfragen signalisieren u. a. das Misslingen einer vorangegangenen Äußerung und bezwecken die Herstellung bzw. Sicherung von Voraussetzungen, die für das Verstehen und Akzeptieren bzw. Ablehnen der betreffenden Äußerung notwendig sind. Die Erfüllung von Folge(sprech-)handlungen, die mit dem Akzeptieren von initiativen/komplementären Sprechakten angestrebt wird, ist demnach in Fällen manifestierter Verstehensprobleme erst durch die angemessene Bearbeitung derselben oder, anders gesagt, durch den er-

folgreichen Abschluß einer Rückfragesequenz möglich." (Peretti 1993, S. 316).

Eine zweite, im australischen Korpus vergleichsweise häufiger auftretende Reaktionsstrategie, die einen Kompromiss zwischen den in Opposition zueinander stehenden Zwängen darstellt, ist die der Abwertung der Komplimentbewertung. Der Komplimentierte bezieht sich mit seiner Abwertung auf die Proposition, also das Werturteil des Komplimentierenden, und deutet leichten Widerspruch an (vgl. Adamzik 1984, S. 278), indem die Wertung als übertrieben eingestuft wird. Wie das folgende Beispiel (9) zeigt, kann eine solche Abwertung, die Bescheidenheit demonstriert, durch eine nicht-spezifische, entscheidungsumgehende, ausweichende Formulierung erfolgen:

| Nr. (9) | 3 [8.2] | 4 [10.1] |
|---|---|---|
| | | lauter, langsamer, anerkennend-ernster Ton |
| Dan20[v] | | ((1,75s)) So you must be really |
| Dan20[ger] | | ((1,75s)) Dann musst du also wirklich gut • |
| Dan20[k] | *Nebengeräusche. Klimaanlage* | *Nebengeräusche. Klimaanlage* |
| | leiser, schneller, sanft-erklärender Tonfall | |
| O20[v] | ((0,65s)) I've been playing that for a long time. | |
| O20[ger] | ((0,65s)) ich spiele das schon seit langem. | |
| O20[k] | *Nebengeräusche. Klimaanlage* | |
| | .. | 5 [14.7] |
| Dan20[v] | good • • • in playing basketball! | [...] |
| Dan20[ger] | • • im Basketballspielen sein! | [...] |
| Dan20[k] | | *Nebengeräusche. laute Klimaanlage* |
| | leise, langsam, gedehnt | leiser, sanft-zurückhaltend/schüchtern bewertender Ton |
| O20[v] | ((4,30s)) Yeeaah, | I guess I'm not so bad. |
| O20[ger] | ((4,30s)) Jaaa, | ich schätze, ich bin nicht so schlecht. |
| O20[k] | *Nebengeräusche. Klimaanlage* | *abtönend, Nebengeräusche.Klimaanlage* |

Dan und O unterhalten sich über Os Hobbies, zu denen unter anderem das Basketballspielen gehört. Aus Os Bemerkung, dass er nach dem Gespräch zu einem Basketballspiel müsse und diese Sportart schon lange betreibe, entnimmt Dan, dass O offenbar ein sehr guter Baskettballspieler ist, und teilt O dies in Form einer positiven Bewertung mit (*So you must be really good in playing basketball!*). Nachdem O zunächst durch ein langgezogenes *yeeaah* noch während Dans Komplimentäußerung zögernd, aber dennoch positiv akzeptierend reagiert, wertet er unmittelbar nach Beendigung der Komplimentäußerung die Zustimmung mit Hilfe einer herunterspielenden Bemerkung (*I guess I'm not so bad*) ab. Das Thema wird daraufhin fortgesetzt, indem Dan die Sprecherrolle wieder übernimmt, noch einmal ihre Bewunderung mit Hilfe einer Interjektion (*Hu hu!*) ausdrückt und dann über ihre schlechten Basketballkünste und negativen Erfahrungen mit dieser Sportart berichtet. Auffallend ist, dass die in den Komplimenten enthaltene positive Wertung innerhalb dieser Reaktionsstrategie grundsätzlich durch sogenannte *scaled-down terms* wie *not so bad*, *I can get along* oder *they're quite blue* graduell abgetönt, d. h. in schwächerer Form wiederholt wird — auch wenn eine Zustimmungspartikel vorausgeht — und dass zum anderen oftmals Ausdrücke wie *well, oh, so* oder *you know* anstelle des oder zusätzlich zur Zustimmungspartikel *yeah* eingesetzt werden, um — wie Pomerantz bemerkt (1984, S. 72) — ein mit Hilfe dieser Ausdrücke vermitteltes Unbehagen verbal mitzuteilen. Insofern treffen in dieser Strategie Elemente der Zustimmung mit solchen der Nichtzustimmung und des Zweifelns aufeinander, wodurch O Selbstlob vermeidet, somit den Leech'schen Höflichkeitsmaximen nachkommt und die positiven *face*-Bedürfnisse von Dan in angemessenem Maße berücksichtigt. Dies wirkt wiederum beziehungsfestigend und kommunikationsförderlich.

Besonders erwähnenswert bei dieser und der folgenden Strategie, die Pomerantz als *evaluation shift* bezeichnet, ist, dass die eigenen *face*-Bedürfnisse auf diese Weise zunächst einmal außer acht gelassen oder hinten angestellt werden — eine Abwertung des eigenen *face* steht im Übrigen in einer solchen Situation wenn überhaupt nur dem Komplimentierten selbst zu — und dass dieser sich durch die Abtönung der Komplimentbewertung erhofft, dass sein Gegenüber diese Reaktion als konventionellen ‚Schachzug' erkennt und durch Wiederholung des Kompliments die positive Bewertung aufrecht erhält (vgl. Duttlinger 1999, S. 311). Dies lässt sich auch in dem präsentierten Beispiel nachvollziehen, in dem Dan das Kompliment zwar nicht wiederholt, O jedoch indirekt durch den Einsatz einer Bewunderung implizierenden Interjektion erneut ihren Respekt zollt.

In ähnlicher Weise funktioniert eine andere, insgesamt am vierthäufigsten, innerhalb des Kompromissbereichs am zweithäufigsten verwendete Kompromissstrategie, diejenige der Abschwächung der Komplimentbewertung. In Form der Abschwächung des Werturteils als Proposition signalisiert der Komplimentempfänger leichten Widerspruch, indem der eigene Verdienst heruntergespielt wird — dies geschieht häufig mit Hilfe der Kontrast implizierenden Konjunktion *but* im Anschluss an eine Zustimmungspartikel wie z. B. *yes* oder *yeah* — so dass erneut, wie bereits bei der zuvor beschriebenen Strategie, eine Kombination aus Annahme- und Nichtzustimmungselementen entsteht, die allgemein als schwache Anerkennung zu interpretieren (vgl. Pomerantz 1984, S. 72) und als nicht-spezifische, entscheidungsvorbereitende, problematisierende Kompromissstrategie zu beschreiben ist. Beispiel (10) aus dem australischen Material weist eine solche Form auf.

Im Rahmen ihres Gesprächs über Felis vielfältige Interessen, die sich in ihrem Studium widerspiegeln (sie studiert mehere Fächer diverser Fachrichtungen — Jura neben Linguistik und Politikwissenschaften — gleichzeitig), drückt Dan Feli ihre Bewunderung über deren Interessenvielfalt aus. Auf das von Dan geäußerte Kompliment reagiert Feli nach einer kurzen Pause zunächst mit Hilfe des affirmativen Satzäquivalents *yeah*. Sodann fügt sie jedoch nach einer wiederum längeren Pause

| Nr. (10) | 0 [155.6] | 1 [156.6] | 2 [157.3] |
|---|---|---|---|
| | lauter, langsamer | lauter, langsamer | lauter, langsamer, aufzählend |
| **Dan12[v]** | You're like a | multitalent | in a way! I mean law, linguistics and politics! |
| **Dan12[ger]** | Du bist irgendwie so was wie ein | | Multitalent! Ich meine, Jura, Linguistik und Politik! |
| **Dan12[k]** | | | |
| | leiser, langsamer | Leiser, langsamer | lautes Ausatmen als Zeichen des Unwohlseins |
| **Feli12[v]** | And I'm | doing a great... | Aha, I... |
| **Feli12[ger]** | Und ich mache eine tolle... | | Aha, ich... |
| **Feli12[k]** | | | *Lacht* |

| | 3 [159.0] | .. |
|---|---|---|
| **Dan12[v]** | | |
| **Dan12[ger]** | | |
| **Dan12[k]** | | |
| | leiser, langsamer, introvertierter Tonfall, | zurückhaltend |
| **Feli12[v]** | • • Yeah, ((0,66s)) but I'm not | sure what I want to do. [...] |
| **Feli12[ger]** | • • Ja, ((0,66s)) aber ich bin nicht | Sicher, was ich machen will. [...] |
| **Feli12[k]** | | |

von mehr als einer halben Sekunde eine als Komponente der Nichtzustimmung geltende Äußerung hinzu, welche durch die Kontrast signalisierende Konjunktion *but* eingeleitet wird und entsprechend sowohl abtönend auf das zuvor verbalisierte Zustimmungselement wirkt als auch auf die kommunikative und beziehungsrelevante Funktion des Herunterspielens des eigenen Verdienstes oder der eigenen Fähigkeiten. Im Anschluss an diese Reaktion behält Feli zunächst die Sprecherrolle, zählt die Naturwissenschaften als weiteres Studienfach auf, wiederholt daraufhin noch einmal ihre Unsicherheit bezüglich dessen, was sie wirklich im Endeffekt machen möchte, und löst während ihrer Aufzählung bei Dan erneut bewundernde Zwischenbemerkungen aus, die am Ende erneut in einem Kompliment gipfeln.

Dem Äußerungsteil der Nichtzustimmung vorgelagerte Verzögerungselemente wie z. B. Pausen, Seufzer oder Rückfragen gehören in diesem Zusammenhang laut Pomerantz (1984, S. 75) zu den typischen, teils Zustimmung, teils Nichtzustimmung konstituierenden Elementen einer solchen Kompromissstrategie. Abgesehen von der diese Kompromissstrategie umfassenden Reaktionskomponente *yes/yeah... but* sind im australischen Korpus des Weiteren u. a. folgende Kombinationen auszumachen: *yeah, well, ...*; *Ha, in theory yeah, well...*; *m(h)m, not all of them, well...* oder *Yeah, I don't know*. All diesen Kombinationen gemeinsam ist die Tatsache, dass sie die in der Komplimentaussage implizierte positive Bewertung in ihrem jeweiligen kontextuellen Zusammenhang abschwächen, indem sie stärkere oder schwächere kontrastive (zustimmende und nichtzustimmende) Komponenten einbringen, wobei insbesondere die nichtzustimmenden Bestandteile der Äußerung teilweise durch Unbehagen und Widerstreben signalisierende *oh's* und *well's* eingeleitet und somit modifiziert werden. Ebenso wie bei der vorangegangenen Strategie kommt der Komplimentempfänger mit Hilfe dieser Reaktion zum einen aufgrund von Selbstlobvermeidung der Bescheidenheitsmaxime nach, da er den Sachverhalt als nicht außerordentlich erwähnenswert herunterspielt, zum anderen aber auch derjenigen der Zustimmung durch anfängliche Beipflichtung. Überdies sorgt der Komplimentierte durch seine Erwiderung dafür, dass das *face* des Gegenübers auf diese Weise positiv aufgewertet wird und die Beziehung dadurch gefestigt, die Kommunikation gefördert und der Komplimentgeber zu weiteren positiven Bewertungen animiert wird.

Für eine vierte Kompromissstrategie der Referenzverschiebung, die sich auf die Proposition, d. h. das im Kompliment enthaltene Werturteil bezieht und eine extradyadische Bewertung eines Vergleichsobjekts oder einer anderen Person beinhaltet, ist im australischen Material lediglich das Beispiel (11) zu finden:

| Nr. (11) | 4 [400.7] | 5 [403.2] |
|---|---|---|
| | lauter, langsamer, beeindruckter Tonfall | leise, gedehnt, verständnisvoller Tonfall |
| Dan14[v] | But you handle that very, very well, I think! | · · · Yeah, · · m(h)m˙ · · · |
| Dan14[ger] | Aber du gehst damit sehr, sehr gut um, denke ich! | · · · Ja, · · m(h)m · · · ja, ja |
| Dan14[k] | | *Hörersignale* |
| | | lauter, langsamer, gedehntes ehm, |
| Alas14[v] | Eehm, … | · · · well, most people |
| Alas14[ger] | Ääh, … | · · · na ja, die meisten |
| Alas14[k] | .. | |
| | | |
| Dan14[v] | yeah, yeah. | |
| Dan14[ger] | | |
| Dan14[k] | | |
| | ernster, erklärender Tonfall | |
| Alas14[v] | manage to, you know, keep their head above water, but, but ehm, there's not a lot | |
| Alas14[ger] | Leute schaffen es, verstehst du, ihren Kopf über Wasser zu halten, aber, aber äh, es bleibt | |
| Alas14[k] | | |
| | | |
| Dan14[v] | | |
| Dan14[ger] | | |
| Dan14[k] | | |
| | .. | |
| Alas14[v] | of free time really, yeah. […] | |
| Alas14[ger] | nicht wirklich viel freie Zeit, ja. […] | |
| Alas14[k] | | |

Im Rahmen ihres Gesprächs über den Besuch des kürzlich stattgefundenen griechischen Festivals in Melbourne rechtfertigt Alas sein Fernbleiben mit der wenigen verbleibenden Freizeit insbesondere unter der Woche während des gesamten Studiensemesters. Dan, die das geschäftige und gestresste Treiben aller Mitarbeiter im Institut bereits bemerkt hat, bewertet daraufhin Alas' Umgang mit der vielen Arbeit und dem damit verbundenen alltäglichen Stress als positiv und sehr routiniert. Noch während Dans Komplimentäußerung kündigt Alas in Form einer mittels der langgezogenen Partikel *Eehm* gefüllten Pause seine Reaktion an, die unmittelbar nach Beendigung der Komplimentsprechhandlung nach einer erneuten kurzen Pause erfolgt. Die Form der Reaktion, in der Alas die Komplimentbewertung von sich weg an einen größeren, nicht anwesenden und nicht näher spezifizierten Personenkreis leitet (*Well, most people manage to, you know, keep their head above water, but,* ...), gilt als nicht-spezifischer, entscheidungsumgehender, ausweichender reaktiver Handlungstyp. Mit Hilfe dieser Strategie vermeidet er zum einen Selbstlob, da er seine eigene Person in den Hintergrund stellt (den Fokus zu einer anderen Personengruppe hin verändert und damit zum einen der Bescheidenheitsmaxime nachkommt), wird zum anderen aber ebenso den Maximen der Zustimmung gerecht, da das Maß der Anerkennung nicht in Frage gestellt wird (er entspricht durch die höflichkeitsmaximierende Wirkung den positiven *face*-Bedürfnissen des Komplimentgebers).

Interessant ist, dass Alas in umgekehrter Reihenfolge als in den bisher präsentierten Kompromissstrategien seine Reaktion zunächst mit einem *well* als Unbehagen signalisierende Partikel einleitet. Darauf folgt ein die Referenz zu einer anderen Personengruppe implizierende Äußerungsbestandteil mit Erweiterung durch die kontrastierende Konjunktion *but* und im Anschluss daran erst das affirmative Satzäquivalent *yeah*. Entsprechend ergibt sich bei dieser Reaktionsstrategie — im Gegensatz zu den bisherigen Strategien (Zustimmungslement plus Nichtzustimmungslement) — die Reihenfolge Element des Unbehagens oder Stutzens plus *but* plus Zustimmungselement (vgl. Pomerantz 1984, S. 82 f.).

Dass Alas erst sein Unbehagen demonstriert und entsprechend ausweichend reagiert, weil er offensichtlich nicht gerne über seine eigene Person sprechen möchte, scheint sich nicht nur auf diese Komplimentreaktion zu beziehen; denn direkt im Anschluss an seine Reaktion lenkt er mit Hilfe einer zwar an das Komplimentthema indirekt anknüpfenden, jedoch auf Dans Person und Pläne fokussierten Frage (sie scheine ja wohl offensichtlich selbst eine akademische Position in Deutschland anzustreben) den Fokus erneut von seiner Person hin zur Komplimentgeberin. Dadurch signalisiert er indirekt, dass er es bevorzugt, statt über seine Person über Dans Pläne zu sprechen.

Während im australischen Datenmaterial keine Reaktion in Form eines Gegenkompliments vorkommt, tritt die Kompromissstrategie der neutralen, nicht bewertenden Erklärung im australischen Datenmaterial sowohl insgesamt als auch speziell innerhalb des Kompromissbereichs mit Abstand am häufigsten auf. Mit Hilfe dieser Strategie deutet der Komplimentierte implizit eingeschränkt Zustimmung an, indem er ohne Eigenbeurteilung nähere Hintergrundinformationen zur Entstehung des positiv bewerteten Sachverhalts abgibt. In noch stärkerem Maße als bei den bisher beschriebenen Reaktionsstrategien kann die Länge dieser Kommentar-abfolgen variieren, je nachdem, ob einzelne Äußerungen in Form kurzer Kommentare oder allgemeiner Belehrungen oder ganze Erzählabläufe erfolgen. Durch diesen nicht spezifischen, entscheidungsumgehenden, ausweichenden reaktiven Handlungstyp, der sowohl Zustimmungs- als Nichtzustimmungselemente enthalten kann, teilt der Komplimentierte die Umstände seines Bemühens zum Nachweis der erbrachten Leistung mit. Beispiel (12) aus dem australischen Material bezieht sich auf eine Erzählung Gregs, der ein persönliches Erlebnis im australischen Busch schildert, bei dem er einen Kollegen, der sich verirrt hatte, wiederfand und zurück zum Zeltlager brachte:

| Nr. (12) | 3 [1596.9] | 4 [1600.6] |
|---|---|---|
| | lauter, langsamer, heiterer, | aber tieferer Tonfall, übergehend in Lächeln |
| **Dan17[v]** | Good job! Ha, ha, | ha, ha, ha, ha. |
| **Dan17[ger]** | Gute Arbeit! Ha, ha, | ha, ha, ha, ha. |
| **Dan17[k]** | | |
| | | leiser, langsamer,tiefe,rauhe Stimme,deutlich gesprochen |
| **Greg17[v]** | Yeah, so I took him back, | yeah, to the camp.Yeah, so that's about all. [...] |
| **Greg17[ger]** | Ja, ich habe ihn dann also zurückgbracht, | ja, zum Zeltlager. Ja, das war alles. [...] |
| **Greg17[k]** | | |

Auf die von Dan positiv bewertete Leistung von Greg reagiert dieser zunächst mit der Gesprächspartikel *yeah*. Damit signalisiert er Dan zum einen, dass er das Kompliment als solches registriert hat, zum anderen, dass er die Sprecherrolle zu behalten beabsichtigt, und fährt dann ohne Pause mit seiner Erzählung fort bzw. bringt sie unter mehrfacher Verwendung der Gesprächspartikel *yeah* als Haltesignal in diesem Beispiel zu Ende. Mit dieser lückenlosen Überleitung in den eigentlichen Erzählmodus nimmt Greg dem Kompliment insgesamt seinen persönlichen Bezug.

Es fällt bei einem Vergleich aller im australischen Datenmaterial verzeichneten Reaktionen auf, dass die meisten Erwiderungen dieses Handlungstyps die Zustimmung und gleichzeitig das Gespräch gliedernden Partikeln *yeah* oder *m(h)m* überall platzieren, gefolgt von oder eingeleitet durch eine entsprechende Erzählabfolge wie z. B. (...) *m(h)m, so* oder (...) *yeah, and then* (...). Neben den verbalisierten neutralen Kommentaren sind sowohl Dopplungen von *m(h)m* und/oder *yeah* zu finden als auch gar keine Partikeln.

Diese Reaktionsstrategie eröffnet im Gegensatz zum Dank, der aufgrund seiner Minimalstruktur auch kommunikationshemmend wirken und im schlimmsten Fall zur abrupten Gesprächsbeendigung führen kann, durch seine längeren Abfolgen die Möglichkeit, die Konversation fortzuführen und weitere Aspekte des bewerteten Sachverhalts zu thematisieren. Insofern trägt diese Strategie gleichermaßen zur solidaritätsbekundenden Festigung der Beziehung und zur Schaffung einer gemeinsamen Perspektive durch Aufrechterhaltung des Kontaktes zum Gesprächspartner mittels Partikeln bei. Darüber hinaus dient sie aufgrund der Demonstration von

Bescheidenheit durch Selbstlobvermeidung dazu, eine gute Vertrauensbasis für den weiteren Gesprächsverlauf herzustellen, die eine Berücksichtigung der positiven *face*-Bedürfnisse des Komplimentgebers und damit Höflichkeitsmaximierung impliziert.

Während die im amerikanischen Datenmaterial u. a. bei Pomerantz vorkommende Strategie der Reinterpretation (*reinterpretation*) im australischen Korpus gar nicht vertreten ist, sind einige wenige Beispiele zu verzeichnen, in denen auf das geäußerte Kompliment gar nicht reagiert wird.

Ein solcher nicht-spezifischer, entscheidungsvorbereitender, ausweichender reaktiver Handlungstyp kann durch unterschiedliche Gründe zustande kommen. Entweder der Komplimentempfänger hat das Kompliment einfach akustisch nicht verstanden, erkennt es nicht oder möchte es als solches nicht verstehen und reagiert deshalb gar nicht, mit einer thematisch vom Komplimentinhalt abweichenden Äußerung oder, wie Beispiel (13) demonstriert, mit Hilfe der Verzögerungspartikel *ehm* in Kombination mit nonverbalen Mitteln der Mimik und/oder Gestik:

Nr. (13)

1 [1099.7]

|  | lauter, langsamer, überzeugter Tonfall |
|---|---|
| **Dan7[v]** | I've never really been into law, but by, ehm,· · by listening to you and the |
| **Dan7[ger]** | Ich bin noch nie wirklich firm gewesen in Jura, aber vom, äh,· · vom Zuhören und |
| **Dan7[k]** | |
| **Andy7[v]** | |
| **Andy7[ger]** | |
| **Andy7[k]** | |

|  | |
|---|---|
| **Dan7[v]** | way you explain it I could imagine that you, ((1,80s)) you were a good, a really |
| **Dan7[ger]** | der Art und Weise, wie du erklärst, könnte ich mir vorstellen, dass du, ((1,80s)) dass du ein |
| **Dan7[k]** | |
| **Andy7[v]** | |
| **Andy7[ger]** | |
| **Andy7[k]** | |

3 [1112.0]

|  | | heiterer Tonfall als Reaktion auf Andys Miene |
|---|---|---|
| **Dan7[v]** | good, fantastic solicitor | the time |
| **Dan7[ger]** | guter, ein wirklich guter, fantastischer Anwalt | gewesen bist zu der Zeit, |
| **Dan7[k]** | | |
| **Andy7[v]** | | |
| **Andy7[ger]** | | |
| **Andy7[k]** | | sprachlos, verdutztes Gesicht |

Während ihres Gesprächs über Andys abgeschlossenes Jurastudium und seine einige Zeit zurückliegende Arbeit als Rechtsanwalt lässt Dan Andy ein Kompliment zukommen, in dem sie seine klaren und gut verständlichen Erklärungskünste positiv

| | heiterer Tonfall als Reaktion auf Andys Miene |
|---|---|
| **Dan7[v]** | you did your job! |
| **Dan7[ger]** | als du den Job gemacht hast! |
| **Dan7[k]** | |
| | |
| **Andy7[v]** | ((0,87s)) Ehm, … |
| **Andy7[ger]** | ((0,87s)) Äh, … |
| **Andy7[k]** | *weil er nicht weiß, wie er reagieren soll* |

bewertet, die ihrer Meinung nach auf ihn als wirklich guten Anwalt schließen lassen. Nach einer fast einsekündigen Pause reagiert Andy lediglich mit der Verzögerungspartikel *ehm*. Die Gründe dafür, warum der Komplimentempfänger ein Kompliment schlichtweg ignoriert, sind sicherlich vielfältig und oft nur in Verbindung mit Mimik und Gestik, d. h. durch nonverbale Kommunikationsmittel, erschließbar. So kann er z. B. eine gewisse Gleichgültigkeit sowohl der geäußerten Komplimentbewertung als auch dem Komplimentgeber gegenüber signalisieren — dies erfolgt im australischen Material z. B. mit Hilfe des Ausdrucks *ph* — oder auch Skepsis oder gewisse Vorsicht bezüglich des Wahrheitsgehalts der Komplimentbewertung ausdrücken.

Das vorliegende Beispiel zeigt jedoch, dass das bewusste Ausbleiben einer Reaktion auch damit zusammenhängen kann, dass der Komplimentempfänger — wie es bei Andy der Fall zu sein scheint — sich nicht sicher ist, wie er mit dem Kompliment umgehen bzw. wie er nun adäquat in gegebener Situation auf dieses reagieren soll. Insbesondere die auf das Kompliment folgende fast einsekündige Pause impliziert eine gewisse Ratlosigkeit oder Unsicherheit Andys, die zum einen in Kombination mit der anschließenden Partikel *ehm*, die als Verzögerungspartikel den im Sprecher ablaufenden und noch nicht beendeten Denkprozess verbal zum Ausdruck bringt, zum anderen durch seine Mimik (verdutzter Gesichtsausdruck) noch besonders hervorgehoben wird. Die Tatsache, dass in den darauffolgenden Zügen keine negative Reaktion auf das Ausbleiben einer solchen Komplimentreaktion von Seiten Dans erfolgt — sie übernimmt erneut die Sprecherrolle und versucht das von ihr im Kompliment Gemeinte genauer zu erläutern — und das Gespräch im weiteren Verlauf offenbar keinen Schaden nimmt, signalisiert, dass Dan Andys Ignorieren als eine Kompromissstrategie wertet. Durch diese Kompromissstrategie wird — auch wenn eine negative Deutung des Reaktionsverhaltens unter bestimmten Umständen möglich wäre — an dieser Stelle durch Eigenlobvermeidung und Bescheidenheitsbekundung (Abschwächung in Form einer ausbleibenden Stellungnahme zu der an den Komplimentempfänger gerichteten positiven Bewertung) entsprechend die Bescheidenheitsmaxime berücksichtigt und dem Komplimentgeber die Chance gegeben, sein Urteil zu spezifizieren.

Eine Spezifizierung durch den Einsatz von Humor ist bei der von den australischen Teilnehmern verwendeten, kulturell geprägten Strategie des Scherzens zu erkennen, welche die letzte Strategie innerhalb des Kompromissbereichs darstellt. Wie für die bereits beschriebene letzte Strategie des Annahmebereichs (humorvoll zustimmende Bestätigung der Komplimentaussage) gilt auch für diese Strategie: der einfließende Humor wird vom Komplimentempfänger nicht als strategisch negatives Mittel zur Verletzung des Gesprächspartners eingesetzt, sondern gilt als positives Mittel, das eigene Schwächen scherzend und auf den Komplimentgeber amüsant wirkend zu überspielen versucht.

Im folgenden Beispiel (14) aus dem australischen Datenmaterial unterhalten sich Dan und Len über Lens kurz bevorstehende dreimonatige Campingbus-Reise in den unwegsamen Nordwesten des australischen Kontinents, die sie für sich und eine Freundin organisiert hat. Dan lässt ihr in diesem Zusammenhang ein Kompliment zu ihrer konsequenten, motivierten und gelassenen Organisationsweise zukommen.

| Nr. (14) | 8 [22.6] | | |
|---|---|---|---|
| **Dan3[v]** | But look, that's great! • • It's really great! • • I mean, ((2,79s)) I mean, I'm […] | | |
| **Dan3[ger]** | Aber guck mal, das ist toll!• • Das ist wirklich toll!• • Ich meine,((2,79s)) ich meine, ich bin… | | |
| **Dan3[k]** | | | |
| | lachend, lauter, schneller | | |
| **Len3[v]** | That's still beyond me that, m(h)m. • • I haven't left yet! | | |
| **Len3[ger]** | Das ist mir immer noch zu hoch, m(h)m. Ich bin noch nicht weg! | | |
| **Len3[k]** | *Scherzend* | | |

Auf Dans Kompliment, welches überlappend zu Lens Erklärung erfolgt und daraufhin von Dan wiederholt wird, antwortet Len nach einer kurzen Pause mit der Bemerkung *I haven't left yet!*, bevor Dan daran anknüpfend mit einer Erläuterung der Umstände ihrer positiven Bewertung fortfährt. Mit ihrer Reaktion überspielt Len eine ihrer durch das Kompliment angesprochenen Schwächen, die — dies zeigt sich z. B. im Rahmen von Lens Beschreibung ihrer Person und Erfahrungen in wechselnden Jobs im Verlauf des Gesprächs — offenbar insbesondere darin besteht, Vorhaben und Pläne nicht immer entsprechend konsequent in die Tat umzusetzen. Anders als bei der im Annahmebereich verwendeten, Humor implizierenden Strategie übt Len in dieser Situation humorvoll Selbstkritik, indem sie ihre eigene Schwäche indirekt scherzend benennt. Sie lenkt dadurch geschickt die Aufmerksamkeit auf ihre Stärke, ihre Fähigkeit nämlich, sich problemlos über ihre eigenen Makel amüsieren zu können und geht entsprechend durch Demonstration von Bescheidenheit gestärkt aus der Situation hervor, da sie auch Dans positiven *face*-Bedürfnissen entgegenkommt und somit positiv auf die Beziehungsgestaltung einwirkt. Der Einsatz des gegen sich selbst gerichteten Humors, der den positiv bewerteten Sachverhalt mit Hilfe eines nicht-spezifischen, entscheidungsumgehenden, ausweichenden reaktiven

Handlungstyps herunterspielt und als nicht uneingeschränkt zutreffend beurteilt, dient Len in gewisser Weise als Schutz in einer potentiell unbehaglichen Situation. Dies trifft in ähnlicher Weise auf die einzige andere im australischen Korpus zu verzeichnende Reaktion zu, die besonders durch scherzhaftes Flunkern gekennzeichnet ist: *Possibly, I don't know, maybe*. Durch die Verwendung dieser Kompromissstrategie gelingt es den Komplimentempfängern auf der einen Seite, Eigenlob zu vermeiden und damit der Bescheidenheitsmaxime nachzukommen, auf der anderen Seite entsprechend die positiven *face*-Bedürfnisse des Komplimentgebers zu pflegen und dadurch kommunikationsfördernd, solidaritätsbekundend und beziehungsfestigend zu wirken, da die Reaktion die Gesprächssituation einvernehmlich positiv auflockert. Im Hinblick auf den Einsatz strategischen Humors, den Brown/Levinson (1987) als Form positiver Höflichkeit betrachten, stellt Zajdman in diesem Zusammenhang zutreffend fest:

> „[...], the humorous mode can be regarded as a ‚covering move‘ which aims at being uncovered (Zajdman, 1992). Similarly, self-directed humor bears a circular message: ‚I am weak. I admit it. To admit means to be strong. So, I am strong.‘ [...] So, the self-directed humor which seems to bravely expose S's weaknesses, actually helps cunningly conceal S's strengths. In this lies its enormous strategic advantage.“ (Zajdman 1995, S. 338 f.).

Die Vielfalt der von den australischen Teilnehmern eingesetzten Erwiderungsstrategien hinsichtlich ihrer kommunikativ-pragmatischen und interpersonalen Funktionen im Rahmen des jeweiligen situativen Kontextes unter Einbezug des vorangehenden initialen Komplimentzuges impliziert einen variablen Umgang mit diesem Sprechhandlungsmuster in den entsprechenden quasi-natürlichen Gesprächssituationen, besonders in den Bereichen der Annahme (sechs Strategien) und des Kompromisses (sieben Strategien). Es ist in diesem Zusammenhang noch einmal zu betonen, dass es sich laut Arbeitsdefinition bei den hier untersuchten Antworten ausschließlich um Reaktionen auf Komplimente handelt, die von Golato (2005, S. 189) als *preferred first pair parts* (bevorzugte initiale Komponenten einer Kompliment-Erwiderungs-Sequenz) bezeichnet werden und ausschließlich die Funktion positiver Bewertungen innehaben (im Vergleich zu Komplimenten als Dank, Gruß, etc.).

## 5.1.2 Häufigkeit und Präferenzen der eingesetzten Strategien

Für die 182 Komplimentreaktionen ergibt sich im Rahmen eines Überblicks numerisch-prozentual insgesamt folgende Verteilung bezüglich der Dreiteilung Annahme – Ablehnung – Kompromiss. Abbildung 5 zeigt, dass die australischen Teilnehmer mit insgesamt 49,44 % zur Annahme eines Kompliments tendieren, gefolgt von den im Selektionsbereich verwendeten Lösungstypen für die zwei divergierenden Pomerantz'schen Zwänge (41,75 %) und der am seltensten verwendeten Ablehnung (8,79 %).

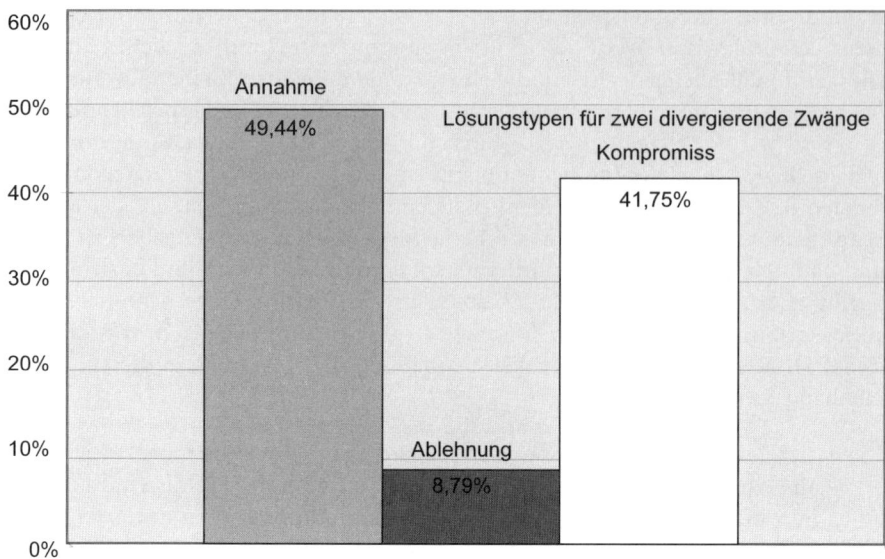

Abbildung 5: Gesamtverteilung der australischen Erwiderungen auf die Bereiche Annahme – Ablehnung – Kompromiss (in Prozent)

Die klare Verteilung zugunsten der Annahme eines Kompliments lässt erkennen, dass die australischen Teilnehmer der Leech'schen Zustimmungsmaxime offensichtlich mehr Gewicht beimessen und sich damit gemäß der in ihrer Kultur operierenden, unterschiedlich spezifisch gewichtenden Normen und Konzepte — wie bereits in Kapitel 3.2.3 erwähnt — in die Gruppe derjenigen Kulturen einreihen, in denen die Zustimmungsmaxime ebenfalls gewichtiger ausfällt.

Schaut man sich trotz der Kritik von Lewandowska-Tomaszczyk hinsichtlich einer klar geteilten Klassifizierbarkeit von zumeist individuell geprägten Strategien die Verteilung der von den australischen Teilnehmern verwendeten Strategien im Einzelnen an, so ergibt sich ein wesentlich diversifizierteres Bild bezüglich des Einsatzes der entsprechenden Erwiderungsstrategien unter den australischen Teilnehmern.

Auch wenn die australischen Probanden insgesamt eher zur Annahme eines Kompliments tendieren, so ist in Abbildung 6 klar zu erkennen, dass die deutlich präferierte Strategie der australischen Teilnehmer in diesem Korpus — und dies entspricht den Ergebnissen der Studie von Werthwein (2002) — mit 19,78 % die der Kompromissstrategier der Erklärung (*comment history*) ist.

Gefolgt wird diese Strategie jedoch hinsichtlich ihrer Präferenz von den Strategien der zustimmenden Bestätigung der Komplimentaussage (18,13 %) und des Dankes (14,29 %), die beide dem Annahmebereich zuzuordnen sind. Daran anschließend bevorzugen die Australier eine weitere Strategie des Kompromissbereichs, die der Abschwächung der Komplimentbewertung, gefolgt von derjenigen der direkten

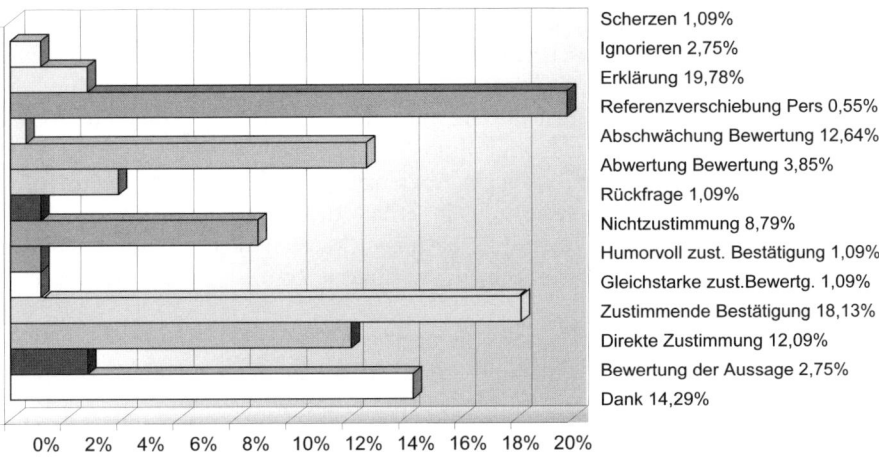

Abbildung 6: Gesamtverteilung der einzelnen verwendeten Erwiderungsstrategien im Australischen (in Prozent)

Zustimmung (12,09 %) aus dem Annahmebereich. Die einzige in den Bereich der Ablehnung fallende Strategie der Nichtzustimmung rangiert auf der Präferenzskala der australischen Teilnehmer erst an sechster Stelle mit 8,79 % vor der Kompromissstrategie der Abwertung der Komplimentbewertung (3,85 %), derjenigen der Bewertung der Komplimentaussage (Annahmebereich) und des Ignorierens (Kompromissbereich), die beide mit 2,75 % deutlich seltener gewählt werden. Zu den mit Abstand am seltensten eingesetzten, aber dennoch im Korpus verwendeten Strategien zählen mit gleicher Auftretensquote (1,09 %) diejenigen der neutralen Rückfrage (Kompromissbereich), der humorvoll zustimmenden Bestätigung (Annahmebereich), der gleichstarken zustimmenden Bewertung (Annahmebereich) und des Scherzens (Kompromissbereich) sowie mit 0,55 % die der Referenzverschiebung zu einer anderen Person (Kompromissbereich).

### 5.1.3 Syntaktische und lexikalische Elemente und ihre illokutionsindizierende Funktion

Dieses Kapitel soll einige auffällige syntaktische und lexikalische Elemente der im vorangegangenen Kapitel präsentierten Erwiderungsbeispiele aufgreifen. Es handelt sich dabei um formale Elemente, die im Rahmen der Sprechakttheorie als Illokutionsindikatoren für den in dieser Arbeit untersuchten Sprechakt der Komplimenterwiderung bezeichnet werden, die in eine bestimmte Illokutionsrichtung weisen und sich daher durch ihre Relevanz für bzw. ihren Einfluss auf die spezifische kommunikativ-pragmatische Funktion der jeweiligen Erwiderungsstrategie auszeichnen. Zu den in diesem Kapitel betrachteten Illokutionsindikatoren zählen performative Verben, Satzarten, Modus, Tempora und Personenfokus sowie Partikeln, Interjektionen und Satzäquivalente. Die Beschreibung der ausgewählten Indikatoren erfolgt auf einer funktional-pragmatischen Basis, d. h., den Ausgangspunkt stellt die durch die sprachliche Äußerung ausgedrückte Intention des Sprechers, also die Funktion der Äußerung, in den jeweiligen Erwiderungsstrategien dar. Da es nicht Aufgabe dieses Kapitels ist, sich an der Klärung der Abgrenzungsproblematik der Pragmatik zu anderen Forschungsbereichen und der innerhalb dieser Bereiche vorherrschenden Theorie- und Methodendiskussion zu beteiligen, werden allgemeingültige, in Lexika und Werken der Pragmatikeinführung verankerte Termini zur Beschreibung der formalen Elemente gewählt.[7]

Darüber hinaus werden syntaktische und lexikalische Elemente in diesem Kapitel gemeinsam behandelt, da sie zum einen eng miteinander verbunden, d. h. die Grenzen der Beschreibungsebenen fließend sind, und weil sie zum anderen in der Fachliteratur zur Analyse von Komplimenten und Komplimenterwiderungen meist unter dem Begriff der formalen Struktur zusammen behandelt werden. Es ist in diesem Zusammenhang zu betonen, dass es sich im Rahmen einer sprachwissenschaftlichen Analyse allgemein als schwer erweist, pragmatische, syntaktische, semantische und prosodische Aspekte dieser Sprechhandlung aufgrund ihres komplexen Zusammenwirkens getrennt voneinander zu beschreiben und zu analysieren, eine Problematik, der viele existierende Grammatiktheorien ebenso ausgesetzt sind.

Anders als bei Komplimenten, die weithin in der Literatur (u. a. bei Wolfson/Manes 1980; 1981) syntaktisch und semantisch als formelhaft beschrieben werden, zeigt sich sowohl bei den meisten im vorangegangenen Kapitel analysierten Beispielen der insgesamt vierzehn Erwiderungsstrategien als auch bei der Mehrheit der Reaktionen im übrigen Datenmaterial, dass Komplimenterwiderungen allgemein in ihrer Struktur eine relativ variable formale Beschaffenheit aufweisen, und daher die Gestaltung der verbalen Interaktion bzw. der kommunikativ-pragmatischen Funktionen, z. B. durch die Wahl und Anordnung der Satzelemente oder die gesamte Satzstruktur, entsprechend beeinflussen können.

Aufgrund dieser Variabilität ist somit weder eine Bündelung zu bestimmten syntaktischen oder lexikalischen Mustern — wie u. a. bei Wolfson/Manes für Komplimente erfolgt — noch eine entsprechende Darstellung prozentualer Anteile in der Verwendung möglich, sondern es werden ausschließlich in den Strategien auftretende, für die Übertragung der kommunikativ-pragmatischen Funktionen relevante Elemente herausgearbeitet und beschrieben.

Allgemein lässt sich für die australischen Komplimentreaktionen festhalten, dass keine explizit performativen Verben in der 1. Person Singular Präsens Indikativ zum Ausdruck der illokutiven Funktion verwendet werden (z. B. hiermit danke ich dir; hiermit stimme ich dir zu), so dass bei der Formulierung auf andere syntaktische, lexikalische oder prosodische Elemente (siehe anschließendes Kapitel) wie (Satz-) Modus, Adjektive, Adverbien, Partikeln, Interjektionen, Satzäquivalente, Intonation

---

[7]Vgl. Bußmann ²1990; Meibauer 1999, 2002; Linke/Nussbauer/Portmann ⁵2004 sowie Kunkel-Razum et al. ⁷2006 und Helbig/Buscha ¹⁹1999.

oder Akzent als illokutive Indikatoren zurückgegriffen wird. Während die Reaktionen syntaktisch überwiegend in deklarativer oder exklamativer Form[8] geäußert werden, wobei die Verben überwiegend im Indikativ Präsens oder Präteritum stehen, d. h. in nicht markierten Zeitformen, werden Adjektive und Adverbien zumeist im Positiv und nur sehr selten im Komparativ oder Superlativ verwendet sowie Partikeln zur Modifizierung (Spezifizierung, Intensivierung, Abtönung) eingesetzt.

Der Fokus, der das Informationszentrum des Satzes, auf welches das Mitteilungsinteresse des Sprechers gerichtet ist, darstellt und in engem Zusammenhang mit der illokutiven Kraft der Äußerungen steht, kann sprecher- (Fokus auf 1. Person Singular) und hörerorientiert (Fokus auf 2. Person Singular) sein oder sich auf eine 3. Person (Null-Fokus) beziehen.[9] In den australischen Reaktionen tritt häufig der Nullfokus auf, d. h. ein unpersönlicher Fokus in der 3. Person (z. B. *it, that, she, they, you* (unpersönliches „man")), der normalerweise ein Pronomen als Basismuster umfasst. Dieser unpersönliche Fokus folgt ebenso wie der sprecher- sowie hörerbezogene Fokus (1. bzw. 2. Person Singular) sowohl auf Komplimente mit hörerorientiertem als auch Null-Fokus.

Besonders auffallend ist, dass in den australischen Reaktionen regelmäßig Antwort-, Gliederungs- oder Hörersignale (z. B. *m(h)m, aha, ok, och, oh*) in Form von Partikeln oder Satzäquivalenten (*yeah* oder *yes*) auftreten, die eine nicht-lexikalische Äußerung darstellen und nicht Teil eines Satzes sind, sondern selbst durch ihren satzäquivalenten Charakter als Satz gelten und vom Satzkern durch ein Komma getrennt werden.[10] Daneben auftretende Interjektionen repräsentieren der Satzart nach in der Regel Exklamativsätze. Sie dienen zusammen mit den Satzäquivalenten auf semantischer Ebene der expressiven Äußerung von Gefühlen (Bewunderung, Behagen, Zustimmung, Freude, Nachdenken, Überraschung, etc.), können somit auf kommunikativ-pragmatischer Ebene Sympathie oder Antipathie vermitteln und für die Kommunikation entsprechend konfliktsteigernd oder -mindernd wirken (vgl. Werlen 1983, S. 123).

Der Ausdruck von Empathie, Emotionen sowie subjektiver Einstellung des Komplimentierten zu der vom Satz ausgedrückten Proposition wird insgesamt vor allem ausgedrückt durch:

1. Verben oder Verbgruppen der Einstellung wie *I think, I guess, it seems* z. B. als Einbettung können dabei verschiedentlich als Unsicherheit von Seiten des Komplimentierten und/oder als Abschwächung der Direktheit verstanden werden und somit subjektive Äußerungsvarianten darstellen

2. Antwortpartikeln wie *m(h)m, yeah, yes, no* oder *na*

---

[8] Zur Klassifizierung von Satztypen siehe z. B. Altmann 1993.

[9] Zum Fokus allgemein siehe z. B. Meibauer 2002 und speziell in Komplimenterwiderungen Duttlinger 1999.

[10] Zur Definition und Funktion der Wortarten allgemein siehe Bußmann ²1990 sowie Kunkel-Razum et al. ⁷2006 und Helbig/Buscha ¹⁹1999.

3. Partikeln (Gesprächs-, Modal-, Abtönungs- Steigerungspartikeln) oder Interjektionen, die den Illokutionstyp des Satzes und seine konversationellen Funktionen folglich modifizieren

4. Ausdrucksstarke oder -schwache Adjektive oder Adverbien.

In diesem Zusammenhang lassen sich einige weitere Merkmale im australischen Datenmaterial erkennen: In vielen Fällen sind die Bewertungen implizierenden Komplimenterwiderungen dadurch gekennzeichnet, dass sie aus zwei Teilen bestehen, einem Vor- oder Nachlaufelement in Form eines Satzäquivalents (z. B. *yeah*) oder einer Partikel (z. B. *m(h)m, well, okay*) sowie der durch ein Komma getrennten anschließenden eigentlichen Bewertungsäußerung, die nicht anstelle der Partikel als Vor- oder Nachlaufelement, sondern nur in Kombination mit ihnen vorkommen (vgl. Auer/Uhlmann 1982, S. 30). Insbesondere die Verwendung dieser Partikel und eventuell darauffolgende Pausen als Vor- oder Nachlaufelemente können auf kommunikativ-pragmatischer Beschreibungsebene als Technik zum Aushandeln von Übereinstimmung und entsprechend Vermeidung von Nichtübereinstimmung in diesen bewertenden Komplimentreaktionen angesehen werden. Bezüglich einer Zuordnung innerhalb einer syntaktischen Struktur lässt sich für die sequentielle Organisation der australischen Reaktionen festhalten, dass diese ebenso wenig wie Komplimente an bestimmten vorgegebenen Stellen im Gespräch erforderlich sind, jedoch unmittelbar auf die ihnen vorausgehenden positiven Bewertungen folgen müssen und zusammen mit diesen vor oder nach einer weiteren Äußerung — also in eine größere syntaktische Struktur eingebettet — positioniert sind. Sie stehen also zwischen dem ihnen vorgelagerten Kompliment, auf das sie sich beziehen, und Erweiterungen durch thematisch anknüpfende Erklärungen oder Fortführung des jeweiligen vor der Komplimentsequenz durch einen der beiden Gesprächsteilnehmer begonnenen Themas.

Damit die wichtigste kommunikative Funktion der Komplimentantworten, nämlich Solidaritätsbekundung, erfüllt wird, muss entsprechend u. a. mit Hilfe der beschriebenen syntaktischen und lexikalischen Mittel eine potentielle Formelhaftigkeit, wie sie für viele Komplimente charakteristisch zu sein scheint, bei den jeweiligen Erwiderungen möglichst verdeckt werden, damit Spontaneität und Echtheit nicht in Frage gestellt werden und die Funktion als soziale Strategie erfolgreich realisiert wird. Um dies zu prüfen und die zuvor genannten Merkmale aus den von den australischen Teilnehmern verwendeten Strategien herauszuarbeiten, wende ich mich nun den einzelnen im vorangegangenen Kapitel präsentierten Beispielen zu.

Die weithin als konventionell idealtypisch bezeichnete Strategie des Dankes weist im australischen Datenmaterial einen vergleichsweise formelhaften Charakter auf, dies vermutlich aufgrund der Tatsache, dass bereits Kinder in frühesten Lebensjahren meist präskriptiv im Elternhaus beigebracht bekommen, sich für ein Geschenk, auch wenn es verbal geäußert wird, adäquat zu bedanken. Die Strategie ist syntaktisch einfach und vergleichsweise kompakt strukturiert, es werden dabei als sprachliche Signale des Dankes die Formulierungen *thank you* oder *thanks* eingesetzt. Anredeformen, kommentierende, intensivierende syntaktische oder elliptische Konstruktionen — wie Mulo Farenkia (2004; 2006) dies ebenso für das Deutsche als typisch kennzeichnet — können dabei diesen Lexemen voran- oder nachgestellt werden.

Wie Beispiel (1) des vorangegangenen Kapitels zeigt, in dem Kate mit *Oh, thank you*[11] auf das an sie gerichtete Kompliment reagiert, wird im australischen Englisch eine Erwiderung mit einer Interjektion wie *oh* eingeleitet, auf die dann das Lexem des Dankes folgt. Solche Kurzäußerungen wie *thank you, thanks, thanks a lot, thank you very much* werden entsprechend formelhaft in kurzer deklarativer oder exklamativer Struktur geäußert und können in Verbindung mit darauffolgenden Sätzen, die andere Strategien beinhalten, erweitert werden. Dabei wird auf kommunikativ-pragmatischer Beschreibungsebene dadurch die illokutive Kraft der Annahme des Komplimentes abgeschwächt, so dass diese Verbindungen dann häufig dem Bereich der Kompromissstrategien zuzuschreiben sind.

Die in Beispiel (1) von Kate geäußerte Form wird auch in den restlichen australischen Erwiderungen entweder genau so oder in der folgenden leicht abgewandelten Weise verwendet: statt der Interjektion *oh* tritt in einigen Fällen im Vorlauf auch die Partikel *well* auf, gar kein Vorlaufelement oder eine wörtliche Wiederholung des Komplimentes, darauf folgt das Lexem des Dankes *thanks* oder *thank you*, sowie anschließend in einigen Erwiderungen ein intensivierendes Adverb wie *very much, a lot* oder eine Anrede. Insbesondere durch die Ergänzung der letztgenannten lexikalischen Elemente der intensivierenden Adverbien und prosodischen, die Emotionalität betonenden Mittel wird eine Maximierung der Höflichkeit im Rahmen eines sozial-funktionalen, interpersonalen Gefüges erreicht. Die vorangestellten Elemente wirken dabei zusätzlich intensitätsregulierend, so sorgt ein *oh* z. B. mit ebener oder sanft steigender Intonation, die eine angenehme Überraschung impliziert, für eine Intensitätssteigerung bezüglich des Honorierungsgrades, während *well* eher eine Intensitätsdämpfung beinhaltet.[12] Die syntaktische und lexikalische Form der zweiten Annahmestrategie, der Bewertung der Komplimentaussage, kann im Vergleich zum Dank ähnlich kompakt und auch variabler formuliert werden. Während Mikes Reaktion *Cool!* in Beispiel (2) eine syntaktisch kurze, ökonomische Variante darstellt, in der die Erwiderung einzig und allein aus einem bewertenden, emotional ausdrucksstarken Adjektiv besteht, welches das Kompliment nicht direkt thematisiert (alternativ wird das ähnlich semantisch ausdrucksstarke Lexem *awesome* im australischen Datenmaterial gewählt), kommen unter den australischen Reaktionen auch solche vor, die mit einem Übereinstimmung signalisierenden Satzäquivalent wie *yeah* beginnen, gefolgt von einem syntaktisch vollständigen, stets ein bewertendes Lexem (z. B. die Adjektive *nice* oder *great*) integrierenden Satz, der meist auf den Komplimentgeber hin orientiert ist (alter-orientiert). Diese positiv konnotierte Erwiderungsstrategie, die meist in exklamativer Struktur geäußert wird, kann aus zwei syn-

---

[11] Die syntaktische und lexikalisch-semantische Analyse der Erwiderungsbeispiele in diesem Kapitel erfolgt auf der Basis der in Kapitel 5.1.1 analysierten Reaktionsbeispiele.

[12] Mit der Einflussnahme prosodischer Merkmale bzw. der Intonation auf Bedeutungsveränderung und Intensitätsregulierung von Komplimenterwiderungen wird sich das anschließende Kapitel beschäftigen.

taktischen Satzeinheiten (*yeah* und Satzkern) zusammengesetzt sein, muss es aber nicht unbedingt. Insbesondere im Hinblick auf die Grice'schen Kooperationsmaximen, vor allem die der Modalität, reicht auf kommunikativ-pragmatischer Ebene die ausschließliche Verwendung eines bewertenden Lexems, meist Adjektivs, an dieser Stelle als kurze und klare Reaktion offenbar aus, um den relevanten Höflichkeits- und Kommunikationsbedingungen in dieser Situation und diesem Kontext, d. h. der angemessenen positiven Würdigung des Kompliments, nachzukommen, ohne die Maximen und positiven *face*-Bedürfnisse des Komplimentgebers zu verletzen; denn offenbar wird an dieser Stelle das nicht vermiedene Selbstlob — wenn auch verhältnismäßig schwach formuliert — vom Gesprächspartner nicht als störend empfunden und daher nicht sanktioniert.

Ebenso wie die Erwiderung der Bewertung der Komplimentaussage verhält sich die Annahmestrategie der direkten Zustimmung (Beispiel (3)), die sich als positive Reaktion keiner Eigenlobvermeidungsstrategien bedient und somit ebenfalls auf abschwächende Mittel verzichtet. Im Gegensatz zur zuvor beschriebenen Strategie, bei der das Eigenlob verhältnismäßig schwach formuliert ausfällt, impliziert die direkte Zustimmung — wie die Bezeichnung bereits andeutet — eine direkte, unumwundene Beipflichtung, so dass dieser Antworttyp als dem Eigenlob näher einzuordnen ist. Bezüglich der formalen Struktur wird diese direkte Beipflichtung — zumeist in deklarativem Satzformat geäußert — durch Formulierungen wie *it is (good)*, *I like it*, *I agree* oder *I guess it is*, mit wahlweise syntaktischer Erweiterung ausgedrückt. Dabei werden — wie in der vorherigen Strategie — bis auf wenige Ausnahmen das Übereinstimmung signalisierende Satzäquivalent *yeah* oder *yes* (starke Übereinstimmung enthaltend und somit semantisch gehaltvoller als *m(h)m* oder die Partikel *m(h)m* (schwache Zustimmung implizierend, lexikalisch leeres Element) vorangestellt. Ein repräsentatives Beispiel für diese Form stellt das im vorangegangenen Kapitel beschriebene *Yeah, it is, it is* dar, das aus der affirmativen Antwortpartikel *yeah* und der repetitiv verwendeten, im Deklarativsatzformat zustimmenden, unpersönlichen, also auf das komplimentierte Objekt (*That's good teamwork!*) bezogenen Struktur (Null-Fokus) besteht, die in ihrer Länge variabel ist. Die Wiederholung der Form *it is* kann dabei als Merkmal zur Intensivierung der enthaltenen Zustimmung interpretiert werden. Die in diesem Beispiel beschriebene syntaktische Konstellation (starke oder schwache affirmative Satzäquivalente oder Partikeln mit anschließender explizit im Deklarativsatzformat geäußerter Beipflichtung) gilt bezüglich ihrer Anwendungshäufigkeit im australischen Datenmaterial als typische Form.

Eine weitere verhältnismäßig minimalistisch gestaltete Annahmestruktur eines Kompliments stellt neben dem Dank und den kürzesten Varianten der bewertenden Komplimentaussage sowie direkten Zustimmung diejenige der zustimmenden Bestätigung dar, die mit wenigen Ausnahmen lediglich aus einer schwache Zustimmung implizierenden Partikel mit mehrdeutigem Gefühlsausdruck (*m(h)m*), einem affirmativen Satzäquivalent (*yes*, *yeah*) — wie in Beispiel (4) des vorangehenden Kapitels — oder der schwach zustimmenden und gleichzeitig Unbehagen implizierenden Partikel *okay* oder der Kombination *well yeah* als Ausdruck der schwach bestätigenden Kenntnisnahme bestehen. Je nach Erwiderung wird insbesondere das Satzäquivalent *yeah* redupliziert oder mit der schwach affirmativen Partikel *m(h)m* kombiniert. Auch in dieser Strategie können Wiederholungen als die Wirkung der zustimmenden Bestätigung intensivierend bewertet werden. Erweiterungen in Form von ergänzende Information tragenden und möglicherweise andere Sprechhandlungen dadurch ausführenden Deklarativsätzen sind möglich, die Grundstruktur dieser Reaktion beinhaltet jedoch immer zunächst ein Satzäquivalent oder eine Partikel in deklarativem oder exklamativem Satzformat. Durch diese syntaktisch minimal ausfallende Reaktionsstrategie bewirkt der Komplimentempfänger ähnlich wie beim Dank auf für ihn ökonomischste und für den Gesprächspartner dennoch akzeptable Weise, den Konversations- und Höflichkeitsmaximen nachzukommen, ohne jedoch verbal sowie emotional zu sehr involviert und ausschweifend zu sein.

Im Gegensatz dazu fällt die Strategie der gleichstarken zustimmenden Bestätigung wesentlich umfangreicher aus, alleine schon durch die Tatsache, dass sie meist aus drei bzw. vier Zügen besteht. Der erste und dritte Zug weist dabei dieselbe oder eine ähnliche Komplimentstruktur auf, d. h. wiederholte Verwendung zumindest des gleichen bewertenden Adjektivs, wenn nicht sogar der gesamten Satzstruktur, wohingegen der zweite und eventuell vierte Zug die Reaktion(en) beinhaltet, die im australischen Datenmaterial entweder in Form eines Exklamativsatzes oder einer Rückfrage geäußert wird.

In Beispiel (5) reagiert Eric auf das Kompliment *You're such a lucky guy!* in gleichstarker zustimmend-bestätigender Art und Weise exklamativ mit *I can tell ya!*, einer Reaktion, die keinerlei abschwächende Mittel zur Selbstlobvermeidung enthält und stattdessen vielmehr eigenlobschürend wirkt, ohne jedoch offensichtlich übertrieben auf den Komplimentgeber zu wirken, da von diesem das Kompliment in genau derselben Struktur daraufhin noch einmal wiederholt wird. Die an dieses wiederholte Kompliment anschließende Reaktion beinhaltet dann im Vergleich zur vorangegangenen Reaktion ein ähnliches Muster wie die zuvor beschriebenen Annahmestrategien. Sie besteht aus dem Satzäquivalent *yeah* als stark zustimmendem Vorlaufelement und einem darauffolgenden, diese Zustimmung noch intensivierenden Kurzsatz im Deklarativsatzformat, *I know*, der dem Komplimentgeber das Wissen des Komplimentempfängers um diese positive Bewertung in Form einer Feststellung bestätigt. Auch bei dieser Strategie werden tendenziell vergleichsweise kurz formulierte Reaktionen mit Sprecher- oder Nullfokus verwendet, die jedoch in ihrem minimalen syntaktisch und lexikalischen Format offensichtlich ausreichen, um die kommunikativ-pragmatische Funktion der Solidaritätsbekundung mittels Übereinstimmung dem Komplimentgeber gegenüber zu erfüllen und somit das kommunikative Gleichgewicht zu erhalten.

Dies gilt in gleichem Maße für die letzte im australischen Datenmaterial eingesetzte Strategie der humorvoll zustimmenden Bestätigung, die wiederum im Gegensatz zu den zuvor beschriebenen Strategien variabler gestaltet sein kann und meist über längere Satzgefüge verfügt. Beispiel (6) aus dem vorangehenden Kapitel ist wie folgt formuliert: *Yeah, ((1,015)) hey, gave me time to stay here a long time.* Während auch in dieser Strategie ein Vorlaufelement zu verzeichnen ist, nämlich das affirmative Satzäquivalent *yeah*, schließt der durch die Spitzenstellung des Verbs und ein fehlendes Subjektpronomen imperativisch gebildete Exklamativsatz, der die nur im kontextuellen Zusammenhang der Gesamtsequenz erkennbaren, unterschwelligen humorvollen Elemente trägt, erst nach einer kurzen, einsekündigen Pause und der Aufforderung implizierenden Interjektion *hey* an. Humor dient somit der Regulierung des nicht vermiedenen Eigenlobs und gleichzeitig der Erhaltung sozialer Nähe. Um ihn als solchen erkennen zu können, bedarf es meist des Einbezugs der Intonation und paraverbaler Mittel.

Während im Bereich der Annahme u. a. durch vorangestellte affirmative Satzäquivalente, Partikeln und Interjektionen sowie kurze Exklamativsätze als mögliche Erweiterungen gewisse Ähnlichkeiten in der syntaktischen und lexikalischen Struktur zu verzeichnen sind, bietet der Bereich der Ablehnung im australischen Datenmaterial lediglich eine Strategie, diejenige der Nichtzustimmung, die jedoch dagegen sowohl in Länge als auch syntaktischer und lexikalischer Struktur variabler ist. Gemeinsam ist den verwendeten einzelnen Erwiderungen ausschließlich, dass sie alle Ablehnung implizierende lexikalische Elemente enthalten, die eindeutige Nichtzustimmung ausdrücken.

So weist Beispiel (7) (*Oh no, I'm not!*) aus dem vorangehenden Kapitel z. B. durch den Gebrauch der Verneinungspartikel *no* in Kombination mit der ihr vorgeschalteten Interjektion *oh*, die in dieser Verbindung und Intensität eine zusätzlich problematisierende Wirkung ausübt, Elemente auf, die durch den Verneinung ausdrückenden Deklarativsatz *I'm not* als explizit stark nichtzustimmende und daher das Kompliment ablehnende Reaktion zu verstehen sind. Daneben treten im australischen Datenmaterial ebenso Varianten auf, die durch Kombinationen mit Übereinstimmungspartikeln (*yeah, m(h)m*), Partikeln wie *well* oder Interjektionen (*oh*) in diskreterer Weise Nichtzustimmung signalisieren. Jedoch werden diese in jedem Fall stets mit Negationselementen (*Oh no; Na, really; ... I don't know* u. a.) kombiniert, die eine lexikalisch wesentlich stärkere ablehnende Wirkung haben.

Variabel gestaltet sich die syntaktische Anordnung in den australischen Reaktionen insofern, als die entsprechenden Partikeln oder Interjektionen dem Deklarativ- oder Exklamativsatz sowohl voran- als auch nachgestellt werden. In jedem Fall negiert der Komplimentempfänger explizit oder implizit die an ihn gerichtete positive Bewertung mit Hilfe der lexikalischen Negationselemente und verhält sich dem Komplimentgeber gegenüber somit weder solidaritätsbekundend noch kooperativ.

Die sowohl im Annahme- als auch Ablehnungsbereich frequente Verwendung Zustimmung oder Nichtzustimmung signalisierender Partikeln (Wortklasse der Satzäquivalente) und Interjektionen in Verbindung mit voran- oder nachgestellten deklarativen oder exklamativen Kurzsätzen, die Gegenbewertungen zum vorangegangenen Kompliment enthalten und in denen Satzteile durch ein Hilfsverb oder eine Pro-Form ersetzt oder sogar ganz weggelassen werden, sind in ähnlicher Form auch innerhalb der Strategien des Kompromissbereichs zu finden. Insgesamt geht die Tendenz im australischen Material jedoch dahin, Komplimenterwiderungen möglichst ökonomisch nur mit den minimal für das Verständnis notwendigen syntaktischen Elementen auszustatten und die Option der Aneinanderreihung mehrerer solcher Kurzformen zur Inhalts- und Informationserweiterung zu ermöglichen, um in der Reaktion je nach Kontext, kommunikativ-pragmatischer Notwendigkeit und anderen Einflussfaktoren variabel agieren zu können.

In den Kompromissbereich fallen solche Erwiderungsstrategien, die sowohl lexikalische Zustimmungs- als auch Nichtzustimmungselemente enthalten (z. B. modifizierende abschwächende Elemente, welche die als zu stark empfundene positive Bewertung deutlich abschwächen, um entsprechend adäquat auf die Zwänge, die bei Komplimentantworten wirksam werden, zu reagieren). Sie beginnen meist mit Zustimmung implizierenden Elementen oder solchen des Dankes, wodurch sie zu den positiven Antworten zu zählen sind, und darauffolgenden schwach positiven oder Einschränkung signalisierenden Elementen wie *though, yet* oder *but*. Durch den Einsatz solcher lexikalischen Mittel signalisiert der Komplimentempfänger dem Komplimentgeber, dass dessen positive Bewertung als übertrieben empfunden wird und schwächt folglich seine Formulierung ab, ohne jedoch die Aussage völlig zu negieren.

Eine solche Abschwächung kann durch eine neutrale Rückfrage im Fragesatzformat erfolgen und — wie in Beispiel (8) — mit z. B. anschließendem *oh*-Vorlaufelement (Ausdruck der Verwunderung über die geäußerte Information) und Kausalsatzanschluss (*because*) im Deklarativsatzformat: *Is it? Oh, because sometimes I look at it, it needs a bit of work doing to.* Während die neutrale Rückfrage, wie in informeller Konversation üblich, gekürzt formuliert ist und entweder wie das englische Frageanhängsel (*question tag*) (*is it?*) oder als Frage mit getilgtem *do* (*you like it?*) gebildet wird, kann die syntaktische Erweiterung entweder in Form von anschließenden Deklarativsätzen erfolgen, die nicht bewertungskonform formuliert sind (*because ...,* *it needs a bit of work doing to*), oder durch vorgeschaltetes Aufgreifen des zuvor im Kompliment bewerteten Objekts (z. B. *The diesel, ...*). Die Frage, die kommunikativ-pragmatisch sowohl als Veranlassung zur Wiederholung, Erweiterung, Intensivierung des zuvor positiv Bewerteten oder als Prüfung der Ehrlichkeit fungieren kann, wird dabei sowohl am Anfang der Reaktion als auch am Ende positioniert und kann sowohl hörer- (2. Person Singular) als auch unpersönlich (3. Person Singular) fokussiert sein. Semantisch ausdrucksstarke, d. h. bewertende Elemente wie z. B. Adjektive sind entsprechend der bewusst neutral formulierten Erwiderung zur adäquaten Reaktion auf die wirksamen Zwänge im australischen Datenmaterial demnach nicht zu finden.

Ähnlich abtönend verhält sich auch die Strategie der Abwertung, jedoch mittels einer anderen Struktur. Merkmal dieser Strategie stellt — wie bei den meisten anderen Strategien im australischen Datenmaterial — die kurze Formulierung der Deklarativsätze dar, in einigen Fällen angeführt von den Satzäquivalenten *yes* oder *yeah*, den abtönenden Partikeln *well, so* oder der Interjektion *oh*.

Wie Beispiel (9) zeigt (*I guess I'm not so bad.*), wird aber nicht immer eine Partikel oder Interjektion vorgeschaltet, sondern die Abschwächung der positiven Bewertung (*So you must be very good in playing basketball!*) erfolgt in diesem Beispiel zum einen durch die Verbkonstruktion *I guess*, die eine Einstellung impliziert, zum anderen durch eine angeschlossene Negation in Form des Negationswortes *not* mit darauffolgendem Adverb *so* und *bad* als anschließendem, antonym zu dem im Kompliment verwendeten Adjektiv *good*. Die graduelle Abstufung erfolgt in dieser Reaktion also dadurch, dass die im Kompliment verwendete, bewertende Struktur *to be very good in …* in der anschließenden Antwort mit Hilfe von Negation und abtönenden Elementen durch ihr komplementäres Äquivalent, nämlich *to be not so bad*, ersetzt wird. Eine solche Abtönung der Bewertung können auch andere syntaktische Strukturen wie *I can get along* oder *they're quite blue* übernehmen, wenn in den jeweiligen Komplimenten entsprechend positivere Bewertungsstrukturen gewählt worden sind (*That's good!* oder *Your blue eyes are really nice!*).

Prinzipiell zeigt sich bei all diesen Varianten, dass mit unterschiedlichen syntaktischen und semantischen Mitteln (Wahl bedeutungs- und ausdrucksschwächerer Adjektive wie *good* statt *very good*) die Bedeutungsintensität der eingesetzten Bewertungselemente in den Komplimenten vom Empfänger heruntergestuft und somit relativiert wird.

Mit Hilfe wiederum anderer syntaktischer und lexikalischer Mittel wird die Strategie der Abschwächung von den australischen Teilnehmern gebildet. Während ebenso frequent wie in den anderen Erwiderungsstrategien Partikeln zur Modifizierung vorangestellt werden (insbesondere die Abtönungspartikel *well* sowie das affirmative Satzäquivalent *yeah* und daneben auch *yes, m(h)m* sowie die Nichtzustimmung und gleichzeitig Zustimmung in gradueller Abstufung beinhaltende Kombination *Oh no, well yeah*), sind die daran anschließenden Kommentare im Deklarativsatzformat sehr variabel gestaltet. Dennoch lässt sich eine konstant verwendete Struktur ausmachen, die sich aus einer stark oder schwach zustimmenden Partikel oder auch einer Kombination mehrerer Partikeln (z. B. *yeah, well; oh no, yeah, well; yeah, oh no*), der koordinierenden, kontrastierenden Konjunktion *but*, die einen Gegensatz auf der Basis bestimmter Gemeinsamkeiten ausdrückt, und einem damit einhergehenden Negationselemente enthaltenden Deklarativsatz zusammensetzt, wie Beispiel (10) verdeutlicht: *Yeah, but I'm not sure what I want to do.* Während der Komplimentempfänger zunächst durch die Verwendung des Satzäquivalents *yeah* dem Komplimentgeber Zustimmung signalisiert, schränkt er unmittelbar danach diese klare Zustimmung wieder ein. Dies tut er, indem er sprecherorientiert (Fokus auf 1. Person Singular) mit Hilfe der Konjunktion *but* sowie dem Negationselement *not* in Kombination mit dem prädikativ verwendeten Adjektiv-Komplex *to be sure* Zweifel an der Angemessenheit dessen, was positiv bewertet wird, ankündigt, somit abschwächende Mittel zur Selbstlobvermeidung einsetzt und dadurch höflich agiert.

In einigen Antworten der australischen Teilnehmer — hier zeigt sich die flexible syntaktische und semantische Verwendung und Positionierung in dieser Strategie — fallen die Partikeln ganz weg, stehen an anderer Position im Satzgefüge oder es werden zwischen diese als Vorlaufelement und den mit der Konjunktion *but* eingeleiteten Deklarativsatz entweder Einschränkung implizierende Strukturen wie *not all of them, I don' t know* oder auch zustimmende Konstruktionen wie *it's good* geschaltet.

Wie man an dieser Stelle erkennen kann, fungieren in den meisten Erwiderungen — dies gilt ebenso für die anderen bisher analysierten Strategien — einige wenige Elemente, z. B. Satzäquivalente, Partikeln, Interjektionen oder Konjunktionen, als kommunikative und illokutionsindizierende Indikatoren, die dazu dienen, die Äußerung im konversationellen Kontext zu verankern, die Sprechhandlung im Sinne des Sprechers zu modifizieren sowie den Interpretationsprozess des Hörers und die gesamte Interaktion zu steuern. Unter syntaktischem Aspekt sind sie dabei bezüglich ihrer Position im Satz ebenso variabel wie die ihnen vor- oder nachgestellten Satzgefüge und -elemente.

Während die Strategie der Einschränkung meist mit dem Sprecher- oder Nullfokus ausgedrückt wird, kann die Strategie der Referenzverschiebung aufgrund der Tatsache, dass sie die positive Bewertung an eine andere, nicht unbedingt anwesende Person weiterleitet, ausschließlich unpersönlich fokussiert sein. Wie das im vorangehenden Kapitel präsentierte Beispiel (11) (*Well, most people manage, you know, to keep their head above water, but, but eehm, there's not a lot of free time really, yeah.*) zeigt, legt der Komplimentempfänger im Hinblick auf das ihm zufallende Kompliment den Fokus in seiner Reaktion auf eine nicht näher spezifizierte Gruppe von Personen, an die er die positive Bewertung weiterleitet, da ihr seiner Meinung nach offensichtlich die Anerkennung eher gebührt als ihm selbst. Der diese Gruppe als Subjekt tragende begründende Deklarativsatz, an den sodann ein durch die kontrastierende Konjunktion *but* eingeleiteter Nebensatz anschließt, wird sowohl von der Unbehagen implizierenden Partikel *well* zu Beginn als auch dem affirmativen Satzäquivalent *yeah* am Ende dieses langen Satzgefüges umrahmt. Durch dieses Reaktionsformat wird einerseits Eigenlob vermieden — dies u. a. mit Hilfe der abschwächenden syntaktischen Mittel des Null-Fokus, durch den die Anerkennung vom Komplimentempfänger an die angegebene unspezifische Gruppe weitergeleitet wird, sowie den Partikeln *well* und *yeah*, die eingeschränkte oder explizite Zustimmung zugleich implizieren. Andererseits wird das Maß an Anerkennung nicht in Frage gestellt, wodurch Übereinstimmung mit dem Komplimentgeber erzielt wird.

Eine sehr variable Satzstrukturen produzierende Erwiderungsstrategie stellt diejenige der Erklärung dar. Während viele der von den australischen Teilnehmern hervorgebrachten Erwiderungen mit den Zustimmungselementen *yeah, yes* oder *m(h)m* als Vorlaufelement beginnen, wobei diese Partikeln redundant eingesetzt, miteinander kombiniert oder auch in Kombination mit der Partikel *well* verwendet werden, gibt es nur wenige Antworten, in denen die Zustimmungspartikel mitten im Satzgefüge positioniert oder gar nicht vorhanden ist. Die übrige Satzstruktur wird in Form von Deklarativsätzen formuliert, die entweder mit Sprecher- oder Nullfokus im Kommentar- oder Erzählmodus Bezug nehmen auf das im Kompliment positiv Bewertete, d. h. dieses wertfrei kommentieren. Insbesondere die an die Zustimmungspartikel anschließenden Kommentare beginnen im australischen Datenmaterial mit *so, and, or, well, that's* oder *it's* und anschließender vollständiger deklarativer Satzstruktur wie in Beispiel (12) ersichtlich: *Yeah, so I took him, yeah, to the camp. Yeah, so that's about all.* Wie bereits erwähnt, dient das affirmative Satzäquivalent als

Vorlaufelement, gefolgt von der Partikel *so* sowie dem zusätzliche Information enthaltenden Deklarativsatz, unterbrochen durch erneutes mehrfaches Hinzufügen der
Partikel *yeah*. In diesem Beispiel behält der Komplimentempfänger den zuvor begonnenen Erzählmodus auch nach Äußerung des Kompliments (*Good job!*) bei, signalisiert Zustimmung oder Kenntnisnahme durch das entsprechende vorangestellte affirmative Satzäquivalent und fährt mit seiner den Kontext wieder aufgreifenden und
spezifizierenden Erklärung fort.

Während die Strategie des Ignorierens (siehe Beispiel (13) des vorangehenden Kapitels) sowohl syntaktisch als auch lexikalisch keiner weiteren Analyse bedarf, da sie
weder eine Satzstruktur besitzt noch lexikalisch relevant ist (wenn überhaupt eine
verbale Reaktion erfolgt, dann durch Ausdruckspartikeln wie *ph*, das Verzögerungselement *ehm* oder das Negationselement *no* als Signal zur Themenfortführung bzw.
-einführung), so dass die vor der Komplimentäußerung begonnene Thematik meist
wieder aufgegriffen und weitergeführt wird, verhält sich dies bei der Strategie des
Scherzens anders.

Im Gegensatz zur humorvoll zustimmenden Bestätigung im Annahmebereich ist
in der Strategie des Scherzens kein affirmatives Satzäquivalent enthalten, sondern die
Reaktionen bestehen einzig und allein aus dem die humorvollen Elemente tragenden
negativen Deklarativsatz wie in Beispiel (14) dargestellt: *That's still beyond me that,
m(h)m. [ ... ] I haven't left yet.* Die erste Äußerung enthält die von der Komplimentempfängerin behandelte Thematik im Erzählmodus, die am Ende durch das Kompliment *But look, that's great! That's really great!* wiederholt positiv bewertet wird,
worauf die Komplimentempfängerin in Form einer Negation im Perfekttempus mit
hinzugefügtem Negationselement *not* und dem Zeitadverb *yet* antwortet. Insbesondere der ausschließlich im Gesamtkontext der Sprechhandlung und in Verbindung
mit intonatorischen Merkmalen zu erfassende Humor wirkt Heiterkeit auslösend.

Insgesamt lässt sich erkennen, dass — wie zu Beginn bereits beschrieben — insbesondere eine bestimmte, überschaubare Anzahl von Gesprächs- (*yeah, yes, well,*
etc.), Ausdrucks- (*m(h)m, oh,* u. a.), Abtönungs- (*though, but,* etc.) oder Negati-
onspartikeln (*not, no,* etc.), Adjektiven und Adverbien die entscheidenden, modifizierenden, die kommunikativ-pragmatischen Funktionen steuernden Indikatoren
darstellen. Es sind also gerade diejenigen Wortklassen, die weder flektierbar noch
satzgliedhaft sind, die im Vergleich zu anderen Wortarten keine selbständige lexikalische Bedeutung aufweisen, aber die Bedeutung ihrer jeweiligen Bezugselemente modifizieren und darüber hinaus betonbar sind. Ein Bezug zur kommunikativ-
pragmatischen Beschreibungsebene wurde in diesem Kapitel insbesondere deswegen stets hergestellt, da insbesondere im Hinblick auf diese Partikeln eine syntaktische und semantische Beschreibung nicht ausreicht, weil bei ihnen die semantisch-
denotative Bedeutung sehr gering, ihre kommunikativ-pragmatische Funktion und
Kontextabhängigkeit aber um so größer ist, wie die Beispiele gezeigt haben. Dies gilt
ebenso für die Partikeln und Interjektionen, die eigentlich keine Syntax enthalten,
lexikalisch meist schwach belegt oder leer sind und semantisch diejenigen Elemente darstellen, die die emotional-expressive Bedeutung tragen: So kann ein *m(h)m* je

nach kommunikativ-pragmatischem Kontext z. B. Behagen, Nachdenken, Verwunderung und Zustimmung ausdrücken (vgl. Gardner 1997, 2001). Die Entscheidung, um welche Bedeutung es sich handelt, d. h., wie eine Äußerung in einem bestimmten Kontext unter bestimmten Umständen interpretiert wird, hängt jedoch in den meisten Fällen nicht alleine von der syntaktischen und/oder lexikalischen Beschaffenheit der Äußerung ab, sondern nicht zuletzt auch von prosodischen Merkmalen und insbesondere der Intonation als Signalisierungssystem, die aufgrund ihres großen bedeutungsregulierenden und -modifizierenden Einflusses in die linguistische Analyse integriert werden sollte, da die Merkmale der verschiedenen linguistischen Beschreibungsebenen komplex ineinandergreifen und sich meist bedingen. Aus diesem Grunde wird sich das folgende Kapitel prosodischen Aspekten mit besonderer Berücksichtigung der Intonation zuwenden.

## 5.1.4 Prosodische Mittel und ihre illokutionsindizierende Funktion

Neben syntaktischen und lexikalischen Elementen spielt auch die Prosodie[13], der im täglichen Sprachgebrauch eine zumeist unterstützende Funktion zukommt, u. a. im Hinblick auf die in den australischen Erwiderungsstrategien gewählten Satzarten (Deklarativ-, Imperativ-, Exklamativ- und Fragesatz), Interjektionen, Partikeln, Adjektive und Adverbien eine wichtige Rolle. Prosodie wird hier in Anlehnung an Selting (1995) verstanden

> „als Oberbegriff für diejenigen suprasegmentalen Aspekte der Rede, die sich aus dem Zusammenspiel der akustischen Parameter Grundfrequenz (Fo), Intensität und Dauer in silbengroßen oder größeren Domänen ergeben. Hierzu gehören auditive Phänomene wie Intonation, d. h. Tonhöhenverlauf gesprochener Sprache in der Zeit, Lautstärke, Länge, Pause, sowie die damit zusammenhängenden komplexeren Phänomene Sprechgeschwindigkeit/Tempo und Rhythmus [ . . . ].“ (Selting 1995, S. 1).

Searle (1969, S. 30) hebt in diesem Zusammenhang insbesondere die Betonung (Wort- oder Satzakzent) und Intonation (Tonhöhenverlauf) als im Rahmen der Sprechakttheorie wichtigen illokutionsindizierenden Indikator hervor, geht jedoch auf diesen Aspekt definitorisch nicht weiter ein. Betonung und Intonation stellen in diesem Kapitel für die verschiedenen im australischen Datenmaterial verwendeten Illokutionen zur Ausführung des Sprechaktes der Komplimenterwiderung ausschlaggebende Faktoren dar, da sie — wie auf der beschriebenen Grundlage zu ermitteln sein wird

---

[13] Hinsichtlich der Begriffserklärung von Prosodie und den diese konstituierenden Merkmalen herrscht in Abhängigkeit von den als relevant betrachteten Phänomenen eine diffuse Begriffsauslegung, der sich diese Arbeit aufgrund der thematischen Ausrichtung nicht zuwenden kann. Bezüglich einer kurzen Darstellung dieser Definitionsproblematik sei deshalb z. B. auf Sonntag 1999 verwiesen. Im Rahmen dieses Kapitels wird diese Definition von Selting, die sich auf Couper-Kuhlen (1986) stützt, als Ausgangspunkt zur allgemeinen Orientierung dienen. Zu Entwicklungen der neueren internationalen Intonationsforschung siehe Schmidt (2001).

— Einfluss auf Wort- und Satzbedeutung nehmen und damit eine affektiv intensitätsregulierende Funktion beinhalten können.

Aufgrund der Tatsache, dass es sich in dieser Arbeit um die Analyse von Komplimentreaktionen handelt, die — ähnlich wie die Sprechaktklasse der Expressiva
— einhergehend mit dem propositionalen Akt zumeist die psychisch-emotionale
Einstellung des Komplimentempfängers zu dem mit der Proposition ausgedrückten
Sachverhalt zum Ausdruck bringen, wird dieses Kapitel neben den vokalen auch die
emotionsrelevanten Anteile der Intonation in den Erwiderungsbeispielen der vorhergehenden Kapitel eingehen. Dabei soll verdeutlicht werden, inwiefern insbesondere
Wort- und Satzbetonung sowie Intonation — bestehend aus Grundfrequenzmaxi-
ma und -minima, Tonhöhenverlauf sowie der Richtung der Intonationskontur am
Satzende (steigend, konstant, fallend) — in ihrer unterstützenden Funktion Einfluss
nehmen auf die kommunikativ-funktionale, konnotative, sprecherintentionale Markierung der einzelnen Reaktionen als Strategien der Annahme, Ablehnung oder des
Kompromisses.

Dabei werde ich aufgrund möglicher Korrelation von prosodischen mit syntaktischen und lexikalischen Elementen insbesondere an den Stellen, an denen es mehrere Interpretationsmöglichkeiten gibt, auf die vorhergehenden Kapitel zurückgreifen.

Im Allgemeinen lässt sich für die einzelnen Erwiderungsstrategien hinsichtlich
der Stimmführung eine Gemeinsamkeit erkennen: Die Betonung ist in ihrer Gesamttendenz überwiegend fallend[14], wobei die hauptsächliche Aussagekraft in den meist
kurzen Erwiderungssätzen auf der Tonbewegung am Ende liegt.

Schaut man sich die einzelnen, zuvor bereits präsentierten Erwiderungsstrategien an,[15] so ergibt sich für die Annahmestrategie des Dankes der in Abbildung 7
dargestellte Tonhöhenverlauf.

Die Betonung liegt auf dem Lexem *thank*, das mit leicht fallender Tonbewegung
realisiert wird, gefolgt von dem mit fallendem Tonhöhenverlauf (Maximum 273 Hz,
Minimum 194 Hz) geäußerten Pronomen *you*. Die vorgeschaltete Interjektion *oh*
wird dabei in konstanter bis leicht steigender tonaler Struktur (Grundfrequenz um
218 Hz herum) realisiert und intensiviert in diesem Beispiel den im darauffolgenden
Dank enthaltenen Ausdruck des emotionalen Zustandes, d. h. der positiven Betroffenheit oder Überraschtheit der Komplimentempfängerin.

Der Hauptakzent liegt in dieser Kurzform auf dem Lexem *thank*, das die Hauptaussage trägt, nämlich die für die Komplimentempfängerin als besonders erwähnenswert erachtete Äußerung der Dankbarkeit. Durch die im Verlaufe der Äußerung des
Pronomens *you* fallende Intonationskontur werden ebenfalls sowohl Anteilnahme
als auch Engagement der Sprecherin vermittelt.

---

[14] Eine Übersicht über das zugrunde liegende, u. a. an Halliday (1967) anknüpfende System zur Klassifizierung der Intonation in drei Haupt- (eben, steigend, fallend) und zwei Nebenklassen (fallend-steigend,
steigend-fallend) bietet Rabanus (2001, S. 73).

[15] Die Tonhöhenverläufe entstammen den jeweiligen Hörbeispielen aus den einzelnen australischen
Interviews, die aufgrund datenschutz- und ethisch-rechtlicher Bedingungen insbesondere von der Ethikkommission der Melbourne University, Australien, nicht veröffentlicht werden dürfen (siehe Projektbe-
stätigung und -registrierung im Anhang).

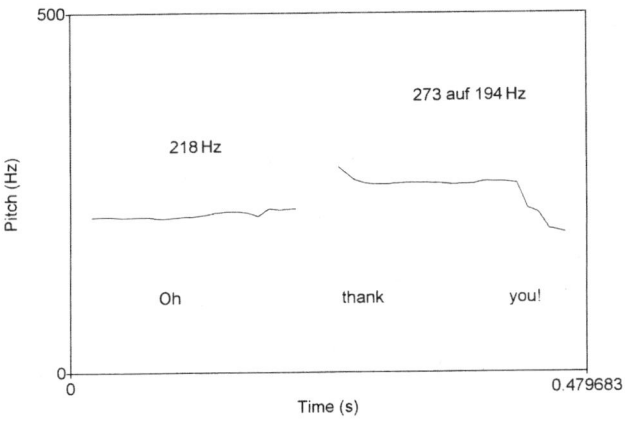

Abbildung 7: Darstellung des Tonhöhenverlaufs der Annahmestrategie des Dankes

Die insgesamt zum Satzende hin tendenziell fallende Tonbewegung signalisiert darüber hinaus in dieser spezifischen Situation die Beendigung der Erwiderungssprechhandlung und leitet einen Sprecherwechsel ein.

Dies verhält sich in der zweiten Annahmestrategie der Bewertung der Komplimentaussage anders, da hier kein Sprecherwechsel eingeleitet wird, sondern die Strategie während der an die Komplimentäußerung angeschlossenen Sprechaktivität des Komplimentgebers zwischengeschaltet wird und somit überlappt.

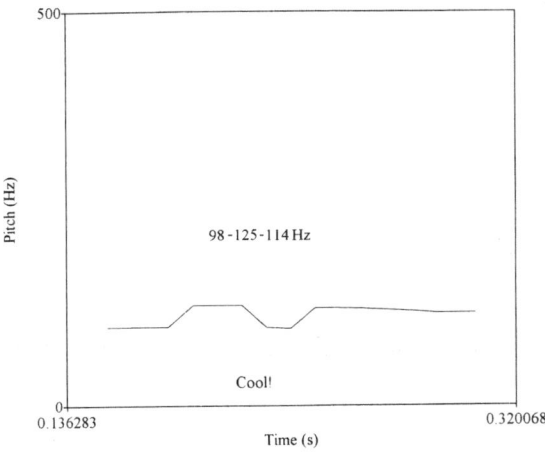

Abbildung 8: Darstellung des Tonhöhenverlaufs der Annahmestrategie der Bewertung der Komplimentaussage

Wie in Abbildung 8 zu erkennen ist, zeichnet sich die Komplimentreaktion, die in Form einer Gegenbewertung mit Hilfe des Adjektivs *cool* geäußert wird, durch einen wellenförmig steigend-fallenden Tonhöhenverlauf aus.

Die Tonhöhe setzt im Vergleich zur sonstigen Stimmlage des Sprechers verhältnismäßig niedrig bei einem Grundfrequenzminimum von 98 Hz ein, steigt dann auf ein Maximum von 125 Hz an, pendelt dazwischen einmal und fällt schließlich am Äußerungsende auf ein Niveau von 114 Hz ab. Akustisch nimmt man dabei lediglich eine wenig ausgeprägte steigend-fallende tonale Struktur auf dem langen Vokal und dem Lateral wahr, die einen neutralen bis unbeteiligten Klangeindruck entstehen lässt, obwohl der Komplimentempfänger sich gleichzeitig beeindruckt und selbstsicher gibt (vgl. Digeser 1978, S. 213). Durch die Verwendung des ausdrucksstarken, bewertenden Adjektivs *cool* entsteht so der Eindruck positiver, aber emotional neutraler Betroffenheit, wodurch die Reaktion ihre positiv bewertende Bedeutung einer Komplimentannahme trotz entsprechend emotionaler Neutralität behält.

Dies gilt ebenso für die dritte Annahmestrategie, diejenige der direkten Zustimmung, die syntaktisch ähnlich kurz wie die Strategie des Dankes ausfällt und sich durch den redundanten Gebrauch der Kurzform *it is* auszeichnet.

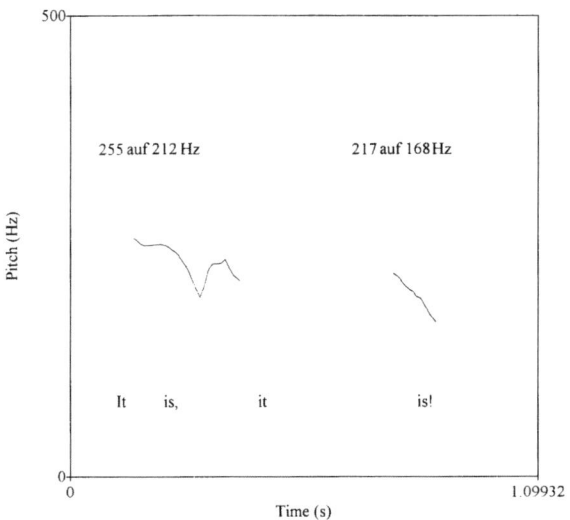

Abbildung 9: Darstellung des Tonhöhenverlaufs der Annahmestrategie der direkten Zustimmung zur Komplimentaussage

Wie Abbildung 9 zeigt, fällt die Intonationskontur auf insgesamt mittlerem Tonhöhenregister in beiden Strukturen von 255 auf 212 Hz bzw. 217 auf 168 Hz ab, wobei die Hauptbetonung in beiden Kurzformen auf dem Verb *is* liegt.

Im ersten Fall setzt sie jedoch höher an, verläuft fallend, wieder steigend und erst dann erneut stark fallend, während sich im zweiten Fall sogleich eine fallende tonale Struktur abzeichnet. Die Stimmführung lässt darauf schließen, dass die erste Äußerung, deren Tonhöhenverlauf höher ansetzt, um dann insgesamt langsamer gleitend abzufallen, mehr Anteilnahme und Engagement der Komplimentempfängerin in ihrer Äußerung impliziert als die darauffolgende Wiederholung, deren Tonhöhenfall etwas niedriger ansetzt und danach weiter abfällt. Zusammen mit der Hauptbetonung trägt das Verb *is* als das bedeutungstragende Element die Konnotation der direkten Zustimmung dieser Illokution bei insgesamt steigend-fallender Intonation mit einem Grundfrequenzmaximum von etwa 255 Herz und einem -minimum von 168 Hz am Satzende.

Im Fall der vierten Annahmestrategie wird die zustimmende Bestätigung der Komplimentaussage nur durch die Partikel *yeah* verbalisiert.

Die folgende Abbildung 10 zeigt, dass die Stimmführung zunächst von 263 auf 285 Hz ansteigt und dann erneut auf 263 Hz sinkt. Anschließend setzt sie auf dem ersten betonten Vokal bei 213 Hz erneut an und hält sich zunächst konstant, bevor sie auf dem zweiten Vokal von 219 Hz auf 213 Hz und schließlich mit nur leichtem Gefälle auf 206 Hz abfällt.

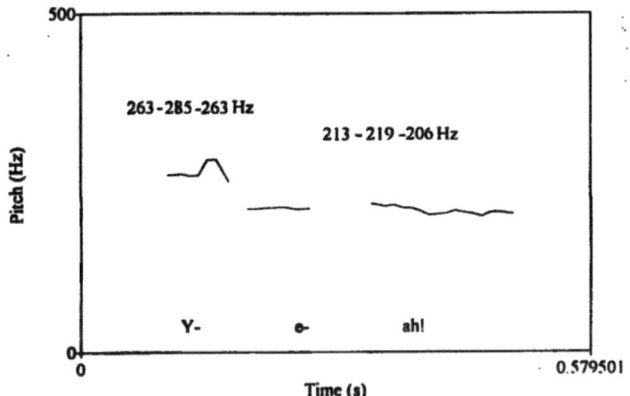

Abbildung 10: Darstellung des Tonhöhenverlaufs der Annahmestrategie der zustimmenden Bestätigung der Komplimentaussage

Insgesamt lässt sich ein tendenziell steigend-fallender Tonhöhenverlauf (Grundfrequenzmaximum bei 263 Hz und -minimum bei 206 Hz) ausmachen, der insgesamt auf mittlerem Tonhöhenregister zunächst steiler und dann konstant auf eine Tonhöhe von 206 Hz am Satzende abgleitet.

Die an dieser Stelle abgebildete tonale Struktur (Abbildung 10) ist für die Betonung dieser Kenntnisnahme und Zustimmung signalisierenden Partikel insbesondere im australischen Englisch — wie Gardner (2001) anhand seines australischen Datenmaterials feststellt — typisch:

„*Yeah* typically does acknowledging or affirming work, that is, one important task it has is to claim adequate receipt of the turn to which it is oriented. An *Mm hm* overwhelmingly has a fall-rising contour with terminal slight rise in pitch, whilst *Yeah* overwhelmingly has an overall falling contour, with terminal fall to low pitch, or less frequently to mid pitch in a speaker's range." (Gardner 2001, S. 129).

Ausschließlich durch die intonatorisch insgesamt steigend-fallende Verwendung dieser einen Partikel mit entsprechend minimalem verbalem, syntaktischem und lexikalischem Aufwand signalisiert die Komplimentempfängerin Kenntnisnahme der zuvor geäußerten Komplimentbewertung, Zustimmung zur oder Bestätigung der Komplimentaussage und drückt zudem die eigene Selbstsicherheit und Emotionalität im Hinblick auf das ihr zugefallene Kompliment aus.

Insbesondere diese Erwiderung unterstreicht die Argumentation derjenigen Wissenschaftler, die Interjektionen und Partikeln nicht als funktional bedeutungslose Entitäten abstempeln, sondern insbesondere innerhalb der mündlichen Kommunikation als gehaltvolle, aussagekräftige Ausdrücke, die informations- und emotionstragend sind und besonders in Verbindung mit Intonation und Akzentuierung eine regulierende Wirkung auf Bedeutung und Ausdrucksintensität der jeweiligen Sprechhandlungen, wie z. B. der Komplimentreaktion, ausüben können.

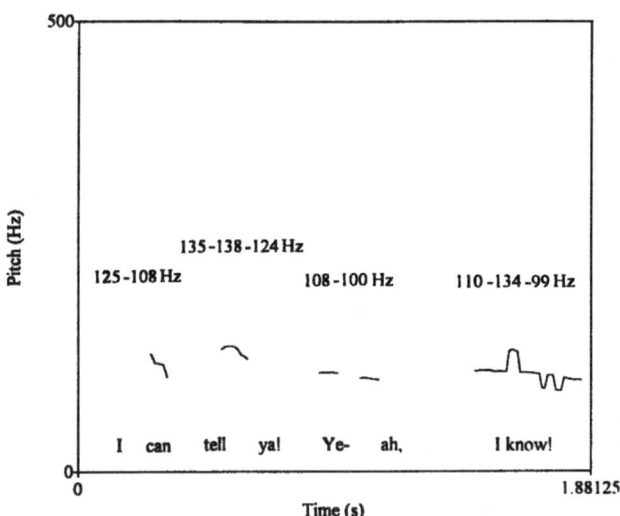

Abbildung 11: Darstellung des Tonhöhenverlaufs der Annahmestrategie der gleichstarken zustimmenden Bewertung der Komplimentaussage

Die fünfte Annahmestrategie der gleichstark zustimmenden Bewertung besteht — wie in Abbildung 11 ersichtlich — aus zwei Reaktionszügen, die jeweils an das wiederholt identisch formulierte vorausgehende Kompliment anknüpfen. Beide Reaktionen werden mit insgesamt steigend-fallender bzw. zum Ende der Äußerung hin tendenziell fallender Tonhöhenbewegung formuliert. Die Stimmführung der ersten Reaktion, *I can tell ya!*, fällt dabei zunächst von 125 auf 108 Hz, setzt dann bei einem Grundfrequenzmaximum von etwa 135 Hz wieder an, steigt leicht auf 138 Hz an und sinkt dann am Ende der Äußerung auf ein Grundfrequenzminimum von 124 Hz ab.

In diesem ersten Teil der Reaktion, der sich durch eine fallend-steigende und steigend-fallende Tonbewegung auszeichnet, wirkt der variierende Verlauf der Intonation funktional unterstützend; dies insbesondere im Hinblick auf die Modifikation bzw. Steigerung der emotionalen Intensität zum entsprechend betonten Ausdruck einer gleichstark zustimmenden Gegenbewertung (vgl. Oksaar 1988, S. 31).

Im zweiten Teil der Erwiderung wird das Satzäquivalent *yeah* mit unmerklich fallender Tonbewegung (von 108 auf 100 Hz) geäußert und gilt damit laut Gardner (2001) aufgrund ihrer fallenden Intonationskontur als Zustimmung oder Bestätigung implizierendes Element. Das Verb *know*, das die Hauptbetonung trägt, wird — von einer kurzen Steigung auf dem Vokal (auf 134 Hz) begleitet — insgesamt mit fallender Stimmführung (von 110 auf ein Grundfrequenzminimum von 99 Hz) geäußert.

Die bei diesem Teil der Reaktion auf niedrigem Niveau verlaufende und insgesamt zum Satzende hin fallende Tonbewegung verleiht der Aussage im Vergleich zum ersten Teil der Reaktion mehr Ruhe und Neutralität, d. h. weniger Emotionalität, ohne ihr jedoch die Bestätigung implizierende Ausdrucksstärke zu nehmen.

Abgesehen von der unterstützenden Funktion, die insbesondere die Intonation in dieser Annahmestrategie durch ihre intensivierende Wirkung auf die bereits syntaktisch und lexikalisch implizierte Zustimmung und Bestätigung einnimmt, signalisiert die fallende Tonbewegung in beiden Fällen auch die Beendigung der Erwiderungssprechhandlung, d. h. der Sprecheraktivität, und die Ankündigung eines Sprecherwechsels.

Die sechste und letzte Annahmestrategie, die humorvoll zustimmende Bestätigung der Komplimentaussage (*Yeah, ((1,01s)) hey, gave me time to stay here a long time.*), zeichnet sich erneut durch den Gebrauch des Satzäquivalents *yeah* aus, das jedoch aufgrund seiner steigenden Tonbewegung auf ein insgesamt mittleres Tonhöhenregister eine weniger eindeutig zustimmende als vielmehr erfreute Kenntnisnahme signalisierende Funktion einnimmt.

Die Tonbewegung dieser Erwiderungsstrategie verläuft wie in Abbildung 12 dargestellt. Die Verbalisierung des Satzäquivalents *yeah* erfolgt mit steigender Stimmführung von 87 auf 130 Hz (Grundfrequenzminimum) auf einer niedrigen bis mittleren sprecherspezifischen Stimmlage, wodurch das Äquivalent damit laut Gardner (2001) entsprechend die Funktion eines Kenntnisnahme signalisierenden *continuers* einnimmt. Die vorgeschaltete positive Bewertung wird entsprechend zwar registriert, impliziert jedoch keine unumwundene Bestätigung. Eine weitere, an das Satzäqui-

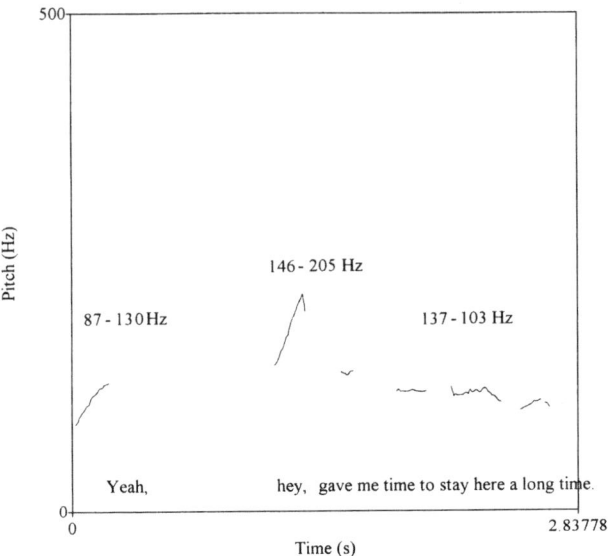

Abbildung 12: Darstellung des Tonhöhenverlaufs der Annahmestrategie der humorvoll zustimmenden Bestätigung der Komplimentaussage

valent anschließende Äußerung deutet darauf hin, dass der Komplimentempfänger
seine Sprechaktivität noch nicht beendet hat.

Die anschließende etwa einsekündige Pause ist wohl in diesem Zusammenhang
als eine Denkpause im Anschluss an das gedehnt artikulierte Satzäquivalent zu werten, bevor dann die Interjektion *hey* mit steigend-fallender Tonbewegung (von 146
auf 205 und 198 Hz) folgt, die der Interjektion funktional die Bedeutung eines zur
Aufmerksamkeit des Gesprächspartners auffordernden Elements verleiht.

Auf diese zur Aufmerksamkeit auffordernde Interjektion folgt dann die Humor
implizierende Äußerung auf niedrigem Tonhöhenregister, die insgesamt eine zum
Satzende hin fallende Tonbewegung aufweist, wobei ein zunächst minimaler fallend-
steigender Verlauf auf dem Verb *gave* sowie ein starker Fall von 137 auf 103 Hz auf
dem gedehnten Adjektiv *long* zu verzeichnen ist, gefolgt von einer steigend-fallenden
Tonbewegung auf dem Substantiv *time* am Ende der Äußerung.

Die intonatorisch den Humor tragenden Elemente stellen bei dieser Äußerung
insbesondere das Adjektiv *long* und das Substantiv *time* dar, die als lexikalisch bedeutungstragende Elemente am Ende der Äußerung gedehnt besonders hervorgehoben
werden. In diesem Kontext kann die Aufforderung implizierende Interjektion *hey* als
Vorlauf- oder Warnelement betrachtet werden, das dem Komplimentgeber signalisiert, dass eine Äußerung folgt, die seine ganze Aufmerksamkeit erfordert, in diesem
Fall die implizit und diskret humorvolle Nuance in der anschließenden Äußerung.

Das in den vorausgehenden Kapiteln bereits angeführte australische Beispiel einer nichtzustimmenden Komplimentreaktion (*Oh no, I'm not!*) setzt sich wiederum aus einer Kurzäußerung zusammen, die zwei Negationselemente enthält. Hinsichtlich der Tonbewegung ergibt sich folgendes, in Abbildung 13 dargestelltes Bild:

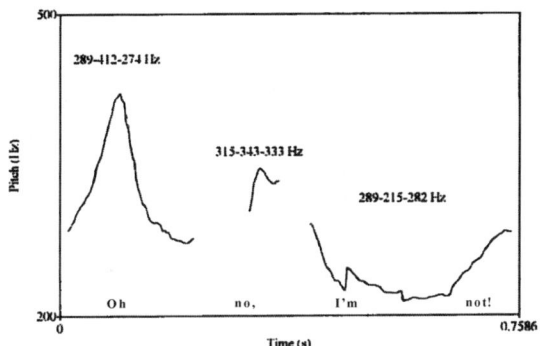

Abbildung 13: Darstellung des Tonhöhenverlaufs der Ablehnungsstrategie der Nichtzustimmung

Die Tonbewegung der abtönend-problematisierenden Interjektion *oh* setzt bei 289 Hz an, steigt dann rasant auf ein Grundfrequenzmaximum von 412 Hz an, um dann schließlich wieder zu fallen und bei einem Frequenzminimum von 274 Hz auszulaufen. Diese rasant ausschlagende und steigend-fallend verlaufende Intonation vermittelt den Eindruck eines hohen Maßes an emotionaler Erregung und Engagement von Seiten der Komplimentempfängerin.

In Verbindung mit dem darauffolgenden Negationselement *no*, das mit steigender und zum Ende hin leicht fallender Tonbewegung auf mittlerem Tonhöhenregister (von 315 auf 343 und dann 333 Hz) produziert wird, unterstreicht die Interjektion durch ihren ausschweifenden Tonhöhenverlauf in Verbindung mit dem Negationselement *no* die für die Komplimentempfängerin in dieser Situation enthaltene Problematik der mangelnden Übereinstimmung mit der ihr zugefallenen Bewertung.

Schaut man sich den Tonhöhenverlauf der darauffolgenden, erneut negierenden Äußerung *I'm not* an, der bei 289 Hz ansetzend zunächst bis auf ein Grundfrequenzminimum von 215 Hz abfällt, um schließlich zum Satzende hin wieder auf circa 282 Hz anzusteigen, dann scheint sich die Annahme starker emotionaler Involviertheit, die sich in einer insgesamt stark variierenden Stimmführung (von einem Grundfrequenzmaximum von 412 Hz hin zu einem Grundfrequenzminimum von 215 Hz) äußert, zu bestätigen. Auch wenn der nonverbale Aspekt des Lachens in dieser Arbeit aus Gründen der Komplexität nicht behandelt werden kann, so scheint er jedoch insbesondere bei dieser Erwiderung erwähnenswert, da das bei der Negation in der Stimme mitschwingende Lächeln der Komplimentempfängerin die Kraft und Härte der emotional energisch geäußerten Nichtzustimmung abzuschwächen scheint.

Innerhalb des Kompromissbereichs der australischen Reaktionen tritt die Strategie der neutralen Rückfrage auf ein Kompliment auf mit anschließender Erklärung. Die in den vorausgehenden Kapiteln herangezogene Reaktion aus dem australischen Datenmaterial beginnt — wie in Abbildung 14 dargestellt — mit der Frage *is it?*, die mit rasant steigender Tonbewegung auf ein höheres Tonhöhenregister produziert wird (von 188 auf 318 Hz). Daran schließt daraufhin nach einem Tonhöhensprung nach unten auf ein mittleres Tonhöhenregister die Interjektion *oh* mit steigend-fallender Stimmführung (von 130 auf 148 und schließlich 126 Hz) an sowie die mit *because* einsetzende Erklärung mit tendenziell zunächst fallend-steigendem und zum Äußerungsende hin fallendem Tonhöhenverlauf von 274 auf 134 Hz auf.

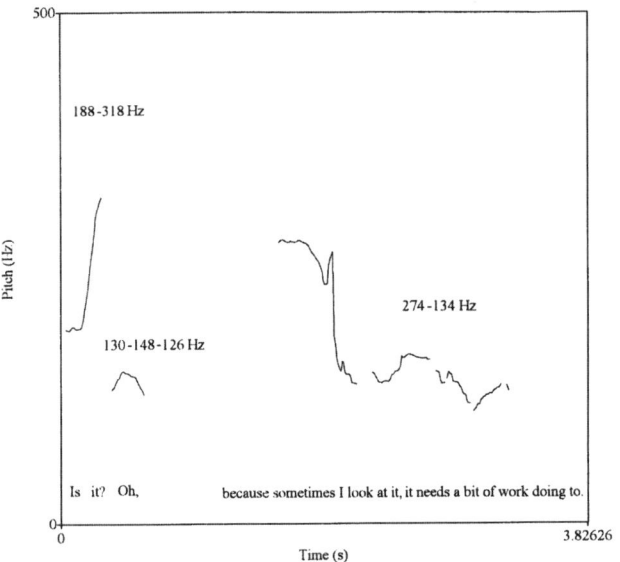

Abbildung 14: Darstellung des Tonhöhenverlaufs der Kompromissstrategie der neutralen Rückfrage

Während die Frage durch die steigende Intonation ihre neutrale Nuance erhält, trägt die mit steigend-fallender Stimmführung geäußerte Interjektion *oh* auch in dieser Erwiderung die Konnotation der emotional positiv einzuschätzenden Betroffenheit der Komplimentempfängerin. Die daran anschließende Erklärung mit tendenziell fallendem Tonhöhenverlauf, jedoch steigend-fallender Stimmführung hält dabei den Ausdruck emotionaler Betroffenheit, wenn auch nicht in derselben Intensität, aufrecht.

Die zweite Kompromissstrategie der Abwertung der Komplimentbewertung setzt — wie Abbildung 15 zeigt — mit dem Satzäquivalent *yeah* ein, gefolgt von der abwertenden Äußerung *I guess I'm not so bad.*

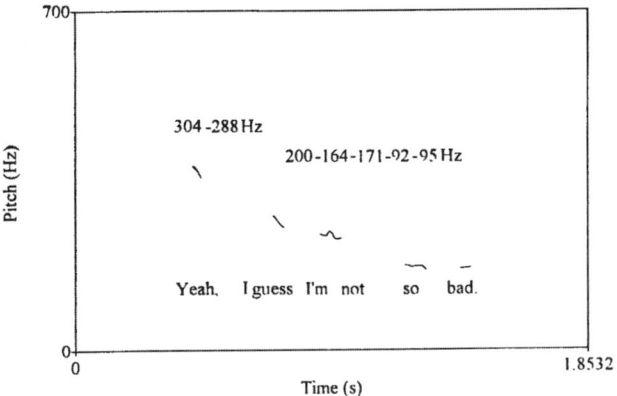

Abbildung 15: Darstellung des Tonhöhenverlaufs der Kompromissstrategie der Abwertung der Komplimentbewertung

Insgesamt lässt sich eine tendenziell fallende Tonbewegung von einem mittleren auf ein niedriges Tonhöhenregister (von einem Grundfrequenzmaximum von 304 auf ein -minimum von 92 Hz) bis zur Äußerung des Negationselementes *not* erkennen. Das Satzäquivalent *yeah*, das zu Beginn der Reaktion mit fallender Stimmführung (von 304 auf 288 Hz) einsetzt, erhält Gardner (2001) zufolge durch eben diese Tonbewegung ihre emotionale, Zustimmung oder Bestätigung implizierende Wirkung. Die daran anschließende bewertende Äußerung setzt auf einem mittleren Tonhöhenregister von 200 Hz an und zeichnet sich durch eine zunächst fallende Stimmführung bis auf 164 Hz aus. Darauf folgt eine leicht steigend-fallende Tonbewegung um 171 Hz herum auf dem Einstellungsverb *guess* und ein weiterer Abfall auf ein niedriges Tonhöhenregister von 100 auf 92 Hz (*I'm*), bevor am Äußerungsende ein leichter Anstieg auf dem Negationselement *not* (bis auf 95 Hz) zu verzeichnen ist. Während das Satzäquivalent mit fallender Intonationskontur also als Bestätigungselement zu werten ist, verleiht die in der darauffolgenden Äußerung insgesamt tendenziell zu verzeichnende fallende Tonbewegung die Konnotation einer Bewertung, wobei die verhältnismäßig neutral und selbstsicher formulierte Abwertung insbesondere durch den Anstieg auf dem Negationselement und dem Adjektiv zum Äußerungsende hin hervorgehoben wird, wohingegen die leicht steigende, akustisch kaum wahrzunehmende Tonbewegung am Reaktionsende als Signal für die Beendigung der Sprecheraktivität (*high-rising tone*) und damit einen Sprecherwechsel gelten kann, somit also freundlich entgegenkommend wirkt.

Die Komplimentreaktion der dritten Kompromissstrategie der Abschwächung der Komplimentbewertung (*Yeah, but I'm not sure what I want to do*) verhält sich ähnlich wie die zuvor Beschriebene. Während auch diese Reaktion mit dem Satzäquivalent *yeah* beginnt, das sich jedoch insgesamt durch eine fallend-steigende Tonbewegung von 204 auf schließlich 184 Hz auszeichnet, ist in der übrigen Äußerung — wie in Abbildung 16 zu erkennen — ein insgesamt tendenziell fallender Tonhöhenverlauf zu verzeichnen (von 242 auf 224 Hz, von 285 auf 199 Hz mit steigend-fallendem Verlauf, dann von 245 auf 225 Hz mit steigend-fallendem Verlauf und schließlich von 287 über 293 bis auf 289 Hz).

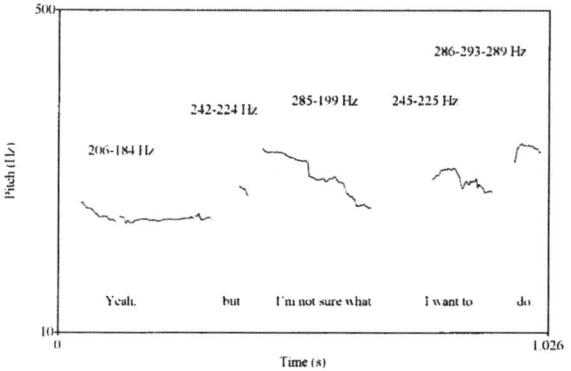

Abbildung 16: Darstellung des Tonhöhenverlaufs der Kompromissstrategie der Abschwächung der Komplimentbewertung

Da die Tonbewegung des Satzäquivalents im Auslaut leicht, wenn auch kaum merkbar, fällt, ist sie auch in dieser Reaktion als emotionsgeladenes Element der positiven Kenntnisnahme zu bewerten. Die darauffolgende Äußerung zeichnet sich insgesamt durch eine tendenziell fallende Stimmführung auf mittlerem Tonhöhenregister mit besonderer Akzentuierung auf dem prädikativ verwendeten Adjektiv *sure* aus und durch die darauffolgenden bedeutungs- und funktionstragenden Satzelemente sowie die Verben *want* und *do*, mit steigend-fallender Tonbewegung, die ein relativ hohes Maß an emotionaler Neutralität beinhalten. Insgesamt deutet die zum Ende der Reaktion hin global steigend-fallende Intonationskontur darauf hin, dass es sich bei der Äußerung um eine durch die Konjunktion *but* kontrastierend-einschränkende Erklärung handelt, die auf das positive Kenntnisnahme implizierende Satzäquivalent *yeah* folgt und dieses abtönt.

Im Falle der vierten Kompromissstrategie, der Referenzverschiebung zu einer anderen Person, lässt sich bei der Reaktion *Erm, well, most people manage to, you know, keep their head above water, but, but, ehm, there's not a lot of free time really, yeah* ebenfalls eine insgesamt global steigend-fallende bis fallende Tonbewegung auf mittlerem

Tonhöhenregister, wobei die Reaktion mit einem gedehnten *erm* als Vorlauf- und Verzögerungselement, d. h. Pausenfüller, geäußert wird (als weiteres Verzögerungselement in dieser Erwiderung ist in diesem Zusammenhang auch die Konstruktion *but, ehm* zu nennen). Da eine bildliche Darstellung des Tonhöhenverlaufs bei diesem Beispiel aufgrund konsistenten Ausfalls der Grundfrequenzbestimmung nicht möglich ist, beschränkt sich die prosodische Analyse entsprechend auf eine rein verbale Interpretation.

Während das Verzögerungselement *erm* und die Partikel *well* mit steigend-fallender Tonbewegung formuliert werden, schließt die Mengenbezeichnung *most* im Superlativ mit fallender Stimmführung an. Der übrige Teil der Äußerung bewegt sich mit abwechselnd steigend-fallender bzw. fallend-steigender Intonationskontur. Besondere Betonung liegt zum einen auf dem eine unspezifische Gruppe ansprechenden Substantiv *people*, dessen Tonbewegung auf mittlerem Tonhöhenregister ansetzt und abfällt, zum anderen auf den Konstruktionen *a lot of* sowie *free time* (erst steigend und dann fallend) und *really* (fallende Intonation). Das entsprechend durch seine steigend-fallende Intonationskontur Bestätigung implizierende Satzäquivalent *yeah* bildet im Vergleich zu anderen vorangegangenen Reaktionen an dieser Stelle das Ende der Erwiderungssprechhandlung mit entsprechend fallender Intonation. Insbesondere das mit fallender Tonbewegung geäußerte, lexikalisch unpersönlich verwendete Substantiv *people*, welches zusammen mit der auf höherem Niveau beginnenden und mit fallender Stimmführung formulierten Mengenbezeichnung *most* das referenztragende Element darstellt, erhält gerade durch die unterstützende Funktion der Intonation in Kombination mit lexikalischen Elementen und Inhalten (z. B. *well*, *their* und *but*) und dem Satzäquivalent *yeah* als Bestätigungselement seine Wirkung als Kompromissstrategie, die sich sowohl durch zustimmende als auch nichtzustimmende Elemente auszeichnet.

Zur Kompromissstrategie der Erklärung zählt die australische Reaktion *Yeah, so I took him back, yeah, to the camp. Yeah, so that's about all.* Sie wird — wie Abbildung 17 zeigt — mit global steigend-fallender Tonbewegung verbalisiert, wobei die Stimmführung am Ende der Äußerung einen fallend-steigenden Verlauf nimmt (am Ende der ersten Äußerung auf *camp* und am Ende der anschließenden Äußerung von 107 Hz auf 93 Hz und dann schließlich 113 Hz), was in diesem Beispiel signalisiert, dass der Komplimentempfänger seine Sprechaktivität noch nicht beendet hat, da er nach dieser Reaktion die Sprecherposition beibehält und das Gespräch im Erzählmodus fortführt.

Die Komplimenterwiderung der Erklärung beginnt mit dem Satzäquivalent *yeah*, das aufgrund seiner tendenziell steigend-fallenden Intonationskontur als Bestätigung implizierendes Satzelement gewertet werden kann. Während dieses Satzäquivalent zu Beginn der Reaktion gedehnt verbalisiert wird und bei 117 Hz ansetzt, dann zunächst auf 146 Hz ansteigt, um letztendlich bis auf 102 Hz zu fallen, erfolgt seine zweifach wiederholte Verbalisierung im Verlaufe der Äußerung ebenfalls mit steigend-fallender Tonbewegung (zwischen 91 und 138 Hz), so dass alle als Satzäquivalente mit (selbst-)bestätigender Funktion bezeichnet werden können.

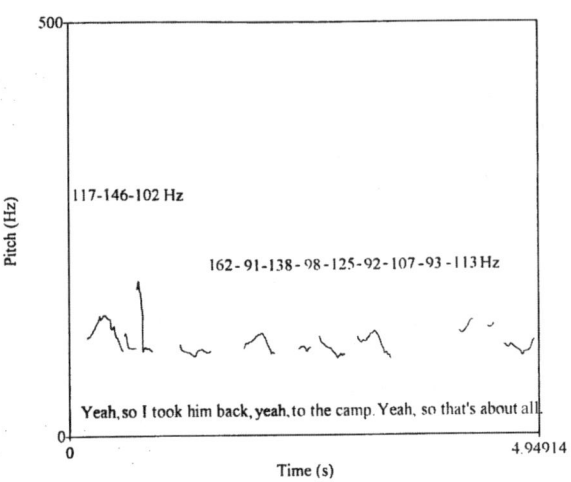

Abbildung 17: Darstellung des Tonhöhenverlaufs der Kompromissstrategie der Erklärung

Die Reaktion bewegt sich mit überwiegend steigend-fallender Stimmführung auf den Satzäquivalenten und fallend-steigender Tonbewegung auf den Elementen *back*, *to the camp*, *so that's about all* ebenfalls zwischen einem Grundfrequenzminimum von 91 Hz und einem Frequenzmaximum von 138 Hz. Dem auditiven Eindruck zufolge verläuft die Intonation im Gegensatz zum zuvor beschriebenen Reaktionsbeispiel entsprechend glatt und eher flach.

Insgesamt zeichnet sich diese Erwiderung durch ein Einsetzen der Stimmführung auf niedrigem Tonhöhenregister mit der ersten Tonsilbe und einer daraufhin flach wellenförmigen Abwärtsbewegung aus, die für die englische Tonbewegung charakteristisch ist und der Reaktion aufgrund ihrer im Erzählmodus vollzogenen Erklärung Neutralität verleiht, die dann mit den Bestätigung implizierenden Satzäquivalenten zusammenfallen und in dieser Kombination die Kompromissstrategie der Erklärung bilden.

Zur Strategie des Ignorierens lässt sich prosodisch wenig Aussagekräftiges bemerken. Die als Beispiel aus dem Datenmaterial herangezogene Reaktion besteht lediglich aus dem gedehnt geäußerten Verzögerungselement *ehm*, das mit zumeist ebener bis leicht fallender Tonbewegung und leicht steigender Stimmführung am Ende des Elements auf niedrigem Tonhöhenregister produziert wird (von 93 auf 89 und schließlich 94 Hz).

In Abbildung 18 ist eine leicht steigende Stimmführung am Ende des Verzögerungselements zu erkennen. Da auf diese Reaktion ein Sprecherwechsel folgt, kann die steigende Endintonation entweder als die vom Komplimentempfänger signalisierte, jedoch nicht realisierte Absicht der weiteren Rederechtbeanspruchung inter-

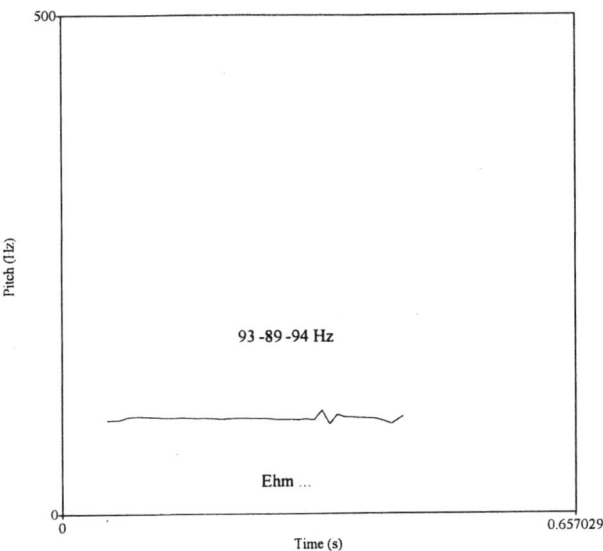

Abbildung 18: Darstellung des Tonhöhenverlaufs der Kompromissstrategie des Ignorierens

pretiert werden oder als höflicher und verbindlicher Animierungsversuch des Gesprächspartners zur erneuten Übernahme der Sprechinitiative.

Die Intonationskontur der letzten Kompromissstrategie des Scherzens (*I haven't left yet!*) ist in Abbildung 19 dargestellt. Es ist zu erkennen, dass Personalpronomen und negiertes Hilfsverb mit steigend-fallender Tonbewegung auf mittlerem Tonhöhenregister hervorgebracht werden. Darüber hinaus zeichnet sich die Stimmführung des Verbs und des Zeitadverbials *yet* durch Tonhöhensprünge nach unten mit anschließend global steigender Stimmführung bis zum Äußerungsende aus.

Während Subjekt und negierte Form des Hilfsverbs des zusammengesetzten Perfekttempus mit steigend-fallender Stimmführung formuliert wird (von 343 auf ein Grundfrequenzmaximum von 379 Hz mit darauffolgendem Fall auf 235 Hz, erneutem Anstieg auf 258 Hz und abschließendem Fall auf 212 Hz), verläuft die Tonbewegung des betonten Vollverbs *left* (von 170 auf 222 Hz) und des ebenfalls betonten Zeitadverbs *yet* (von 173 auf 218 Hz) steigend.

Insbesondere die Kombination aus besonderer Akzentuierung, steigender Tonbewegung und flunkernd-lachendem Tonfall verleiht dieser Reaktion die scherzende Wirkung, die gegen die Komplimentempfängerin selbst gerichtet ist. Gleichzeitig signalisiert die steigende Stimmführung am Ende der Äußerung — wie in der daran anschließenden Sprechhandlung zu erkennen ist — den höflichen und verbindlichen Versuch der Komplimentempfängerin, die Komplimentgeberin zur Übernahme der Sprechinitiative zu animieren.

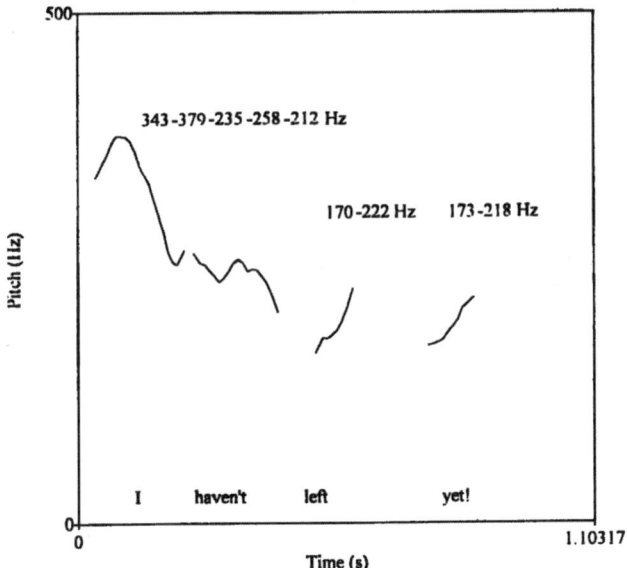

Abbildung 19: Darstellung des Tonhöhenverlaufs der Kompromissstrategie des Scherzens

Insgesamt lässt sich im Hinblick auf den Einfluss insbesondere der für die Klassifizierung der Komplimenterwiderungssprechhandlung bedeutsamen Betonung und Intonation, auf die sich dieses Kapitel hauptsächlich konzentriert hat, Folgendes festhalten: Betonung und Intonation nehmen für die Interpretation der Reaktionen hinsichtlich ihrer kommunikativ-informativen, emotionalen und damit intentionalen Funktionen eine wesentliche unterstützende und signalisierende Funktion ein, die in einem sich wechselseitig bedingenden Verhältnis mit syntaktischen und lexikalischen Aspekten und Elementen stehen kann. Dabei ist nicht auszuschließen, dass noch weitere in diesem Kapitel nicht hinzugezogene prosodische Merkmale als Teile dieses Signalisierungssystems Einfluss nehmen.

## 5.2 Themenbezug

Nachdem im letzten Kapitel die zumeist qualitative Analyse von Formen und Funktionen der Komplimentreaktionen aus dem australischen Datenmaterial im Vordergrund stand, beschäftigt sich dieses Kapitel mit der quantitativen Darstellung der Zusammenhänge zwischen den in den Komplimenten angesprochenen Themen und den verwendeten Komplimenterwiderungsstrategien, um dadurch einmal mehr die Abhängigkeit der Reaktion von dem ihr vorausgehenden Kompliment und dessen thematischem Inhalt zu verdeutlichen.

Die Komplimentthemen, auf die sich die australischen Reaktionen beziehen, lassen sich in vier Gruppen einteilen, die den in der Komplimentforschung (vgl. Knapp et al. 1984) Genannten ähneln: Komplimente zu Merkmalen wie z. B. (Ergebnissen von) Verhaltensweisen, Ideen oder Vorhaben, persönlichen Fähigkeiten oder Leistungen (z. B. persönliches Engagement bei der Verwirklichung von Projekten oder Aufgaben), Besitzgegenständen sowie spezifischen Charaktereigenschaften und Einstellungen.

Betrachtet man die vier Themenbereiche hinsichtlich ihrer in den Reaktionen widergespiegelten Akzeptanz — wie dies bis dato lediglich Knapp et al. (1984) im Rahmen amerikanischer Komplimenterwiderungen getan haben — ergibt sich die in Abbildung 20 dargestellte prozentuale Verteilung:

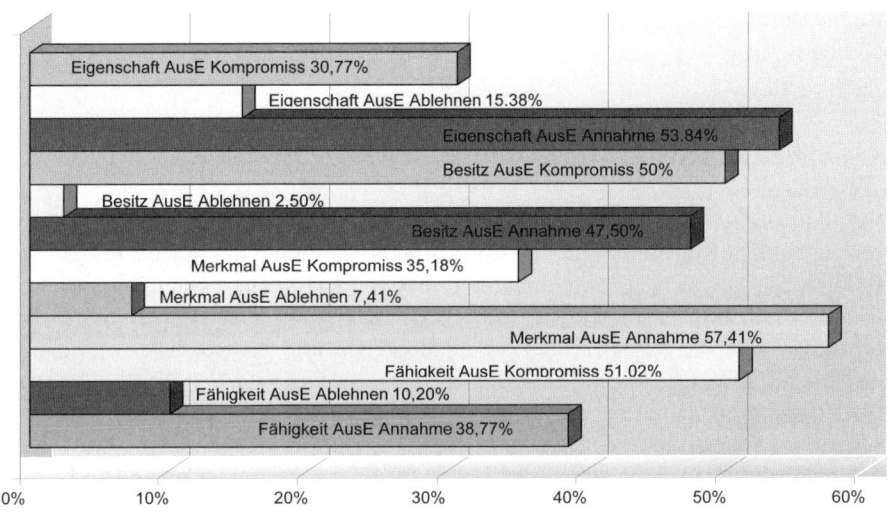

Abbildung 20: Prozentuale Verteilung des in den australischen Erwiderungen gewählten Themenbezugs auf die Bereiche Annahme, Ablehnung bzw. Kompromiss

Während die positive Komplimentbewertung, die ein Merkmal oder eine Eigenschaft des Gesprächspartners anspricht, tendenziell am ehesten angenommen wird — gefolgt von einer der Kompromissstrategien und zuletzt der Ablehnungsstrategie — wird einem Kompliment zu einem Besitzgegenstand oder einer Fähigkeit überwiegend mit einer Kompromissstrategie begegnet und erst dann mit einer Annahmestrategie oder Ablehnung. Es fällt dabei auf, dass bei einem Vergleich der Prozentzahlen der Ablehnungsstrategie einem Kompliment dann am ehesten nicht zugestimmt wird, wenn es eine konkrete Eigenschaft des Komplimentempfängers positiv bewertet, gefolgt von einer Fähigkeit und einem Besitzgegenstand. Demzufolge findet ein Kompliment zu einem äußeren Merkmal oder einer Eigenschaft am ehesten Akzeptanz. Die Korrelation zwischen den vier Themen und den gewählten Strategiebereichen der Annahme, Ablehnung oder des Kompromisses erweist sich bei Überprüfung durch einen Signifikanztest[16] als nicht signifikant, so dass kein Zusammenhang zwischen den Verteilungen auszumachen ist.

Anders als bei Knapp et al. im amerikanischen Englisch scheint insgesamt also für die australischen Teilnehmer entsprechend ein Kompliment zu einer konkreten Verhaltensweise, Idee oder Charaktereigenschaft oder Einstellung akzeptabler zu sein als eines zu Besitzgegenständen oder Leistungen im Sinne von z. B. persönlichem Engagement bei der Umsetzung von Aufgaben, die womöglich als subjektiv oberflächlicher und somit nicht ganz so wertvoll empfunden werden. Aufschlussreich für die Verifizierung dieses Eindrucks könnten in diesem Zusammenhang einflussreiche und sich gegenseitig bedingende Kriterien wie z. B. bestimmte soziokulturelle Faktoren (u. a. der Beziehungsgrad) sein, mit denen sich das folgende Kapitel beschäftigt.

## 5.3   Einfluss soziokultureller Faktoren

Soziokulturelle Faktoren wie Geschlecht, Status, Alter und Beziehungsgrad gehören zu den jede Komplimenterwiderungssprechhandlung potentiell beeinflussenden Größen. Sie weisen insgesamt eine noch stärkere Personenbezogenheit auf als Form und Themen und gehören daher zu den einander stärker bestimmenden Parametern, die oft in Wechselwirkung zueinander stehen und daher schwer voneinander zu isolieren sind. Das folgende Kapitel wird sich aus Gründen der Übersicht und der überschaubaren Größe des Korpus dennoch einzeln mit dem Einfluss der vier in der Literatur als besonders wirksam beschriebenen Faktoren Geschlecht, Status, Beziehungsgrad und Alter auf die australischen Komplimenterwiderungen beschäftigen — stets in dem Bewusstsein, dass auf der einen Seite das Ineinandergreifen mehrerer dieser soziokulturellen Faktoren möglicherweise die Wirkung noch intensivieren können und dass darüber hinaus innerhalb des komplexen Funktionsrahmens auf der anderen Seite neben diesen Faktoren noch weitere Parameter die Wahl und Formulierung einer spezifischen Reaktion einer bestimmten Person in einer konkreten Situation während der Interviewgespräche in Australien beeinflusst haben können. Dabei sei insbesondere auf persönlichkeitsspezifische Aspekte wie Humor, Sympathie, Empathie oder Affekt dem Gesprächspartner gegenüber, Selbstvertrauen und Selbstwertgefühl im Hinblick auf die eigene Person sowie paraverbale Mittel wie z. B. das Lachen oder Pausen hingewiesen, Aspekte, deren Ineinandergreifen und wechselseitige Wirkung — dies betrifft ebenso die vier im Folgenden zu betrachtenden Faktoren — in interdisziplinärer Forschungszusammenarbeit und insbesondere im Rahmen eines größeren Korpus detaillierter zu analysieren wären.

---

[16] Nähere Angaben zu Anwendung und Funktion des im 5. und 6. Kapitel eingesetzten *Chi-Square*-Tests sind in Kapitel 4.3 zu finden. Die zugrundeliegende Formel lautet: $\chi^2 = \Sigma \frac{(beobachtet-erwartet)^2}{erwartet}$.

## 5.3.1 Geschlecht

Im Hinblick auf die verschiedenen Zwänge, denen Komplimentempfänger hinsichtlich ihrer Reaktion ausgesetzt sind (Übereinstimmung mit dem Gegenüber, Annahme des Kompliments und gleichzeitig Selbstlobvermeidung), können geschlechtsspezifische Unterschiede in der Konstellation der Gesprächspartner diese beeinflussen. Holmes (1988) und Herbert (1990), die sich mit diesem Aspekt hinsichtlich neuseeländischer und amerikanischer Komplimenterwiderungen beschäftigt haben, gelangen zu folgenden Ergebnissen: Männer und Frauen reagieren in beiden Studien in ähnlicher Weise auf Komplimente, bestimmte Antworttypen werden jedoch nicht mit gleicher Häufigkeit von beiden verwendet, so dass das Geschlecht des Komplimentgebers für die Reaktionen von großer Bedeutung zu sein scheint.

Dies deutet beiden Autoren zufolge darauf hin, dass Komplimente von Männern eher als von Frauen angenommen werden, dass sie von Männern an Frauen am häufigsten akzeptiert werden und dies in Form einer zustimmenden Reaktion, dass auf Komplimente von Frauen und zwischen Frauen eher mit Kompromissstrategien reagiert wird — insbesondere abschwächende oder abwertende Strategien sowie Nichtzustimmung — und dass Frauen eher dem semantischen Gehalt eines Kompliments mittels dieser Kompromissstrategien zustimmen. Cordella et al. stellen für das australische Komplimentverhalten in Übereinstimmung mit Wolfson's *Bulge* Theorie einen häufigen Gebrauch von Komplimenten zwischen Frauen fest (vgl. Cordella et al. 1995, S. 239 ff.). Da bei der Konstellation der australischen Interviewgespräche die Variable des Geschlechts auf der Komplimentseite konstant blieb — sämtliche Komplimente wurden ausschließlich von der Forscherin als weiblicher Gesprächspartnerin ausgeteilt — beziehen sich folgende Ergebnisse der geschlechtsspezifischen Verteilung der Erwiderungen auf die drei Bereiche und die diesen zugrunde liegenden Strategien ausschließlich auf die Geschlechterkonstellation Kompliment Frau/Reaktion Frau sowie Kompliment Frau/Reaktion Mann.

Insgesamt lässt sich in Tabelle 6 erkennen, dass die Reaktionen beider Geschlechter auf ein Kompliment einer weiblichen Person im Annahme-, Ablehnungs- und Kompromissbereich quantitativ nahezu ausgewogen ausfallen.

Während 50 % der Australierinnen und 48,93 % der Australier ein Kompliment annehmen, lehnen 4,54 % der Teilnehmerinnen sowie 12,77 % der Teilnehmer ein solches ab und 45,45 % der Frauen sowie 38,30 % der Männer verwenden eine Kompromissstrategie. Australierinnen und Australier reagieren in diesem Zusammenhang entsprechend ähnlich auf ein Kompliment, indem sie es bevorzugt annehmen. Während beide Geschlechter folglich weniger häufig eine Kompromissstrategie wählen, lehnen beide ein Kompliment wiederum noch seltener ab. Insbesondere im Ablehnungs- und Kompromissbereich lässt sich dabei erkennen, dass die Australierinnen im Vergleich eher eine Kompromissstrategie (45,45 %) als eine Ablehnungsstrategie (4,54 %) verwenden, während sich die Australier offenbar häufiger trauen, ein Kompliment einer weiblichen Person abzulehnen (12,77 %). Diese Abweichung innerhalb des Ablehnungs- oder Kompromissbereiches deutet darauf hin, dass Aus-

| Strategie | AusE weiblich (88) | % 100 % = 88 | AusE männlich (94) | % 100 % = 94 |
|---|---|---|---|---|
| Annahme | 44 | 50 % | 46 | 48,93 % |
| Ablehnung | 4 | 4,54 % | 12 | 12,77 % |
| Lösungstypen für zwei voneinander abweichende Präferenzen | 40 | 45,45 % | 36 | 38,30 % |

Tabelle 6: Darstellung der Verteilung der weiblichen und männlichen Erwiderungen auf die drei Erwiderungsbereiche der Annahme, Ablehnung und des Kompromisses

tralierinnen im Hinblick auf die Beachtung der jeweiligen wirksamen Zwänge und des Höflichkeitsaspektes bedachter und sensibler vorzugehen scheinen als Australier. Dieser Eindruck wird noch verstärkt, wenn man sich die prozentuale Verteilung der sechs meistverwendeten Erwiderungsstrategien im Vergleich anschaut.

| Strategie | AusE % weiblich 100 % = 88 | Strategie | AusE % männlich 100 % = 94 |
|---|---|---|---|
| 1. Erklärung | 26,14 % | 1. Zustimmende Bestätigung der Komplimentaussage | 19,15 % |
| 2. Zustimmende Bestätigung der Komplimentaussage | 17,04 % | 2. Erklärung | 13,83 % |
| Dank | 17,04 % | 3. Abschwächung der Komplimentbewertung | 12,77 % |
| 3. Direkte Zustimmung zur Komplimentaussage | 14,77 % | Nichtzustimmung | 12,77 % |
| 4. Abschwächung der Komplimentbewertung | 12,50 % | 4. Dank | 11,70 % |
| 5. Nichtzustimmung | 4,54 % | 5. Direkte Zustimmung zur Komplimentaussage | 9,57 % |

Tabelle 7: Vergleichende Darstellung der sechs meistverwendeten Strategien von Australierinnen und Australiern

Wie in Tabelle 7 zu erkennen ist, bevorzugen Australierinnen und Australier dieselben Strategien, nur in präferentiell unterschiedlicher Reihenfolge. Die Australierinnen favorisieren die Kompromissstrategie der Erklärung (26,14 %), gefolgt von den Annahmestrategien der zustimmenden Bestätigung der Komplimentaussage und des Dankes mit jeweils 17,04 % sowie der Strategie der direkten Zustimmung zur Komplimentaussage (14,77 %), der Kompromissstrategie der Abschwächung der Komplimentbewertung (12,50 %) und der weitaus weniger eingesetzten Strategie der Nichtzustimmung mit 4,54 %. Die Australier dagegen bevorzugen in erster Linie die Annahmestrategie der zustimmenden Bestätigung der Komplimentaussage (19,15 %) als Reaktion auf ein Kompliment einer weiblichen Person und dann erst die Kompromissstrategie der Erklärung (13,83 %). Darauf folgt die Strategie der Abschwächung der Komplimentbewertung, die Ablehnungsstrategie der Nichtzustimmung mit jeweils 12,77 % (bei den Australierinnen die viert- bzw. fünfthäufigste Form) sowie die Annahmestrategie des Dankes (11,70 %) als vierthäufigster und die direkte Zustimmung zur Komplimentaussage (9,57 %) als fünfthäufigster Strategie.

Die hier präsentierten australischen Ergebnisse bestätigen entsprechend die Annahme von Holmes und Herbert, dass Frauen auf ein Kompliment besonders gern mit einer abschwächenden oder abwertenden Kompromissstrategie reagieren — in diesem Korpus insbesondere mit einer Erklärung, welche die Australier am zweithäufigsten einsetzen, und nur unwesentlich seltener mit einer Abschwächung sowie einer Nichtzustimmung, die hier — im Gegensatz zu den Australiern (dritthäufigste Strategie) — wesentlich seltener als die zuvor genannten Kompromissstrategien Verwendung findet.

Es sind insbesondere die Strategie der Nichtzustimmung aus dem Bereich des Ablehnens sowie die der Erklärung und der Abschwächung aus dem Kompromissbereich, deren prozentuale Verteilung in beiden Gruppen bei Hinziehen eines Signifikanztests mit $p \leq 0.05$ zwischen der Strategie der Nichtzustimmung, Erklärung und Abschwächung sowie mit $p \leq 0.01$ zwischen der Strategie der Nichtzustimmung und Erklärung signifikant ist.

In Anbetracht dieser Ergebnisse ist somit festzuhalten, dass der soziokulturelle Faktor des Geschlechts ebenso wie auf das neuseeländische und amerikanische Komplimentverhalten auch auf das australische Erwiderungsverhalten Einfluss nimmt. Hinsichtlich der Ergebnisse von Cordella et al. für das australische Komplimentverhalten, dass Komplimente nämlich häufiger zwischen Frauen auftreten, sind die hier erzielten Ergebnisse nur eingeschränkt aussagekräftig, da die Konstellation Mann/Mann nicht untersucht werden konnte.

## 5.3.2 Status und Alter

Status- und Altersunterschiede scheinen nicht sehr markiert und stark von anderen Parametern wie dem Geschlecht oder Beziehungsgrad als Distanz- und Sympathiemarker abhängig zu sein, denn durch eine Faktorenkombination kann es z. B. zu Themenbeschränkungen innerhalb einer Sprechhandlung kommen, da höheres Alter und höherer Status in der Regel mehr Respekt beim Gegenüber bewirken. Soziale Distanz und damit einhergehend sozialer Status wird zumeist als gegeben akzeptiert und daher nicht verhandelt. Bei Komplimenten zwischen Personen gleichen oder ähnlichen Status jedoch, bei denen die Sprechhandlung meist den Charakter einer solidaritätsbekundenden Äußerung annimmt, wird soziale Distanz verhandelt, d. h., der Empfänger beachtet die Maxime der Selbstlobvermeidung.

Herbert (1990), der sich als einer der Wenigen in seinen Studien zum amerikanischen und südafrikanischen Englisch mit dem soziokulturellen Faktor des Status beschäftigt, stellt fest, dass bei einem Statusunterschied eher die Person in der höheren Position das Kompliment äußert, welches dann meist angenommen wird, und dass Komplimente vornehmlich zwischen Gleichaltrigen ähnlichen oder gleichen Status ausgeteilt werden.

Im Gegensatz dazu betont Duttlinger (1999) jedoch, dass Komplimente nicht notwendigerweise bevorzugt zwischen Gleichaltrigen verteilt werden, sondern dass sie auch in als problematisch empfundenen Alterskonstellationen, also bei einem Altersgefälle nach oben oder unten, möglich sind, und dass die vertretenen Antworten sich nicht nennenswert von denen zwischen Gleichaltrigen unterscheiden, was darauf hinweist, dass der Altersfaktor nicht notgedrungen distanzierend und damit beeinflussend wirken muss (vgl. Duttlinger 1999, S. 373 f.). Dieselbe Argumentation kann meiner Meinung nach ebenso auf den Aspekt des Statusunterschieds übertragen werden, und die Ergebnisse aus dem australischen Datenmaterial scheinen diese Argumentation sowohl hinsichtlich des Alters- als auch des Statusfaktors zu bestätigen, denn nahezu alle Erwiderungsstrategien werden in jeder Alters- (Austausch zwischen Personen von 19 bis 60 Jahren; jünger/älter (9 Fälle), älter/jünger (15 Fälle), gleichaltrig (6 Fälle)) und Statuskonstellation (gleicher (9 Fälle), höherer (15 Fälle) und niedrigerer (6 Fälle) Status) verwendet. Lediglich die Annahmestrategien der Bewertung, der gleichstarken zustimmenden Bewertung und der humorvoll zustimmenden Bestätigung der Komplimentaussage sowie die Kompromissstrategien der Abwertung der Komplimentbewertung und des Scherzens werden ausschließlich von Personen gleichen bzw. niedrigeren Status in der Altersspanne zwischen 25 und 36 Jahren geäußert, was auf eine Alters- und Statuspräferenz insbesondere auch im Hinblick auf den Einsatz von Humor in dieser Sprechhandlung hinweist. Da es sich bei all diesen Strategien jedoch um von den australischen Teilnehmern vergleichsweise selten verwendete Formen handelt, wäre eine Prüfung dieser Annahme anhand eines größeren Korpus zu empfehlen. Insgesamt scheinen die Faktoren des Alters — dies wird von Cordella et al. (1995) ebenfalls im Fall der von ihnen untersuchten australischen Komplimente bestätigt — und Status bei den australischen Teilnehmern weder auf die Themen- und Strategiewahl noch hinsichtlich der Distanz- bzw. Sympathiemarkierung einen bedeutsamen Einfluss auszuüben.

### 5.3.3 Beziehungsgrad

Der Faktor des Beziehungsgrades dient Brown/Levinson (1987) zufolge als Distanz-
und Sympathiemarker und sollte in seiner Wirkung u. a. auch in Verbindung mit
anderen Parametern (Geschlecht, Status und Alter) nicht unterschätzt werden. Da
Komplimentantworten abhängige Sprechhandlungen darstellen, müssen sie, um erfolgreich zu sein, der im Kompliment signalisierten Nähe oder Distanz entsprechen
und diese möglicherweise modifizieren.

Die in der Forschungsliteratur geäußerte Feststellung, Komplimente zwischen
Fremden seien im Gegensatz zu Bekannten und Freunden selten (bei partnerschaftlichen oder partnerschaftsähnlichen Beziehungen gehen die Meinungen jedoch aus-
einander), werden in der Studie von Cordella et al. zu Komplimenten im australischen Englisch in Übereinstimmung mit Wolfsons Theorie zumindest im Hinblick
auf die quantitative Verteilung zwischen Bekannten und Freunden bestätigt (Cordella et al. 1995, S. 239 ff.). Darüber hinaus schreiben sie dem Vertrautheitsgrad überhaupt einen besonderen Einfluss auf die Frequenz der Komplimente zu und stellen hinsichtlich ihrer Funktionen fest, dass Komplimente in der australischen Gesellschaft sowohl zur Aufrechterhaltung sozialer Beziehungen als auch zur für den
Sprecher zweckgebundenen und damit profitablen Würdigung des Gegenübers dienen können — dies insbesondere innerhalb der australischen Gesellschaft, in der
aufgrund der hohen Mobilität und Multikulturalität unaufrichtige Komplimente bei
Bekannten und Freunden zur Stärkung der freundschaftlichen Beziehung verwendet
werden, die bei Fremden und intimen Freundschaften deshalb vermieden werden
können, weil dies für die Beziehungsgestaltung keine Konsequenzen impliziert (Cordella et al. 1995, S. 248 f.).

Die Komplimentreaktionen im australischen Korpus werden hinsichtlich des Beziehungsgrades ausschließlich zwischen Fremden (48 Fälle), Freunden (43 Fälle) und
Bekannten (91 Fälle) geäußert. Herberts (1990) Feststellung bezüglich des amerikanischen Englisch, Komplimenterwiderungen der Annahme seien zwischen guten Bekannten selten, dagegen würden vielmehr selbstlobvermeidende Strategien verwendet, die der Solidaritätsbekundung dienen, kann in Bezug auf die australischen Erwiderungen nur zum Teil bestätigt werden. Während sich die australischen Teilnehmer
in der Konstellation zwischen Bekannten zwar tatsächlich selbstlobvermeidender
Strategien des Kompromissbereichs bedienen, nämlich am häufigsten derjenigen der
Erklärung (21,89 %) und am dritthäufigsten derjenigen der Abschwächung (13,19 %),
wählen sie jedoch am zweithäufigsten die Erwiderungsstrategie der zustimmenden
Bestätigung (17,58 %) sowie die der direkten Zustimmung (13,19 %) und des Dankes
(9,89 %), die in den Annahmebereich fallen und keine Selbstlobvermeidungsstrate-
gien enthalten. Insgesamt ergibt sich entsprechend für die Verteilung innerhalb dieses Beziehungsgrades in den drei Bereichen hinsichtlich der Verteilung folgendes im
Annahme- und Kompromissbereich verhältnismäßig ausgewogene Bild mit leichter
Tendenz hin zur Annahme eines Kompliments: Annahmebereich (46,15 %), Kompromissbereich (45,05 %) und Ablehnungsbereich (8,80 %).

Schaut man sich dagegen zum Vergleich die Verteilung der vier am häufigsten verwendeten Erwiderungsstrategien in der Konstellation zwischen Fremden und Freunden an, so fällt auf, dass die Hauptpräferenz in beiden Konstellationen bei einer Strategie der Annahme mit 50 % (Fremde) bzw. 55,81 % (Freunde) liegt, nämlich entweder beim Dank (27,08 %) zwischen Fremden oder bei der zustimmenden Bestätigung (37,21 %) zwischen Freunden. Danach folgt dann in beiden Gruppen jeweils eine Strategie aus dem Kompromissbereich (Fremde: 41,67 %, Bekannte: 45,05 %, Freunde: 34,88 %), nämlich diejenige der Erklärung (Fremde:18,75 % zusammen mit der Annahmestrategie der direkten Zustimmung, Freunde: 16,28 %) sowie der Abschwächung (Fremde: 14,60 %, Freunde: 9,30 % zusammen mit der Annahmestrategie des Dankes). Die Strategie der Nichtzustimmung aus dem Bereich der Ablehnung wird unter Fremden und Freunden am vierthäufigsten (8,33 % bzw. 9,30 %) und zwischen Bekannten am fünfthäufigsten (8,80%) verwendet. Insgesamt lässt sich zwischen Fremden und Freunden eine noch höhere Frequenz in der Verwendung einer Strategie aus dem Annahmebereich feststellen (Fremde: 50 %, Freunde: 55,81 %) als zwischen Bekannten (46,15 %), gefolgt von Strategien aus dem Kompromissbereich (Fremde: 41,67 %, Bekannte: 45,05 %, Freunde: 34,88 %) und schließlich der Ablehnung (Fremde: 8,33 %, Bekannte: 8,80 %, Freunde: 9,30 %). Ausgehend von diesen Ergebnissen ist die Feststellung Herberts hinsichtlich des amerikanischen Englisch für die vorliegenden australischen Daten entsprechend folgendermaßen zu modifizieren: Schaut man sich die Verteilung der Erwiderungen in den drei Bereichen (Annahme, Ablehnung, Kompromiss) an, trifft es durchaus zu, dass auch die australischen Teilnehmer im Gespräch mit Bekannten eher als mit Fremden oder Freunden dazu tendieren, eine selbstlobvermeidende Erwiderungsstrategie des Kompromissbereichs einzusetzen, jedoch überwiegt zumindest quantitativ im Vergleich mit den anderen beiden Bereichen trotzdem die Annahme eines Kompliments in allen drei Beziehungskonstellationen. Zieht man hinsichtlich der Verteilungen zwischen Fremden, Bekannten und Freunden einen Signifikanztest hinzu, so ergeben sich signifikante Unterschiede innerhalb der drei Beziehungskonstellationen (Fremde, Bekannte, Freunde) nur zwischen den Annahmestrategien des Dankes, der direkten Zustimmung und der zustimmenden Bestätigung ($p \leq 0.001$).

# Kapitel 6

# Komplimenterwiderungen im Deutschen

Die Ergebnisdarstellung des deutschen Datenmaterials basiert auf 30 in der Muttersprache geführten Interviewgesprächen mit deutschen Teilnehmern aus den Regionen Nordrhein Westfalen und Bayern. Die 206 geäußerten Komplimenterwiderungen stammen ebenso wie ihre australischen Pendants aus den in Kapitel 5 genannten Gründen ausschließlich aus der Kernphase der Interviewgespräche, die durch zahlreiche Überlappungen sowie spontan aufkommende Themen und deren Abhandlung geprägt sind. Es folgt zunächst auf der Grundlage der in Kapitel 5.1.1 bereits erläuterten notwendigen definitorischen Bestimmungen und Einschränkungen sowie Selektionsmodalitäten[1] und Analysebedingungen, die zwecks anschließenden Ergebnisvergleichs (Kapitel 7) für beide Korpora gleichsam gelten, die Analyse der formalen Struktur(en) und kommunikativen Funktion(en) der deutschen Reaktionen.[2]

## 6.1  Form(en) und Funktion(en)

Die deutschen Komplimenterwiderungen fallen komplexer aus im Vergleich zu den ihnen vorgelagerten Komplimenten. Kapitel 6.1.1. wird dies unter Berücksichtigung der entsprechenden zugrunde liegenden beziehungsspezifischen Normen und Zwänge unter Einbezug der Pomerantz'schen Dreiteilung zeigen.

---

[1]Eine Einzelanalyse aller 206 Erwiderungen würde den Rahmen dieser Arbeit sprengen, deshalb wird für jede der fünfzehn vorgekommenen Strategien ein für die Funktionen der übrigen Reaktionen dieser Strategie besonders repräsentatives Einzelbeispiel in die Analyse einbezogen. An für sinnvoll erachteten Stellen werden weitere Reaktionen alternativ zur Verdeutlichung herangezogen.

[2]Eine Gesamtübersicht über alle vorgekommenen Strategien mit ihren kommunikativn Funktionen befindet sich in Kapitel 3.2.3.

## 6.1.1 Verwendete Strategien, ihre Form und kommunikative Funktion

Die in Kapitel 5.1.1 bereits für die australischen Reaktionen herausgearbeiteten charakteristischen Aspekte treffen in gleicher Weise auf die deutschen Erwiderungsstrategiern zu. Der Vollständigkeit halber werden diese Aspekte an dieser Stelle ausschließlich noch einmal aufgezählt: Länge; Sequenzierung; situative Parameter; Einflussfaktoren; sequentieller Aushandlungscharakter zwecks kommunikativen Balance; Ausdruck des Grades persönlicher, emotionaler Involviertheit mittels besonders ausdrucksstarker, bewertender sprachlicher Mittel; Antwortkombinationen und ihre Komplexität; allgemein beziehungsfestigende und kommunikationsförderliche, spezifische und kombinierbare kommunikative Funktionen zur Pflege der Beziehung und Aufrechterhaltung bzw. Vorantreibung der Kommunikation sowie definitorische Beschränkungen hinsichtlich des Searle'schen Aspekts des Gelingens bzw. Misslingens einer Kompliment(erwiderungs)handlung.

Im Hinblick auf die 206 deutschen Komplimenterwiderungen lässt sich festhalten, dass sich alle dem Bereich der Annahme, Ablehnung oder des Kompromisses zuordnen lassen, so dass sich fünfzehn Strategien ergeben: sechs Strategien im Annahmebereich (Dank, Bewertung der Komplimentaussage, direkte Zustimmung zur Komplimentaussage, zustimmende Bestätigung der Komplimentaussage, gleichstark zustimmende Bewertung der Komplimentaussage und humorvoll zustimmende Bestätigung der Komplimentaussage), eine Strategie im Bereich der Ablehnung (Nichtzustimmung) und acht Strategien im Kompromissbereich (neutrale Rückfrage, Abwertung der Komplimentbewertung, Abschwächung der Komplimentbewertung, Referenzverschiebung zu einer anderen Person, Rückgabe des Kompliments, Erklärung, Ignorieren und Scherzen).[3] Die unter den erwähnten Selektionsmodalitäten gewählten Erwiderungsbeispiele aus der Gesprächsmitte repräsentieren authentische Reaktionen eines zweiten und eventuell vierten Zuges auf ein zuvor geäußertes Kompliment als erstem und eventuell drittem Zug und bilden als Musterbeispiele die Hauptbezugsquelle für die folgende Analyse.

Bei Annahme eines Kompliment oder der darin enthaltenen positiven Partner- bzw. Objektbewertung im Deutschen umfasst der zu diesem Zweck geäußerte reaktive Handlungstyp einen spezifisch positiven Bescheid mit dem Signal der Kenntnisnahme und Akzeptanz durch den Komplimentempfänger zur Fortführung der initiierten höflich-freundlichen Beziehungsgestaltung. Um diese Bereitschaft und Einstellung zu vermitteln, bedienen sich die deutschen Teilnehmer sechs verschiedener Strategien, die sich dadurch auszeichnen, dass sie je nach Verwendung bestimmter sprachlicher Mittel (Adjektive, Adverbien, Partikeln, Interjektionen, Satzäquivalente, Intonation, etc.), Formeln und Wendungen in ihrer Honorierungsintensität modifiziert, d. h. verstärkt oder abgeschwächt, formuliert werden.

---

[3]Die in diesem Kapitel und in der Tabelle vorgenommene Nummerierung der analysierten Beispiele geht auf die fünfzehn im deutschen Korpus verwendeten Reaktionsstrategien zurück und ist uniform.

Die traditionell in der Forschungsliteratur als idealtypisch deklarierte Reaktion auf eine positive Partnerbewertung im Kompliment stellt im Deutschen der Dank dar, die — entgegen der Darstellung von Golato (2002; 2005) — von den deutschen Teilnehmern in meinem Korpus durchaus frequent Verwendung findet, und zwar allgemein am vierthäufigsten und innerhalb des Annahmebereichs sogar am zweithäufigsten.

Sind die Searle'schen Gelingensbedingungen erfüllt, wird die Annahmestrategie des Dankes als explizit verbalem Ausdruck eines Gefühls von Dankbarkeit für etwas zuvor positiv Bewertetes (Searle'scher Sprechhandlungstyp der Expressiva) im Deutschen wie folgt ausgeführt: dem Komplimentempfänger kommt in Form eines Kompliments etwas Positives zu, von dem der Komplimentierte im Rahmen beidseitiger Überzeugung profitiert, und er zeigt sich beim Gegenüber dafür aufrichtig dankbar und würdigt damit das verbale Geschenk.

Ausgehend von dieser Funktion des Dankes fallen die von den deutschen Probanden geäußerten Erwiderungen dieser Strategie zumeist folgendermaßen aus: Es handelt sich um elliptische Formulierungen wie *danke, ja danke, (m)hm,* oder *dankeschön*, die mit oder ohne ergänzende modifizierende lexikalische Mittel (z. B. Verwendung ausdrucksstarker Adverbien, zusätzliche Zustimmung signalisierender Partikeln, Satzäquivalente, Interjektionen, etc.), die dann häufig eine emotional intensivierende Funktion übernehmen, geäußert werden. Prosodische Mittel wie Betonung und Intonation können dabei — wie Kapitel 6.1.4 zeigen wird — entweder zusätzlich oder stattdessen die Funktion zur Emotionsregulierung übernehmen (vgl. Aijmer 1996, S. 35). Die folgende Reaktion stellt eine zum Ausdruck der Illokution des Dankes in einer solchen Komplimentsituation gewählte Formulierung dar. Während ihres Gesprächs über ihre eigenen und Chris' berufliche Zukunftspläne nach Beendigung der Promotion bleibt Dans Blick, nachdem sie zwecks Zeitbeschränkung auf die eigene Uhr geschaut hat, an Chris' Uhr hängen. Bevor Chris mit seiner Bemerkung fortfahren kann, verteilt Dan ihr Kompliment zu seiner schönen Uhr. Unmittelbar im Anschluss an diese positive Bewertung reagiert Chris nach einsekündiger Pause mit einem Dank. Das Thema „Uhr" wird von beiden Parteien anschließend in Form eines Austauschs über Marke und Herkunft der Uhr fortgeführt

Beispiel (1) zeigt die ökonomischste Variante einer Reaktion der Kenntnis- und Annahme eines Kompliments in Form einer Minimalantwort bzw. Höflichkeitsformel (*danke*), die offenbar ausdrucksstark genug ist, um ohne zusätzliche Zustimmung implizierende Interjektionen oder Satzäquivalente wie z. B. *(m)hm* und *ja* auszukommen. Wie bereits erwähnt, treten im Korpus jedoch auch Äußerungen auf, in denen ergänzend zur Höflichkeitsformel *danke* Zustimmung implizierende Interjektionen oder Satzäquivalente als Vor- oder Nachlaufelemente in der Funktion von Verstärkungselementen hinzugefügt werden. Wie bei allen anderen Strategien des Annahmebereichs bedient sich der Komplimentempfänger beim Dank als Reaktion auf ein Kompliment zwar keiner selbstlobvermeidenden Strategien, schafft jedoch mit seiner honorierenden Reaktion soziale Nähe, unterstützt damit das vom Gegen-

Nr. (1)

| | 1 [2.5] | |
|---|---|---|
| | lauter, langsamer, ernst-anerkennender | Tonfall |
| **Dan17[v]** | Ich guck gerad auf äh, auf | deine Uhr. Hast ne schöne Uhr an! [...] |
| **Dan17[k]** | *Raum schallt* | |
| | lauter, langsamer, ernst-erklärender Tonfall | |
| **Chris17[v]** | Als... | |
| **Chris17[k]** | *Raum schallt* | |

| | 2 [5.4] | |
|---|---|---|
| **Dan17[v]** | | |
| **Dan17[k]** | | |
| | leiser, langsamer, gedehnt, ernst-erfreuter Tonfall | |
| **Chris17[v]** | ((1,01s)) Danke. [...] | |
| **Chris17[k]** | *Raum schallt* | |

über angestrebte kommunikativ-sozial-interpersonale Ziel und schließt die Handlungssequenz adäquat ab.

Eine weitere Strategie, die im Deutschen jedoch verhältnismäßig selten gewählt wird, stellt diejenige der Bewertung der Komplimentaussage als spezifisch positiver Bescheid mit entsprechendem Illokutionsbezug dar. Es handelt sich dabei ebenfalls um eine explizit positive Honorierungsstrategie in deklarativem Satzformat, die in elliptisch kurzer Form z. B. wie in Beispiel (2) unter Verwendung des emotional bewertenden Adjektivs *gut* geäußert wird. Während Dan und Bernd sich über zwischenmenschliche Beziehungen, speziell Partnerschaften, und das darin enthaltene Konfliktpotential unterhalten, teilt Dan Bernd in dem Moment, als dieser seine Lesebrille gegen die neu erworbene Alltagsbrille austauscht, ein Kompliment zu dieser aus. Bernd begleitet Dans Kompliment zunächst mit einem Lachen und antwortet nach Komplimentbeendigung in Form einer positiven Gegenbewertung.

Nr. (2)

| | 4 [7.9] |
|---|---|
| | lauter, langsamer, ernst-energisch bestätigender Tonfall |
| **Dan24[v]** | Die find ich schick, die passt zu dir! ((2,10s)) Die passt gut zu dir! [...] |
| **Dan24[k]** | |
| | verlegen lächelnd, ernst-abtönender, neutraler, leiser Tonfall |
| **Bernd24[v]** | Aha, ha, ha, ha, ha, ha, ha, ha. Gut. [...] |
| **Bernd24[k]** | *Lacht* |

Dem der positiven Bewertung der Komplimentaussage vorauslaufenden Lachen ist im situativen Kontext dieses Beispiels zu entnehmen, dass der Komplimentempfänger sich unbehaglich fühlt, durch das Lachen seine Verlegenheit offenbart und vermutlich deshalb zwar positiv honorierend mit einer Annahmestrategie reagiert, aber zu diesem Zwecke ein wenig ausdrucksstarkes, neutrales Adjektiv wie *gut* wählt, um seine emotionale Gefühlslage bezüglich der angenehmen und deshalb akzeptierten positiven Bewertung in einer gleichzeitig als unangenehm empfundenen Situation dem Gegenüber implizit mitzuteilen. Neben dem Lachen, das sowohl verlegenheitssignalisierend als auch sympathie- bzw. solidaritätsbekundend wirken kann, werden allgemein im deutschen Korpus auch Pausen eingesetzt als paraverbale Ausdrucksmittel zur impliziten Vermittlung von Verlegenheit oder Unbehagen in einer vom Gegenüber maßgeblich gestalteten Situation. Ob paraverbale Mittel wie das Lachen ausschließlich diese eine oder auch eventuell andere Funktionen in Gesprächssituationen bei bestimmten Sprechhandlungen innehaben, müsste im Rahmen anderer Forschungsprojekte genauer untersucht werden. Die Tatsache, dass die an diese Sequenz anschließende Unterhaltung mit zunächst demselben Thema und auf beiden Seiten unbefangenem Verhalten fortgeführt wird, signalisiert, dass Bernds Verlegenheit sich ausschließlich auf das zuvor geäußerte Kompliment konzentriert und mit Äußerung der positiven Reaktion verfliegt. Neben dieser emotional verhältnismäßig neutralen, positiv honorierenden Reaktionsvariante treten darüber hinaus auch emotional ausdrucksstärkere Formen auf, die mit Hilfe einer gedehnten Interjektion im Exklamativsatzformat geäußert werden (*Ooooh!*, *Haa!*) und mit entsprechendem intonatorischem Muster freudige, angenehme Überraschung implizieren.

Insgesamt ist diese Erwiderungsstrategie als eine im Vergleich zum Dank schwächere Form der Annahme eines Kompliments zu beschreiben, die aber gleichsam zum Abbau sozialer Distanz, d. h. zur Erhaltung sozialer Nähe, beiträgt und kommunikationsförderlich sowie höflichkeitsmaximierend wirkt.

Dies gilt in gleichem Maße für die dritte im deutschen Datenmaterial verwendete Erwiderungsstrategie der direkten Zustimmung zur Komplimentaussage mit Illokutionsbezug, die allgemein am fünfthäufigsten und innerhalb des Annahmebereichs am dritthäufigsten gewählt wurde. Im Rahmen ihres Gesprächs über Anns Referendariatszeit, die sie widerwillig entgegen jeden Interesses am schulischen Unterricht und trotz aufkommender Auswanderungspläne nach Singapur bewältigt hat und im Nachhinein bereut, teilt Dan ihr zu dieser für Ann rückblickend ineffizienten Überwindungsleistung ein Kompliment aus, auf das Ann direkt im Anschluss unumwunden zustimmend reagiert.

Wie Beispiel (3) zeigt, handelt es sich bei diesem Reaktionsmuster um eine gleichstark zustimmende Erwiderung, die mit dem Bestätigung implizierenden Satzäquivalent *doch* als Vorlaufelement beginnt und dann die elliptische Kurzform *find ich auch* im Deklarativsatzformat anschließt. Das Satzäquivalent *doch* wird bei diesem spezifisch positiven Bescheid offenbar anstelle von *ja* mit kommunikativ affirmativer Sprecherintention verwendet, dies insbesondere im Zusammenhang mit der darauffolgenden Übereinstimmung signalisierenden und bewertenden Kurzäußerung *find ich auch*, welche die höflichkeitsmaximierende Wirkung ohne Einsatz von selbstlobvermeidenden Strategien trägt. Das anschließende Lachen ist in diesem Zusammenhang weniger als Verlegenheitslachen, sondern vielmehr als Kompensationsmittel zur Abtönung der in der Äußerung enthaltenen energischen emotionalen Zustim-

| Nr. (3) | 0 [1417.9] | |
|---|---|---|
| | lauter, schneller, ernst-erklärender Tonfall, geht über in heiter-lächelnden Tonfall | |
| Dan5[v] | · · · Aber ich find das ja bewundernswert, dass du dich trotzdem durch die zwei Jahre | |
| Dan5[k] | Nebengeräusche: Straßen- und Autolärm | |
| Ann5[v] | | |
| Ann5[k] | Nebengeräusche: Straßen- und Autolärm | |
| .. | 1 [1423.6] | |

| | | |
|---|---|---|
| Dan5[v] | Referendariat gequält hast! | [...] |
| Dan5[k] | | lacht,Nebengeräusche: Straßen- und Autolärm |
| | | lauter, langsamer, heiter-selbstbewusst zustimmender Tonfall |
| Ann5[v] | | Doch, find ich auch. Aha, ha, ha, ha. [...] |
| Ann5[k] | | lacht, Nebengeräusche: Straßen- und Autolärm |

mungsintensität zu werten. Es wird von Dan solidarisch begleitet und ebbt sofort mit Weiterführung des Gesprächsthemas ab.

Daneben treten im deutschen Material auch Reaktionsvarianten auf, die mit zustimmender Intention die Komplimentillokution einfach nur redundant verwenden und dem Komplimentgeber damit ihre Zustimmung indizieren (z. B. *das ist n super Feedback*), wobei im Falle des Einsatzes ausdrucksstarker, bewertender Adjektive gleichwertige Ersatzadjektive gewählt werden (z. B. statt *wunderbar* im Kompliment *optimal* in der Erwiderung) oder das Zustimmung implizierende Satzäquivalent voran- oder nachgestellt wird mit anschließender oder vorauslaufender zustimmender Äußerung im Kurzformat (u. a. *ja eben* oder *find ich auch*). All diesen Formen liegt die kommunikative Funktion der direkten Zustimmung zugrunde, durch die der Komplimentempfänger die positive Bewertung des Kompliments bestätigt und so kommunikationsförderlich und solidaritätsbekundend agiert.

Dies gilt ebenso für die mit Abstand am häufigsten gewählte Erwiderungsstrategie der zustimmenden Bestätigung der Komplimentillokution, die — wie Mulo Farenkia (2004, S. 97) feststellt — hauptsächlich auf ein Kompliment im Deklarativsatzformat folgt und durch die Beipflichtung und der damit implizit einhergehenden Bestätigung gemeinsamer Geschmacksvorstellungen und Bewertungsmaßstäbe eine Art Gemeinsamkeitsgefühl entstehen lässt. Im folgenden Beispiel (4) unterhalten sich Dan und Christo über alte, nicht mehr funktionstüchtige Geräte und deren Verwendung. Dan verteilt in diesem Zusammenhang ein Kompliment an Christo zu seiner Fähigkeit, kaputte technische Geräte auseinanderzunehmen und zu einem funktionierenden Gerät wieder zusammenzubauen. Dieser wiederum greift unmittelbar anschließend den Komplimentinhalt zunächst einmal auf, modifiziert ihn durch Hinzufügen des Adjektivs *modern* zu *ein modernes Recycling* und schließt die Reaktionssequenz mit dem zustimmenden Satzäquivalent *ja* und der Erheiterung ausdrückenden Interjektion *ha* ab. Dan führt daraufhin das Thema fort, indem sie Christo zu potentiellen Vermarktungsmöglichkeiten befragt.

| Nr. (4) | 1 [4.3] | |
|---|---|---|
| | | lauter, langsamer, ernst-anerkennender Tonfall |
| **Dan18[v]** | | Also eigentlich ist das ja toll, weil Sie w/w/ Sie machen ja so ne Art Recycling, ne. |
| **Dan18[k]** | | |
| **Christo18[v]** | | |
| **Christo18[k]** | | |
| | 2 [8.8] | |
| | | lächelnd, dann heiter-betsätigender Tonfall |
| **Dan18[v]** | | ((1,71s)) Genau! Ha, ha. [...] |
| **Dan18[k]** | | *Lacht* |
| | | lauter, langsamer, heiter-bestätigender Tonfall |
| **Christo18[v]** | | Ein modernes Recycling, ja, ha. |
| **Christo18[k]** | | |

Insbesondere das Satzäquivalent trägt in diesem Beispiel die bestätigende und damit die Position des Komplimentgebers stärkende Konnotation hinsichtlich einer Maximierung des Höflichkeitseffekts. Andere Varianten dieser Erwiderungsstrategie können statt einer einfachen Bestätigung durch das Satzäquivalent *ja* zusätzlich zu diesem eine weitere bestätigende und damit intensitätssteigernde Formulierung, d. h. Elemente wie *(ja) klar, genau, natürlich* oder *doch* enthalten, die entsprechend die Hauptkonnotation der Bestätigung übernehmen und dem Satzäquivalent damit eine emotional intensitätsregulierende Aufgabe zuweisen. Dass dieses Element hauptsächlich für die Modifizierung der emotionalen, konnotativ-intentionalen und kommunikativ-pragmatischen Intensität zuständig ist, wird besonders dadurch deutlich, dass es in einigen Reaktionen gedehnt oder redundant verwendet wird zur Verstärkung der Bestätigung, Höflichkeit und Solidarität mit dem Komplimentgeber.

Zu einer der umfangreicheren, vergleichsweise selten verwendeten Erwiderungsstrategien gehört diejenige der gleichstark zustimmenden Bestätigung der Komplimentaussage. Diese erstreckt sich über vier Sprechaktzüge und stellt ein gutes Beispiel für die beidseitige Bereitschaft dar, Übereinstimmung auszuhandeln, Aufrichtigkeit zu bekunden sowie das interpretative Verständnis der im Kompliment enthaltenen Sprecherintention zu sichern durch das Mittel der Rückbestätigung.

Während ihres Gesprächs über Rias beruflichen Werdegang insbesondere nach ihrer Auswanderung nach Australien, berichtet Ria über ihre kürzlich erfolgreich beendete Promotion und Abschlussfeier *in absenti*. Zu dieser Leistung, nach vielen Jahren der Berufstätigkeit als Erzieherin in einem Kindergarten den Sprung zur Universitätslaufbahn geschafft und dabei auch noch promoviert zu haben, teilt Dan ihr ein Kompliment aus.

Wie Beispiel (5) zeigt, nimmt Ria das Kompliment zunächst mit dem Satzäquivalent *ja* bestätigend an, kommt damit sowohl den positiven Höflichkeitsbedürfnissen als auch den Grice'schen bzw. Leech'schen Maximen nach, schließt jedoch danach sofort die in allen anderen Beispielen ebenfalls eingesetzte Fragepartikel *ne?* an, mit der sie sowohl die vom Komplimentgeber vorgebrachte positive Bewertung als auch ihre eigene zuvor geäußerte bestätigende Zustimmung in Frage stellt, damit ein erneutes Kompliment provoziert, das sodann von Seiten Dans in nahezu identischer Struktur ebenfalls gemäß den positiven Höflichkeitsbedürfnissen sowie Konversations- und Höflichkeitsmaximen erfolgt und dem Ria wiederholt mit einer bestätigenden Zustimmung in Form eines affirmativen Satzäquivalents (*ja*) mit darauffolgender beipflichtender Kurzform (*denk ich auch*) begegnet.

| Nr. (5) | 5 [736.4] | 6 [738.6] | 7 [739.6] |
|---|---|---|---|
| | | Lauter, langsamer, ernst-anerkennender Tonfall | |
| **Dan2[v]** | | ((1,52s)) Super! | Super, super gemacht. |
| **Dan2[k]** | | | |
| | | lauter, langsamer, ernst-bestätigender Tonfall | |
| **Ria2[v]** | | Ja, ne? | |
| **Ria2[k]** | | | |

| | 8 [741.0] | 9 [742.1] |
|---|---|---|
| | | lauter, langsamer, ernst-erklärender Tonfall |
| **Dan2[v]** | | Jetzt bist du stolze Doktor Phil. |
| **Dan2[k]** | | |
| | leiser, langsamer, ernst-bestätigender Tonfall | leiser, langsamer, ernst-bestätigender Tonfall |
| **Ria2[v]** | Ja, denk ich | auch. […] |
| **Ria2[k]** | | |

Durch die Komplimentwiederholung einerseits und zustimmende Bestätigung andererseits sorgen Komplimentgeber und -empfänger gleichsam dafür, dass sich der jeweilige Gesprächspartner bestätigt fühlt, der Komplimentierende hinsichtlich des verbalen Geschenks, der Komplimentierte bezüglich der Aufrichtigkeit der an ihn gerichteten positiven Bewertung als spezifisch positivem Bescheid. Somit tragen beide Seiten durch partnerorientierte Gleichgewichtswiederherstellung zur Beziehungsfestigung und Gesprächsfortsetzung bei. Dies wird auch durch die Tatsache bestätigt, dass dasselbe Gesprächsthema ohne Unterbrechung und im gegenseitigen Wechsel fortgeführt wird.

Eine letzte, ebenfalls selten gewählte und dennoch erwähnenswerte Form der Zustimmung des Annahmebereichs im deutschen Material stellt diejenige der humorvoll zustimmenden Bestätigung der Komplimentaussage in Beispiel (6) dar, die Humor, der häufig erst durch die Intonation (damit wird sich eines der folgenden Kapitel näher beschäftigen) für den Gesprächspartner erfassbar wird, als Mittel der Solidaritätsbekundung einsetzt. Während ihres Gesprächs über Pias Teilnahme an dem von ihr mitgegründeten universitären Linguisten-Lauftreff erzählt Pia Dan von der letzten Marathonteilnahme des Lauftreffs, die vom Gewinn eines Kastens Bier gekrönt war. Pia hatte dabei in der Staffel mitgekämpft, obwohl sie gar kein Bier mag.

| Nr. (6) | 4 [1350.2] | | 5 [1351.4] | | 6 [1352.2] |
|---|---|---|---|---|---|
| Dan25[v] | | | lauter, langsamer, ernst-fragender Tonfall | | |
| | | | Du trinkst kein Bier? | | |
| Dan25[k] | | | | | |
| Pia25[v] | leiser, langsamer, ernst-erklärender Tonfall, flüsternd | | lauter, langsamer, witzelnd-erklärender Tonfall | | |
| | Ich trink kein Bier. | | • • • Ich hab das aus Solidarität gemacht. | | |
| Pia25[k] | | | | | |

| | 7 [1353.3] | 8 [1355.7] |
|---|---|---|
| Dan25[v] | lauter, langsamer, ernst-anerkennender Tonfall | |
| | Boah, das ist ja vorbildlich! | |
| Dan25[k] | | Lacht |
| Pia25[v] | leiser, langsamer, witzelnd-erklärender Tonfall | |
| | ((0,61s)) So bin ich, weißt du, (m)hm˙ | ((0,98s)) […] |
| Pia25[k] | | Lacht |

Dan bewundert, dass Pia — ohne selbst Bier zu trinken — an einem Marathon teilnimmt, bei dem es einen Kasten Bier zu gewinnen gibt, und beschreibt ihr Verhalten daher als vorbildlich, worauf Pia nach einer kurzen Pause von 0,61 Sekunden in witzelnd-erklärendem Tonfall im Deklarativsatzformat mit der Bemerkung *So bin ich, weißt du, (m)hm* antwortet, gefolgt von beidseitigem Lachen, das in dieser Situation als verständnissicherndes paraverbales Mittel eingesetzt wird. Die Kombination aus Intonation, flunkernd-scherzhaftem Tonfall und nachhaltigem beidseitigem Lachen verleiht der Reaktion zusammen mit den verwendeten sprachlichen Mitteln, also der verbalen Äußerung, eine humorvolle und gleichzeitig Solidarität bzw. soziale Nähe stiftende Note, da die Ernsthaftigkeit der Reaktion und damit des von der Komplimentempfängerin verbalisierten Selbstlobs insbesondere von dieser selbst sofort wieder in Frage gestellt wird, dadurch Heiterkeit auch auf Seiten der Komplimentgeberin auslöst, der Erwiderung die Schärfe und der Komplimentsituation die potentielle Imagebedrohung im Sinne Brown/Levinsons (1987) nimmt und somit die Gesprächsatmosphäre auflockert und die Komplimentgeberin damit zu weiteren positiven kommunikativen Sprechhandlungen animiert (vgl. Lorenzo-Dus 2001, S. 116). Obwohl Humor je nach Kontext und Intention funktional unterschiedlich einsetzbar (von positiv-freundlich bis negativ-agressiv oder degradierend) und dadurch schwer definier- und abgrenzbar ist, wird er in Zusammenhang mit Komplimenten und ihren Reaktionen als Höflichkeit implizierende Sprechhandlungen von Brown/Levinson eindeutig als strategisch positiv-höfliche Strategie angesehen, mit der Ria eindeutig Dans positives *face* schützt und dadurch soziale Nähe schafft (vgl. Zajdman 1995, S. 237).

Insgesamt deutet die Tatsache, dass die deutschen Teilnehmer am häufigsten mit einer der sechs, keine selbstlobvermeidenden Strategien integrierenden Erwiderungsvarianten des Annahmebereichs auf ein Kompliment reagieren, darauf hin, dass sie offenbar andere Mittel finden, um die Intensität der Bestätigung, Zustimmung und Übereinstimmung entsprechend so zu regulieren und modifizieren, dass sie auf beide Gesprächspartner im jeweiligen Kontext akzeptabel und einvernehmlich wirkt. Zu diesen Mitteln zählen bei Betrachtung der Reaktionen u. a. paraverbale Elemente wie das Lachen, Humor, Pausen sowie die redundante Verwendung von Satzäquivalenten (insbesondere *ja*), Interjektionen, Partikeln oder ganzen Formulierungen. Diese Mittel scheinen in den deutschen Komplimenterwiderungen wirkungsvolle und beidseitig akzeptierte Kompensationsstrategien darzustellen, die solidatitätsbekundend, beziehungsfestigend und kommunikationsfördernd wirken.

Anders verhält es sich im Bereich der Ablehnung, der von den deutschen Teilnehmern wenig kreativ gestaltet wird, da er sich lediglich aus einer Strategie, der Nichtzustimmung, zusammensetzt und bei weitem am seltensten gewählt wird. Es handelt sich dabei um eine klare Zurückweisung der Illokution — wie das folgende Beispiel (7) zeigt — in Form einer negativen Qualifizierung des Sprechhandlungstyps (vgl. Adamzik 1984, S. 278).

Die Nichtzustimmung an sich stellt als spezifisch negativer Bescheid zunächst einmal eine unkooperative kommunikative Aktivität dar, sie kann dem Gesprächspartner jedoch in unterschiedlicher Schärfe und emotionaler Intensität entgegengebracht werden.

In ihrem Gespräch befragt Dan Leo zu seinen Hobbies, die er neben seiner beruflichen Tätigkeit als Hochschuldozent ausübt. Leos anschließende Aufzählung einiger seiner Hobbies (Schauspieler in der universitären Theatergruppe, Geschichten- und Gedichteschreiber, etc.), beeindruckt Dan, die ihm daraufhin ein Kompliment zu seiner vielfältigen Begabung austeilt. Leo begegnet dieser positiven Bewertung nach einer über einsekündigen Pause mit einer zurückweisenden Reaktion, die darin begründet liegt, dass er seine Hobbies nicht als Begabung bezeichnen möchte und die Gründe dafür im weiteren Gesprächsverlauf näher erläutert.

Die Tatsache, dass das zu Verneinungszwecken notwendige Negationselement *keine*, d. h. die eigentliche Verneinungssequenz, in Beispiel (7) nicht am Anfang der Äußerung, sondern zum Ende hin eingesetzt wird, und zunächst einmal eine ganz normale Feststellung der Befindlichkeit im Deklarativsatzformat (es handele sich lediglich um Hobbys) vorausläuft, die selbst keine explizite Verneinung impliziert, weist u. a. auch durch das anschließende, Abtönung implizierende und dadurch intensitätsdämpfende Adjektiv *richtige* auf eine indirekte Form der Verneinung hin.

Wie auch die übrigen Reaktionen zeigen, scheinen die deutschen Komplimentempfänger generell ihre Nichtzustimmung implizit durch Verwendung diskret ablehnender Formulierungen zu äußern und dabei durchaus auch zunächst einmal die Zustimmung signalisierende Partikel *(m)hm* oder das Satzäquivalent *ja* als Signal der Kenntnisnahme des zuvor Geäußerten zu wählen, bevor sie die positive Bewertung des Kompliments dann zurückweisen. So signalisieren Äußerungen wie *Ja, ich weiß nicht* oder *Kann ich nich sagen, weiß ich nich* u. a. durch die Wahl des Negationselements *nicht* zwar, dass der Komplimentempfänger nicht vollkommen mit der po-

**Nr. (7)**

| | 1 [8.2] | 2 [9.3] | .. |
|---|---|---|---|
| **Dan1[v]** | Leiser, langsamer, gedehnt, ernst-anerkennender Ton | lauter, langsamer, heiter- anerkennender Tonfall | |
| | Mein Gott, | · · du bis äh, | vielfältigst, ha, begabt! |
| **Dan1[k]** | | | |
| **Leo1[v]** | leiser, langsamer, ernst-erklärender, schüchterner Ton | | |
| | Gehirngymnastik. | | |
| **Leo1[k]** | | | |

| | 3 [13.5] | 4 [17.8] |
|---|---|---|
| **Dan1[v]** | | lauter, langsamer, ernst- |
| | | Ja, man/manche |
| **Dan1[k]** | | |
| **Leo1[v]** | Leiser, langsamer, ernst-erklärender, nachdenklich- schüchterner Tonfall | |
| | ((1,37s)) Es, es sind ja, es sind Hobbys, es is keine | richtige Begabung. |
| **Leo1[k]** | | |

| | .. | |
|---|---|---|
| **Dan1[v]** | erklärender Tonfall | |
| | Leute sind froh, wenn se wenigstens eins können. | |
| **Dan1[k]** | | |
| **Leo1[v]** | Leiser, langsamer, ernst-erklärender, nachdenklich- schüchterner Tonfall | |
| | Es sind Sachen, die · · man, man [...] | |
| **Leo1[k]** | | |

sitiven Bewertung übereinstimmt, dass seine Abneigung jedoch offensichtlich auch nicht so groß ist, dass er dem Kompliment und damit der Sprecherintention mit einem klaren *nein* begegnen würde. Dies gilt ebenso für im Datenmaterial gewählte Fragen wie *Ne Bombenuhr?* bzw. *wieso?*, die Zweifel bezüglich der Aufrichtigkeit des Kompliments implizieren und demnach eine durch die implizierte Skepsis transportierte zurückweisende Funktion übernehmen.

Die hier aufgeführten Varianten der Nichtzustimmung zum Kompliment stellen entsprechend schwache Formen der Ablehnung im Deklarativsatzformat dar, die zwar der Leech'schen Bescheidenheitsmaxime durch Eigenlobvermeidung gerecht werden, die jedoch die *face*-Bedürfnisse des Komplimentgebers insofern bedrohen, als dass dieser eine adäquate Honorierung seiner positiven verbalen Geste erwartet, stattdessen jedoch das Gegenteil, nämlich eine wenn auch schwache verbale „Abfuhr" erhält. In der Regel wirkt eine solche zurückweisende Reaktion in ernsten Situationen, die nicht durch soziale Nähe und einen entsprechend vertrauten Beziehungsgrad gekennzeichnet sind, als beziehungs- und kommunikationsstörend, schafft also soziale Distanz. Wird eine solche Ablehnung jedoch in entsprechend vertrauter Umgebung z. B. unter Freunden in spielerischem Tonfall geäußert — an dieser Stelle wären Prosodie und nonverbale Kommunikationsmittel in die Interpretation mit einzubeziehen — kann man davon ausgehen, dass die Beziehungs- und Kommunikationsstörung weniger gravierend ausfällt und sogar — wie in diesem Beispiel, in dem das Gespräch ohne jegliche Unterbrechung oder Missstimmung fortgeführt wird — beziehungsfestigend und kommunikationsförderlich wirken kann.

Seltener als mit einer Annahme, jedoch frequenter als mit einer Zurückweisung reagieren die deutschen Teilnehmer auf ein Kompliment mit den Eigenlob vermeidenden Strategien des Kompromissbereichs, die Zustimmungs- und Nichtzustimmungskomponenten kombinieren und dadurch unverbindlicher wirken, da sie als Lösungsvarianten des von Pomerantz dargestellten Annahme – Ablehnungskonflikts gelten: Eigenlob durch Ablehnung zu vermeiden und so gegen die Leech'sche Taktmaxime zu verstoßen und gleichzeitig durch Zustimmung Eigenlob zu fördern und die Bescheidenheitsmaxime zu verletzen.

Eine der acht deutschen Reaktionsstrategien dieses variantenreichen Kompromissbereichs ist die der neutralen Rückfrage im Frageformat, die zum Zweck der Rückversicherung bezüglich der Aufrichtigkeit der positiven Bewertung wie im folgenden Beispiel (8) geäußert wird. Während ihrer Unterhaltung über Personen mit zwei unterschiedlichen Augenfarben in den jeweiligen Freundes- und Bekanntenkreisen fällt Dan angenehm auf, dass Isas blaue Augenfarbe zu dem Eisblau ihres Fleecepullis passt und teilt Isa dies in Form einer positiven Bewertung mit. Isa begegnet Dans Kompliment unmittelbar darauffolgend mit der Rückfrage *ja?* und erhält daraufhin sofort von Dan die Rückbestätigung *Jaa, haste gut ausgesucht* mit entsprechender thematischer Anschlussfrage und Fortsetzung des Themas mit beidseitigem Sprecherwechsel.

| Nr. (8) | 0 [0.] | | 1 [2.4] |
|---|---|---|---|
| | Lauter, langsamer, ernst-anerkennender Tonfall | | |
| **Dan7[v]** | Hör mal, dein Fleecepulli passt aber auch gut zu deiner Augenfarbe! | | |
| **Dan7[k]** | | | |
| | | | lauter, langsamer, |
| **Isa7[v]** | | | Ja? |
| **Isa7[k]** | | | *Rückversicherungs-* |

| | .. | 2 [2.8] | |
|---|---|---|---|
| | | Lauter, langsamer, ernst-anerkennender Tonfall, geht in heiteres Lächeln über | |
| **Dan7[v]** | | Jaa, haste gut ausgesucht. Haste extra deswegen so gekauft? [...] | |
| **Dan7[k]** | | | |
| | Ernst- fragender Tonfall | | |
| **Isa7[v]** | | [...] | |
| **Isa7[k]** | *Bedarf* | | |

Isa stellt Dans positive Komplimentbewertung in diesem Beispiel durch Verwendung eines nicht-spezifischen, entscheidungsvorbereitenden reaktiven Handlungstyps, der neutralen Rückfrage, auf den Prüfstand, indem sie die potentiell positive emotionale Überraschtheit implizierende Partikel *ja?* im Fragesatzformat einsetzt, die gleichsam wie die im deutschen Korpus ebenfalls verwendeten Alternativen *findste?* oder *echt?* den bei der Komplimentempfängerin hervorgerufenen Rückversicherungsbedarf hinsichtlich der Aufrichtigkeit und Echtheit der Komplimentaussage widerspiegelt. Sie signalisiert der Komplimentgeberin mit entsprechender Intonationskontur und unter Einsatz selbstlobvermeidender Strategien, dass sie sich der positiven Bewertung nicht ganz sicher ist und daher zu ihrer eigenen Versicherung eine erneute Bestätigung von ihrer Gesprächspartnerin benötigt, die — wie der darauffolgende Gesprächsbeitrag zeigt — von Dan dann unmittelbar darauffolgend artikuliert wird. Mit dieser neutralen Rückfrage bezieht sie die Komplimentgeberin und deren Meinung mit ein, deutet somit an, dass sie dieser vertraut und ihre Auffassung wertschätzt, trägt somit zur Beziehungsfestigung und Solidaritätsbekundung von ihrer Seite aus bei und animiert dadurch zur Gesprächsfortsetzung. Wie Peretti (1993) betont, stellen Rückfragen im Allgemeinen einen Mischtyp sprachlicher Handlung dar, die in der Rolle der Fragehandlung illokutiv selbständig sind, deren propositionaler Gehalt sowie ihre formale Ausprägung jedoch von der Art des Verstehensproblems, der Sprechaktklasse und dem Ausdruckstyp der Bezugsäußerung hinsichtlich der Bestimmung ihrer kommunikativen Funktion abhängig ist. In dem oben präsentierten Beispiel dient die Rückfrage hinsichtlich ihrer Bezugsäußerung, dem Kompliment, insofern als Kompromissstrategie, als sie sowohl der Leech'schen Zustimmungsmaxime in Form der Nachfrage zur Minimierung von Unstimmigkeiten und Herstellung des kommunikativen Gleichgewichts nachkommt als auch der Bescheidenheitsmaxime durch Vermeidung von Eigenlob, wodurch einhergehend damit die potentielle Bedrohung der positiven *face*-Bedürfnisse der Komplimentgeberin abgeschwächt wird.

Eine zweite, insgesamt am sechsthäufigsten und innerhalb des Kompromissbereichs am dritthäufigsten verwendete Strategie ist diejenige der Abwertung der Komplimentbewertung, die einen Kompromiss zwischen den von Pomerantz genannten Zwängen darstellt und sich auf die im Kompliment enthaltene Proposition, d. h. das Werturteil des Komplimentgebers, bezieht, das hinsichtlich einer Qualifizierung vom Komplimentempfänger als übertrieben empfunden wird (vgl. Adamzik 1984, S. 278). Bei einer solchen Abwertung handelt es sich um einen Bescheidenheit demonstrierenden, nicht-spezifischen, entscheidungs-umgehenden, d. h. ausweichenden, reaktiven Handlungstyp, der wie im folgenden Beispiel formuliert sein kann. Beispiel (9) stellt einen Ausschnitt aus einem Gespräch zwischen Dan und Gela über Gelas Englischkurs an der Volkshochschule dar, der bereits seit Jahren in derselben Konstellation existiert und von Gela geleitet wird. Zu eben dieser Leistung, diese Gruppe über Jahre zusammenzuhalten, teilt Dan Gela ein Kompliment aus, auf welches Gela unmittelbar darauf mit der Bemerkung reagiert: *Ja, so in etwa. Ja, doch, also es is, mhm, haut das gut hin.* Darauf folgt sodann eine erneute positive Bemerkung Dans zu demselben Thema sowie eine der ersten Antwort sehr ähnliche Reaktion Gelas, die daran anknüpfend mit weiteren Erläuterungen zu ihrer Englischgruppe fortfährt.

Beide in diesem Beispiel enthaltenen Reaktionen auf das ihnen jeweils voraus-laufende Kompliment führen zunächst mit dem Zustimmung implizierenden Satzäquivalent *ja* ein mit Satzäquivalentverdoppelung in der zweiten Reaktion und integrie-

| Nr. (9) | 1 [1.3] | | |
|---|---|---|---|

| | Lauter, langsamer, ernst-anerkennender Tonfall |
|---|---|
| **Dan6[v]** | Aber das scheinst du ja toll zu schaffen, wenn das so ne feste Gruppe is, die immer |
| **Dan6[k]** | |
| **Gela6[v]** | ((4,15s)) Aha, ha, ha, ha. |
| **Gela6[k]** | *lacht verlegen* |

| | .. | 2 [6.7] |
|---|---|---|

| **Dan6[v]** | wieder weitermacht, oder? | |
|---|---|---|
| **Dan6[k]** | | *Lacht* |
| | | leiser, langsamer, ernst-erklärender Tonfall |
| **Gela6[v]** | | Ja, so in etwa. Ja, doch, also es is, (m)hm haut das |
| **Gela6[k]** | | |

| | 3 [11.4] | 4 [12.8] |
|---|---|---|

| | Lauter, langsamer, ernst-anerkennender Tonfall | |
|---|---|---|
| **Dan6[v]** | Is doch n gutes Feedback dann! | [...] |
| **Dan6[k]** | | |
| | Leiser, langsamer, ernst-erklärender Tonfall | leiser, langsamer, ernst-erklärender Tonfall |
| **Gela6[v]** | gut hin. | Ja, ja, doch, das haut ganz gut hin. [...] |
| **Gela6[k]** | | |

ren die Konsens implizierende Partikel *doch*, wodurch sie dem Komplimentgeber signalisieren, dass das Kompliment zur Kenntnis genommen und akzeptiert wird. Daran schließt die eigentliche, den propositionalen Gehalt des Kompliments abwertende Äußerung im Deklarativsatzformat an.

Als Signal wird dabei die bewertende Konnotation der in den beiden Komplimenten enthaltenen Adjektive *toll* und *gut* in der entsprechenden Reaktion *Ja, so in etwa. Ja, doch, also, es is, (m)hm haut das gut hin* und *Ja, ja, doch, das haut ganz gut hin* zu *gut* bzw. *ganz gut* abgetönt und somit neutralisiert. Durch diese Abtönung der die Illokution und den propositionalen Gehalt tragenden sprachlichen Elemente erhält die Reaktion der Abwertung erst ihre selbstlobvermeidende Funktion und verwandelt sich in Verbindung mit dem vorauslaufenden Zustimmung signalisierenden Satzäquivalent *ja* zu einer Kompromissstrategie, die sowohl Komponenten der Zustimmung als auch der Nichtzustimmung enthält. Neben diesen beiden Reaktionen treten im deutschen Korpus auch folgende Varianten auf: *jaa, schon schön; na ja, ich hab n bisschen mehr Praxis da, ja* oder *bin rumgekommen, ja, ein bisschen*. Diese Reaktionen zeichnen sich alle dadurch aus, dass sie sowohl zustimmende als auch nichtzustimmende Elemente in sich vereinen, somit den Leech'schen Höflichkeitsmaximen nachkommen, die positiven *face*-Bedürfnisse des Komplimentgebers berücksichtigen und dadurch ihre solidaritätsbekundende, beziehungsfestigende und kommunikationsförderliche Funktion erhalten. Strategien wie dieser und auch der Folgenden, die von Pomerantz als *evaluation shifts* bezeichnet werden, ist dabei gemeinsam, dass der Komplimentempfänger seine eigenen *face*-Bedürfnisse durch die Herabstufung der Komplimentbewertung und damit auch seines eigenen *face* (dies steht dabei in einer solchen Situation auch ausschließlich ihm selbst zu) zunächst zurückstellt, dabei erhofft, dass der Komplimentgeber diesen konventionellen „Schachzug" seines Gesprächspartners erkennt und entsprechend seine positive Bewertung durch Wiederholung aufrecht erhält (vgl. Duttlinger 1999, S. 311).

Damit wäre eine der Funktionen der dritten Kompromissstrategie, derjenigen der Abschwächung/Einschränkung der Komplimentbewertung, die im deutschen Datenmaterial insgesamt am dritthäufigsten und innerhalb des Kompromissbereichs am zweithäufigsten eingesetzt wird, bereits genannt.

Durch die Abschwächung der Komplimentbewertung deutet der Komplimentempfänger leichten Widerspruch an und spielt damit ebenso wie in der zuvor behandelten Erwiderungsstrategie den eigenen Verdienst herunter. Zu den Widerspruch in der Bewertung implizierenden sprachlichen Mitteln zählen im deutschen Korpus z. B. Formulierungen wie *Ja, wenn es … wärn, dann vielleicht, ja* oder *ja …, aber*, die — wie bereits erwähnt — sowohl Elemente der Zustimmung als auch der Nichtzustimmung oder des Zweifels beinhalten und insofern zu den nicht-spezifischen, entscheidungsvorbereitenden, problematisierenden reaktiven Sprechhandlungstypen gezählt werden. Folgendes Beispiel weist eine solche Formulierung auf. Beispiel (10) stammt aus dem Gespräch zwischen Dan und Mike über dessen berufliche Fähigkeiten und insbesondere Sprachkenntnisse, die er in seiner schüchternen und zurückhaltenden Art als wesentlich schlechter bewertet als sie es tatsächlich sind:

| Nr. (10) | 2 [4741.4] | |
|---|---|---|
| | Lauter, langsamer, heiter-animierender Tonfall | |
| **Dan3[v]** | Doch, doch, komm! Sei selbstbewusst genug! Dein Englisch is super! […] | |
| **Dan3[k]** | | |
| **Mike3[v]** | | |
| **Mike3[k]** | | |
| | .. | |
| **Dan3[v]** | | |
| **Dan3[k]** | | |
| | leiser, langsamer, verlegen-abtönender Tonfall, verlegen lächelnd | |
| **Mike3[v]** | ((1,70s)) Ja, wenns mehr Worte wärn, dann vielleicht, ja. | |
| **Mike3[k]** | | |

Das Kompliment Dans zu seinen sehr guten Englischkenntnissen erwidert Mike zunächst mit dem affirmativen Satzäquivalent *ja*, deutet damit wohlwollende Kenntnisnahme und Akzeptanz an, fügt daraufhin das Konjunktionalgefüge *wenn … dann* im Deklarativsatzformat in der Form eines irrealen Konditionalsatzes im Konjunktiv an, durch den er Widerspruch hinsichtlich seiner Einstellung zur Komplimentbewertung signalisiert und damit eine Gegenposition einnimmt, und rahmt seine Reaktion durch die erneute Verwendung des affirmativen Satzäquivalents *ja* ein. Nach einem Sprecherwechsel im Anschluss daran führt Dan das Thema fort, indem sie für Mike anspornend dessen Englischkenntnisse mit den wenigen einer gemeinsamen Bekannten vergleicht.

Nahezu alle im deutschen Korpus verwendeten Varianten dieser Strategie enthalten zunächst das Zustimmungselement *ja* als Vor- oder Nachlaufelement und dann die Kontrast signalisierende Konjunktion *aber* mit einer der darauffolgenden, Widerspruch enthaltenden Formulierungen *joa, ja, toll, weiß ich nicht, aber ...*; *ja, aber ist n bisschen kurz irgendwie* oder *Na ja, aber die war nich dick genug, ne*. All diese Varianten haben eines gemeinsam: Die Komplimentempfänger schwächen mit diesen die in der Komplimentaussage enthaltene positive Bewertung in ihrem kontextuellen Zusammenhang ab, indem sie sowohl Zustimmung als auch Widerspruch implizierende sprachliche Elemente einbringen, kommen damit sowohl der Leech'schen Maxime der Bescheidenheit als auch derjenigen der Zustimmung nach, berücksichtigen insbesondere durch die Abschwächung der die eigene Person betreffenden positiven Bewertung die positiven *face*-Bedürfnisse des Gegenübers und agieren somit solidaritätsbekundend und kommunikationsfördernd.

| Nr. (11) | .. | 4 [1716.4] | 5 [1717.6] |
|---|---|---|---|
| | lauter, langsamer, ernst-anerkennender Tonfall | | |
| **Dan12[v]** | Mensch! | Ja, toll gemacht! | ((10,46s)) Ja, · · (m)hm · · · |
| **Dan12[k]** | | | |
| | | | leiser, langsamer, ernst-erklärender Tonfall |
| **Konni12[v]** | darum ist da noch kein Ring. | | Jaa, ne also, da war er wirklich |
| **Konni12[k]** | | | |

| | .. |
|---|---|
| **Dan12[v]** | klar, (m)hm˙ |
| **Dan12[k]** | |
| **Konni12[v]** | ··, also er hat mich auch von Anfang an unterstützt und die Entscheidung, dass |
| **Konni12[k]** | |

| | .. |
|---|---|
| **Dan12[v]** | |
| **Dan12[k]** | |
| **Konni12[v]** | Ich zu ihm komme, lag daran, dass er nun den festen Arbeitsplatz hat und in der/ |
| **Konni12[k]** | |

| | .. |
|---|---|
| **Dan12[v]** | […] |
| **Dan12[k]** | |
| **Konni12[v]** | in den Zeiten, die es jetzt/ da kannst du das nicht aufgeben. […] |
| **Konni12[k]** | |

Unter die von Pomerantz bezeichneten Strategien des *referent shift* fällt die vierte Kompromissstrategie der Referenzverschiebung zu einer anderen Person oder einem Objekt, die sich auf das im Kompliment enthaltene Werturteil bezieht und verhältnismäßig selten von den deutschen Teilnehmern gewählt wird. Es handelt sich bei dieser Strategie um eine extradyadische Bewertung eines Vergleichsobjekts oder einer anderen Person. Beispiel (11) stammt aus dem Gespräch zwischen Dan und Konni über Konnis bereits zurückliegende standesamtliche und noch bevorstehende kirchliche Hochzeit, die Umstände des Zusammenkommens mit ihrem Mann und seine Unterstützung bei ihrem Umzug von Halle nach Bonn.

Dem von Dan an Konni gerichteten Kompliment zu ihrer zügigen Entscheidung bezüglich des Umzugs und der Hochzeit sowie hinsichtlich des perfekt abgestimmten organisatorischen Ablaufs begegnet Konni zunächst mit dem Zustimmung implizierenden Satzäquivalent *ja*, gefolgt von der Kurzform (*ne*) des Negationswortes *nein*, der Partikel *also* und der eigentlichen, die Referenzverschiebung zur dritten Person Singular beinhaltenden Illokutionsäußerung. Konnis Reaktion nimmt Dan daraufhin zum Anlass für eine anschließende Frage, durch die das Thema von beiden Gesprächspartnern im gegenseitigen Sprecherwechsel weiterhin fortgeführt wird.

Diese Reaktion stellt ein gutes Beispiel dar für die abwechselnde Verwendung von Zustimmung und Nichtzustimmung implizierenden sprachlichen Mitteln, insbesondere Satzäquivalenten, Interjektionen und Partikeln, und damit des Versuchs der Intensitätsnivellierung im Hinblick auf die von Pomerantz genannten Zwänge der Zustimmung und gleichzeitig Selbstlobvermeidung. In der eigentlichen Kernäußerung, die der Abfolge zustimmender und negierender Elemente folgt, leitet Konni dann die Komplimentbewertung an eine spezifische, nicht beim Gespräch anwesende Person, ihren Ehemann, weiter, indem sie das Pronomen *er* der dritten Person Singular wählt. Alternativ zur dritten Person Singular tritt auch das unpersönliche *man* als Platzhalter für eine nicht spezifische, abwesende Person auf, an welche die Komplimentbewertung weitergeleitet wird.

Es handelt sich bei dieser Reaktionsstrategie allgemein um einen nicht-spezifischen, entscheidungsumgehenden, ausweichenden reaktiven Handlungstyp, der Selbstlob vermeidet, indem er die eigene Person in den Hintergrund stellt und den Fokus auf eine andere, nicht anwesende Person lenkt. Durch diesen Fokuswechsel kommt die Komplimentempfängerin sowohl der Leech'schen Bescheidenheitsmaxime als auch der Zustimmungsmaxime nach, da das Maß der Anerkennung nicht in Frage gestellt, sondern angenommen und umgehend weitergegeben wird, wodurch die Reaktion ihre Höflichkeitsmaximierende Wirkung im Hinblick auf die positiven *face*-Bedürfnisse der Komplimentgeberin erhält.

Die ebenfalls unter die von Pomerantz bezeichnete Kategorie der *referent shift* fallende fünfte Reaktionsstrategie stellt diejenige der Rückgabe des Kompliments an den Komplimentgeber dar, die im deutschen Korpus nur einmal Verwendung findet und zum nicht-spezifischen, entscheidungsumgehenden, ausweichenden reaktiven Handlungstyp gezählt wird. Durch die Rückgabe des Kompliments an den Komplimentgeber nimmt der Komplimentempfänger die positive Bewertung an, akzeptiert sie somit, und gibt sie in entsprechender Weise mit dem Ergebnis der Imageaufwertung an den Initiator zurück. Wie Beispiel (12) zeigt, wird durch die Rückgabe im Deklarativsatzformat signalisiert, dass gegenseitiges Einvernehmen zwischen den Gesprächspartnern bezüglich ihrer positiven Einstellung zueinander besteht. Im Vorfeld tauschen sich Dan und Claudi über ihre Eindrücke des gemeinsam im zurückliegenden Semester besuchten Seminars aus, in dessen Rahmen sie zusammen ein Referat abhalten mussten. Dan hatte nach der letzten Seminarsitzung aus Termingründen den Kurs schnellstmöglich verlassen.

Nr. (12)

| | |
|---|---|
| | heiter-erklärender Tonfall, am Ende Lächeln |
| **Dan10[v]** | […] direkt abgedüst und alles ähm. Ich wollt dann doch nochmal sagen, du warst |
| **Dan10[k]** | |
| | |
| **Claudi10[v]** | |
| **Claudi10[k]** | |

| | |
|---|---|
| | 3 [2589.9] |
| **Dan10[v]** | echt ne klasse Kollegin! Ha, ha, ha, ha.　　[…] |
| **Dan10[k]** | *Lacht* |
| | leiser, langsamer, schüchterner Tonfall, Lächeln |
| **Claudi10[v]** | Du auch. Ha, ha, ha, ha. |
| **Claudi10[k]** | *((0,79s)) lacht* |

Claudi reagiert in diesem Beispiel auf die Komplimentbewertung Dans bezüglich Claudis Eigenschaft als toller Kollegin im Rahmen der Referatsvorbereitung und -durchführung mit der Kurzform *Du auch* im Sinne einer gleichwertigen positiven Gegenbewertung, ohne jedoch den Gegenstand der im Kompliment erwähnten Bewertung noch einmal explizit zu nennen. Dadurch schafft sie eine Balance im Verhältnis zu ihrer Komplimentgeberin und wirkt somit solidaritätsbekundend und kommunikationsanimierend, da sie durch Selbstlobvermeidung der Leech'schen Bescheidenheitsmaxime sowie durch Rückgabe gleichzeitig der Zustimmungsmaxime nachkommt und die Bewertung offenbar für so wertvoll einschätzt, dass sie die Rückgabe an die Komplimentgeberin für erforderlich hält. Dies wirkt wiederum motivierend für die weitere Verwendung dieses Sprechhandlungstyps im Verlauf der weiteren Interaktion. So erfolgt von Seiten Dans auch direkt im Anschluss an Claudis Reaktion erneut eine positive Bewertung zu demselben Thema — diesmal jedoch in Bezug auf die angenehme Atmosphäre und Zusammenarbeit mit der gesamten Kursgruppe — sowie eine weitere unmittelbar daran anschließende Reaktion Claudis.

Die insgesamt am zweithäufigsten und innerhalb des Kompromissbereichs am häufigsten verwendete Erwiderungsstrategie verkörpert diejenige der neutralen, nicht bewertenden Kommentierens im deutschen Datenmaterial. Diese Strategie wird von den deutschen Teilnehmern verwendet, um implizit eingeschränkte Zustimmung durch die urteilsfreie Abgabe näherer Hintergrundinformationen zur Entstehung des positiv bewerteten Sachverhalts zu vermitteln. Während die Länge aller anderen zuvor beschriebenen Erwiderungsstrategien als ökonomisch und verhältnismäßig kompakt beschrieben werden kann, ist sie bei dieser Strategie sehr variabel, je nachdem, ob es sich in der Reaktion um Kurzkommentare, allgemeine Belehrungen oder Erzählabläufe handelt, in denen der Komplimentempfänger die Umstände seines Bemühens zum Nachweis der erbrachten Leistung oder seine mit dieser Handlung oder Leistung verknüpften Intention mitteilt. Beispiel (13) aus dem deutschen Datenmaterial stellt eine solche Erklärungsstrategie dar, die zum nicht spezifischen, entscheidungsumgehenden, ausweichenden reaktiven Handlungstyp zu zählen ist. Im Rahmen des Gesprächs zwischen Dan und Mark schildert Mark, was er gerne nach Beendigung seines Studiums vorhat. Dazu zählt sein Vorhaben, alle Magisterabschlussprüfungen vor der Fußballweltmeisterschaft absolviert zu haben, damit er die wm in Deutschland ausgiebig genießen kann. Dan teilt Mark zu dieser Form der Zielsetzung im Hinblick auf die Erlangung des Universitätsabschlusses ein Kompliment aus.

| Nr. (13) | 2 [1710.5] | |
|---|---|---|
| | | Leiser, langsamer, heiter-anerkennender Tonfall, lächelnd |
| **Dan9[v]** | | Aber find ich is ne gute Idee, sich so ne, so ne deadline zu setzen mit äh, Fussball- |
| **Dan9[k]** | | |
| **Mark9[v]** | | Ja, |
| **Mark9[k]** | | |
| .. | 3 [1716.6] | |
| **Dan9[v]** | weltmeisterschaft! | |
| **Dan9[k]** | | |
| | | leiser, langsamer, ernst-erklärender Tonfall |
| **Mark9[v]** | | ich hab mir das vor der Zwischenprüfung ausgerechnet. [...] |
| **Mark9[k]** | | |

Mark reagiert auf Dans positiv bewertete Leistung mit einer Erläuterung zu den Umständen des positiv bewerteten Tatbestands. Mit dieser Erläuterung lenkt Mark den Fokus von seiner eigenen Person zum eigentlichen Tatbestand und neutralisiert somit die Wirkung der zuvor geäußerten Komplimentbewertung. Anders als bei diesem Beispiel sind bei der Mehrzahl der von den deutschen Teilnehmern produzierten Reaktionen dieser Strategie die Zustimmung implizierenden Partikeln *(m)hm* oder *nja* bzw. das Satzäquivalent *ja* entweder einfach oder redundant am Anfang der Erklärung als Vorlaufelement platziert, gefolgt von einem Kommentar, einer Erläuterung oder Erklärung, die das vorher begonnene Thema fortführt: z. B. *Ja, ja, und an dem Sonntag nach...; Jaa, also für mich ist die Frage auch* oder *(M)hm, da bin ich irgendwie reingefallen und....* Die wenigen Varianten, die keine vorangestellte Partikel beinhalten, schließen — wie in Beispiel (13) zu erkennen — an das Kompliment unmittelbar darauf eine Erklärung in der ersten oder dritten Person Singular an.

Den Reaktionsvarianten dieser Strategie, die im Deklarativsatzformat formuliert sind, ist gemein, dass sie durch ihre längeren Abfolgen die Möglichkeit zur unkomplizierteren Fortführung der Konversation mit fließendem Übergang ermöglichen, sei es, dass das vor Äußerung des Kompliments behandelte Thema wieder aufgegriffen wird oder ein aus der Reaktionsstrategie entsprungenes neues Thema angeschlossen wird, und somit solidaritätsbekundend, beziehungsfestigend und kommunikationsfördernd wirken. Durch die Verwendung sowohl zustimmender Elemente als auch selbstlobvermeidender Strategien kommt dieser Handlungstyp somit der Leech'schen Zustimmungs- und Bescheidenheitsmaxime nach und trägt durch Höflichkeitsmaximierung und Berücksichtigung der entsprechenden positiven *face*-Bedürfnisse zur Schaffung einer Vertrauensbasis bei.

Während die u. a. bei Pomerantz (1978) und Golato (2002; 2005) auftretende Strategie der Reinterpretation im deutschen Korpus ebenso wenig Verwendung findet wie im australischen Datenmaterial, gibt es wenige Fälle, in denen das Kompliment oder die positive Bewertung schlichtweg ignoriert wird. Ein solcher nichtspezifischer, entscheidungsvorbereitender, ausweichender reaktiver Handlungstyp wird dann gewählt, wenn das Kompliment entweder akustisch nicht verstanden wurde oder wenn das Kompliment bewusst überhört wird und entsprechend entweder gar nicht, mit einer thematisch vom Komplimentinhalt abweichenden Äußerung oder einer Verzögerungspartikel in Kombination mit nonverbalen Mitteln der Mimik oder Gestik erwidert wird. Dies lässt sich am folgenden Beispiel (14) nachvollziehen, welches dem Gespräch zwischen Dan und Martin über Martins Abschneiden bei den Diplomabschlussprüfungen entstammt. Auf Dans Frage, ob er insgesamt im Examen gut durchgekommen sei, antwortet Martin zunächst, er habe insgesamt mit einer sehr guten Note abgeschnitten, und pausiert sodann vor Weiterführung seiner Schilderung mithilfe des viersekündigen Haltesignals *und äh*. Diese gefüllte Pause nutzt Dan, um Martin zu seiner sehr guten Leistung im Examen ein Kompliment auszuteilen. Martin setzt allerdings seine an die vorherige Bemerkung anknüpfende Erklärung bezüglich seiner Einstellung zu dieser Abschlussnote ohne Umschweife fort, ohne auf die positive Bewertung Dans in irgendeiner Weise einzugehen.

Es gibt wohl unterschiedliche Gründe, warum jemand auf ein seiner Person zufallendes Kompliment nicht reagiert, die oftmals nur in Verbindung mit Mimik und Gestik zu erschließen sind. So kann eine gewisse Gleichgültigkeit im Hinblick auf die geäußerte positive Bewertung und damit auch den Komplimentgeber eine Rolle spielen, Skepsis oder Vorsicht hinsichtlich des Wahrheitsgehalts der Komplimentbewertung, Unsicherheit bezüglich des eigenen Verhaltens in einer solchen Komplimentreaktion oder auch die aus Sicht des Komplimentempfängers unpassende Situation oder der ungeeignete Zeitpunkt für ein Kompliment. Letzterer scheint der Grund für Martins Reaktion in dem oben präsentierten Beispiel zu sein, da Dan das Kompliment zwischen die von Martin selbst durch die Verzögerungspartikel *und äh* kurzzeitig unterbrochene eigeninitiierte Erzählsequenz schiebt. Insbesondere die

| Nr. (14) | 3 [7,8] | |
|---|---|---|
| Dan20[v] | lauter, langsamer, | ernsthaft beeindruckter Tonfall |
| Dan20[k] | ((1,24s)) Ha, ha, | ha, ha, · · · jaa, ist doch super! |
| | lauter, langsamer, | ernst-erklärender Tonfall |
| Martin20[v] | ((1,24s)) und | äh ((4,11s)) |
| Martin20[k] | | |

| | 4 [14.1] | |
|---|---|---|
| Dan20[v] | […] | |
| Dan20[k] | | |
| | lauter, langsamer, ernst-erklärender Tonfall | |
| Martin20[v] | das ist für mich auch keine endgültige Richtlinie oder so was. […] | |
| Martin20[k] | | |

verhältnismäßig lange Pause signalisiert Martins Unschlüssigkeit hinsichtlich einer Reaktion. Sie kann daher als Ausdruck des in ihm ablaufenden, noch nicht beendeten Denkprozesses bezüglich des weiteren verbalen Vorgehens gedeutet werden mit dem Ergebnis, dass er seinen Gesprächszug, ohne auf das Kompliment einzugehen, fortsetzt. In einem solchen Fall würde das Hinzuziehen nonverbaler Mittel sicherlich hilfreich sein für weitere Interpretationsvorgänge. Während Martin zumindest eine Verzögerungspartikel als Signal der Kenntnisnahme des Kompliments verwendet, fällt selbst diese bei einigen deutschen Teilnehmern weg, die dann nach einer Pause ohne jegliche Reaktion direkt das unterbrochene Thema fortsetzen oder eine Erklärung anschließen.

Die Tatsache, dass im weiteren Gesprächsverlauf weder eine negative Reaktion von Seiten des Komplimentgebers erfolgt noch die Konversation abbricht, zeigt, dass diese Strategie vom Komplimentgeber nicht als ein Affront gegen seine Person gewertet wird, sondern als eine (ausbleibende) Kompromissreaktion auf die Komplimentbewertung, welche die *face*-Bedürfnisse des Komplimentgebers berücksichtigt, als Eigenlob vermeidende Strategie verstanden wird und Bescheidenheit im Sinne von Leech vermittelt (als Abschwächung in der Form einer ausbleibenden Stellungnahme zur positiven Bewertung).

Ähnlich funktioniert die letzte, sehr selten verwendete und insbesondere durch den Einsatz von Humor kulturell sensible Strategie des Scherzens des Kompromissbereichs, die von den deutschen Teilnehmern zur Minimierung der *face*-Bedrohung eingesetzt wird. Der in der Reaktion häufig unterschwellig mitwirkende Humor wird — wie bereits hinsichtlich der letzten Strategie des Annahmebereichs (humorvoll zustimmende Bestätigung der Komplimentaussage) festgestellt — oftmals erst durch prosodische Merkmale wie die Intonationskontur erschließbar und dient in einer Komplimentsituation wie der in Beispiel (15) präsentierten nicht als strategisch negatives Mittel zur Verletzung des Images oder der Person des Komplimentgebers, sondern als positiv auflockerndes Mittel zur Erheiterung desselben und damit zum

Überspielen der Unsicherheit des Komplimentempfängers oder seiner das Kompliment als in dieser Situation unangemessen erachtenden Einstellung. Während ihres Gesprächs über die beidseitigen Präferenzen bei bestimmten Süßigkeitensorten fordert Dan Isa auf zu erraten, was ihre Lieblingsbonbons sein könnten. Isa, die mithilfe des von Dans Familie geliebten Rezepts ihrer Mutter hervorragende Schmandbonbons zaubert, errät eben diese Bonbons als Dans bevorzugte Süßware. Dan pflichtet Isa bei und bewertet ihre Bonbons positiv, indem sie diese als *Isas leckere Schmandbonbons* bezeichnet.

Nr. (15)

| | 1 [0.5] | 2 [2.1] |
|---|---|---|
| **Dan7[v]** | | lauter, langsamer, heiter-zustimmender Tonfall, lächelnd <br> Genau. Aha, ha, ha. |
| **Dan7[k]** | | *Lacht* |
| **Isa7[v]** | leiser, langsamer, ernst-feststellender Tonfall <br> ((0,82s)) Schmandbonbons. | |
| **Isa7[k]** | | *Lacht* |

| | 3 [5.7] .. | 4 [8.4] |
|---|---|---|
| **Dan7[v]** | lauter, langsamer, heiter-anerkennender Tonfall <br> Isas leckere    Schmandbonbons! | |
| **Dan7[k]** | | |
| **Isa7[v]** | leiser, langsamer, scherzhaft-erklärender Tonfall <br> ((2,16s))    Die kann ich ja, | leiser, langsamer, scherzhaft-erklärender Tonfall <br> die kann ich ja mit |
| **Isa7[k]** | | |

| | |
|---|---|
| **Dan7[v]** | |
| **Dan7[k]** | |
| **Isa7[v]** | Schokolade überziehn, dann haste Werthers Echte. |
| **Isa7[k]** | |

Wie das Beispiel zeigt, weicht Isa nach einer kurzen Pause der positiven Komplimentbewertung aus, indem sie den Gegenstand der Komplimentbewertung aufnimmt, Dan somit signalisiert, dass sie das Kompliment registriert hat, und ihn zum Gegenstand des Scherzens macht, ohne dabei die Person des Komplimentgebers oder auch sich selbst einzubeziehen. Der Aspekt des Scherzens lässt sich dabei zum einen durch Isas scherzhaft-flunkernden Tonfall, d. h. unter Einbezug der Intonation, während der Erwiderungsäußerung erkennen, zum anderen durch die unmittelbar an diese Komplimentsequenz anknüpfende Themenfortführung, die von beiden Gesprächspartnern in einvernehmlich scherzhafter Modulation unter beidseitigem Lachen erfolgt. Auf diese Weise bedient sie sich der von Brown/Levinson (1987) als Form positiver Höflichkeit erachteten Strategie des Scherzens, lenkt dadurch die Aufmerksamkeit auf den von ihr aufgegriffenen Gegenstand der Bewertung, nämlich die Schmandbonbons, entpersonifiziert und neutralisiert somit den Inhalt der

Erwiderung und signalisiert damit zwar auf der einen Seite, dass sie das Kompliment zur Kenntnis genommen hat (entsprechend der Leech'schen Zustimmungsmaxime), weicht aber auf der anderen Seite unter Berücksichtigung der Leech'schen Bescheidenheitsmaxime und Eigenlob vermeidender Strategien einer konkreten Gegenbewertung aus. Mit Hilfe dieses nicht-spezifischen entscheidungsumgehenden, ausweichenden reaktiven Handlungstyps, der im Sinne Zajdmans (1995) Humor als strategisch positives Mittel zur angemessenen Berücksichtigung der unterschiedlich einwirkenden Zwänge einsetzt, löst die Komplimentempfängerin entsprechend Erheiterung auf Seiten der Komplimentgeberin aus, berücksichtigt also demzufolge deren *face*-Bedürfnisse, und schafft so eine für beide Seiten angenehme, sympathische, beziehungsfestigende und gesprächsfördernde Atmosphäre.

Wie die Darstellung von Formen, kommunikativ-pragmatischen und interpersonalen Funktionen der verwendeten Reaktionen im Deutschen gezeigt hat, zeigen sich die deutschen Teilnehmer kreativ hinsichtlich der Formulierung von in den Annahme- (sechs Varianten) und Kompromissbreich (acht Varianten) fallenden Strategien. Dies lässt — immer unter Berücksichtigung des jeweils vorauslaufenden Kompliments und dessen Funktion — auf einen kontextsensiblen Umgang mit diesem Sprechhandlungsmuster schließen.

## 6.1.2  Häufigkeit und Präferenzen der eingesetzten Strategien

Die 206 von den deutschen Komplimentempfängern geäußerten Reaktionen verteilen sich auf die drei Bereiche Annahme, Ablehnung und Kompromiss wie in Abbildung 21 dargestellt:

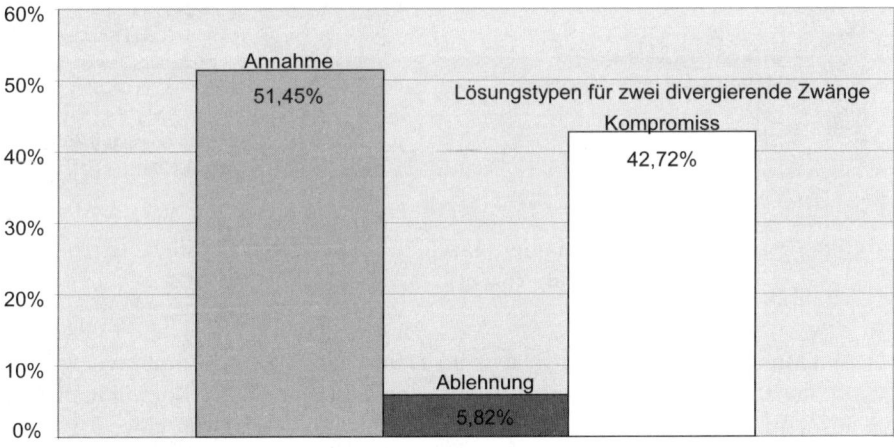

Abbildung 21: Gesamtverteilung der deutschen Erwiderungen auf die Bereiche Annahme – Ablehnung – Kompromiss (in Prozent)

Die deutschen Teilnehmer tendieren mit insgesamt 51,45 % am ehesten dazu, ein Kompliment anzunehmen, gefolgt von den im Selektionsbereich gewählten Kompromisslösungen für die von Pomerantz genannten Zwänge mit 42,71 % und der mit Abstand am seltensten verwendeten Strategie der Nichtzustimmung des Ablehnungsbereichs mit 5,82 %. Die deutliche Präferenz hin zur Annahme eines Kompliments unter den deutschen Teilnehmern deutet auf die Bevorzugung der Leech'schen Zustimmungsmaxime hin, der offenbar mehr Gewicht beigemessen wird als der Bescheidenheitsmaxime. Demzufolge wären die in diese Studie integrierten deutschen Teilnehmer, basierend auf den in ihrer Kultur operierenden, unterschiedlich spezifisch gewichteten Normen und Konzepten, Leech zufolge der Gruppe der westlichen Kulturen zuzuordnen, in denen es konventionell üblich ist, ein Kompliment anzunehmen. Wirft man trotz der in Kapitel 3.2 erwähnten Kritik Lewandowskas an der Erstellung von Klassifizierungssystemen für zumeist individuell geprägte Strategien einen Blick auf die einzelnen von den deutschen Komplimentempfängern produzierten Strategien (insgesamt fünfzehn Strategien, davon sechs im Annahmebereich, acht im Selektionsbereich und eine im Bereich der Ablehnung), so gestaltet sich die numerisch-prozentuale Verteilung auf die von den deutschen Informanten gewählten Erwiderungsstrategien differenzierter.

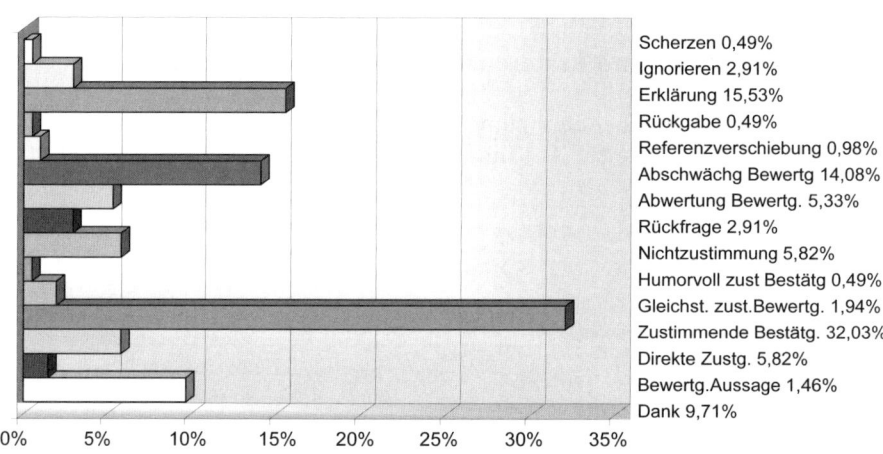

Scherzen 0,49%
Ignorieren 2,91%
Erklärung 15,53%
Rückgabe 0,49%
Referenzverschiebung 0,98%
Abschwächg Bewertg 14,08%
Abwertung Bewertg. 5,33%
Rückfrage 2,91%
Nichtzustimmung 5,82%
Humorvoll zust Bestätg 0,49%
Gleichst. zust.Bewertg. 1,94%
Zustimmende Bestätg. 32,03%
Direkte Zustg. 5,82%
Bewertg.Aussage 1,46%
Dank 9,71%

Abbildung 22: Gesamtverteilung der einzelnen verwendeten Erwiderungsstrategien im Deutschen (in Prozent)

In Abbildung 22 ist zu erkennen, dass im Deutschen auf ein Kompliment mit Abstand am häufigsten mit einer zustimmenden Bestätigung der Komplimentaussage aus dem Annahmebereich reagiert wird (32,03 %), gefolgt von einer Erklärung (15,53 %) und einer Abschwächung der Komplimentbewertung (14,08 %) als Strategien des Selektionsbereichs sowie dem Dank (9,71 %) als weiterer Annahmestrategie. Wesentlich seltener bevorzugen die deutschen Teilnehmer daraufhin die Strategien der direkten Zustimmung (Annahmebereich) und der Nichtzustimmung (Ablehnung) mit jeweils 5,82 % an fünfter und sechster Stelle auf der Präferenzskala, der Abwertung der Komplimentbewertung (5,33 %) sowie der neutralen Rückfrage und des Ignorierens (Kompromissbereich) mit jeweils 2,91 % an siebter und achter Stelle.

Die übrigen acht Strategien werden mit weniger als 2 % am seltensten verwendet und weisen folgende Verteilung auf: gleichstark zustimmende Bestätigung (1,94 %), Bewertung der Komplimentaussage (1,46 %), Referenzverschiebung zu einer Person (0,98 %) sowie Scherzen, Rückgabe des Kompliments und humorvoll zustimmende Bestätigung mit jeweils 0,49 %.

### 6.1.3 Syntaktische und lexikalische Elemente und ihre illokutionsindizierende Funktion

Dieses Kapitel beschäftigt sich mit der Darstellung markanter syntaktischer und lexikalischer Einheiten der im vorausgehenden Kapitel präsentierten deutschen Erwiderungsbeispiele. Es werden dabei jene formalen Elemente in den Fokus gerückt, Illokutionsindikatoren, die richtungsweisend und dadurch für die Bestimmung der spezifischen kommunikativ-pragmatischen sowie illokutiven Funktion der jeweiligen Erwiderungsstrategie relevant sind. Besonderes Augenmerk wird dabei auf die Verwendung von performativen Verben, Satztypen, Modus, Partikeln, Interjektionen, Satzäquivalenten, Adjektiven, Adverbien sowie Tempora und Personenfokus gelegt.

Die folgende Darstellung der in den Reaktionen gewählten Indikatoren basiert auf einer funktional-pragmatischen Beschreibung, die von der in der verbalen Äußerung integrierten Sprecherintention ausgeht. Im Hinblick auf Aspekte der Abgrenzungsproblematik in der Methodendiskussion, der Terminologierverwendung, der Analysebedingungen und -kriterien sowie des Einflusses von Wahl und Anordnung der Satzelemente bzw. der gesamten Satzstruktur auf die formal-strukturelle Beschaffenheit der deutschen Komplimenterwiderungen gelten gleichermaßen die in Kapitel 5.1.3 für die australischen Reaktionen ausführlich dargestellten Analysegrundlagen.

Für die Komplimenterwiderungen aller im deutschen Korpus gewählten Strategien gilt allgemein, dass keine explizit performativen Verben in der 1. Person Singular Präsens Indikativ zum Ausdruck der illokutiven Funktion eingesetzt werden (z. B. hiermit stimme ich dir zu), sondern stattdessen auf andere syntaktische, lexikalische und prosodische Mittel wie Modus, wertende Adjektive und Adverbien, Partikeln, Interjektionen, Satzäquivalente sowie Intonation und Akzent als illokutive Indikatoren zurückgegriffen wird. Syntaktisch werden die deutschen Reaktionen insgesamt bevorzugt im Deklarativ- oder Fragesatzformat geäußert, wobei die Verben mit Ausnahme eines Beispiels im Konjunktiv überwiegend im Indikativ Präsens, Präteritum oder der markierten Zeitform des Perfekts stehen. Auffallend ist, dass die Satzmodi als Äußerungsformate meist in Kombination mit unterschiedlichen lexikalischen Indikatoren Anwendung finden. Es werden demnach häufig Einwort- und elliptische Sätze mit explizit thematisierter positiver, negativer oder selektiver Gegenbewertung gewählt, die Satztypen enthalten bestimmte, die jeweilige Komplimenterwiderung indizierende Merkmale und zeichnen sich zumeist durch direkte und einfache Ausdrucksformen aus.

Hinsichtlich des Satzfokus weisen die deutschen Reaktionen zumeist einen Nullfokus, d. h. einen unpersönlichen Fokus in der 3. Person (z. B. *es sind* bzw. *is, wenn's … wärn, da war er wirklich …, man*), auf, der sowohl auf Komplimente mit sprecher-, hörerorientiertem als auch Null-Fokus folgt. Während der sprecherorientierte Fokus in der 1. Person Singular in den Reaktionen ebenfalls frequent gewählt wird, tritt der hörerorientierte Fokus in der 2. Person Singular vorwiegend bei Rückgabe des Kompliments auf.

Bezüglich bestimmter Wortarten kommen Adjektive und Adverbien zumeist im Positiv vor, Komparativ- und Superlativformen werden sehr selten gewählt, haben einen überwiegend positiv bewertenden Charakter (z. B. *schön, gut, toll*) und finden sowohl attributiv als auch prädikativ Verwendung. Wie Mulo Farenkia (2004, S. 72 ff.) bereits bei deutschen Komplimenten feststellt, werden auch in den Erwiderungen dieser Studie Adjektive topikalisiert, stehen also am Anfang des Antwortsatzes, wobei Adverbien wie *sehr, richtig, ganz* oder *wirklich* die von Adjektiven ausgedrückte positive Gegenbewertung verstärken können. Daneben werden regelmäßig Einstellungsverben wie *finden, glauben* oder *denken* gewählt, welche die jeweilige emotionale Einstellung, in die der gekennzeichnete Sachverhalt den Komplimentempfänger versetzt hat, wiedergeben. Diese emotionale Haltung wird jedoch nicht alleine durch Einstellungsverben, sondern auch durch Partikeln, Interjektionen und Satzäquivalente vermittelt, die häufig zur Modifizierung, d. h. Spezifizierung, Intensivierung oder Abtönung eingesetzt werden. Wie Werlen (1983, S. 123) betont, können solche Partikeln, Interjektionen und Satzäquivalente, die als Antwort-, Gliederungs- oder Hörersignale fungieren (z. B. *(m)hm, ja, doch, genau, äh*) und nicht-lexikalische Äußerungen, d. h. Satzäquivalente, darstellen, auf kommunikativ-pragmatischer Ebene Sympathie oder Antipathie ausdrücken und je nachdem konfliktsteigernd oder -abschwächend wirken. Als solche Äquivalente repräsentieren sie der Satzart nach Deklarativ- oder Exklamativsätze und dienen entsprechend auf semantischer Ebene der expressiven Äußerung von Gefühlen (Bewunderung, Überraschung, Behagen, Zustimmung, Freude, Nachdenken, etc.).

Insgesamt werden Empathie, Emotionen sowie die subjektive Einstellung des Komplimentempfängers zu der im Kompliment ausgedrückten Illokution oder Proposition im deutschen Datenmaterial also allgemein ausgedrückt durch:

1. Einstellungsverben wie *finden, glauben, denken* etc., die subjektive Äußerungsvarianten darstellen, im Vergleich zu Adjektiven eine geringere Indizierungskraft besitzen und daher abtönend wirken können.

2. Antwortpartikeln wie *(m)hm* sowie Satzäquivalente wie *ja, ne, doch, danke*.

3. Partikeln (Gesprächs-, Modal-, Steigerungs- oder Abtönungspartikeln) oder Interjektionen, die den Illokutionstyp des Satzes und seine konversationellen Funktionen spezifizieren oder modifizieren.

4. Ausdrucksstarke oder -schwache, meist positiv bewertende Adjektive und Adverbien.

Auffallend ist in diesem Zusammenhang, dass die Gegenbewertungen implizierenden Komplimentreaktionen im deutschen Datenmaterial häufig aus einem Vor- oder Nachlaufelement in Form eines eigenständigen, durch ein Komma vom Satzkern getrennten Satzäquivalents (*ja*, *doch*, *ja ne*) und der anschließenden eigentlichen Bewertungsäußerung bestehen, die in den überwiegenden Fällen nur in Kombination mit diesen Vor- oder Nachlaufelementen vorkommen. Solche Elemente können ebenso wie z. B. Pausen auf kommunikativ-pragmatischer Beschreibungsebene als Technik zum Aushandeln von Übereinstimmung und Vermeidung von Nichtübereinstimmung für die folgende bewertende Komplimentäußerung fungieren.

Insgesamt stehen die deutschen Reaktionen aufgrund ihrer responsiven Sprechaktfunktion notwendigerweise unmittelbar hinter dem vorgelagerten Kompliment, auf das sie sich beziehen, und entsprechend vor möglichen Ergänzungen in Form von thematisch anknüpfenden Erklärungen, Erzählungen oder einer Fortführung des jeweiligen vor der Komplimentsequenz begonnenen Themas.

Um die Solidaritätsbekundung und positive Beziehungsgestaltung als wichtigste kommunikative Funktion der Komplimenterwiderung zu erfüllen, bedienen sich die deutschen Komplimentempfänger u. a. der verschiedenen, zuvor beschriebenen und zur Verfügung stehenden syntaktischen und lexikalischen Mittel, variieren sie, vermeiden so den Eindruck von Formelhaftigkeit und sorgen dafür, dass Spontaneität und Echtheit der Reaktionen vom Komplimentgeber nicht in Frage gestellt werden, d. h. die Reaktion als soziale Strategie erfolgreich ist.

Wie dies geschieht und welcher der genannten syntaktischen und lexikalischen Mittel sich die deutschen Teilnehmer innerhalb der sechzehn Reaktionsstrategien zur Übermittlung der jeweiligen kommunikativen Funktionen bedienen, werde ich nun anhand der in Kapitel 6.1.1 herangezogenen Erwiderungsbeispiele aus dem deutschen Datenmaterial darlegen.

Die Reaktionsstrategie des Dankes wird im deutschen Korpus vergleichsweise einheitlich formuliert, wohl auch vor dem Hintergrund erzieherischer Maßnahmen hinsichtlich der notwendigen Äußerung des Dankes für eine Geste der Aufmerksamkeit. Syntaktisch handelt es sich bei einem solchen Dank um eine kompakte Struktur, die als Hauptelement und sprachliches Signal das Satzäquivalent *danke* beinhaltet. Diesem Lexem können sowohl Anredeformen als auch kommentierende, intensivierende syntaktische oder elliptische Konstruktionen voran- oder nachgestellt werden (vgl. dazu auch Mulo Farenkia 2004).

Beispiel (1)[4] aus Kapitel 6.1.1 stellt in diesem Zusammenhang die einfachste und kürzeste Variante eines Dankes dar, indem nach einer etwa einsekündigen Pause ein schlichtes und konventionell vorbildliches *Danke* geäußert wird. Andere Beispiele aus dem deutschen Datenmaterial zeichnen sich entweder durch Anhängen des Ad-

---

[4]Die syntaktische und lexikalisch-semantische Analyse der Erwiderungsbeispiele in diesem Kapitel erfolgt auf der Basis der in Kapitel 6.1.1 analysierten Reaktionsbeispiele.

jektivs *schön* zu *dankeschön* als Satzäquivalent im bevorzugten Deklarativsatzformat aus oder ihnen wird eine Zustimmung oder angenehme Überraschung implizierende Partikel wie *(m)hm*, eine Interjektion (*oh*) oder das Satzäquivalent *ja* in einfacher oder redundanter Ausführung vorangestellt. Diese Kurzform des Dankes kann variabel durch nachgestellte Sätze, die andere Strategien beinhalten, erweitert werden, wobei auf kommunikativ-pragmatischer Beschreibungsebene dadurch eine Abschwächung der illokutiven Kraft der Annahme des Komplimentes erzielt wird und die Strategie des Dankes dann in eine Kompromissstrategie verwandelt und dem Selektionsbereich zuzuordnen wäre.

Im deutschen Datenmaterial tritt außer der adjektivisch intensivierten Form *dankeschön* keine weitere Struktur dieser Art auf. Stattdessen übernehmen die Partikel *(m)hm* (schwache Zustimmung implizierend), die Interjektion *oh* sowie das Satzäquivalent *ja* (starke Zustimmung signalisierend) lexikalisch gesehen eine ausschließlich intensitätssteigernde Funktion, die — wie das folgende Kapitel zu prosodischen Merkmalen zeigen wird — insbesondere in Verbindung mit Intonation, Lautstärke und Akzent als prosodische Mittel des Emotionsausdrucks zur Höflichkeitsmaximierung und Intensivierung des Honorierungsgrades im Rahmen eines sozial-funktionalen Gefüges beitragen.

Die zweite Annahmestrategie der Bewertung der Komplimentaussage kann prinzipiell sowohl syntaktisch als auch lexikalisch variabler und vielfältiger gestaltet sein, wird aber im deutschen Datenmaterial faktisch ebenso kurz und kompakt formuliert wie die Annahmestrategie des Dankes, nämlich — wie Beispiel (2) des Kapitels 6.1.1 zeigt — lediglich durch das positiv bewertende, jedoch verhältnismäßig ausdrucksneutrale und das Kompliment nicht direkt thematisierende Adjektiv *gut*, dem in diesem Beispiel ein Lachen als paraverbales Mittel zum Ausdruck von Verlegenheit, Unsicherheit und Sympathie vorausgeht. Die anderen beiden im Datenmaterial auszumachenden Antworten dieser Strategie setzen sich aus den lang gedehnten, freudige Überraschung implizierenden Partikel *Oooooh!* bzw. Interjektion *Haa!* mit anschließendem Lachen zusammen, also einer ebenso syntaktisch und lexikalisch ökonomischen, jedoch emotional ausdrucksstärkeren Variante wie Beispiel (2) mit einer syntaktischen Satzeinheit im Deklarativ- oder Exklamativsatzformat.

Es scheint, als ob eine grammatisch derart ökonomische Ausdrucksweise nicht allein ein Merkmal gesprochener Alltagssprache im Allgemeinen darstellt, sondern dass sie insbesondere im Hinblick auf die im deutschen Datenmaterial gewählten Komplimentreaktionen den Zweck verfolgen, das Maß an potentiell möglichen Missverständnissen oder Fehlinterpretationen auf Seiten des Komplimentgebers so gering wie möglich zu halten, dadurch zur Verständniserleichterung beizutragen und somit auf den Komplimentgeber solidaritätsbekundend und beziehungsförderlich zu wirken. Dies würde entsprechend die Tatsache erklären, dass der Komplimentgeber das in dieser Strategie nicht vermiedene Selbstlob nicht als störend empfindet und daher auch nicht sanktioniert.

Ähnlich verhält es sich mit der dritten Annahmestrategie der direkten Zustimmung zum Kompliment, die ebenfalls keine selbstlobvermeidenden, d. h. abtönenden, lexikalischen Mittel verwendet. Im Gegensatz zur zweiten Annahmestrategie, bei der das Eigenlob verhältnismäßig neutral ausfällt, impliziert die direkte Zustimmung eine explizite, unumwundene Beipflichtung zur Komplimentaussage, die eine entsprechend syntaktisch komplexere Struktur aufweist als die vorangegangenen Strategien.

Hinsichtlich ihrer syntaktischen Struktur wird diese Strategie — wie Beispiel (3) zeigt — im Äußerungsformat eines Deklarativsatzes mit Hilfe eines Einstellungsverbs — hier *finden* — und einem vorangestellten Satzäquivalent — an dieser Stelle *doch* — geäußert (*Doch, find ich auch!*). Zwar fehlt in diesem Satz das Bezugselement *das*, jedoch stellt diese Reaktion ansonsten einen vollständigen Satz dar mit sprecherorientiertem Fokus, dem Pronomen der 1. Person Singular als Subjekt, dem Prädikat in Form des Einstellungsverbs *finden* sowie der Bestätigung implizierenden Partikel *auch*, die zusammen mit dem durch ein Komma getrennten Vorlaufelement, d. h. der ebenfalls Übereinstimmung mit der Einstellung des Komplimentgebers signalisierenden Partikel *doch*, den Rahmen dieser Reaktion bildet. In anderen Reaktionen des deutschen Datenmaterials wählen die Teilnehmer mit äquivalenter Struktur alternativ das Verb *sagen* (*haben wir auch gesagt*) sowie das Zustimmung signalisierende Satzäquivalent *ja*.

Daneben treten sowohl deklarative Kurzformen auf, die sich aus dem Zustimmung implizierenden Satzäquivalent *ja* sowie den Partikeln *genau* bzw. *eben*, welche pragmatisch-funktional auf der Grundlage einer gemeinsamen Kommunikationsbasis Übereinstimmung mit dem Gegenüber schaffen und diese mit Hilfe der Partikel betonen, als auch längere Satzstrukturen, die Zustimmung durch Wiederholung der Komplimentformulierung in Verbindung mit dem Satzäquivalent *ja* als Vor- oder Nachlaufelement ausdrücken.

Insgesamt stellen die hier beschriebenen syntaktischen Konstellationsmöglichkeiten, die mit Hilfe von Fokus, Satzäquivalenten und Partikeln im Deklarativsatzformat die in der Reaktion enthaltene zustimmende und gleichzeitig emotionale Intensität regulieren, im deutschen Datenmaterial typische Reaktionsformen dar.

Eine weitere ökonomisch kompakt formulierte Annahmestrategie stellt diejenige der zustimmenden Bestätigung zur Komplimentaussage im bevorzugten Deklarativsatzformat dar, die sich mit wenigen Ausnahmen hauptsächlich aus folgenden schwache oder starke Zustimmung implizierenden Mitteln zusammensetzt: den voran- oder nachgestellten Satzäquivalenten *ja* und *doch* in einfacher oder intensiviert redundant aneinandergereihter Ausführung sowie alleinstehend oder kombiniert mit der pointierten Wiederholung der Komplimentformulierung sowie zusätzlichen intensitätsregulierenden Elementen wie den Partikeln *genau* bzw. *(bisher) schon*, *(m)hm* oder den Adjektiven *klar* bzw. *natürlich*. In Beispiel (4) aus Kapitel 6.1.1 etwa wird das Objekt des Kompliments, das *Recycling*, aufgegriffen, mit Hilfe des ergänzten Adjektivs *modern* spezifiziert und durch das zusätzliche Zustimmung implizierende Satzäquivalent *ja* sowie die Erheiterung signalisierende Interjektion *ha* erweitert. Das Aufgreifen des Komplimentobjekts in Kombination mit dem zustimmenden Satzäquivalent und der Interjektion signalisiert dem Komplimentgeber entsprechend unmissverständlich positive emotionale Beteiligung — wenn auch im Vergleich zum Dank oder der direkten Zustimmung schwächer ausfallend — und Übereinstimmung mit der positiven Bewertung. Ergänzungen in Form von weitere Information tragenden und möglicherweise andere Sprechakte implizierenden Deklarativsätzen als Nachlaufelemente sind möglich, die Grundstruktur dieser Reaktionsstrategie besteht jedoch hauptsächlich aus einem einfach oder redundant geäußerten Satzäquivalent, einer Partikel oder Interjektion, d. h. einem Zustimmung und Bestätigung signalisierenden Element in deklarativem Kurzsatzformat. Durch dieses syntaktische Minimalantwortmuster bewirkt der Komplimentempfänger — wie bereits im zweiten Annahmebeispiel dieses Kapitels angesprochen — entsprechend auf für ihn ökonomischste, kürzeste und für den Komplimentgeber dennoch unmissverständliche und akzeptable Weise, den Konversations- und Höflichkeitsmaximen genüge zu tun, indem er die positive Bewertung erwartungsgemäß angemessen, d. h. nicht übertrieben selbstlobschürend, annimmt.

Ein gutes Beispiel für einen verbalen „Schlagabtausch" im positiven Sinne stellt die fünfte Annahmestrategie, diejenige der gleichstark zustimmenden Bestätigung der Komplimentaussage, dar, die aus insgesamt vier Gesprächszügen besteht, abwechselnd zwei Kompliment- (erster und dritter Zug) und zwei Reaktionszügen (zweiter und meist vierter Zug), wobei beide Komplimente durch die wiederholte Verwendung des gleichen bewertenden Adjektivs nahezu identisch formuliert sind. Die beiden in dieser Strategie enthaltenen Reaktionszüge dagegen unterscheiden sich zum einen hinsichtlich des verwendeten Satzformats — der erste Reaktionszug erfolgt überwiegend im Fragesatzformat mit Hilfe der Partikel *ne?* und der zweite Reaktionszug im Deklarativsatzformat — zum anderen durch ihren syntaktischen sowie lexikalischen Aufbau.

Wie Golato (2002, S. 559) bereits in ihrer Studie zu deutschen Komplimenterwiderungen feststellt, setzt sich der erste Reaktionszug auch in dem zugrunde liegenden deutschen Korpus — wie Beispiel (5) in Kapitel 6.1.1 zeigt — vorwiegend aus der Fragepartikel *ne?* zusammen, die insbesondere in Verbindung mit dem vorangestellten, Zustimmung signalisierenden Satzäquivalent *ja* zunächst die zustimmende Haltung des Komplimentempfängers zur positiven Komplimentbewertung anzeigt, unmittelbar darauf jedoch die eigene zustimmende Haltung wieder in Frage stellt, damit erneute Bestätigung vom Komplimentgeber anfordert und somit eine neue Komplimentrunde initiiert.

Die in dieser zweiten Komplimentrunde geäußerte Reaktion als viertem Zug beinhaltet dann ebenso wie die vorangegangene Reaktion zunächst das starke Zustimmung implizierende Satzäquivalent *ja*, woran sich — ähnlich wie im Beispiel der dritten Annahmestrategie — der ebenfalls direkte, intensive Übereinstimmung mit der positiven Bewertung des Komplimentgebers signalisierende Kurzsatz *denk ich auch* anschließt. Wie bei der Mehrzahl der im deutschen Korpus gewählten Annahmestrategien tendieren die Teilnehmer auch bei dieser Strategie zur Verwendung kurzer Formulierungen mit Sprecher- oder Null-Fokus, die jedoch in ihrer syntaktisch und lexikalisch ökonomischen Struktur offenbar ausreichen, um den intendierten

Zweck, nämlich auf kommunikativ-pragmatischer Beschreibungsebene Solidaritäts-bekundung unter Berücksichtigung der Konversations- und Höflichkeitsmaximen dem Komplimentgeber gegenüber zu vermitteln, zu erfüllen und somit ein kommu-nikatives Gleichgewicht zu schaffen.

Dieses Prinzip lässt sich auch auf die letzte Annahmestrategie, die der humorvoll zustimmenden Bestätigung der Komplimentaussage, übertragen, die wiederum im Vergleich zu den zuvor beschriebenen Strategien variabler gestaltet sein kann und über ein vollständiges Satzgefüge verfügt.

Dies ist in Beispiel (6) zu erkennen, welches im Anschluss an eine kurze Pause von 0,61 Sekunden wie folgt formuliert ist: *So bin ich, weißt du, (m)hm.* Während in dieser Strategie, die das Äußerungsformat eines Deklarativsatzes annimmt, die schwache Zustimmung implizierende Partikel *(m)hm* erst am Ende der Reaktion als Nachlaufelement geäußert wird, beginnt die Reaktion mit dem Humor impli-zierenden Satzkern, der aus Modaladverb, Verb und Subjekt mit Sprecherfokus in der 1. Person Singular besteht sowie einer darauffolgenden höerorientierten Anrede-form, *weißt du*, die als an den Komplimentgeber gerichtetes Aufmerksamkeitssignal bezüglich der zuvor integrierten humorvollen Elemente dient. Wie bereits in Kapitel 6.1.1 beschrieben, beinhaltet die nachgestellte schwache Zustimmung signalisierende Partikel *(m)hm* zwar keine selbstlobvermeidenden Strategien, jedoch fungieren die humorvollen Elemente im vorauslaufenden Satzgefüge als positive Strategie mit so-lidaritätsbekundender, Heiterkeit auslösender und die Gesprächsatmosphäre auflo-ckernder Funktion. Humor wird in dieser Strategie also als Element zur Regulierung des nichtvermiedenen Eigenlobs im Hinblick auf soziale Nähe und positive Bezie-hungsgestaltung verwendet.

Für die Strategien des Annahmebereichs lässt sich festhalten, dass die in ihnen verankerte Zustimmungsintensität besonders durch Satzäquivalente, Partikeln und Interjektionen reguliert wird, die überwiegend als Vorlaufelemente den syntaktischen und lexikalischen Minimalantworten vorgeschaltet sind, selbstlobkompensierend wir-ken und u. a. verantwortlich für die Vielfalt möglicher Annahmestrategien im Deut-schen sind.

Dies gilt nicht für den Ablehnungsbereich, der mit nur einer Erwiderungsstra-tegie (Nichtzustimmung) zwar keine so große Anwendungsvielfalt aufweist, jedoch hinsichtlich der Länge und syntaktischen sowie lexikalischen Struktur variabler und umfangreicher gestaltet ist.

Wie in Kapitel 6.1.1 bereits erwähnt, tendieren die deutschen Teilnehmer dazu, eine explizit aggressive Ablehnung in Form sprachlicher Kurzformen im Zusammen-hang mit einer positiven Komplimentbewertung zu vermeiden, indem sie zwar die Ablehnung implizierenden Negationselemente *nicht, na, ne* oder *keine* verwenden, aber immer im Rahmen eines längeren, eine Erklärung implizierenden und damit regulierend wirkenden Satzgefüges.

Dies lässt sich in Beispiel (7) erkennen, in dem das Negationselement *keine* erst zum Ende der Reaktion hin geäußert wird (*Es, es sind ja, es sind Hobbys, es is keine richtige Begabung*). Die geäußerte Nichtzustimmung enthält zunächst einmal eine normale resümierende Feststellung der Befindlichkeit im Deklarativsatzformat mit Null-Fokus, bestehend aus dem Subjekt *es*, dem Verb *sind*, der Abtönungspartikel *ja* sowie dem Substantiv *Hobbys* als Objekt, das anstelle der im Kompliment positiv bewerteten, lexikalisch-konnotativ höherwertigen Begabung gewählt wird. Daran schließt dann erst das durch ein Komma getrennte Satzgefüge *es is keine richtige Begabung* mit Null-Fokussierung an, welches das Negationselement *keine* beinhaltet. Dieses Negationselement erhält insbesondere in Kombination mit dem Adjektiv *richtige* sowie dem Substantiv *Begabung*, welches im Kompliment als Verb mit Personenbezug in der 2. Person Singular (*Du bis, äh, vielfältigst, ha, begabt!*) geäußert wird, erst seine ablehnend-zurückweisende Funktion. Intensitätsregulierende Wirkung übt dabei in diesem Beispiel sowohl die Anordnung innerhalb des Satzgefüges (Deklarativsatz vor Verneinungssatz) aus als auch die Kombination aus Abtönungspartikel, Adjektiv und verwendeten Substantiven.

Daneben treten auch Varianten der Nichtzustimmung auf, die sich aus Zustimmung implizierenden Partikeln (*(m)hm*) bzw. Satzäquivalenten (*ja*) mit anschließenden, Negationselemente beinhaltenden Satzgefügen wie *ich weiß nich* oder *kann ich nich sagen* an zweiter Position zusammensetzen. Auch bei diesen Varianten steht das mit Hilfe des Negationselements *nicht* explizite, lexikalisch stärkere Ablehnung implizierende Satzgefüge an letzter Stelle.

Eine weitere, Zweifel und damit Ablehnung implizierende syntaktische Struktur stellt die mit Hilfe des Pronomens *wieso?* gestellte Frage (*Ne Bombenuhr? Wieso?*) dar, welche die gesamte Komplimentbewertung und damit einhergehend die Glaubwürdigkeit des Komplimentgebers in Frage stellt und dadurch direkte Ablehnung signalisiert. Welcher dieser dargestellten syntaktisch und lexikalischen Konstruktionen sich die deutschen Teilnehmer auch bedienen mögen, sie zweifeln in jedem Fall die positive Komplimentbewertung, die gesamte Aussage und damit einhergehend die Bewertungskompetenz des Komplimentgebers an, weisen in tendenziell impliziter Weise das an sie gerichtete Kompliment zurück, verstoßen damit auf kommunikativ-pragmatischer Beschreibungsebene gegen Konversations- und Höflichkeitsmaximen und verhalten sich somit unkooperativ und nicht beziehungsfördernd.

Die häufige Verwendung von Zustimmung oder Nichtzustimmung implizierenden Elementen in Verbindung mit optional mehrfach aneinandergereihten Minimalsatzstrukturen (kurze elliptische oder topikalisierte, d. h. syntaktisch unvollständige Sätze, Pro-Formen, etc.) zum Zwecke der Verständnissicherung oder -erleichterung durch eine ökonomische und inhaltlich variable Gestaltung je nach Kontext, kommunikativ-pragmatischer Notwendigkeit und anderen Einflussfaktoren lässt sich auch im Kompromissbereich erkennen.

Der Kompromissbereich setzt sich aus solchen Erwiderungsstrategien zusammen, die sowohl lexikalische Zustimmungs- als auch Nichtzustimmungselemente beinhalten, d. h. Selbstlob implizierende und vermeidende Mittel in Form von modifizierenden lexikalischen und syntaktischen Elementen zur adäquaten Berücksichtigung der bei Komplimentreaktionen wirksamen Zwänge. Die im deutschen Korpus gewählten Kompromissstrategien haben gemeinsam, dass sie überwiegend durch das affirmative Satzäquivalent *ja* eingeleitet werden, dadurch den positiv zustimmenden Antworten zuzuordnen sind, und im Satzkern schwach positive und auch nichtzustimmende lexikalische Elemente wie z. B. *wenn … dann, ein bisschen, schon, aber* oder *ja ne* enthalten. Mit Hilfe der Kombination dieser Elemente signalisiert der Komplimentempfänger dem Komplimentgeber zunächst Übereinstimmung, die er sogleich wieder einschränkt, ohne jedoch die positive Bewertung vollständig abzulehnen. Hinsichtlich des syntaktischen Umfangs der in den Kompromissbereich fallenden Strategien verfügen die einzelnen Reaktionen im Gegensatz zu denjenigen des Annahme- oder Ablehnungsbereichs über tendenziell längere und komplexere Satzgefüge.

Dies gilt jedoch nicht für die Kompromissstrategie der neutralen Rückfrage im Fragesatzformat, die sich — wie Beispiel (8) zeigt — ausschließlich aus einem Satzäquivalent *ja* oder alternativ dem Adjektiv *echt* bzw. der komprimierten Subjekt-Verb-Struktur *findste* mit jeweils am Ende steigender Frageintonation zusammensetzt. Wie in informeller Konversation üblich, werden die Reaktionen dieser Strategie möglichst ökonomisch mit nur einem Wort als Frageelement, also syntaktisch unvollständig, formuliert, wobei sich dieser neutralen Rückfrage weitere syntaktische Ergänzungen im Deklarativsatzformat anschließen können, die entweder einen Dank, eine direkte Zustimmung oder eine begründende Erklärung für die Rückfrage enthalten. Eine solche neutrale Rückfrage mit Null-Fokussierung zweifelt nicht die Glaubwürdigkeit der Komplimentbewertung an, sondern dient dem Zweck, durch Veranlassung des Komplimentgebers zur Wiederholung auf neutrale und selbstlobvermeidende Weise entsprechend der wirksamen Zwänge den Rückversicherungsbedarf des Komplimentempfängers mit Hilfe von möglichst wenigen, eindeutigen und einfach verständlichen syntaktischen und lexikalischen Mitteln zu decken und damit das Verständnis zwischen den Gesprächspartnern erneut zu sichern, die Beziehung zu stärken und die Kommunikation voranzutreiben.

Ähnlich abtönend, jedoch syntaktisch komplexer, verhält es sich bei der zweiten Kompromissstrategie, der Abwertung der Komplimentbewertung, die ausschließlich im Deklarativsatzformat mit Sprecher- oder Nullfokussierung geäußert wird und sich überwiegend aus einem voran- oder nachgestellten affirmativen Satzäquivalent und dem meist elliptisch strukturierten Satzkern mit sowohl zustimmenden, d. h. intensivierenden, als auch nichtzustimmenden oder abtönenden Elementen zusammensetzt. Dies ist insbesondere in dem in Kapitel 6.1.1 präsentierten Beispiel (9) zu erkennen, das wie folgt formuliert ist: *Ja, so in etwa. Ja, doch, also es is, (m)hm, haut das gut hin.* Bei dieser Reaktion werden die affirmativen Elemente *ja* und *doch* sowie die Partikel *(m)hm* als zustimmende Einheiten dem jeweiligen Satzkern vorangestellt, während die lexikalisch sowie kommunikativ-pragmatisch Abwertung implizierenden Elemente, insbesondere die Partikeln *so, etwa* und *also*, in dem fragmentarisch und insbesondere im zweiten Satzgefüge hinsichtlich der Satzstellung syntaktisch nicht korrekt (Verb *haut* an erster statt zweiter Position) konstruierten Satzkern verankert sind. Eine graduelle Abwertung der Komplimentbewertung erfolgt in dieser Reaktion also insbesondere durch die Kombination der verwendeten abtönenden Partikeln im Anschluss an die affirmativen Elemente, welche überwiegend die bedeutungstragenden Elemente darstellen, welche die Komplimenterwiderung als dem Bereich der Kompromissstrategien zuweisen. Neben den Zustimmung implizierenden Satzäquivalenten *ja, ja doch* und *na ja*, die überwiegend als Vorlaufelemente fungieren und in einigen Reaktionen durchaus redundant verwendet werden, signalisieren Elemente wie das unbestimmte Zahladjektiv *ein bisschen*, die Partikel *ganz*, die Kombination aus Negationselement und komplementär negativ bewertendem Adjektiv (*nicht schlecht*) oder auch bewertungsneutralere Adjektive (*toll* oder *prima* im Kompliment wird zu *schön* oder *gut* in der Reaktion) Abschwächung im Hinblick auf die zuvor ausgedrückte affirmative Haltung sowie die zuvor geäußerte Komplimentbewertung.

Es zeigt sich prinzipiell, dass mit Verwendung dieser hier aufgeführten unterschiedlichen syntaktischen und lexikalischen Mittel den deutschen Informanten in ihren Reaktionen eine Vielfalt selbstlobvermeidender Ausdrucksmöglichkeiten zur Verfügung stehen, um die Bedeutungsintensität der in den Komplimenten gewählten Bewertungselemente abzuschwächen und dadurch die in dieser Situation und in diesem Kontext wirksamen Zwänge, Höflichkeits- und Konversationsmaximen zu berücksichtigen.

Kommunikativ-pragmatisch ähnlich mit Hilfe anderer syntaktischer und lexikalischer Mittel funktioniert die dritte Kompromissstrategie der Einschränkung der Komplimentbewertung. Während auch in dieser syntaktisch komplexeren Strategie meist die affirmativen Elemente *ja, joa, doch* oder die Zustimmung und gleichzeitig Nichtzustimmung implizierende Form *na ja*, und *ja ne* vorangestellt werden, schließen die Abschwächung indizierenden Kommentare im Deklarativsatzformat mit Sprecher- oder Null-Fokus oft mit der koordinierenden Konjunktion *aber* an, die einen Gegensatz auf der Grundlage von Gemeinsamkeiten ausdrückt, sowie dem darauffolgenden Satzkern mit negierenden und/oder affirmativen Elementen.

Beispiel (10) (*Ja, wenn's mehr Worte wärn, dann vielleicht, ja.*) präsentiert alternativ zu der Einschränkung signalisierenden Konstruktion *ja... aber* im Anschluss an das affirmative Satzäquivalent *ja* diejenige der konjunktionalen Form *wenn... dann* im Deklarativsatzformat mit dem Verb *sein* im Konjunktiv (*wärn*), die in dieser syntaktischen und lexikalischen Konstellation insbesondere durch die Wahl der Konjunktionen oder Modalpartikeln (*wenn ... dann* und *vielleicht*) und dem Verb im Konjunktiv ebenfalls Einschränkung impliziert, da sie der positiven Bewertung mit einem irrealen, die Unerfüllbarkeit einer Bedingung implizierenden Konditionalsatz mit Null-Fokus begegnet. Dabei drückt nicht zuletzt auch die Modalpartikel *vielleicht* — wie Werlen (1983) festhält — in ihrer nicht-modalen Bedeutung im Rahmen höflichen verbalen Verhaltens Abschwächung aus. Allein die Kombination aus affirmativem Satzäquivalent (*ja*) am Anfang und Ende des Satzgefüges und gleichzeitig abtönenden Modalpartikeln in einem mit Hilfe von Konjunktionen Einwand implizierenden Satzgefüge dient in diesem Beispiel dazu, die Erwiderung im konversationellen Kontext entsprechend der wirksamen Zwänge, Höflichkeits- und Konversationsmaximen adäquat durch Vereinigung zustimmender und nichtzustimmender Elemente zu verankern.

Die vierte Kompromissstrategie, welche die positive Bewertung an eine dritte, nicht anwesende Person weiterleitet, bedient sich in den wenigen im deutschen Datenmaterial zu verzeichnenden Beispielen zwar ebenfalls sowohl zustimmender als auch nichtzustimmender Elemente, erzielt dies jedoch syntaktisch und lexikalisch auf andere Art und Weise — wie Beispiel (11) (*Jaa, ne, also, da war er wirklich, also er hat mich auch von Anfang an unterstützt und…*) zeigt.

Während abwechselnd affirmative und negierende Elemente (*ja, ne*) sowie die Abwägung implizierende Partikel *also* in diesem Beispiel als Vorlaufelemente mit bereits eingeschränkte Übereinstimmung implizierender Signalwirkung eingesetzt werden, besteht die Strategie der deutschen Teilnehmer im darauffolgenden Satzkern darin, durch die Verwendung der dritten Person Singular (*er* oder in einem anderen Beispiel auch das unpersönliche *man* als Subjekt eines Exklamativsatzes) die positive Bewertung an eine dritte, nicht anwesende Person im Rahmen eines die näheren Umstände erklärenden Kommentars im Deklarativsatzformat weiterzuleiten, so durch Ablenken von der eigenen und Fokussierung einer anderen Person Bescheidenheit zu indizieren, auf elegante Weise Selbstlob zu vermeiden und entsprechend den wirksamen Zwängen sowie Höflichkeits- und Konversationsmaximen adäquat zu begegnen.

Eine ähnlich funktionierende, formal-strukturell sehr kompakte Antwortstrategie des Kompromissbereichs stellt diejenige der Rückgabe des Kompliments dar, die — wie Beispiel (12) (*Du auch*) zeigt — bevorzugt im Deklarativsatzformat in elliptisch unvollständiger, d. h. prädikatloser, Kurzform mit Hilfe des hörerfokussierenden Pronomens *du* in der 2. Person Singular in Verbindung mit der die Aussage bekräftigenden Partikel *auch* geäußert wird. Durch die mit Hilfe der Hörerfokussierung sowie der Bekräftigung signalisierenden Partikel von der eigenen Person auf den Komplimentgeber rückgeleitete Referenzverschiebung vermeidet der Komplimentempfänger zum einen Selbstlob und deutet zum anderen durch die Rückgabe an, dass das Kompliment akzeptiert und als so positiv wertvoll beurteilt wird, dass der Komplimentgeber ebenfalls daran teilhaben und davon profitieren soll.

Die sechste Kompromissstrategie der Erklärung ist im Vergleich dazu sowohl syntaktisch als auch lexikalisch flexibler und meist umfangreicher gestaltet. Während viele der hervorgebrachten Reaktionen wie in vielen anderen Strategien auch mit dem affirmativen Satzäquivalent *ja* oder der Partikel *okay*, der Zustimmung implizierenden Partikel *(m)hm* oder der kombinierten Partikel *nja* in einfacher oder mehrfacher Ausführung beginnen, gibt es nur wenige Reaktionen, in denen diese Satzäquivalente, Partikeln oder Interjektionen in der Mitte des Satzes positioniert oder gar nicht vorhanden sind. Das daran anschließende Satzgefüge besteht ausnahmslos aus vollständigen, komplexen syntaktischen Strukturen im Deklarativsatzformat, Kommentar- oder Erzählmodus mit Sprecher- oder Nullfokussierung und nimmt in Form einer neutralen Erläuterung Bezug auf die im Kompliment enthaltene positive Bewertung.

Beispiel (13) (*Ich hab mir das vor der Zwischenprüfung ausgerechnet*) präsentiert eine typische Erwiderung bestehend aus einer Erklärung, die sich auf das zuvor im Kompliment Bewertete bezieht, zusätzliche Informationen zu diesem in vollständiger syntaktischer Satzstruktur (Subjekt, Hilfsverb der zusammengesetzten Perfektform, Objekt, adverbiale Bestimmung, Vollverb der Perfektform) übermittelt und dadurch sowohl im Rahmen von Kenntnisnahme des positiv Bewerteten und gleichzeitig Selbstlobvermeidung die wirksamen Zwänge und Maximen berücksichtigt als auch durch zusätzlichen Gesprächsstoff zur weiteren Kommunikation anregt.

Statt komplexer syntaktischer und lexikalischer Einheiten im Erzählmodus bedient sich die Strategie des Ignorierens als siebte eingesetzte Kompromissstrategie entweder gar keiner syntaktischen Struktur und lexikalischer Elemente, sondern stattdessen einer Pause oder Verzögerungspartikel (*äh*), oder beinhaltet einen Kommentar, eine Erklärung oder Information im Deklarativsatzformat, die inhaltlich zwar annähernd etwas mit dem positiv Bewerteten im Kompliment zu tun hat, sich jedoch nicht explizit darauf bezieht und somit über dieses hinweggeht.

In Beispiel (14) (*Ja, ich hab im, im Examen hab ich jetz quasi ne einsfünf, also gerade noch so n sehr gut ((1,24s)) und äh ((4,11s)) das is für mich auch keine endgültige Richtlinie oder so was.*) wird der Komplimentempfänger während seiner Ausführung zum Zeitpunkt einer kurzen Pause von 1,24 Sekunden sowie der Konjunktion *und* vom Komplimentgeber durch den Einwurf eines Kompliments in seiner Sprecheraktivität kurzzeitig unterbrochen, worauf der Komplimentempfänger zunächst die Verzögerungspartikel *äh* äußert und daraufhin nach einer Pause von 4,11 Sekunden seine vor dem Komplimenteinwurf begonnene Ausführung weiterführt. Mit Hilfe dieser Strategie vermeidet der Komplimentempfänger Selbstlob, geht weder auf die eigenen *face*-Bedürfnisse noch die des Komplimentgebers ein, regt jedoch durch die Fortsetzung seiner Erklärung zur Weiterführung der Konversation an.

Die Tatsache, dass im Anschluss an diese Strategie von Seiten des Komplimentgebers keine negative Reaktion erfolgt, er diese Reaktion des Ignorierens dementsprechend nicht als störend zu empfinden scheint, lässt darauf schließen, dass diese Strategie von beiden Gesprächspartnern als das gute Einvernehmen nicht berührend verstanden wird.

Die letzte Strategie des Kompromissbereichs, diejenige des Scherzens, zeichnet sich dagegen dadurch aus, dass sie keine affirmativen Satzäquivalente oder Partikeln beinhaltet, sondern sich ausschließlich aus dem die humorvollen Satzelemente tragenden Satzgefüge mit Sprecherfokus im Deklarativsatzformat zusammensetzt.

In dem einzigen im deutschen Datenmaterial auszumachenden Beispiel (15) (*Die kann ich ja, die kann ich ja mit Schokolade überziehn, dann haste Werthers Echte*) ist zu erkennen, dass der erste Teil des Hauptsatzgefüges, der aus dem auf den Komplimentgegenstand Bezug nehmenden Objektpronomen *die* an erster Position, dem Hilfsverb *kann* sowie dem Subjektpronomen in der 1. Person Singular und der Partikel *ja* besteht, redundant verwendet wird, bevor es mit dem indirekten Objekt und dem Vollverb an letzter Position vervollständigt wird. Darauf folgt dann der mit einem Komma vom Hauptsatz abgetrennte, durch das Korrelat *dann* konditional eingeleitete Nebensatz mit Hörerfokus in der 2. Person Singular, dem Vollverb *haben* sowie dem die entsprechende Bonbonmarke bezeichnenden Objekt *Werthers Echte*.

Diese Strategie legt beispielhaft dar, dass insbesondere für die Integration humorvoller Elemente und deren kontextuelle Wirkung in Komplimentreaktionen nicht nur syntaktische oder lexikalische Elemente zuständig sind, sondern insbesondere prosodische Merkmale wie Intonationskontur, Akzentuierung und Tonfall, sowie andere paraverbale Merkmale wie Mimik und Gestik, die als Kontextualisierungshinweise Aufschluss geben über den Bedeutungsinhalt der Reaktion.

Insgesamt zeigt die Betrachtung der syntaktischen und lexikalisch-semantischen Elemente der verwendeten Erwiderungsstrategien, dass — wie zu Beginn beschrieben und von Bußmann (²1990, S. 726) im Rahmen einer sprechakttheoretischen Definition bestätigt — tatsächlich besonders Partikeln, Interjektionen, Adjektive, Adverbien, Negationselemente und der Modus entscheidende modifizierende, die jeweilige kommunikativ-pragmatischen Funktion beeinflussende illokutive Indikatoren in den einzelnen Komplimenterwiderungsstrategien darstellen. Ein Bezug zur kommunikativ-pragmatischen Beschreibungsebene wurde bei der syntaktischen und lexikalischen Beschreibung in diesem Kapitel deshalb hergestellt, weil die semantisch-denotative Bedeutung der in den einzelnen Antworten verwendeten illokutiven Indikatoren — wie in den meisten Beispielen gezeigt — nur sehr gering ausfällt im Gegensatz zu der entsprechenden kommunikativ-pragmatischen Funktion oder Leistung, die meist umso größer ist — dies insbesondere bei den die emotionale Einstellung des Komplimentempfängers tragenden Partikeln, Interjektionen und Satzäquivalenten (vgl. z. B. Ehlich (1986) bezüglich Interjektionen).

Die Entscheidung, welche Bedeutung die jeweilige Komplimentreaktion beinhaltet, d. h., wie sie im jeweiligen Kontext unter bestimmten Umständen zu interpretieren ist, hängt nicht zuletzt auch — wie Mulo Farenkia (2004, S. 76 ff.) u. a. für Komplimente im Deutschen bestätigt — von prosodischen Merkmalen wie der Intonation oder des Akzents ab, da das Zusammenwirken verschiedener prosodischer Mittel und lexikalisch-syntaktischer Einheiten erst den Interpretationsrahmen der präsentierten Komplimentreaktionen aufbaut.

## 6.1.4  Prosodische Mittel und ihre illokutionsindizierende Funktion

Prosodische Mittel spielen also auch bei der Formulierung der deutschen Komplimentreaktionen eine wichtige Rolle, da sie die illokutionssignalisierende Kraft der beschriebenen syntaktischen und lexikalischen Indikatoren (Satztypen, Modus, Satzäquivalente, Partikel, Interjektionen, Adjektive und Adverbien) unterstützen und auch selbst als Illokutionsindikatoren fungieren.

Dabei zählen zu den besonders relevanten prosodischen Merkmalen vor allem die Betonung (Wort- oder Satzbetonung) sowie die Satzintonation insbesondere im Hinblick auf die den Reaktionen zugrunde liegende Satzstruktur (Deklarativ-, Exklamativ-oder Interrogativsatz).

Besondere Betonung fällt den in den Erwiderungen enthaltenen positiv wertenden Wörter und Wortgruppen (Adjektive oder Adverbien, Einstellungsverben, Satzäquivalente, Partikel, Interjektionen u. a.) zu, um die emotionale Einstellung des Komplimentempfängers zum Ausdruck zu bringen und die Aufmerksamkeit des Komplimentgebers zu Zwecken der Deutungserleichterung darauf zu lenken.

Die folgende prosodische Beschreibung, die den in Kapitel 5.1.4 dargestellten
Analysekriterien und -grundlagen folgt, soll verdeutlichen, inwiefern Betonung und
Intonation Einfluss nehmen auf die kommunikativ-funktionale, konnotative, sprecherintentionale und -emotionale Markierung in den einzelnen Komplimentreaktionen als Strategien der drei Bereiche Annahme, Ablehnung oder Kompromiss.

Insgesamt lassen sich bei den einzelnen Erwiderungsstrategien hinsichtlich der
verwendeten prosodischen Mittel folgende Gemeinsamkeiten erkennen:

- Die Betonung ist bei Reaktionen im Deklarativsatzmodus in ihrer Gesamttendenz fallend und im Fragesatzmodus steigend.

- Daneben gibt es Antworten, bei denen der Tonhöhenverlauf des Hauptsatzgefüges tendenziell fallend, derjenige des anschließenden affirmativen Satzäquivalents oder der satzbeendenden Partikel dagegen tendenziell steigend ausfällt.

- Darüber hinaus sind bei den deutschen Erwiderungen in einigen Reaktionen
Tonhöhensprünge nach oben oder unten zu verzeichnen, die Schwitalla ([2]2003,
S. 71 ff.) zufolge meist in Kombination mit Änderungen der Lautstärke und
Sprechgeschwindigkeit eine expressive Funktion innehaben, da sie die emotio-
nale Einstellung des Komplimentempfängers (psychische Erregung, Emphase,
Überraschung, etc.) widerspiegeln.

Schaut man sich nun die einzelnen deutschen Antwortbeispiele der jeweiligen Erwiderungsstrategien aus den vorangegangenen Kapiteln an[5], so fällt im Hinblick auf
die Annahmestrategie des Dankes auf, dass diese lediglich aus dem Satzäquivalent
*danke* besteht.

In Abbildung 23, die den Tonhöhenverlauf präsentiert, ist eine leicht fallende
Intonationskontur von 144 auf 138 Hz auf diesem Lexem zu erkennen. Das Satzäquivalent *danke* trägt entsprechend sowohl die Hauptaussage als auch den Hauptakzent
auf dem ersten Vokal und ist — wie in Abbildung 24 deutlich wird — durch eine
relativ konstante, gedehnte Tonbewegung auf mittlerem Tonhöhenregister gekennzeichnet, die auf ein verhältnismäßig geringes Maß emotionaler Anteilnahme des
Komplimentempfängers schließen lässt. Die minimale intonatorische Abweichung
in dieser Reaktion unterstützt den Eindruck, dass es sich um eine formelhafte, vom
Komplimentempfänger erlernte, in entsprechenden Situationen daher automatisiert

---

[5] Die Tonhöhenverläufe entstammen den jeweiligen Hörbeispielen aus den einzelnen deutschen Interviews und werden konsequenterweise aufgrund der für die australischen Beispiele geltenden Bedingungen
nicht veröffentlicht (siehe Fußnote 15 in Kapitel 5).

und verhältnismäßig emotionsneutral hervorgebrachte Erwiderung auf ein Kompliment handelt. Darüber hinaus signalisiert die insgesamt global fallende Tonbewegung in dieser spezifischen Situation die Beendigung der Erwiderungssprechhandlung und gleichzeitig die Übertragung des Rederechts an den Komplimentgeber.

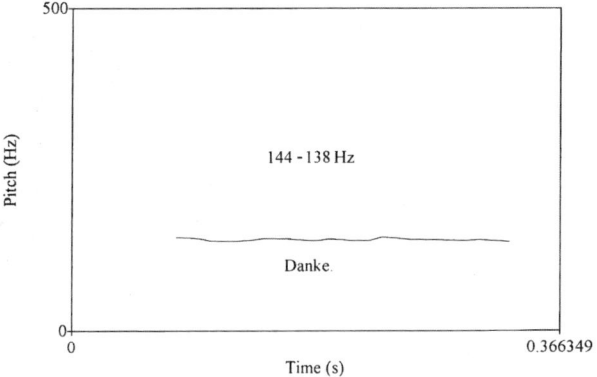

Abbildung 23: Darstellung des Tonhöhenverlaufs der Annahmestrategie des Dankes

Ähnlich sieht es mit dem Erwiderungsbeispiel der zweiten Annahmestrategie, der Bewertung der Komplimentaussage, aus, das ebenfalls lediglich aus einem Lexem besteht, dem wertenden Adjektiv *gut*, das mit global fallendem Tonhöhenverlauf (von 63 auf 56 Hz) geäußert wird und dadurch entsprechend das Ende der Redeeinheit signalisiert.

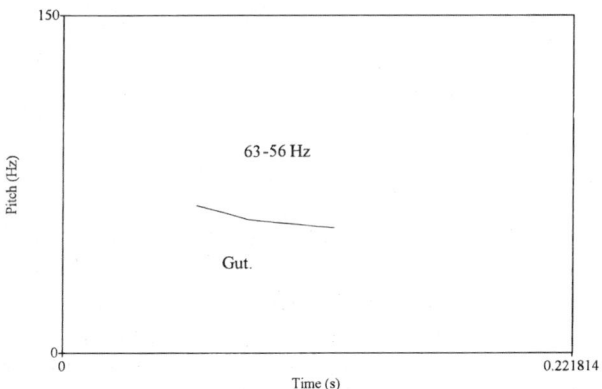

Abbildung 24: Darstellung des Tonhöhenverlaufs der Annahmestrategie der Bewertung der Komplimentaussage

Hinsichtlich der Stimmführung fällt in Abbildung 24 dabei auf, dass der globale Tonhöhenverlauf dieser Gegenbewertung auf verhältnismäßig tiefem Tonhöhenregister unter 100 Hz geäußert wird, ein Merkmal, das Selting (1995, S. 159 ff.) zufolge im Allgemeinen normalerweise typisch für untergeordnete, herabspielende, dispräferierte Sprechhandlungen ist. Im Rahmen höflichkeitsspezifischer Sprechhandlungen wie Komplimenterwiderungen und speziell in diesem Fall der Annahmestrategie der Bewertung der Komplimentaussage, die sich keiner selbstlobvermeidenden Strategien bedient, scheint die Wahl eines tiefen Tonhöhenregisters jedoch vielmehr eine Kompensationsmöglichkeit zur Abschwächung der Zustimmungsintensität darzustellen, die anstelle expliziter selbstlobvermeidender Strategien verwendet wird, jedoch eine ähnliche Wirkung erzielt.

Expliziter und ausdrucksstärker wird jedoch ein Kompliment im Deutschen mit der Strategie der direkten Zustimmung zur Komplimentaussage angenommen, die im Gegensatz zu den ersten beiden Annahmestrategien syntaktisch, lexikalisch und auch prosodisch komplexer ausfällt.

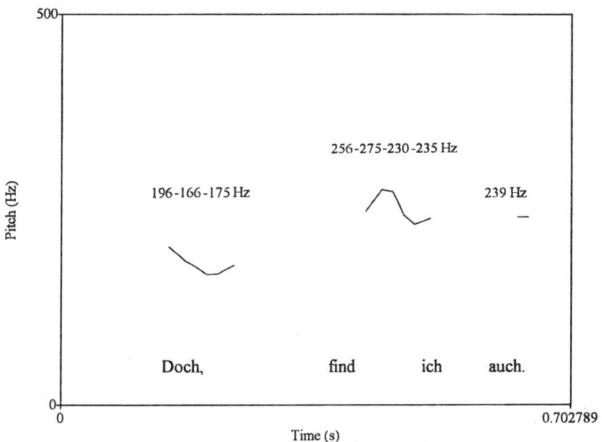

Abbildung 25: Darstellung des Tonhöhenverlaufs der Annahmestrategie der direkten Zustimmung zur Komplimentaussage

Wie in Abbildung 25 zu erkennen ist, besteht das Erwiderungsbeispiel aus dem affirmativen Satzäquivalent *doch* als Vorlaufelement, gefolgt von dem direkte Zustimmung implizierenden Satzkern *find ich auch*. Während das Satzäquivalent mit fallendsteigender Intonationskontur auf mittlerem Tonhöhenregister (von 196 auf ein Frequenzminimum von 166 Hz und dann 175 Hz) geäußert wird und durch diesen Verlauf Bestätigung impliziert, ist bei der Verbalisierung des darauffolgenden Einstellungsverbs *find* und dem Subjektpronomen *ich* ein Tonhöhensprung nach oben mit steigend-fallend-steigendem Tonhöhenverlauf und steigender Endintonation zu verzeichnen (bei 256 Hz ansetzend, dann auf ein Frequenzmaximum von 275 Hz steigend, wiederum auf 230 Hz fallend und schließlich bis auf 235 Hz ansteigend). Die Endintonation der Partikel *auch* verläuft schließlich gleich bleibend auf mittlerem Tonhöhenregister (bei 239 Hz). Insbesondere die im Satzkern auf dem Einstellungsverb und Subjektpronomen auszumachenden Tonhöhensprünge nach oben und unten auf mittlerem bis hohem Tonhöhenregister spiegeln die in der Erwiderungsäußerung enthaltene expressive Funktion wider, mit Hilfe derer die Komplimentempfängerin ihre emotionale Betroffenheit und Einstellung — in diesem Erwiderungsbeispiel die positive, explizit zustimmende Einstellung — ausdrückt. Die nach einer erneuten schwach steigenden Tonbewegung sich zum Ende des Satzkerns hin auf der Partikel und auf einer Frequenz von 239 Hz einpendelnde, konstante Stimmführung kündigt — wie Ehlich (1986, S. 50 f.) dies als eine Grundform für die ebene tonale Struktur von Interjektionen feststellt — eine mögliche Divergenz in dem auf die Komplimenterwiderung folgenden Redebeitrag an, der — schaut man sich den an die Erwiderung anschließenden Satz an — tatsächlich von der Komplimentempfängerin mit der einschränkende Einstellung ankündigenden Konjunktion *aber* eingeleitet wird. Insgesamt tragen das vorgelagerte affirmative Satzäquivalent, Einstellungsverb und Subjektpronomen die Hauptbetonung und stellen damit die bedeutungstragenden, direkte Zustimmung konnotierenden Elemente dar.

Die vierte Annahmestrategie der zustimmenden Bestätigung der Komplimentaussage setzt sich zum einen aus dem im Kompliment benannten, durch Ergänzung des Adjektivs *modern* wieder aufgegriffenen Bewertungsgegenstand sowie dem nachgestellten affirmativen Satzäquivalent *ja* zusammen, welches das tragende Element der Bestätigung in dieser Annahmestrategie darstellt.

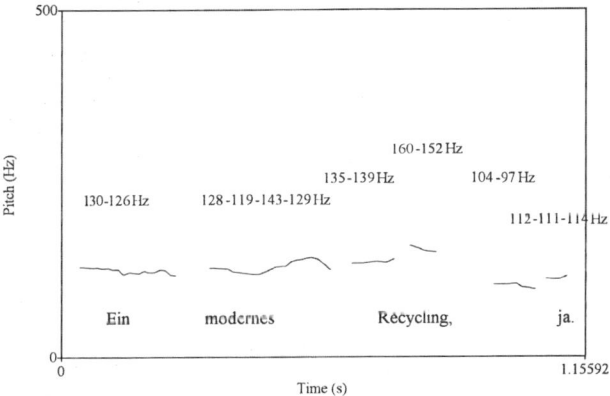

Abbildung 26: Darstellung des Tonhöhenverlaufs der Annahmestrategie der zustimmenden Bestätigung der Komplimentaussage

Wie Abbildung 26 zeigt, verläuft die Tonbewegung im Satzkern global zunächst leicht steigend und zum Ende des Satzkerns hin fallend, wohingegen das nachgestellte Satzäquivalent einen fallend-steigenden Tonhöhenverlauf aufweist, der signalisiert, dass der Redebeitrag noch nicht beendet ist (der Komplimentempfänger schließt der Reaktion vor einem Sprecherwechsel noch ein Lachen an).

Es ist zu erkennen, dass die Tonbewegung bis zum ersten Vokal des Adjektivs nur langsam von 130 auf 126 Hz sinkt, dann wieder bei 128 Hz ansetzt, zunächst bis auf 119 Hz leicht abfällt, bevor sie bis zum zweiten Vokal, der die Hauptbetonung trägt, auf 143 Hz ansteigt und danach auf 129 Hz absinkt.

Der Tonhöhenverlauf des darauffolgenden Substantivs *Recycling* setzt bei 135 Hz an, steigt dann auf der ersten Silbe bis 139 Hz an, beginnt mit der zweiten Silbe bei einem Frequenzmaximum von 160 Hz und fällt bis auf 152 Hz ab, gefolgt von der dritten Silbe, deren Tonbewegung auf niedrigem Tonhöhenregister bei 104 Hz ansetzt und dann bis auf ein Frequenzminimum von 97 Hz absinkt. Die Stimmführung des daran angeschlossenen Satzäquivalents beginnt bei 112 Hz, fällt dann zunächst leicht ab auf 111 Hz und steigt zum Ende hin bis auf 114 Hz an. Während das Satzäquivalent in fallend-steigender tonaler, leicht gedehnter Struktur — ähnlich wie die Zustimmung implizierende Partikel *hm* bei Schmidt (2001, S. 25) — funktional Bestätigung signalisiert, zeichnet sich der Satzkern, bei dem die Tonbewegung jeweils auf der zweiten Silbe des akzentuierten Adjektivs und Substantivs die höchste Herzfrequenz erreicht, global vor allem zum Äußerungsende hin durch eine fallende tonale Struktur aus, welche die Beendigung des Satzkerns ankündigt. Die aus der Komplimentformulierung wieder aufgegriffene und leicht spezifizierte Einheit im Satzkern dient dabei ebenfalls der Bekräftigung, Bestätigung und Verständnissicherung.

Die fünfte Annahmestrategie der gleichstarken zustimmenden Bestätigung besteht aus zwei Reaktionszügen, die jeweils an das wiederholt identisch formulierte vorausgehende Kompliment anknüpfen.

Abbildung 27 lässt erkennen, dass die Stimmführung des in der ersten Reaktion geäußerten Satzäquivalents *ja* bei 201 Hz ansetzt, bis auf 208 Hz ansteigt, dann auf ein Grundfrequenzminimum von 169 Hz abfällt und zuletzt erneut bis auf 179 Hz ansteigt. Bei der darauffolgenden Rückversicherungspartikel im Fragesatzformat mit Hauptbetonung auf dem Vokal verläuft die Tonhöhe entsprechend fallend-steigend von 194 zunächst auf 193 Hz, dann steil auf ein Grundfrequenzmaximum von 282 Hz, bevor sie am Ende bis auf 253 Hz absinkt. Während das affirmative Satzäquivalent entsprechend u. a. durch diese zuvor beschriebene tonale Struktur auf mittlerem Tonhöhenregister — ähnlich wie bei dem langgezogenen Frequenzverlauf der affirmativen Partikel *(m)hm* — ihre positive Bewertung signalisierende Wirkung erhält (vgl. Schmidt 2001, S. 25), impliziert die auf unmerklich höherem Tonhöhenregister ansetzende und stark steigende Tonbewegung der Partikel *ne ?* trotz fallender tonaler Struktur am Ende mittels der Kombination aus Fragepartikel und global steigend-fallender Intonationskontur Rückversicherungsbedarf des Komplimentempfängers. Im Rahmen dieses Rückversicherungsbedarfs fordert die Komplimentempfängerin in dieser Situation mehr Zustimmung von der Komplimentgeberin an. Diese bekommt sie offenbar in Form einer Wiederholung der Komplimentaussage. Sie begegnet dieser anschließend erneut mit Hilfe des affirmativen Satzäquivalents *ja* mit

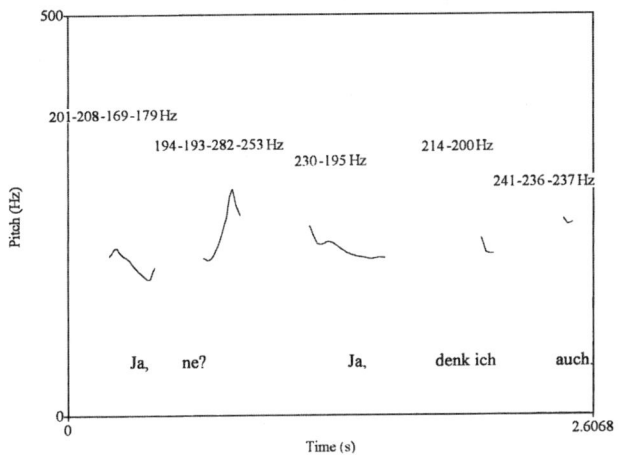

Abbildung 27: Darstellung des Tonhöhenverlaufs der Annahmestrategie der gleichstarken zustimmenden Bewertung der Komplimentaussage

global fallender Tonbewegung (von 230 auf 195 Hz) sowie dem direkte Zustimmung
implizierenden Satzkern (*denk ich auch*), der aus betontem Einstellungsverb und
Subjektpronomen besteht, die beide auf mittlerem Tonhöhenregister mit fallender
tonaler Struktur (von 214 auf 200 Hz) geäußert werden, sowie der betonten, Übereinstimmung signalisierenden Partikel *auch* mit fallend-steigender Stimmführung
(von 241 auf 236 und schließlich 237 Hz). Insbesondere der Tonhöhenunterschied
zwischen dem Satzäquivalent und der Fragepartikel innerhalb der ersten Reaktion
sowie zwischen der ersten und zweiten Reaktion wirkt engagiert und aufmerksam-
keitserweckend. Dagegen wird die zweite Reaktion hinsichtlich der Tonhöhe global
fallend bzw. leicht fallend-steigend auf mittlerem Tonhöhenregister artikuliert und
vermittelt daher mehr Ruhe und Neutralität, d. h. weniger Emotionalität, ohne dabei
jedoch ihre Bestätigung implizierende Ausdrucksstärke zu verlieren.

Die letzte Annahmestrategie der humorvoll zustimmenden Bestätigung der Komplimentaussage (*So bin ich, weißt du, (m)hm.*) zeichnet sich durch eine global fallende Tonbewegung im Satzkern und eine global steigende Tonbewegung auf der
nachgestellten, gedehnten, bestätigenden Partikel *(m)hm* aus.

Wie in Abbildung 28 zu erkennen ist, fällt die Tonbewegung in dem die humorvollen bzw. scherzhaften Komponenten beinhaltenden Satzkern auf der Partikel *so*
von einem Grundfrequenzmaximum von 262 Hz auf 231 Hz zunächst einmal ab und
steigt dann auf dem Vokal des Verbs wieder von 240 auf 248 Hz an, das die Hauptbetonung dieses Satzteils trägt. Anschließend sinkt die tonale Struktur auf dem Subjektpronomen erneut bis auf 222 Hz ab, bevor sie auf dem Diphthong des die Hauptbetonung tragenden Verbs *weißt* wiederum bis auf 236 Hz ansteigt und schließlich auf
dem Vokal des Subjektpronomens dieses durch Kommata vom ersten Satzgefüge ge-

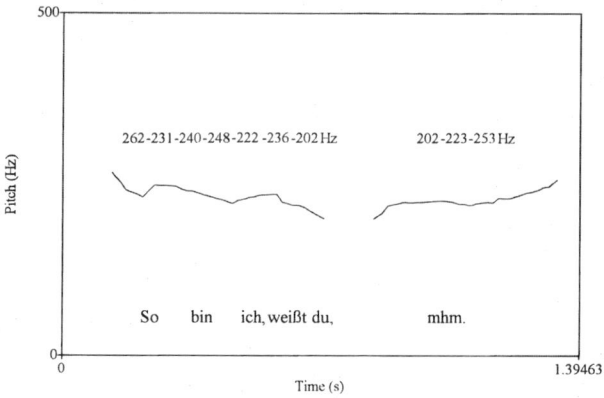

Abbildung 28: Darstellung des Tonhöhenverlaufs der Annahmestrategie der humorvoll zustimmenden Bestätigung der Komplimentaussage

trennten Satzteils bis auf 202 Hz absinkt. Auf diesem Grundfrequenzmiminum von 202 Hz setzt dann die erneut durch ein Komma getrennte und nachgestellte, gedehnte Partikel *(m)hm* an, deren Tonbewegung zunächst bei einer Frequenz von 223 Hz konstant bleibt, bevor sie schließlich auf 253 Hz ansteigt. Die insgesamt auf mittlerem Tonhöhenregister verbalisierte Reaktion erhält durch die Betonung der Verben sowie der nachgestellten Partikel und dem Einsatz des paraverbalen Mittels des Lachens von beiden Gesprächsteilnehmern im Anschluss an diese Reaktion ihre sympathievermittelnde, zustimmend-bestätigende und gleichzeitig scherzhaft-erheiternde Wirkung. Darüber hinaus kündigt die steigende Stimmführung auf der Partikel zum Ende der Reaktion hin dadurch, dass die Komplimentempfängerin im weiteren Gesprächsverlauf ihr Rederecht zunächst behält, die Absicht der Gesprächsfortführung an.

Im Erwiderungsbeispiel der einzigen im deutschen Datenmaterial zu verzeichnenden Ablehnungsstrategie, der Nichtzustimmung (*Es, es sind ja, es sind Hobby, es is keine richtige Begabung.*), ist ein insgesamt zunächst wellenförmig global fallendsteigender sowie fallender und zum Ende hin global steigend-fallender Tonhöhenverlauf zu erkennen, der — wie in Abbildung 29 dargestellt — durch einige Tonhöhensprünge gekennzeichnet ist. Während der redundant hervorgebrachte Nullartikel *es* zusammen mit dem Verb *sind* eine leicht fallende Tonbewegung (von einem Frequenzmaximum von 138 Hz auf 135 Hz) aufweist, wird die Modalpartikel *ja* mit fallend-steigender Stimmführung (von 113 auf ein Frequenzminimum von 86 Hz und schließlich 109 Hz) geäußert. Der anschließend wiederholt verwendete Nullartikel mit demselben Verb ist durch einen fallenden Tonhöhenverlauf (von 124 auf 116 Hz) gekennzeichnet, das Substantiv *Hobbys* durch eine leicht steigende tonale Struktur auf dem ersten Vokal (von 102 auf 103 Hz) und nach einem leichten Tonhöhensprung nach oben einer fallend-steigenden Stimmführung auf dem letzten Vokal (von 127 auf 118 und schließlich 120 Hz). Das daran anschließende, durch ein Komma getrennte, negierende Satzgefüge zeichnet sich nach Äußerung des Nullartikels *es*, dem Verb *is* und dem Negationselement *keine* insbesondere durch eine leicht fallende Tonbewegung auf dem Adjektiv *richtige* aus (von 103 auf 98 Hz), gefolgt von einer leicht fallenden Tonbewegung auf der ersten Silbe des Substantivs *Begabung* (von 106 auf 104 Hz) und einer fallenden Stimmführung (von 105 auf 101 Hz) auf der zweiten Silbe desselben Substantivs. Insbesondere die betonten, bedeutungstragenden Elemente in dieser Reaktion, nämlich die Modalpartikel, das Adjektiv sowie die Substantive, zeichnen sich durch eine abwechselnd steigende oder fallende Tonbewegung aus. Allgemein lässt sich von der global durchaus variierenden Stimmführung in dieser negierenden Reaktion auf eine gemäßigte emotionale Anteilnahme schließen, welche die in dieser Sprechsituation entsprechend dezent vermittelte Nichtzustimmung zu der ihr zugefallenen positiven Bewertung widerspiegelt.

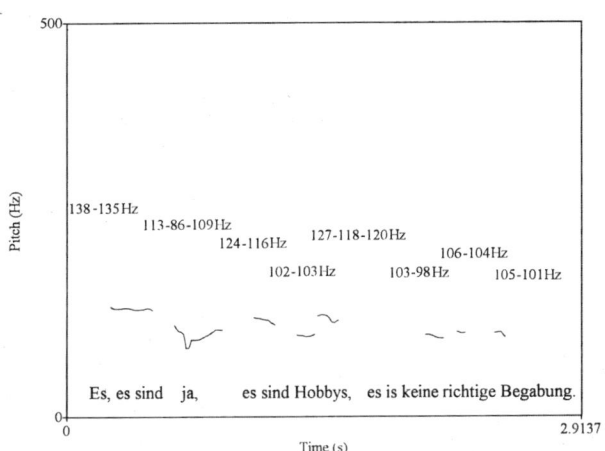

Abbildung 29: Darstellung des Tonhöhenverlaufs der Ablehnungsstrategie der Nichtzustimmung

Im Gegensatz dazu zeichnet sich die Kompromissstrategie der neutralen Rückfrage durch die Äußerung des kurzen, prägnanten, neutralen Fragepronomens *ja?* aus, das mit steigender Tonbewegung diskret Zweifel gegenüber der vom Komplimentgeber geäußerten positiven Bewertung anmeldet (vgl. Schwitalla ²2003, S. 146).

Wie Abbildung 30 zeigt, findet die global steigende Tonbewegung (von einem Grundfrequenzminimum von 288 Hz auf ein Frequenzmaximum von 334 Hz) auf einem hohem Tonhöhenregister statt, wodurch die Relevanz der neutralen Rückfrage besonders in Verbindung mit Tonhöhe und Intensität der Frage, d. h. dem Ausdruck von angenehmem Erstaunen, hochgestuft und Unabgeschlossenheit hinsichtlich der Beantwortung dieser Frage signalisiert wird.

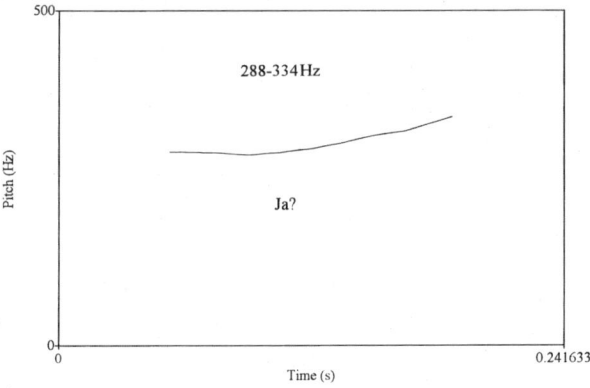

Abbildung 30: Darstellung des Tonhöhenverlaufs der Kompromissstrategie der neutralen Rückfrage

Prosodisch komplexer fällt die in Abbildung 31 dargestellte zweite Kompromissstrategie der Abwertung der Komplimentbewertung (*Ja, so in etwa. Ja, doch, also es is, (m)hm, haut das gut hin*) aus, da sie sich insgesamt durch einen relativ unruhigen Verlauf der Stimmführung auszeichnet.

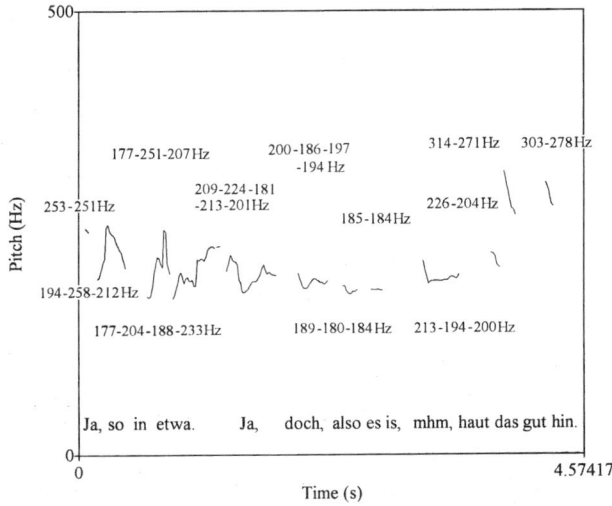

Abbildung 31: Darstellung des Tonhöhenverlaufs der Kompromissstrategie der Abwertung der Komplimentbewertung

Das Erwiderungsbeispiel beginnt dabei zunächst mit einer leicht fallenden Tonbewegung auf dem als Vorlaufelement eingesetzten Satzäquivalent *ja* (von 253 auf 251 Hz)

auf mittlerem Tonhöhenregister. Daran anschließend folgt das verblose Satzgefüge *so in etwa* mit steigend-fallender Tonbewegung und Akzentuierung auf den ersten beiden Elementen (von 194 auf 258 Hz und schließlich 212 Hz bzw. von einem Grundfrequenzminimum von 177 auf 251 Hz und letztlich 207 Hz) sowie zunächst steigender, dann wieder fallender und schließlich stark steigender Stimmführung auf der akzentuierten Partikel *etwa* (von 177 auf 204, dann wieder 188 und zuletzt 233 Hz).

Während durch die fallende tonale Struktur auf dem Satzäquivalent *ja* der Eindruck emotionaler, eingeschränkter Zustimmung oder positiver Kenntnisnahme entsteht, wirkt die stark steigend-fallende bzw. steigend-fallend-steigende Tonbewegung mit Akzentuierung der einzelnen Elemente des darauffolgenden Satzgefüges unterstützend im Hinblick auf die kommunikative, Abwertung implizierende Funktion dieser Reaktion. Die zum Ende des Satzes hin steigende Intonationskontur signalisiert dabei die Unabgeschlossenheit des Redebeitrags der Komplimentempfängerin und damit die weitere Beanspruchung des Rederechts, von dem sie — schaut man sich die darauffolgende, ähnlich konstruierte und ebenfalls auf die Komplimentbewertung eingehende Reaktion an — entsprechend Gebrauch macht.

Dieser zweite Teil der Reaktion setzt sich aus dem Satzäquivalent *ja* als Vorlaufelement mit abwechselnd steigend-fallender Stimmführung (von 209 auf 224 Hz, dann 181, 213 und schließlich 201 Hz), dem zusätzlich Zustimmung implizierenden Satzäquivalent *doch* in abwechselnd fallend-steigender Tonbewegung (von 200 auf 186, dann 197 und schließlich 194 Hz) sowie dem Hauptsatzgefüge zusammen, das durch die mit fallend-steigender Stimmführung (von 213 auf 194 und dann 200 Hz) zwischengeschobene Bestätigung implizierende Partikel *(m)hm* unterbrochen wird.

Während der erste Teil dieses Hauptsatzgefüges aus der Partikel *also* mit fallend-steigender Tonbewegung (von 189 auf 180 und 184 Hz) sowie dem Nullartikel *es* und dem Verb mit konstantem bis leicht fallendem Tonhöhenverlauf (von 185 auf 184 Hz) besteht, zeichnet sich der zweite Teil dieses Satzgefüges (*haut das gut hin*) durch starke Akzentuierung und Tonhöhensprünge zwischen Verb und Artikel (von 226 auf 204 Hz), Adverb (von 314 auf 271 Hz) und nachgestelltem Verbsuffix (von 303 auf 278 Hz) auf mittlerem bis hohem Tonhöhenregister aus, wodurch eine expressive, das emotionale Engagement der Komplimentempfängerin widerspiegelnde Wirkung zustande kommt. Die am Ende dieses Satzgefüges fallende Tonbewegung signalisiert die Beendigung des Redebeitrags der Komplimentempfängerin.

Insgesamt ist hinsichtlich der tonalen Struktur beider geäußerten Reaktionseinheiten festzuhalten, dass die Kenntnisnahme und Bestätigung implizierenden Elemente (*ja, doch, (m)hm*) entsprechend ihrer zugrunde liegenden kommunikativen Funktion im Vergleich auf mittlerem Tonhöhenregister kurz und mit fallender bzw. abwechselnd fallend-steigender Stimmführung formuliert werden, während die darauffolgenden Abwertung implizierenden Satzgefüge mit schwankender, d. h. steigender und/oder fallender, Tonbe-wegung sowie Tonhöhensprüngen im zweiten Teil der zweiten Reaktionseinheit artikuliert werden, die auf eine intensivere emotionale Beteiligung der Komplimentempfängerin hinsichtlich der Vermittlung ihrer abweichenden Einstellung mittels Abwertung implizierender sprachlicher Mittel schließen lassen.

Die Kompromissstrategie der Abschwächung der Komplimentbewertung (*Ja, wenn's mehr Worte wärn, dann vielleicht, ja.*) fällt zwar vergleichsweise weniger komplex aus und bewegt sich — wie in Abbildung 32 dargestellt — auf einem niedrigeren Tonhöhenregister, zeichnet sich jedoch — ebenso wie die Erwiderung der Abwertung — durch eine fallend-steigende Tonbewegung auf dem als Vor- und Nachlaufelement eingesetzten, Zustimmung signalisierenden Satzäquivalent *ja* aus.

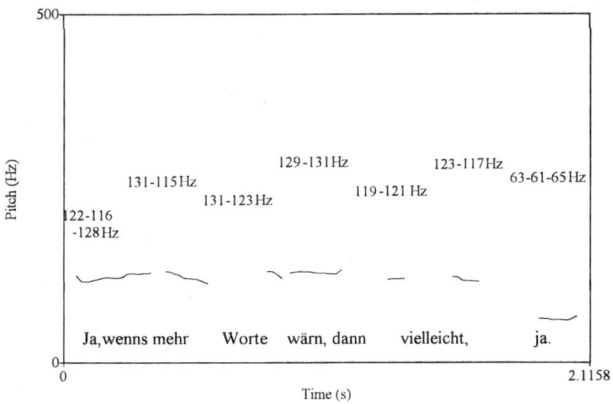

Abbildung 32: Darstellung des Tonhöhenverlaufs der Kompromissstrategie der Abschwächung der Komplimentbewertung

Während das vorauslaufende Satzäquivalent *ja* mit fallend-steigender Stimmführung (von 122 auf 116 und schließlich 128 Hz) Zustimmung vermittelt, zeichnet sich die erste Einheit des unmittelbar daran anknüpfenden und durch ein Komma getrennten konditionalen Satzgefüges zunächst durch eine leicht steigende, mit dem Satzäquivalent verschmelzende Tonbewegung auf der Konjunktion *wenn* und angeschlossenem Nullartikel *es* aus. An dieses Gefüge schließt das gesteigerte Adjektiv *mehr* mit fallendem Tonhöhenverlauf (von einem Grundfrequenzmaximum von 131 Hz auf 115 Hz) an, das Substantiv *Worte* mit steigend-fallender (von 131 auf 123 Hz) sowie das Verb *wärn* mit steigender Stimmführung (von 129 auf 131 Hz).

Die an diese erste Einheit des konditionalen Satzgefüges anschließende zweite, durch ein Komma getrennte und lediglich aus dem Korrelat *dann* und der Modalpartikel *vielleicht* bestehende Einheit wird auf niedrigem Tonhöhenregister artikuliert. Sie erfolgt mit leicht steigender Stimmführung auf dem Korrelat *dann* (von 119 auf 121 Hz) und anschließend fallender Tonbewegung auf der Partikel *vielleicht* (von 123 auf 117 Hz). Das nachgestellte Zustimmung signalisierende Satzäquivalent *ja* wiederum weist, ebenso wie das Vorlaufelement, eine leicht fallend-steigende tonale Struktur (von 63 auf ein Grundfrequenzminimum von 61 Hz und dann 65 Hz) auf niedrigem Tonhöhenregister auf und bildet somit zusammen mit dem Vorlauf-element — im Gegensatz zum dazwischenliegenden und Einschränkung implizie-renden irrealen Konditionalsatzgefüge — den Bestätigung implizierenden Rahmen dieser Reaktion.

Insgesamt wird im Hinblick auf die Beschreibung der in dieser Reaktion zum Tragen kommenden prosodischen Mittel deutlich, dass der tonalen Struktur sowohl bei den vor- und nachgestellten affirmativen Satzäquivalenten als auch bei den Ele-menten des konditionalen Satzgefüges eine expressiv unterstützende Funktion zu-fällt, welche die emotionale Einstellung des Komplimentempfängers hervorhebt.

Ebenso komplex wie die Beispiele der beiden vorangegangenen Kompromissstra-tegien fällt auch das Erwiderungsbeispiel der Referenzverschiebung zu einer anderen Person aus (*Jaa, ne also, da war er wirklich, also er hat mich auch von Anfang an unter-stützt ...*), das aus Gründen des Umfangs hinsichtlich seiner tonalen Struktur hier verkürzt dargestellt wird. Die Reaktion setzt sich zum einen — wie die Reaktions-beispiele zuvor auch — aus dem gedehnt geäußerten, Zustimmung implizierenden, vorangestellten Satzäquivalent *ja* und den darauffolgenden, die nichtzustimmenden oder eingeschränkt zustimmenden sprachlichen Elemente beinhaltenden Satzgefü-gen zusammen.

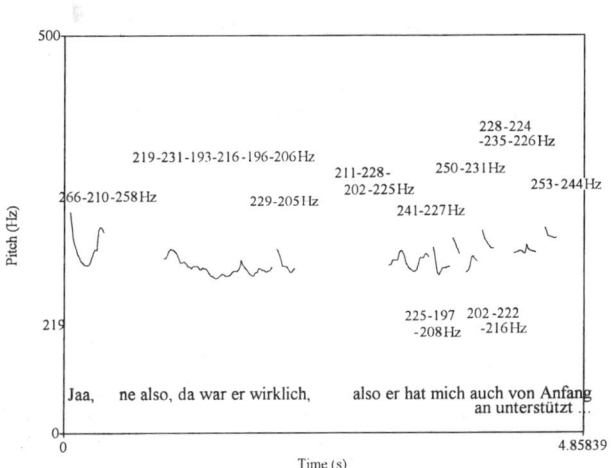

Abbildung 33: Darstellung des Tonhöhenverlaufs der Kompromissstrategie der Refe-renzverschiebung zu einer anderen Person

Während das in Abbildung 33 zu erkennende Satzäquivalent eine fallend-steigende Tonbewegung (von einem Grundfrequenzmaximum von 266 Hz auf 210 Hz und schließlich 258 Hz) zum Ausdruck von Bestätigung aufweist, ist in der darauffolgen-den, durch ein Komma getrennten Sequenz (*ne also, da war er wirklich*) eine global abwechselnd steigend-fallende Tonbewegung auszumachen, die sich auf mittlerem Tonhöhenregister bewegt.

Entsprechend der Funktion von Akzenten als Träger und Wendepunkte globaler Tonhöhenverläufe, die sowohl den Grad an Expressivität als auch Relevanz hinsichtlich der Äußerung hervorheben, werden in dieser Satzsequenz insbesondere das Negationselement *ne* zusammen mit der Abwägung implizierenden Modalpartikel *also* und das unpersönliche Subjektpronomen *er* besonders akzentuiert, wodurch auf diesen Elementen eine vergleichsweise stärker steigend-fallende Tonbewegung zu verzeichnen ist (von 219 auf 231 Hz, dann bis auf ein Grundfrequenzminimum von 193 abfallend, wieder bis 216 Hz ansteigend, anschließend auf 196 Hz fallend und erneut bis auf 206 Hz steigend). Das daran anschließende Adejtiv *wirklich* wird im Anschluss daran mit fallender tonaler Struktur (von 229 auf 205 Hz) artikuliert.

Die unmittelbar darauffolgende, wiederum durch ein Komma getrennte zweite Satzsequenz (*also er hat mich auch von Anfang an unterstützt...*) schließt mit der Abwägung implizierenden Modalpartikel *also* an, erhält in fließendem Übergang zum unpersönlichen Subjektpronomen *er* eine besondere Betonung und weist zusammen mit dem Subjektpronomen, dem Hilfsverb *hat* sowie den akzentuierten Objektpronomen eine abwechselnd steigend-fallende Tonbewegung auf (von 211 auf 228 Hz, dann 202 und schließlich 225 Hz). Während die Partikel *auch* sowie die Präposition *von* eine global fallend-steigende bzw. fallende tonale Struktur mit leichtem Tonhöhensprung nach oben aufweisen (von 225 auf 197 und dann 208 Hz bzw. von 241 auf 227 Hz), wird das darauffolgende Substantiv ebenfalls mit insgesamt global steigend-fallender Tonbewegung (von 202 auf 222 und dann 216 Hz), einem Tonhöhensprung nach oben auf der zweiten Silbe (von 250 auf 231 Hz) sowie Akzentuierung auf der ersten Silbe artikuliert, gefolgt vom Vollverb (*untertützt*), das global mit steigend-fallender Stimmführung (von 228 auf 224 Hz, dann 235 und 226 Hz sowie schließlich von 253 auf 244 Hz) geäußert wird.

Die insgesamt auf mittlerem Tonhöhenregister vollzogene Erwiderungsäußerung zeichnet sich insbesondere in der mit der Abwägung implizierenden Modalpartikel *also* eingeleiteten Satzsequenz durch Tonhöhensprünge auf den bedeutungstragenden Elementen, dem Objektpronomen, Substantiv und Vollverb, aus, die in ihrer expressiven Funktion den emotionalen, abwägenden Zustand der Komplimentempfängerin widerspiegeln — dies im Kontrast zu dem im Vorlauf mit fallend-steigender tonaler Struktur geäußerten Zustimmung implizierenden Satzäquivalent und im Vergleich zu den darauffolgenden, Nichtzustimmung oder Abwägung implizierenden Elementen (dem Negationselement *ne* und der Partikel *also*) mit steigend-fallender Tonbewegung.

Das Erwiderungsbeispiel der Rückgabe des Kompliments fällt im Gegensatz zu den vorangegangenen Beispielen sehr kurz und kompakt aus. Es besteht lediglich aus dem Subjektpronomen in der zweiten Person Singular und der bekräftigenden Partikel *auch*. Im Hinblick auf den Tonhöhenverlauf, der in Abbildung 34 dargestellt wird, ist bei dieser Reaktion eine auf mittlerem Tonhöhenregister insgesamt global fallende Tonbewegung zu verzeichnen mit nur schwach steigend-fallender tonaler Struktur auf dem Vokal des Subjektpronomens in der zweiten Person (von 291 auf ein Frequenzmaximum von 302 und schließlich 267 Hz) sowie auf dem Diphthong der Partikel (von 267 auf 288, dann 228 und schließlich auf ein Frequenzminimum von 226 Hz). Die steigend-fallende Stimmführung fällt auch in diesem Beispiel mit den Hauptakzenten zusammen, wodurch beide Elemente als relevant hervorgehoben werden, ihre emotionale, wertende Nuance erhalten und der Erwiderung ihren abtönenden und gleichzeitig sympathievermittelnden Charakter verleihen.

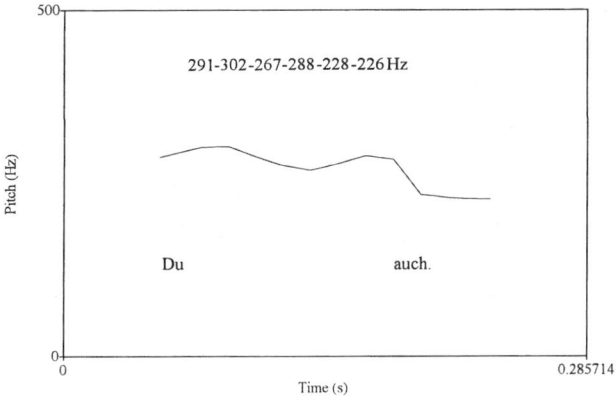

Abbildung 34: Darstellung des Tonhöhenverlaufs der Kompromissstrategie der Rückgabe des Kompliments

Das Beispiel einer komplexeren Erwiderungsstrategie, derjenigen der Erklärung (*Ja, ich habe mir das vor der Zwischenprüfung ausgerechnet.*), bedient sich erneut des positive Kenntnisnahme implizierenden Satzäquivalents *ja* als Vorlaufelement, gefolgt von dem die neutrale Erklärung tragenden Satzkern.

Wie Abbildung 35 zeigt, zeichnet sich diese Reaktion insgesamt durch eine auf mittlerem bis niedrigem Tonhöhenregister global fallende und auf dem finalen Vollverb steigend-fallende Tonbewegung aus. Während das vorangestellte Satzäquivalent mit fallender Tonbewegung (von einem Frequenzmaximum von 212 Hz auf 206 Hz) geäußert wird, weist das darauffolgende Satzgefüge eine global fallende und anschließend steigend-fallende Tonbewegung auf dem Hilfsverb und den Objektpronomen (von 168 auf 152 Hz auf Subjektpronomen und Hilfsverb, dann von dort auf 163 und schließlich 151 Hz auf den Objektpronomen) mit Akzentuierung des Subjekt- und indirekten Objektpronomens (*ich* und *mir*) sowie fallender Stimmführung auf der Präposition und dem Artikel (von 157 auf 141 Hz). Das an diese Elemente anschließende Substantiv (*Zwischenprüfung*) zeichnet sich durch eine zunächst steigende Tonbewegung auf der ersten Silbe des Substantivs (von 151 auf 161 Hz) und dann steigend-fallende tonale Struktur auf der zweiten Silbe (von 124 auf 126 und dann 114 Hz) aus, wohingegen das finale Vollverb (*ausgerechnet*) zunächst eine steigend-fallende Tonbewegung aufweist (von einem Frequenzminimum von 101 Hz auf 113 und dann 112 Hz) und sich am Äußerungsende auf ein konstantes Niveau von 122 Hz

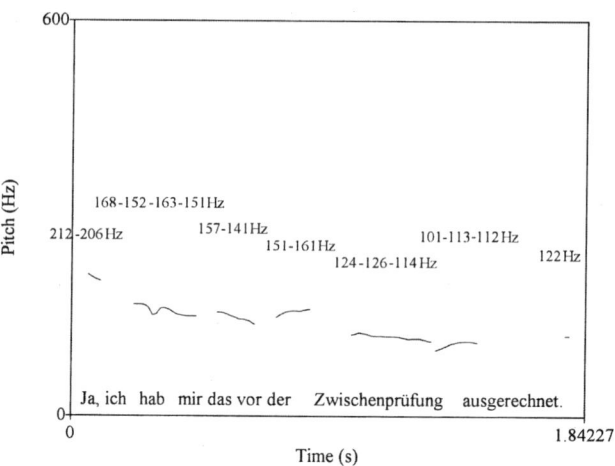

Abbildung 35: Darstellung des Tonhöhenverlaufs der Kompromissstrategie der Erklärung

begibt. Das vorangestellte Satzäquivalent signalisiert mit Hilfe der fallenden Stimmführung anerkennende Kenntnisnahme, wohingegen die Akzentuierung insbesondere auf dem Subjektpronomen, Substantiv und Vollverb sowohl eine informativstrukturierende Funktion (Hervorhebung kommunikativ relevanter Informationen) übernimmt als auch eine ebenso expressive Funktion (zum Ausdruck von Emotionen, Wertungen und Emphase).

Während zu dem präsentierten Erwiderungsbeispiel der Kompromissstrategie des Ignorierens keine prosodische Beschreibung möglich ist, da aufgrund einer ausbleibenden Reaktion keine Prosodie vorliegt, weist das Erwiderungsbeispiel der letzten Kompromissstrategie des Scherzens — wie Abbildung 36 zeigt — eine komplexe tonale Struktur auf. Die zu Beginn der Reaktion wiederholt geäußerte Formulierung *die kann ich ja* wird zunächst mit leicht steigend-fallender tonaler Struktur auf dem Artikel (von 219 auf 223 und dann 217 Hz) geäußert. Darauf folgt eine insgesamt auf mittlerem Tonhöhenregister global fallend-steigende Tonbewegung auf den daran anschließenden Elementen (von einem Frequenzmaximum von 303 Hz auf 274 Hz, dann 284 und 278 Hz auf Hilfsverb, Personalpronomen und Partikel und von 293 auf 255, dann 266 und 245 Hz auf den wiederholt eingesetzten Elementen Artikel, Hilfsverb und Personalpronomen) sowie ein fallender Tonhöhenverlauf auf der Partikel *ja* (von 303 auf 264 Hz). Während die an die Partikel *ja* anschließende Präposition (*mit*) mit global fallender Stimmführung artikuliert wird (von 280 auf 233 Hz), zeichnet sich die tonale Struktur des folgenden Substantivs (*Schokolade*) durch eine abwechselnd fallend-steigende Tonbewegung auf den ersten beiden Silben aus, die bei 279 Hz ansetzt und bis auf 236 Hz abfällt. Die Tonbewegung des daran anschließenden Vollverbs (*überziehn*) setzt daraufhin nach einem Tonhöhensprung nach unten

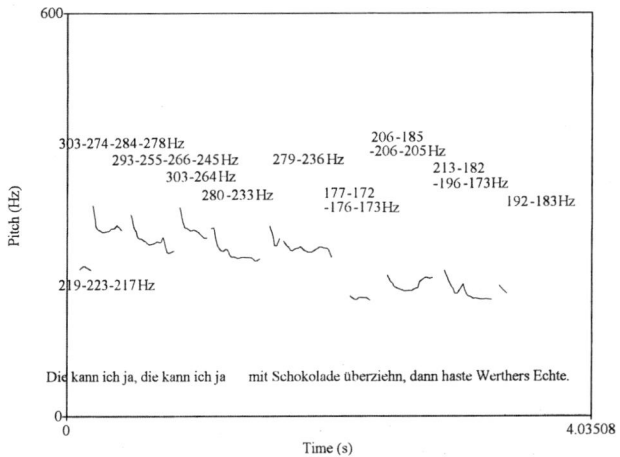

Abbildung 36: Darstellung des Tonhöhenverlaufs der Kompromissstrategie des Scherzens

bei einer Frequenz von 177 Hz auf mittlerem Tonhöhenregister an, verläuft zunächst fallend-steigend und dann fallend auf der ersten Silbe des Verbs (von 177 auf ein Frequenzminimum von 172 Hz, dann auf 176 und schließlich 173 Hz). Die Endsilbe wird nach einem Tonhöhensprung nach oben zusammen mit dem anschließenden Korrelat *dann* in fallend-steigender tonaler Struktur artikuliert (von 206 auf 185 Hz, dann von 206 auf 205 Hz). Die tonale Struktur des darauffolgenden Verbs (*haste*) verläuft global steigend-fallend (von 205 auf 213 Hz und schließlich 182 Hz), wohingegen diejenige des Produktnamens *Werthers* zunächst von 182 Hz auf 196 Hz ansteigt und dann bis auf 173 Hz absinkt. Das zum Produktnamen gehörende Element *Echte* erfolgt schließlich mit fallender Stimmführung (von 192 auf 183 Hz).

Allgemein lässt sich die tonale Struktur dieses Erwiderungsbeispiels, die zum Ende des Satzgefüges hin abfällt und somit die Beendigung der Sprecheraktivität signalisiert, als sehr unruhig beschreiben — dies nicht zuletzt durch Tonhöhensprünge insbesondere auf den bedeutungstragenden Elementen, die gleichzeitig den Akzent tragen und sich somit als besonders relevant hervorheben. Sowohl Akzente als auch Tonhöhensprünge vermitteln auch in dieser Erwiderung in ihrer expressiven Funktion den Eindruck emotionaler Betroffenheit und emphatischen Engagements und tragen besonders in Kombination mit entsprechenden lexikalischen Mitteln entscheidend zur Entstehung eines humorvollen und gleichzeitig sympathievermittelnden Eindrucks in dieser Reaktion bei.

Insgesamt lässt sich bezüglich der in diesem Kapitel behandelten prosodischen Mittel und ihrer für die Reaktionen der einzelnen Komplimenterwiderungsstrategien illokutionsindizierenden Funktion festhalten, dass sie im Hinblick auf die Interpretation der Reaktionen hinsichtlich ihrer kommunikativ-informativen, emotionalen und intentionalen Funktion wesentlich unterstützend wirken. Es ist jedoch zu betonen, dass erst das Zusammenwirken der verschiedenen Mittel untereinander und kombiniert mit lexikalisch-syntaktischen Einheiten sowie dem situativen Kontext den Interpretationsrahmen der jeweiligen Komplimenterwiderung aufbaut. Da sich dieses Kapitel nur auf einige prosodische Merkmale konzentrieren konnte, ist nicht auszuschließen, dass noch weitere Merkmale gleichsam für die Interpretation der einzelnen Komplimentreaktionen bedeutsam sein können.

## 6.2 Themenbezug

In diesem Kapitel steht die quantitative Darstellung der Zusammenhänge zwischen Komplimentthemen und ihren jeweiligen Erwiderungen im Vordergrund. Sie soll verdeutlichen, dass Komplimenterwiderungen nicht nur formal und funktional, sondern auch thematisch oder inhaltlich von den ihnen vorauslaufenden Komplimenten abhängen. Ebenso wie die australischen Erwiderungen beziehen sich auch die deutschen Komplimentreaktionen ausschließlich auf die vier in der Komplimentforschung (vgl. Knapp et al. 1984) herausgearbeiteten Themenkomplexe der Komplimente (Merkmale, persönliche Fähigkeiten und Leistungen, Besitzgegenstände und persönlichen Charaktereigenschaften oder Einstellungen).

Wirft man einen Blick auf diese vier Themenkomplexe hinsichtlich ihrer Akzeptanz in den Komplimentreaktionen des Datenmaterials, so ergibt sich die in Abbildung 37 zusammengefasste prozentuale Verteilung, die zeigt, dass die deutschen Teilnehmer ein Kompliment zu einem Merkmal oder einer Fähigkeit mit 59,42 % bzw. 47,69 % tendenziell am ehesten akzeptieren, gefolgt von der Annahme einer positiven Bewertung zu einem Besitzgegenstand und einer Eigenschaft sowie dem Einsatz einer Kompromissstrategie als Reaktion auf ein Kompliment zu einem Besitzgegenstand mit jeweils 47,22 %.

Dagegen reagieren sie nicht ganz so häufig mit einer Kompromissstrategie auf die positive Bewertung einer Fähigkeit (43,07 %), einer Eigenschaft (41,66 %) oder eines Merkmals (40,58 %) und lehnen weitaus seltener dagegen ein Kompliment zu einer Eigenschaft, Fähigkeit, eines Besitzgegenstandes oder Merkmals ab (11,11 %, 9,23 %, 5,55 % oder 0 %).

Es fällt dabei besonders im Bereich der Ablehnung auf, dass ein Kompliment am ehesten dann zurückgewiesen wird, wenn es eine konkrete Eigenschaft des Komplimentempfängers hervorhebt, gefolgt von einer Fähigkeit und einem Besitzgegenstand. Dagegen findet die positive Bewertung eines Merkmals oder einer Fähigkeit unter den deutschen Teilnehmern am ehesten Akzeptanz. Zieht man zur Überprüfung der Korrelation zwischen den vier Komplimentthemen und den gewählten Erwiderungsbereichen der Annahme, Ablehnung und Selektion einen Signifikanztest hinzu, so ergeben sich keine signifikanten Unterschiede in den Verteilungen.

Insgesamt scheint hinsichtlich der prozentualen Distribution entsprechend ein Kompliment zu einer Verhaltensweise, Idee, einer Fähigkeit oder Leistung, z. B. im

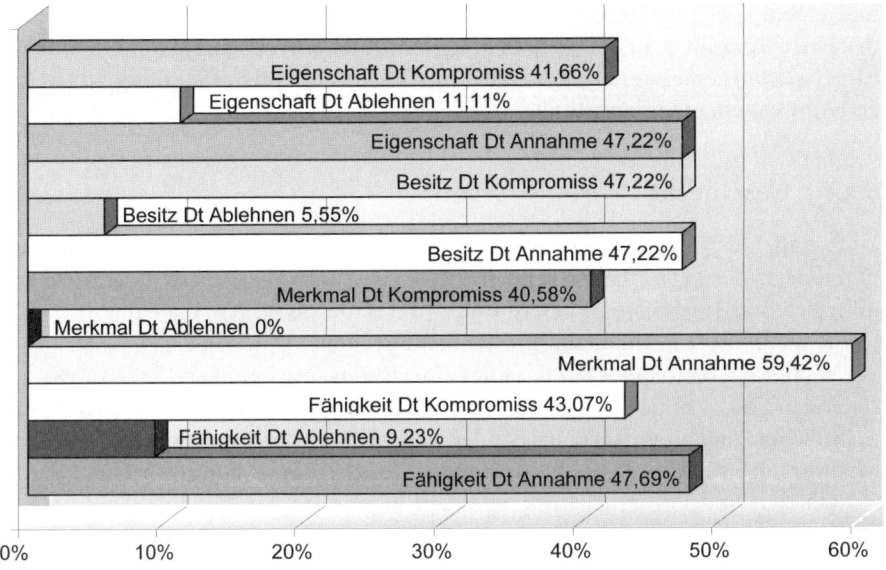

Abbildung 37: Prozentuale Verteilung des in den deutschen Erwiderungen gewählten Themenbezugs auf die Bereiche Annahme, Ablehnung bzw. Kompromiss

Rahmen persönlichen Engagements bei der Umsetzung einer Aufgabe, als wertvoller eingestuft zu werden und entsprechend einer Annahme eher würdig zu sein. In diesem Zusammenhang könnte das Hinzuziehen weiterer soziokultureller, ebenfalls Einfluss nehmender und sich gegenseitig bedingender, Faktoren, wie z. B. der Beziehungsgrad, für die Verifizierung dieses Eindrucks aufschlussreich sein. Mit diesen Faktoren und ihrer Einflussnahme auf die Wahl der Erwiderung beschäftigt sich nun das folgende Kapitel.

## 6.3 Einfluss soziokultureller Faktoren

Die potentiell Einfluss nehmenden soziokulturellen Faktoren des Geschlechts, Status, Alters sowie des Beziehungsgrads, die sich durch eine noch stärkere Personenbezogenheit als andere Größen (z. B. thematischer Bezug oder formale Beschaffenheit) auszeichnen, greifen häufig ineinander, bedingen sich wechselseitig und sind daher schwer voneinander zu isolieren.

In dem Bewusstsein, dass weitere, nicht einbezogene soziokulturelle Parameter (z. B. persönlichkeitsspezifische Aspekte wie Selbstwertgefühl, Empathie, paraverbale Mittel) einen ebenso großen Einfluss oder sogar eine noch intensivere Wirkung auf die Wahl einer bestimmten Erwiderungsstrategie in einer konkreten Situation und einem spezifischen Kontext ausüben können, behandelt dieses Kapitel die in der Forschungsliteratur als besonders wirksam beschriebenen Faktoren Status und Alter (werden gemeinsam analysiert) sowie Geschlecht und Beziehungsgrad (werden getrennt voneinander betrachtet).

## 6.3.1 Geschlecht

Hinsichtlich des Einflusses geschlechtsspezifischer Unterschiede im deutschen Komplimenterwiderungsverhalten scheinen die Untersuchungen je nach Methodenwahl divergierende Ergebnisse zu liefern und somit dafür zu sorgen, dass die Meinungen hinsichtlich dieses Einflussfaktors auseinandergehen.

Während Golato (2005) in ihrer auf einem konversationsanalytischen Ansatz basierenden Studie keine nennenswerten Unterschiede im Erwiderungsverhalten ihrer männlichen und weiblichen Probanden hinsichtlich der Quantität und Präferenz bestimmter Strategien feststellt, deuten die auf der Auswertung von Diskursergänzungsbögen und Ratingskalen basierenden Ergebnisse von Nixdorf (2002) auf folgende geschlechtsspezifische Präferenzen hinsichtlich der Wahl bestimmter Erwiderungsstrategien hin: Annahmestrategien, die Freude oder Zustimmung ausdrücken, sowie Kompromissstrategien des Erklärens und Zweifelns scheinen bevorzugt von Frauen gewählt zu werden, während die Strategie des Scherzens eher von Männern präferiert wird.

Die folgenden aus der geschlechtsspezifischen Verteilung der Reaktionen auf die gewählten Bereiche und Strategien hervorgehenden Ergebnisse beziehen sich demzufolge ausschließlich auf die Geschlechterkonstellation Kompliment Frau — Reaktion Frau sowie Kompliment Frau — Reaktion Mann und können daher nur Aussagen bezüglich dieser Konstellation liefern. Wie Tabelle 8 zeigt — ergibt sich hinsichtlich der Komplimentreaktionen von Frauen und Männern auf ein Kompliment einer weiblichen Person im deutschen Datenmaterial in den drei Bereichen der Annahme, Ablehnung und des Kompromisses ein quantitativ vergleichsweise ausgewogenes Bild:

| Strategie | Deutsch weiblich (107) | % 100 % = 107 | Deutsch männlich (99) | % 100 % = 99 |
|---|---|---|---|---|
| Annahme | 53 | 49,53 % | 53 | 53,53 % |
| Ablehnung | 3 | 2,80 % | 9 | 9,09 % |
| Lösungstypen für zwei voneinander abweichende Präferenzen | 51 | 47,67 % | 37 | 37,37 % |

Tabelle 8: Darstellung der Verteilung der weiblichen und männlichen Erwiderungen auf die drei Erwiderungsbereiche der Annahme, Ablehnung und des Kompromisses

Während 49,53 % der deutschen Teilnehmerinnen und sogar 53,53 % der Teilnehmer ein Kompliment von Seiten der Forscherin annehmen, lehnen dieses lediglich 2,80 % der weiblichen und 9,09 % der männlichen Probanden ab, und 47,67 % der weiblichen sowie 37,37 % der männlichen Beteiligten verwendet eine Kompromissstrategie. Beide Geschlechter nehmen entsprechend bevorzugt ein Kompliment an und wählen dann eher eine Kompromiss- als eine Ablehnungsstrategie. Die prozentuale Verteilung in beiden Gruppen variiert in den jeweiligen Bereichen entsprechend wie folgt: Die männlichen Beteiligten nehmen im Vergleich zu den weiblichen Informanten ein Kompliment der Forscherin häufiger an, lehnen es jedoch auch häufiger ab und wählen im Verhältnis dazu seltener eine Kompromissstrategie, was auf einen sensibleren Umgang der deutschen Teilnehmerinnen mit den jeweiligen im Rahmen der einzelnen Komplimentreaktionen wirksamen Zwängen und Höflichkeitsmaximen schließen lässt.

Einen detaillierteren Einblick in das Reaktionsverhalten beider Geschlechter bekommt man, wenn man sich die quantitative Verteilung der sechs bevorzugtesten Erwiderungsstrategien im Vergleich anschaut. Wie in Tabelle 9 zu erkennen ist, reagieren sowohl die deutschen Teilnehmerinnen als auch die Teilnehmer bevorzugt mit einer zustimmenden Bestätigung der Komplimentaussage auf ein Kompliment der Forscherin (27,10 % vs. 37,37 %) und dann erst mit einer Erklärung (15,90 % vs. 15,15 %), wobei die Teilnehmer in prozentual gleicher Quantität ebenso eine Abschwächung der Komplimentbewertung wählen, die bei den Teilnehmerinnen erst an dritter Stelle zusammen mit einem Dank (13,08 %) in der Präferenztabelle rangiert.

| Strategie | Deutsch % weiblich 100 %=107 | Strategie | Deutsch % männlich 100 %=99 |
|---|---|---|---|
| 1. Zustimmende Bestätigung der Komplimentaussage | 27,10 % | 1. Zustimmende Bestätigung der Komplimentaussage | 37,37 % |
| 2. Erklärung | 15,90 % | 2. Erklärung | 15,15 % |
| 3. Dank | 13,08 % | Abschwächung der Komplimentbewertung | 15,15 % |
| Abschwächung der Komplimentbewertung | 13,08 % | 3. Nichtzustimmung | 9,09 % |
| 4. Abwertung der Komplimentbewertung | 7,48 % | 4. Direkte Zustimmung zur Komplimentaussage | 7,07 % |
| 5. Direkte Zustimmung zur Komplimentaussage | 4,67 % | 5. Dank | 6,06 % |

Tabelle 9: Vergleichende Darstellung der fünf von den deutschen Teilnehmerinnen und Teilnehmern meistverwendeten Strategien

Während bei den männlichen Beteiligten dagegen am vierthäufigsten (3.) zur Strategie der Nichtzustimmung (9,09 %) gegriffen wird, gefolgt von einer direkten Zustimmung zur Komplimentaussage mit 7,07 % sowie einem Dank mit 6,06 %, ziehen die weiblichen Beteiligten die Abwertung der Komplimentbewertung mit 7,48 % der direkten Zustimmung zur Komplimentaussage (4,67 %) vor.

Insgesamt ist festzuhalten, dass außer der Strategie der Nichtzustimmung auf der Seite der Teilnehmer (an dritter Stelle) und derjenigen der Abwertung der Komplimentbewertung auf der Seite der Teilnehmerinnen (an vierter Stelle) von beiden Parteien die gleichen fünf Strategien bevorzugt gewählt werden. Während die Annahmestrategie der zustimmenden Bestätigung der Komplimentaussage derjenigen der Kompromissstrategie der Erklärung gleichsam vorgezogen wird, ergibt sich danach hinsichtlich der prozentualen Verteilung lediglich eine andere Reihenfolge: Die Kompromissstrategie der Abschwächung wird von den Teilnehmern am zweithäufigsten und von den Teilnehmerinnen am dritthäufigsten verwendet, diejenige des Dankes dagegen von den weiblichen Beteiligten ebenfalls am dritthäufigsten und von den männlichen Beteiligten erst am fünfthäufigsten und die Strategie der direkten Zustimmung wird von den Männern am vierthäufigsten, von den Frauen dagegen erst am fünfthäufigsten eingesetzt.

Die hier präsentierten Ergebnisse scheinen — soweit dies ausgehend von der zugrunde liegenden eingeschränkten Konstellation (Kompliment Frau/Reaktion Frau bzw. Kompliment Frau/Reaktion Mann) als Beurteilungsmaßstab gilt — den Ergebnissen beider zuvor genannten Studien gerecht zu werden. Aufgrund der Tatsache, dass die in den jeweiligen Tabellen dargestellten Verteilungen in den drei Bereichen sowie den einzelnen Erwiderungsstrategien keine signifikanten Unterschiede im Hinblick auf die Wahl einer der Erwiderungsstrategien bei den weiblichen und männlichen Beteiligten ergeben, ist Golato (2005) beizupflichten, die in ihrer Studie ebenfalls keine nennenswerten Unterschiede erkennen konnte. Hinsichtlich der Präferenz einer spezifischen Strategie im Gegensatz zu einer anderen jedoch scheinen die weiblichen Beteiligten im Vergleich zu ihren männlichen Kollegen nicht immer dieselben Prioritäten zu setzen, was aus der unterschiedlichen Präferenzreihenfolge zu schließen ist und somit die Ergebnisse von Nixdorf (2002) stützt.

Es scheint dementsprechend im Hinblick auf den Einfluss des Faktors des Geschlechts weniger darum zu gehen, ob Männer oder Frauen überhaupt auf Komplimente reagieren, denn das tun offenbar beide, sondern wie und mit welchen Mitteln sie dies tun und welche Prioritäten hinsichtlich der Präferenzen beide Geschlechter dabei setzen. Erwähnenswert scheint darüber hinaus die Tatsache, dass die Forscherin offenbar unbewusst ihren deutschen Gesprächspartnerinnen mehr Komplimente hat zukommen lassen als ihren Gesprächspartnern (107 bzw. 99 Reaktionen).

Die Ergebnisse deuten entsprechend auf eine Einflussnahme des soziokulturellen Parameters des Geschlechts auf das deutsche Erwiderungsverhalten hin; ob dies ebenso für die hier nicht behandelte Geschlechterkonstellation Kompliment Mann/ Reaktion Mann bzw. Reaktion Frau zutrifft, wäre jedoch im Rahmen eines umfangreicheren Korpus zu prüfen.

## 6.3.2 Status und Alter

Schaut man sich die Faktoren Status und Alter in ihrer Funktion als nicht verhandelbare Sympathie- bzw. Distanzmarker im deutschen Korpus an, so werden nahezu alle Erwiderungsstrategien in jeder Alters- (Personen zwischen 21 und 64 Jahren; jünger/älter (7 Fälle), älter/jünger (14 Fälle), gleichalt (9 Fälle)) und Statuskonstellation (gleicher oder ähnlicher (6 Fälle), höherer 11 Fälle), niedriger (13 Fälle) Status) verwendet. Demzufolge scheinen Alter und Status auf die deutschen Komplimentempfänger weder hinsichtlich ihrer Themen- und Strategiewahl noch der Distanz- oder Sympathiemarkierung einen nennenswerten Einfluss auszuüben.

## 6.3.3 Beziehungsgrad

Der Faktor Beziehungsgrad scheint insbesondere in Verbindung mit dem Alter und Status sowie anderen Parametern (z. B. auch Geschlecht) wesentlich einflussreicher zu sein. Der weit verbreitete Eindruck, Komplimente und ihre Reaktionen träten in Abhängigkeit davon, ob sie zwischen Fremden, Bekannten, Freunden oder Familienmitgliedern oder Partnern ausgetauscht werden, frequentiell jeweils häufiger oder seltener auf und fielen hinsichtlich ihrer Form und ihres Inhalts anders aus, bestätigt Golato, die sich in der Forschungsliteratur bis dato als Einzige — wenn auch verhältnismäßig kompakt — zur Interdependenz zwischen Komplimenten, Reaktionen und dem Beziehungsgrad im Deutschen äußert. Denn in ihrer Studie zum deutschen Komplimentverhalten unter Freunden beobachtet sie ein erhöhtes Maß an zu verzeichnender Zustimmung, welches sie u. a. auf die freundschaftliche Beziehung der Gesprächspartner zurückführt (Golato 2005, S. 196).

Während Golatos Ergebnisse sich auf den Austausch von Komplimenten und Komplimenterwiderungen zwischen Freunden und Familienmitgliedern konzentrieren, richten sich die im Korpus dieser Arbeit geäußerten Komplimentreaktionen ausschließlich an Fremde (24 Fälle), Bekannte (116 Fälle) und Freunde (66 Fälle).

Schaut man sich die Verteilung der deutschen Komplimentreaktionen zwischen diesen drei Beziehungsgruppen in den drei zugrunde liegenden Bereichen der Annahme, Ablehnung und des Kompromisses an, so ergibt sich folgendes Bild: Während 58,33 % der Komplimentreaktionen unter Fremden angenommen werden und im Vergleich dazu 54,31 % unter Bekannten bzw. 43,94 % unter Freunden, werden 4,17 % der Erwiderungen unter Fremden, 6,03 % unter Bekannten und 6,06 % unter Freunden abgelehnt. Einem Kompliment wird dagegen in den drei Gruppen in folgender prozentualer Verteilung mit einer Kompromissstrategie begegnet: 37,50 % unter Fremden, 39,66 % unter Bekannten und 50 % unter Freunden. Die Unterschiede sind nicht signifikant.

An den Verteilungen fällt auf, dass hinsichtlich der Annahme eines Kompliments ein Gefälle zu erkennen ist, welches mit dem Kompromissbereich korreliert, wohingegen der Bereich der Ablehnung bezüglich der Verteilung weitgehend unbehelligt bleibt. Entsprechend wird ein Kompliment am ehesten von einem Fremden akzeptiert, gefolgt von einem Bekannten und dann erst einem Freund, wohingegen in Relation dazu am häufigsten unter Freunden zu einer Erwiderung aus dem Kompromissbereich gegriffen wird (50 %) und entsprechend seltener unter Bekannten und Fremden. Während zwischen Fremden und Bekannten demzufolge eine Strategie der Annahme derjenigen des Kompromisses vorgezogen wird, verhält es sich bei den Reaktionen unter Freunden genau umgekehrt. Dieses Ergebnis widerlegt entsprechend Golatos Feststellung hinsichtlich der häufigeren Verwendung von Zustimmung unter Freunden.

Bei Betrachtung der Verteilung der drei am häufigsten verwendeten Erwiderungsstrategien innerhalb der drei Bereiche in diesen drei Beziehungsgruppen lässt sich allgemein eine einheitliche Präferenz einer Annahmestrategie erkennen: In allen drei Beziehungskonstellationen steht die Annahmestrategie der zustimmenden Bestätigung der Komplimentaussage an erster Stelle (Fremde: 45,83 %, Bekannte: 32,76 %, Freunde: 25,76 %), gefolgt von der Kompromissstrategie der Erklärung (Fremde: 16,66 %, Bekannte: 14,65 %, Freunde: 16,67 %) sowie der Abschwächung der Komplimentbewertung (Fremde: 16,66 %, Bekannte: 12,93 %, Freunde: 15,15 %).

Betrachtet man also die am häufigsten und damit bevorzugt verwendeten Erwiderungsstrategien, so trifft Golatos Behauptung des Einsatzes eines höheren Maßes an Zustimmung — hier die Wahl der Strategie der zustimmenden Bestätigung der Komplimentaussage — entsprechend doch zu, jedoch in gleichem Maße auch für die beiden anderen Beziehungskonstellationen.

Hinsichtlich der Verteilung auf die insgesamt fünfzehn Erwiderungsstrategien zwischen Fremden, Bekannten und Freunden sind keine signifikanten Unterschiede zu erkennen.

# Kapitel 7

# Interkultureller Vergleich der australischen und deutschen Ergebnisse

Dieses Kapitel wird im Rahmen eines interkulturellen Vergleichs Gemeinsamkeiten und Unterschiede in der Gestaltung und Beschaffenheit der australischen und deutschen Reaktionen zusammenstellen und diskutieren. Ziel dieser Gegenüberstellung soll die Zusammenführung der Analyseergebnisse sein. Dabei wird im Rahmen dieses Einzelprojekts ausschließlich ein Einblick und Sensibilisierungsversuch — ähnlich wie bei Werthwein (2005) — angestrebt.

Die Einzelbetrachtung der Ergebnisse aus dem australischen und deutschen Datenmaterial hat gezeigt, dass es sich bei allen australischen und deutschen Komplimenterwiderungen ausschließlich um Erwiderungen auf Komplimente als *preferred first pair parts* (vgl. Golato 2005) und positive Bewertungen handelt (im Gegensatz zu Komplimenten als Gruß, Dank, ironische Bemerkung, *face-threatening act*, etc.), die sich alle unmittelbar auf die Komplimentaussage bzw. -bewertung beziehen.

## 7.1   Form(en) und Funktion(en)

Herbert/Straight (1989) stellen für das amerikanische und südafrikanische Englisch hinsichtlich der Form und Funktion von Komplimenten und insbesondere Komplimenterwiderungen in beiden Varietäten fest, dass diese im amerikanischen Englisch (und dies bestätigen Wolfson/Manes 1980) hauptsächlich zur Herstellung oder zum Erhalt von Solidarität, die entsprechend ausgehandelt wird und bei der die Maxime der Selbstlobvermeidung als Zwang im Vordergrund steht, dienen, wohingegen ihre Verwendung im südafrikanischen Englisch keine Aushandlung impliziert, da insbesondere Erwiderungen ausschließlich zur Bestätigung der Solidarität eingesetzt werden, so dass die Maxime der Zustimmung in den Vordergrund rückt. Dagegen fasst Holmes (1995, S. 121) die von verschiedenen Analysten in der Komplimentforschung bisher erfassten Funktionen von Komplimenten und ihren Reaktionen in verschiedenen Kontexten zusammen und nennt allgemein die folgenden:

- Ausdruck von Solidarität,

- positive Bewertung oder Bewunderung,

- Anerkennung oder Lob,

- Neid oder der Wunsch nach dem positiv bewerteten Gegenstand des Hörers sowie

- verbale Belästigung in Form eines imagebedrohenden Aktes.

Im Hinblick auf die zuletzt genannte Funktion sei angemerkt, dass manche Kulturen — z. B. asiatische — mehr als viele andere Kulturen dazu neigen, Komplimente als *face-threatening acts* zu bewerten.

Die Betrachtung der australischen und deutschen Komplimentreaktionen lässt erkennen, dass die Reaktionen in beiden Sprachgemeinschaften sowohl von beziehungsspezifischen Normen als auch von den genannten Zwängen der Zustimmung sowie Selbstlobvermeidung beeinflusst werden. Es ist jedoch in beiden Korpora eine Tendenz hin zur Fokussierung der Zustimmungsmaxime zu erkennen, die auf eine bevorzugte Verwendung der Erwiderungen zu Zwecken der Bestätigung oder Konsolidierung der Solidarität hinweisen.

### 7.1.1 Verwendete Strategien, ihre Form und kommunikative Funktion

Australische und deutsche Komplimentreaktionen unterliegen sowohl gesellschaftlichen als auch individuellen, persönlichen Normen und Zwängen, die in beiden Gruppen aus den jeweiligen Erwiderungen abzulesen sind. Den Komplimenterwiderungen beider Sprachgemeinschaften fallen hauptsächlich die beiden, durchaus in Kombination miteinander auftretenden, kommunikativen Funktionen der Honorierung eines Kompliments selbst oder der darin enthaltenen positiven Bewertung in Form einer Annahme und der Vermeidung von Eigenlob in Form einer Ablehnungs- oder Kompromissstrategie zu. Diese Funktionen lassen insgesamt eine kommunikativ-funktionale Variabilität erkennen, die sich in der Vielfalt der im australischen und deutschen Datenmaterial eingesetzten Komplimenterwiderungsstrategien insbesondere im Annahme- und Kompromissbereich widerspiegelt.

Die Annahmestrategien kommen dabei als spezifisch positiver Bescheid und positive Höflichkeitsstrategie der Leech'schen Zustimmungsmaxime nach und entsprechen zwar den positiven *face*-Bedürfnissen des Komplimentgebers im Rahmen einer notwendigen Höflichkeitsmaximierung, können jedoch durch den unterlassenen Einsatz selbstlobvermeidender Strategien potentiell imagebedrohend für den Komplimentempfänger wirken.

Dagegen entspricht die Ablehnungsstrategie als spezifisch negativer Bescheid der Leech'schen Bescheidenheitsmaxime, beachtet zwar unter Einsatz ausschließlich selbstlobvermeidender Strategien die *face*-Bedürfnisse des Komplimentempfängers, kann sich jedoch dadurch potentiell imagebedrohend auf die positiven *face*-Bedürfnisse des Komplimentgebers auswirken.

Die Kompromissstrategien wiederum stellen als nicht-spezifische entscheidungsumgehende, d. h. ausweichende (dazu gehören die Abwertung, Referenzverschiebung zu einer anderen Person, Erklärung und das Scherzen), entscheidungsvorbereitende, ausweichende (diese umfassen Fragen, Abschwächung und das Ignorieren) oder gegeninitiative (Rückgabe), reaktive Handlungstypen dadurch, dass sie sowohl zustimmende als auch nichtzustimmende Komponenten enthalten und dementsprechend sowohl der Leech'schen Zustimmungs- als auch Bescheidenheitsmaxime nachkommen, einen Kompromiss dar, in dem die *face*-Bedürfnisse beider Gesprächsteilnehmer insofern beachtet werden, als dass sie im Sinne des Komplimentgebers Zustimmung und gleichzeitig im Sinne des Komplimentempfängers selbstlobvermeidende Strategien implizieren.

Im Rahmen einer Gegenüberstellung der in beiden Korpora eingesetzten Strategien fällt auf, dass von beiden Teilnehmergruppen jeweils eine Humor implizierende Annahme- (humorvoll zustimmende Bestätigung der Komplimentaussage) und Kompromissstrategie (Scherzen) gewählt wird. Darüber hinaus kommt zum anderen die von den deutschen Teilnehmern eingesetzte referenzverschiebende Kompromissstrategie der Rückgabe des Kompliments nur im deutschen, jedoch nicht im australischen Datenmaterial zum Einsatz. Der im Rahmen dieser insgesamt nahezu identischen Strategieverwendung kommunikativ-pragmatisch variable Umgang mit diesem Sprechaktmuster in beiden Sprachgemeinschaften spiegelt sich besonders in der Länge und Komplexität der Analysebeispiele aus den einzelnen Strategien wider. Bis auf die Annahmestrategie der gleichstark zustimmenden Bewertung der Komplimentaussage, die sich in beiden Korpora mit dem jeweils vorauslaufenden Kompliment über vier Redebeiträge erstreckt, beschränken sich die restlichen Strategien auf zwei Redebeiträge (Kompliment und Reaktion).

Hinsichtlich der Länge der einzelnen Erwiderungsbeispiele fallen sowohl unter den australischen als auch deutschen Teilnehmern die Reaktionen des Kompromissbereichs zumeist länger und komplexer aus im Vergleich zu denen der Annahme, die sich ausnahmslos aus kurzen, häufig elliptischen Minimalantworten zusammensetzen. Die in den Ablehnungsbereich fallenden Antworten bewegen sich diesbezüglich zwischen diesen beiden Bereichen, denn sie beginnen im australischen und deutschen Datenmaterial zunächst mit einer kurzen, elliptischen Antwort und gehen dann, indem sie eine Erklärung oder einen Kommentar anschließen, näher auf den Sachverhalt des Kompliments ein, um trotz der implizierten Nichtzustimmung dem Komplimentgeber einvernehmliche Gesprächsbereitschaft zu signalisieren.

Im Hinblick auf die Intensität der emotionalen Beteiligung und der Sympathiebekundung, die zur Übertragung von Bedeutung und Intention, d. h. zu dem vom
Komplimentempfänger beabsichtigten verbalen Ausdruck der in der jeweiligen Erwiderung enthaltenen Honorierung, entscheidend beiträgt, wird diese dabei in jedem
einzelnen Erwiderungsbeispiel in beiden Sprachen insbesondere mit Hilfe bestimmter illokutionsindizierender syntaktischer, lexikalischer und prosodischer Mittel modifiziert (intensiviert oder abgeschwächt), die neben ihrer jeweiligen syntaktischen,
lexikalischen und prosodischen Funktion gleichzeitig auch eine kommunikativ-pragmatische Leistung übernehmen. Dazu gehören u. a. das Satzformat, der Modus, der
Fokus, vor-, zwischen- oder nachgeschaltete intensitätsregulierende Satzäquivalente,
Interjektionen und Partikeln, wertende Adjektive und Adverbien sowie Intonation
und paraverbale Mittel wie das Lachen oder Pausen.

## 7.1.2   Häufigkeit und Präferenzen der eingesetzten Strategien

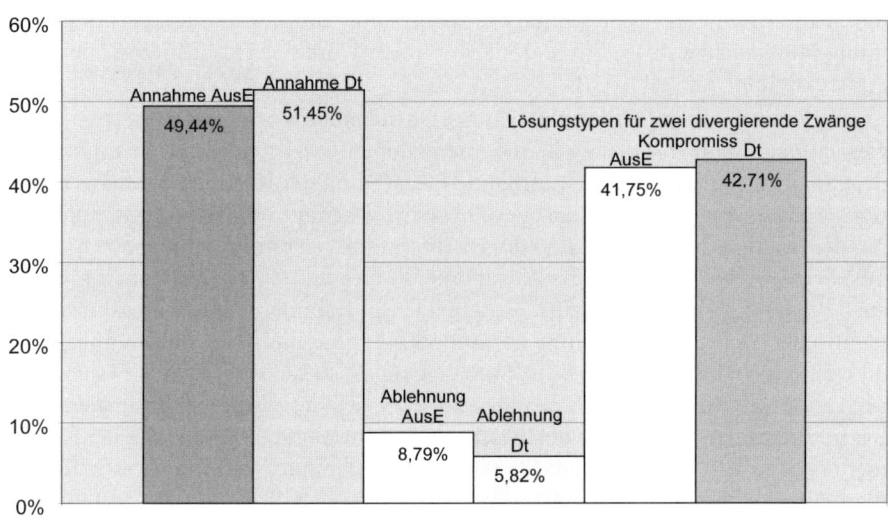

Abbildung 38: Gesamtverteilung der australischen und deutschen Erwiderungen auf
die Bereiche Annahme – Ablehnung – Kompromiss (in Prozent)

Im Rahmen der quantitativen Betrachtung von Häufigkeit und Präferenzen beim
Einsatz der Komplimentreaktionen lassen sich — wie Abbildung 38 zeigt — keine
bedeutsamen Unterschiede im Wahlverhalten beider Teilnehmergruppen erkennen:
Während die deutschen Teilnehmer mit 51,45 % im Gegensatz zu den australischen
Probanden mit 49,44 % unwesentlich häufiger ein Kompliment annehmen, wird im
australischen Datenmaterial mit 8,79 % im Gegensatz zu 5,82 % im Deutschen ein
Kompliment häufiger abgelehnt. Dagegen verwenden die deutschen Informanten

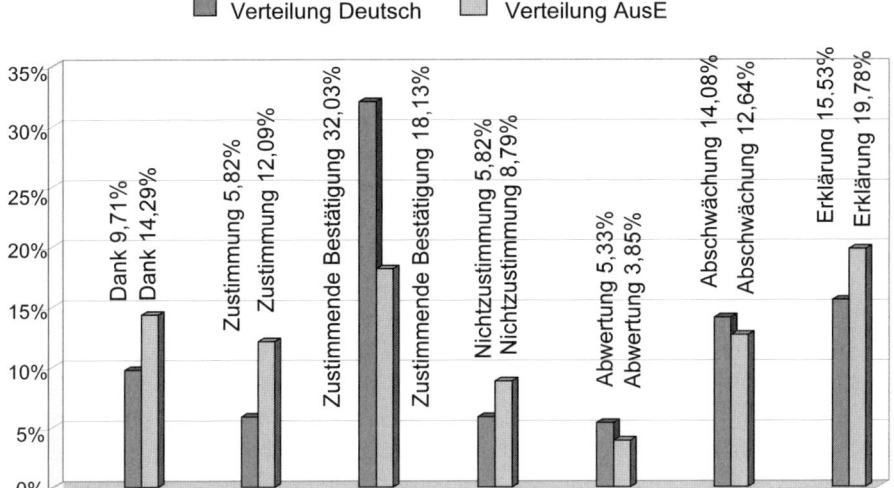

Abbildung 39: Prozentuale Verteilung der sieben bevorzugtesten Strategien im Australischen und Deutschen

mit 42,71 % im Gegensatz zu den australischen Probanden mit 41,75 % eine Kompromissstrategie frequenter. Hinsichtlich der in Abbildung 38 dargestellten Verteilung im australischen und deutschen Datenmaterial ergeben sich keine signifikanten Unterschiede in der Beziehung der Variablen zueinander. Anders sieht es dagegen bei Betrachtung der Verteilungen auf die einzelnen Erwiderungsstrategien in beiden Gruppen aus.

Schaut man sich die sieben im australischen und deutschen Korpus am häufigsten und daher bevorzugt eingesetzten Erwiderungsstrategien in Abbildung 39 an, so ergibt sich ein diversifiziertes Bild. Während von den deutschen Teilnehmern die Annahmestrategie der zustimmenden Bestätigung der Komplimentaussage mit 32,03 % am häufigsten gewählt wird, liegt im australischen Korpus die Präferenz bei der Kompromissstrategie der Erklärung mit 19,78 %.

Interessant ist, dass hinsichtlich der Präferenz und Häufigkeit an zweiter Stelle in beiden Gruppen jeweils die von der anderen Gruppe am häufigsten eingesetzte Strategie folgt, d. h., es findet eine Überkreuzung statt: die Kompromissstrategie der Erklärung steht im deutschen Korpus mit 15,53 % an zweiter Stelle und dies gilt entsprechend gleichermaßen für die Annahmestrategie der zustimmenden Bestätigung der Komplimentaussage mit 18,13 % im australischen Datenmaterial.

Eine solche Überkreuzung ergibt sich — wie Abbildung 39 zeigt — ebenso bezüglich der an dritter und vierter Stelle platzierten Strategien. Während an dritter Stelle von den deutschen Teilnehmern bevorzugt die Kompromissstrategie der Abschwächung der Komplimentbewertung mit 14,08 % und an vierter Stelle die Annahmestrategie des Dankes mit 9,71 % gewählt wird, rangiert der Dank im australischen Korpus mit 14,29 % auf dem dritten und die Kompromissstrategie der Abschwächung mit 12,64 % auf dem vierten Platz.

Auf diese doppelte Überkreuzung der ersten vier Strategien hinsichtlich der australischen und deutschen Präferenzen folgen im Verhältnis entsprechend in einheitlicher Reihenfolge die letzten drei der sieben bevorzugten Strategien in beiden Gruppen: die Annahmestrategie der direkten Zustimmung zur Komplimentaussage (Australisch: 12,09 %, Deutsch: 5,82 %), die Ablehnungsstrategie der Nichtzustimmung (Australisch: 8,79 %, Deutsch: 5,82 %) sowie die Kompromissstrategie der Abwertung der Komplimentbewertung (Australisch: 3,85 %, Deutsch: 5,33 %). Die restlichen Strategien setzen die australischen und deutschen Teilnehmer mit einer Häufigkeit von unter 3 % ein.

Zieht man im Rahmen dieser Verteilung zur Prüfung der Beziehungsvariablen einen Signifikanztest hinzu, so ergeben sich entsprechend ausschließlich innerhalb der beiden sich überkreuzenden Strategiepaare der vier bevorzugtesten Erwiderungsstrategien folgende signifikante Unterschiede zwischen den beiden Teilnehmergruppen: zustimmende Bestätigung – Dank – Abschwächung – Erklärung ($p \leq 0.025$), zustimmende Bestätigung – Abschwächung – Erklärung ($p \leq 0.05$), zustimmende Bestätigung – Dank – Erklärung ($p \leq 0.01$) und zustimmende Bestätigung – Erklärung ($p \leq 0.025$). Dementsprechend ist die Beziehung zwischen den Variablen der Auswahlstrategien und derjenigen der Teilnehmergruppe, d. h. der kulturellen Sprachgemeinschaft, als signifikant zu bezeichnen.

Entgegen den Feststellungen Mulo Farenkias (2004; 2006), der in seinem deutschen Datenmaterial insgesamt lediglich sechs Komplimenterwiderungsstrategien ausmacht, sowie Golatos (2002; 2005), die im Annahmebereich für das Deutsche drei Komplimenterwiderungsstrategien findet und diese den zwei von Pomerantz (1978) für das amerikanische Englisch dargestellten und von den deutschen abweichenden Strategien gegenüberstellt, bedienen sich sowohl die australischen als auch die deutschen Teilnehmer in den dieser Arbeit zugrunde liegenden Korpora sowohl der drei deutschen Strategien von Golato als auch der zwei amerikanischen von Pomerantz sowie zusätzlich einer Humor enthaltenden Annahmestrategie, so dass der Bereich der Annahme für beide Teilnehmergruppen sechs Annahmestrategien umfasst.

Darüber hinaus widerlegt die Tatsache, dass im deutschen Datenmaterial dieser Studie 9,71 % der Erwiderungen einen Dank darstellen, eindeutig folgende Feststellung Golatos bezüglich ihres deutschen Materials: „[...], there are no ‚thank you's‘ in the 62 compliment sequences that make up the current corpus." (Golato 2005, S. 174). Obwohl Golato in ihrer Studie aufgrund des konversationsanalytischen Methodenansatzes keine konkreten quantitativen Angaben zu Häufigkeiten liefert, macht sie dennoch folgende Aussagen zu Präferenzen in ihrem Korpus, Aussagen, die — schaut man sich erneut Abbildung 39 an — auch auf das dieser Arbeit zugrundeliegende deutsche Datenmaterial uneingeschränkt zutreffen: „In my data, the most frequent response was an agreement with a compliment assertion in the form of a confirmation of the compliment assertion with the particle *ja* (*yes*) or some variant thereof." (Golato 2002, S. 557) und

> „However, let me reiterate that in my German corpus I had fewer rejections and disagreements than compliment agreements and acceptances (32 of the 50 compliment sequences were accepted), whereas Pomerantz found the opposite to be the case for American English. In terms of compliment acceptances and agreements with compliments, we see that Germans seem to display a greater variety of acceptance/agreement responses than Americans." (Golato 2002, S. 564).

Ebenso wie Golato und die dieser Arbeit zugrunde liegende Studie kommen auch die Untersuchungen von Holmes (1986) und Herbert/Straight (1989) zum Komplimenterwiderungsverhalten im neuseeländischen oder amerikanischen und südafrikanischen Englisch zu vergleichbaren Ergebnissen hinsichtlich der präferentiellen Verteilung im Annahme- und Ablehnungsbereich.

Bezüglich des Bereichs der Ablehnung hat Kapitel 6.1.1 darüber hinaus gezeigt, dass die deutschen Teilnehmer im zugrunde liegenden Korpus anders als im Australischen bei Ablehnung eines Kompliments schwache Formen der Nichtzustimmung verwenden, d. h., ein Kompliment nicht gerade heraus ablehnen. Zu dieser Erkenntnis gelangt Golato für das Deutsche auch: „However, flat out rejecting a compliment is rare in the corpus." (Golato 2002, S. 559).

Ein Blick auf den Kompromissbereich zeigt im Vergleich zu Golato, dass die Strategien dieses Bereichs in beiden Studien wesentlich häufiger als Ablehnungen und seltener als Annahmen verwendet werden, dass die von amerikanischen und deutschen Probanden im Rahmen der konversationsanalytischen Untersuchungen Golatos und Pomerantz' gewählte Strategie der Reinterpretation weder von den deutschen noch von den australischen Teilnehmern in dem Datenmaterial dieser Untersuchung verwendet wird, dass die Strategie der Rückgabe des Kompliments ausschließlich von den deutschen Teilnehmern eingesetzt wird und dass im Gegensatz zu den Ergebnissen von Golato im Kompromissbereich eine weitere Humor enthaltende Strategie, diejenige des Scherzens, sowohl von australischen als auch von deutschen Teilnehmern gewählt wird.

Insgesamt lassen in diesem Zusammenhang insbesondere die Übereinstimmungen in den Ergebnissen dieser Studie und der von Golato trotz unterschiedlicher methodischer Ansätze die Vermutung zu, dass die dieser Studie zugrunde liegende methodische Vorgehensweise (Durchführung nahezu ungesteuerter offener Interviewgespräche unter ausschließlicher Beteiligung der Forscherin und Teilnehmer) in ihrer Struktur derjenigen von Golato nahe kommt und demnach — trotz nicht verdeckter Aufnahmen — als ethisch-rechtlich vertretbare Alternative zur ungesteuerten (verdeckten) Gesprächsaufnahme ohne Beteiligung der Forscher betrachtet werden kann.

### 7.1.3 Syntaktische und lexikalische Elemente und ihre illokutionsindizierende Funktion

Die in Kapitel 5.1.3 und 6.1.3 betrachteten, den einzelnen australischen und deutschen Erwiderungsbeispielen zugrunde liegenden syntaktischen und lexikalischen Elemente dienen anstelle von explizit performativen Verben in der 1. Person Singular Indikativ als Illokutionsindikatoren für die untersuchte Sprechhandlung der Komplimenterwiderungen, da sie in eine bestimmte Illokutionsrichtung weisen, die subjektiv-emotionale und empathische Einstellung des Komplimentempfängers in ihrer entsprechenden Intensität zum Ausdruck bringen und sich daher durch ihre Relevanz für oder ihren Einfluss auf die spezifische kommunikativ-pragmatische und illokutive Funktion der jeweiligen Erwiderungsstrategie auszeichnen.

Während die in beiden Teilnehmergruppen eingesetzten Erwiderungen aufgrund ihrer syntaktisch und lexikalisch variablen Beschaffenheit und Streuung nicht bestimmten Syntaxmustern — wie dies Wolfson/Manes (1980) zufolge für Komplimente möglich ist — zugeordnet werden können, so lassen sich in den Erwiderungsbeispielen beider Korpora jedoch trotzdem einige Besonderheiten erkennen. Sowohl die australischen als auch die deutschen Komplimentreaktionen werden — mit Ausnahme des Erwiderungsbeispiels der Abschwächung der Komplimentbewertung im deutschen Korpus, das mit dem Konjunktiv gebildet wird — im Indikativ geäußert und im Präsens, Präteritum oder Perfekt (ausschließlich in den deutschen Erwiderungen) formuliert, verwendete Adjektive und Adverbien stehen dabei meist im Positiv und nur selten im Superlativ.

In beiden Korpora zeichnen sich die Erwiderungsbeispiele insbesondere im Annahmebereich häufig und dagegen seltener im Ablehnungs- und Kompromissbereich durch elliptische oder fragmentarische Sätze und ökonomische Kurz- oder Einwortformen aus. Während die deutschen Antworten in allen Bereichen bevorzugt im Deklarativ- oder Fragesatzformat geäußert werden, wählen die australischen Teilnehmer im Ablehnungs- und Kompromissbereich zwar ebenfalls meist das Deklarativ- oder Fragesatzformat, im Annahmebereich dagegen überwiegend das Exklamativsatzformat und entsprechend seltener die beiden anderen Äußerungsformate. In beiden Korpora wird sich zumeist eines unpersönlichen Null-Fokus bedient, gefolgt vom Sprecher- und wesentlich seltener vom Hörerfokus.

Die in den jeweiligen Komplimentreaktionen enthaltene persönliche, emotionale und empathische Einstellung des Komplimentempfängers zum jeweils vorauslaufenden Kompliment, d. h. zur Komplimentaussage oder -bewertung, die auf kommunikativ-pragmatischer Ebene das entsprechende Maß an Sympathie oder Antipathie angibt und auf die weitere Kommunikation konfliktsteigernd oder -abschwächend wirkt, wird zum einen durch drei der vier hauptsächlichen Wortklassen, nämlich:

- die Einstellungsverben *finden*, *glauben* bzw. *denken* im Deutschen sowie *think*, *guess*, *agree* bzw. *seem* im Australischen,

- die wertenden attributiv und prädikativ gebrauchten Adjektive *schön, gut, toll, sicher, klar* bzw. *natürlich* im Deutschen sowie *cool, nice, great, good* bzw. *glad* und *bad* im Australischen und

- die Adverbien *sehr, richtig, ganz* bzw. *wirklich* im Deutschen sowie *a lot, very much, quite* bzw. *in a way* im Australischen, ausgedrückt.

Zum anderen übernehmen diese Funktion insbesondere diejenigen Wortklassen, die nicht flektierend und satzgliedhaft sind, d. h. lexikalisch meist schwach belegt oder leer, und die im Vergleich zu anderen Wortklassen keine selbständige lexikalische Bedeutung aufweisen, aber die Bedeutung ihrer jeweiligen Bezugselemente modifizieren. Die zu diesen Wortklassen zählenden affirmativen und negierenden Satzäquivalente, Partikeln und Interjektionen werden in ihrer Funktion als Antwort-, Gliederungs- oder Hörersignale sowohl von den australischen als auch von den deutschen Teilnehmern in nahezu allen Bereichen, Strategien und Reaktionen einfach, redundant oder kombiniert eingesetzt und zeichnen sich dadurch aus, dass sie — vom eigentlichen Satzkern, dem sie vor- oder nachgestellt werden, durch ein Komma getrennt — in ihrer illokutionsindizierenden Funktion die emotionale Ausdrucksintensität, die der Komplimentempfänger zu vermitteln beabsichtigt, zu modifizieren oder spezifizieren (intensivieren oder abtönen).

Zu den in den Erwiderungsbeispielen des deutschen und australischen Korpus gewählten, je nach kontextueller Einbettung kommunikativ-funktional unterschiedliche Bedeutungen (Behagen, Nachdenken, Verwunderung, Zustimmung, etc.) annehmenden Satzäquivalenten und Partikeln zählen im Kontext der jeweiligen Komplimenterwiderungsstrategie Folgende:

- im Annahme- und Kompromissbereich die Satzäquivalente *ja, doch* und *joa* im Deutschen sowie *yes* und *yeah* im Australischen in einfacher, mehrfacher oder gedehnter, starke Zustimmung implizierender Form, *danke* bzw. *thanks* sowie *ja ne* bzw. *nja, na ja* ausschließlich im Deutschen (schwache oder nur teilweise Zustimmung signalisierend),

- im Ablehnungsbereich die negierenden Satzäquivalente oder Negationselemente *ne, nicht* bzw. *keine* im Deutschen und im Australischen *no, na* bzw. *not,*

- die Partikeln *(m)hm* im Deutschen bzw. *m(h)m* im Australischen (schwache Zustimmung signalisierend),

- die Interjektion *oh* in beiden Korpora, aber häufiger im Australischen (angenehme Überraschung implizierend mit intensitätssteigernder Wirkung bei Dehnung),

- die Interjektion *hey* (Aufmerksamkeitsappell ausschließlich im Australischen) sowie die Partikeln *genau, eben* bzw. *auch* (stark übereinstimmende Einstellung signalisierend), *schon, okay, so in etwa, also, ganz, ziemlich* und *vielleicht* (schwache oder eingeschränkte Übereinstimmung implizierend) im Deutschen sowie *well* (Abwägung signalisierend und daher intensitätsdämpfend), *okay* und *well yeah* (schwach bestätigende Kenntnisnahme und leichtes Unbehagen implizierend) im Australischen.

Die hier aufgeführten Beispiele werden in beiden Korpora häufig in Kombination miteinander verwendet, so dass sie dann eine zusätzliche intensitätssteigernde oder -dämpfende Nuancierung erhalten.

Daneben treten in der Kompromissstrategie des Ignorierens das Verzögerungselement *äh* im deutschen Erwiderungsbeispiel sowie *ehm* in der australischen Reaktion als Antwortersatz auf, und insbesondere in derjenigen der Abwertung und Abschwächung übernehmen hauptsächlich die Konjunktionen *wenn … dann, schon, aber* im Deutschen sowie *though, yet* und *but* im Australischen die in diesen Erwiderungsstrategien zum Ausdruck gebrachte einschränkende oder abweichende Einstellung zur Komplimentbewertung.

Es fällt dabei auf, dass den deutschen Teilnehmern besonders bei der Partikelwahl mehr Varianten zur Verfügung stehen, um den Emotionsgrad und die Intensität an Zustimmung, teilweiser Übereinstimmung oder Nichtzustimmung auszudrücken als den australischen. Dies ist vermutlich auf ein unterschiedlich umfangreiches Partikelinventar in beiden Sprachen zurückzuführen. Dagegen sind beide Teilnehmergruppen bei der Wahl der Satzäquivalente und Interjektionen hinsichtlich einer intensitätsregulierenden Wiederholung, Dehnung und Kombination mehrerer Elemente ausgesprochen kreativ und variabel. Während im australischen Material lediglich in den Reaktionsbeispielen der Annahmestrategie der Bewertung der Komplimentaussage und der Kompromissstrategie des Scherzens gar keine Satzäquivalente, Partikeln oder Interjektionen auftreten, gilt dies im deutschen Korpus über diese beiden Strategien hinaus auch für die Kompromissstrategie der Rückgabe des Kompliments.

Der in diesem Kapitel vorgenommenen Gegenüberstellung zufolge handelt es sich entsprechend in den zugrunde liegenden Erwiderungsbeispielen beider Teilnehmergruppen um jeweils einige wenige, jedoch ausgesprochen kontextsensible und bedeutungsvariable syntaktische und lexikalische Einheiten, die als Mittel zur Feinabstimmung hinsichtlich der zusätzlichen Ausdrucks-, Intentions- und Emotionsintensität in den australischen und deutschen Komplimenterwiderungen der jeweiligen Strategien und Bereiche dienen.

Besonders in dieser Funktion als kommunikative, illokutionsindizierende Indikatoren kommt ihnen in beiden Sprachgemeinschaften gleichsam die Aufgabe zu, die Erwiderungsäußerungen im Gesprächskontext adäquat zu verankern, den Sprechakt im Sinne des Komplimentempfängers zu modifizieren, den Interpretationsprozess für den Komplimentgebers dadurch zu erleichtern und so die Interaktion entsprechend zu steuern.

## 7.1.4   Prosodische Mittel und ihre illokutionsindizierende Funktion

Die Vielfalt und Spannweite innerer Einstellungen der Komplimentempfänger zu ihren Gesprächspartnern sowie den von ihnen geäußerten Komplimentaussagen und -bewertungen fließt auch über den Bereich der Prosodie, speziell der Intonation konstant in die Kommunikation mit ein.

Dabei können prosodische Merkmale u. a. mit syntaktischen und lexikalischen Elementen in ihrer illokutionsindizierenden, diese innere Einstellung transportierenden Funktion zusammenwirken.

Sie stellen zwar dann nur unterstützende Zugaben zu den eigentlichen lexikalischen Grundbedeutungen der verwendeten Begriffe dar, die — abgesehen von seltenen Extremfällen — dabei gültig bleiben, jedoch geben sie auf sensible und oftmals diskrete Art und Weise Aufschluss über die vom Komplimentempfänger intendiert eingebrachte Zusatzbedeutung im Kommunikationsprozess.

Zum Zweck der Interpretationserleichterung und Verständnissicherung zwischen den Gesprächspartnern wirken dabei sowohl im australischen als auch im deutschen Korpus insbesondere affirmative oder negierende Satzäquivalente, Partikeln und Interjektionen, die insbesondere als Transportmittel und zur Intensitätsregulierung der jeweiligen emotionalen Haltung oder inneren Einstellung dienen, unterstützend.

Insgesamt ist hinsichtlich der im australischen und deutschen Datenmaterial zum Tragen kommenden prosodischen Merkmale festzuhalten, dass die tonale Struktur mit wenigen Ausnahmen in ihrer Gesamttendenz in beiden Sprachen im Deklarativsatzformat fallend und im Fragesatzformat steigend ist.

Schaut man sich die Erwiderungsbeispiele der jeweiligen Strategiebereiche an, so ergibt sich im australisch-deutschen Vergleich ein diversifiziertes Bild mit zahlreichen Gemeinsamkeiten und auch einigen Unterschieden.

Während beide Beispiele der Strategie des Dankes (Abb. 7 und 23) sich durch eine Sprechweise auf mittlerem Tonhöhenregister mit insgesamt fallender Tonbewegung auszeichnen, wobei die im australischen Beispiel enthaltene Interjektion *oh* mit leicht steigender tonaler Struktur formuliert wird, bewegen sich beide Erwiderungsbeispiele der Strategie der Bewertung der Komplimentaussage (Abb. 8 und 24) auf tiefem Tonhöhenregister mit global fallender Endintonation. Anders als beim australischen Beispiel, dessen Tonhöhenverlauf wellenförmig verläuft, zeichnet sich das deutsche Beispiel durch eine intonatorisch neutralere Formulierung aus.

Die Strategie der direkten Zustimmung (Abb. 9 und 25) sieht dagegen wie folgt aus: Das australische Beispiel wird ebenso wie das Deutsche auf mittlerem Tonhöhenregister formuliert, jedoch verläuft die Tonbewegung in der australischen Reaktion fallend bzw. steigend-fallend bei Hauptbetonung auf dem Verb, wohingegen im Deutschen auf das mit fallend-steigender tonaler Struktur artikulierte affirmative Satzäquivalent *doch* ein Tonhöhensprung nach oben und danach wieder nach unten auf einem mittleren Tonhöhenregister auf dem Einstellungsverb *find* mit letztlich fallend-steigender Endintonation stattfindet, die sich letztlich auf dem Satzelement *auch* gleichbleibend einpendelt.

Während das australische und deutsche Beispiel sich der Strategie der zustimmenden Bestätigung der Komplimentaussage (Abb. 10 und 26) jeweils durch eine global steigend-fallende tonale Struktur (im Deutschen wird das nachgestellte Satzäquivalent *ja* zuletzt mit steigender Tonbewegung artikuliert) auf mittlerem Tonhöhenregister auszeichnet, werden die Beispielerwiderungen der gleichstark zustimmenden Bewertung der Komplimentaussage (Abb. 11 und 27) mit zwei Erwiderungszügen in beiden Teilnehmergruppen auf tendenziell niedrigem bis mittlerem Tonhöhenregister und global fallender Tonbewegung geäußert.

Im australischen Beispiel ist im ersten Erwiderungszug ein Tonhöhensprung nach oben auf einem mittleren Tonhöhenregister auf dem Verb *tell* sowie im zweiten Zug eine fallende Intonationskontur auf dem affirmativen Satzäquivalent *yeah* zu verzeichnen, wohingegen der erste Erwiderungszug des deutschen Beispiels durch das affirmative Satzäquivalent *ja* mit fallend-steigender Tonbewegung sowie das Fragepronomen *ne?* mit zunächst fallend-steigender und zuletzt fallender Tonbewegung gekennzeichnet ist — für dieses ist im australischen Datenmaterial kein Äquivalent zu finden — und der zweite Erwiderungszug durch dasselbe Satzäquivalent mit fallender Tonbewegung.

Das australische und deutsche Erwiderungsbeispiel der letzten Annahmestrategie, der humorvoll zustimmenden Bestätigung der Komplimentaussage (Abb. 12 und 28), umfasst folgende prosodische Merkmale: In beiden Fällen wird die Reaktion mit steigender tonaler Struktur auf den jeweiligen vor- oder nachgestellten affirmativen Satzäquivalenten *yeah* und *(m)hm* sowie global fallender Tonbewegung im Satzkern formuliert.

Im Ablehnungsbereich (Abb. 13 und 29) sind im australischen und deutschen Erwiderungsbeispiel steigend-fallende Verläufe insbesondere auf den Negationselementen im Satzkern bei global steigend-fallender Entintonation zu erkennen. In beiden Fällen verläuft die Tonbewegung wellenförmig, die Partikel *oh* im australischen Beispiel wird dabei mit global steigend-fallender tonaler Struktur auf hohem Tonhöhenregister artikuliert, während das affirmative Satzäquivalent *ja* mit fallend-steigender Tonbewegung auf mittlerem Tonhöhenregister geäußert wird.

Im Kompromissbereich lassen sich in der ersten Strategie der neutralen Rückfrage (Abb. 14 und 30), die aufgrund ihres Äußerungsformats in beiden Erwiderungsbeispielen mit global steigender Tonbewegung geäußert wird, folgende Merkmale erkennen: Beide Erwiderungsbeispiele werden auf mittlerem bis hohem Tonhöhenregister artikuliert, und die im australischen Beispiel an diese Rückfrage anschließende Interjektion *oh* wird mit steigend-fallender Tonbewegung auf mittlerem Tonhöhenregister geäußert.

In der zweiten Kompromissstrategie der Abwertung der Komplimentbewertung (Abb. 15 und 31), die sich insbesondere im deutschen Beispiel durch eine rege Tonbewegung auszeichnet, wird das in beiden Reaktionen vorangestellte affirmative Satzäquivalent *yeah* bzw. *ja* mit global fallender tonaler Struktur auf mittlerem Tonhöhenregister artikuliert, wohingegen der Satzkern durch eine global fallende Tonbewegung im australischen Beispiel und Tonhöhensprüngen nach oben auf Artikel, Verb und Adjektiv im Deutschen mit entsprechendem Anstieg von einem global mittleren auf ein hohes Tonhöhenregister gekennzeichnet ist.

Auffallend ist, dass die Endintonation im Australischen in diesem Beispiel steigt und im Deutschen dagegen rasant abfällt, obwohl in beiden Fällen der Redebeitrag beendet ist. Es könnte sich hierbei im Australischen um das für die englischen Varietäten typische Phänomen des sogenannten *high rising tone* am Ende eines Deklarativsatzes mit Sprecherwechsel handeln.

Während die Erwiderungsbeispiele der Strategie der Abschwächung der Komplimentbewertung (Abb. 16 und 32) in beiden Sprachen mit global fallender Endintonation artikuliert werden, ist in der australischen Reaktion ein Tonhöhensprung von einem global mittleren auf ein hohes Tonhöhenregister auf dem Adjektiv *sure* bei sonst fallend-steigender Intonationskontur zu verzeichnen, wohingegen die deutsche Reaktion in global steigend-fallender Tonbewegung auf niedrigem bis mittlerem Tonhöhenregister geäußert wird. Das im Australischen vorangestellte und im Deutschen sowohl voran- als auch nachgestellte Satzäquivalent *yeah* bzw. *ja* wird in beiden Fällen mit fallend-steigender tonaler Struktur artikuliert.

Hinsichtlich der Kompromissstrategie der Referenzverschiebung zu einer anderen Person (Abb. 33) lassen sich beim Vergleich beider Erwiderungsbeispiele (aufgrund des konsistenten Ausfalls der Grundfrequenzbestimmung ist keine bildliche Darstellung des australischen Erwiderungsbeispiels möglich) folgende Gemeinsamkeiten erkennen: Beide Reaktionen werden in global steigend-fallender Tonbewegung auf mittlerem Tonhöhenregister formuliert. Tonhöhensprünge nach oben auf dem Subjektpronomen *people*, dem Verb *keep above* sowie dem Objektpronomen *their head* im Australischen sowie auf der Partikel (*auch*), der Präposition *von*, dem Substantiv *Anfang* sowie dem Verb *unterstützt* im Deutschen bewirken dabei einen kurzzeitigen Anstieg auf ein hohes Tonhöhenregister. Die Intonationskontur des vorangestellten affirmativen Satzäquivalents *ja* im deutschen und des nachgestellten *yeah* im australischen Beispiel verläuft in beiden Fällen steigend-fallend.

Während die Strategie der Rückgabe des Kompliments (Abb. 34) lediglich im deutschen Datenmaterial verwendet wird und mit global steigend-fallender Tonbewegung auf mittlerem Tonhöhenregister erfolgt, zeichnet sich die Strategie der Erklärung (Abb. 17 und 35) sowohl im australischen als auch deutschen Beispiel durch eine tendenziell fallende Tonbewegung des vorangestellten Satzäquivalents *yeah* bzw. *ja* (im australischen Beispiel zunächst steil abfallend und anschließend steigend-fallend) aus, wobei die Tonbewegung in der australischen Reaktion global steigend-fallend, am Äußerungsende jedoch fallend-steigend, und in der deutschen Erwiderung global fallend verläuft. In beiden Reaktionen treten Tonhöhensprünge von einem tendenziell mittleren Tonhöhenregister auf ein tiefes Register auf, und zwar hauptsächlich auf Subjekt- oder Objektpronomen und Verb.

Die Strategie des Ignorierens (Abb. 18), die im australischen Beispiel durch das Verzögerungselement *ehm* gedehnt mit leicht fallend-steigender Tonbewegung auf niedrigem Tonhöhenregister verbalisiert wird, zeichnet sich im deutschen Beispiel durch eine ausbleibende Reaktion aus.

In der letzten Kompromissstrategie, derjenigen des Scherzens (Abb. 19 und 36), lassen sich im australisch-deutschen Vergleich folgende Besonderheiten erkennen: Die australische Teilnehmerin formuliert ihre Reaktion mit tendenziell steigend-fallender Tonbewegung auf hohem und nach Tonhöhensprüngen auf dem Verb und Zeitadverb mit darauffolgender jeweils steigender Tonbewegung und Endintonation auf mittlerem Tonhöhenregister. Dagegen wird die deutsche Reaktion in tendenziell fallendem bzw. fallend-steigendem Tonhöhenverlauf und fallender Endintonation auf mittlerem Tonhöhenregister artikuliert.

Insgesamt lässt sich nach diesem Vergleich der australischen und deutschen Erwiderungsbeispiele festhalten, dass

- die Stimmführung insbesondere im Hinblick auf die Endintonation im Deklarativsatzformat in ihrer Gesamttendenz fallend und im Fragesatzformat steigend ist,

- im Falle einer steigenden Endintonation im Deklarativsatzformat mit Blick auf die kontextuelle Einbettung der Reaktion durch diese in beiden Sprachen entweder die weitere Beanspruchung des Rederechts von Seiten des Komplimentempfängers signalisiert wird oder ein höflicher, verbindlicher und gesprächsanimierender Eindruck erweckt werden soll, der den weiteren Kommunikationsverlauf fördert,

- der Tonhöhenverlauf allgemein in den australischen Erwiderungen gleitender wirkt als in den deutschen, in denen die Tonbewegung u.a. durch Tonhöhensprünge unruhiger verläuft.

Auffällig ist darüber hinaus, dass die in den meisten Strategien und Reaktionen frequent verwendeten affirmativen Satzäquivalente und Partikeln, die allgemein positive Kenntnisnahme oder Zustimmung signalisieren, sowie die Partikel *(m)hm* und Interjektion *oh* in beiden Korpora sowohl mit steigender als auch fallender, steigend-fallender und fallend-steigender Tonbewegung artikuliert werden. Dies deutet auf einen sehr variablen Gebrauch und eine hohe Kontextsensibilität dieser Elemente und der durch diese ausgedrückten Emotions- und Einstellungsintensität hin, die — auch wenn die grundlegende zustimmende Bedeutung dabei nicht verändert wird — auf die positive, neutrale oder negative Einstellung des Komplimentempfängers gegenüber dem zuvor geäußerten Kompliment oder dem Komplimentgeber im Kommunikationsprozess hinweisen und deshalb in ihrer unterstützenden illokutions- und präferenzindizierenden Funktion nicht unterschätzt werden sollten.

## 7.2 Themenbezug

Vergleicht man die Komplimentreaktionen aus dem australischen und deutschen Datenmaterial bezüglich ihrer Präferenz hinsichtlich der im jeweiligen vorausgegangenen Kompliment enthaltenen Themen — wie dies bisher lediglich bei Knapp et al.

(1984) in Bezug auf amerikanische Komplimenterwiderungen geschehen ist (vgl. Kapitel 5.1.2 und 6.1.2) — so ergeben sich in Anbetracht der Tatsache, dass im Australischen und Deutschen Komplimente ausschließlich zu den vier Themenkomplexen Merkmale (darunter fallen Resultate von Verhaltensweisen, Ideen oder Vorhaben), persönliche Fähigkeiten oder Leistungen, Besitzgegenstände sowie persönliche Charaktereigenschaften verteilt wurden, folgende in Abbildung 40 dargestellten Präferenzen im Vergleich:

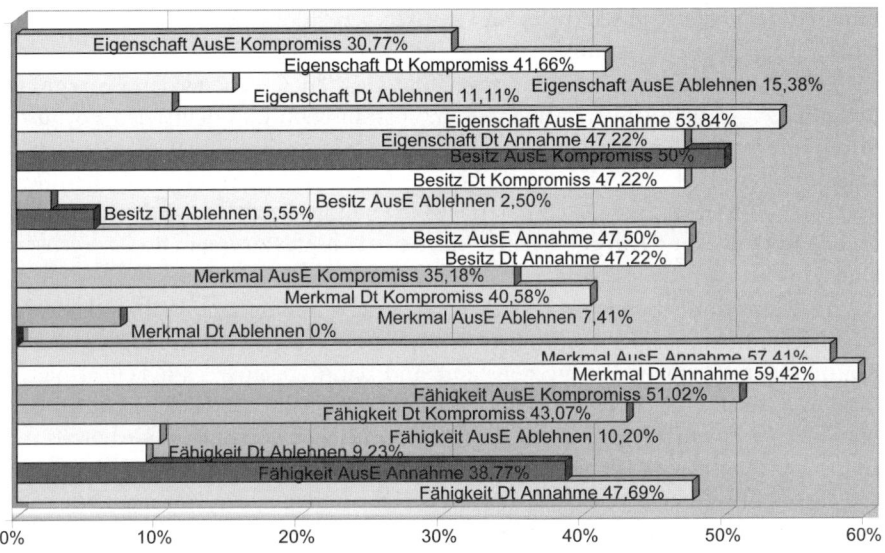

Abbildung 40: Prozentualer Vergleich der Erwiderungspräferenzen hinsichtlich der gewählten Themen in den Kategorien Annahme, Ablehnung bzw. Kompromiss im Australischen und Deutschen

Ein Kompliment zu einer Eigenschaft nehmen sowohl die australischen als auch die deutschen Teilnehmer mit 53,84 % bzw. 47,22 % bevorzugt an, bedienen sich erst dann einer Kompromissstrategie mit 30,77 % bzw. 41,66 % und weitaus seltener der Ablehnungsstrategie mit 15,38 % bzw. 11,11 %. Dies verhält sich bei einem Kompliment zu einem Besitzgegenstand dagegen anders.

Während im deutschen Korpus mit 47,22 % gleich häufig eine Annahme- und Kompromissstrategie verwendet wird, ziehen die australischen Teilnehmer der Annahmestrategie (47,50 %) mit 50 % eine Kompromissstrategie vor.

Eine Ablehnung erfolgt dabei auf ein Kompliment zu einem Besitzgegenstand noch seltener als zu einer Eigenschaft (Australisch: 2,50 %, Deutsch: 5,55 %).

Ähnlich wie im Fall der positiven Bewertung einer Eigenschaft verhält es sich mit der eines persönlichen Merkmals: Diese wird im australischen und deutschen Korpus bevorzugt angenommen (Australisch: 57,41 %, Deutsch: 59,42 %), gefolgt von der Verwendung einer Kompromissstrategie (Australisch: 35,18 %, Deutsch: 40,58 %) und einer Ablehnung ausschließlich im australischen Datenmaterial mit 7,41 %.

Bei positiver Bewertung einer Fähigkeit dagegen verhält es sich ähnlich wie bei einem Kompliment zu einem Besitzgegenstand: Während die deutschen Teilnehmer eine Annahmestrategie (47,69 %) einer Kompromissstrategie (43,07 %) vorziehen, wird im australischen Korpus genau umgekehrt ein Kompromiss mit 43,07 % häufiger als eine Annahme (38,77 %) gewählt. Ähnlich wie bei einem Kompliment zu einer Eigenschaft wählen sowohl australische als auch deutsche Teilnehmer eine Ablehnungsstrategie (Australisch: 10,20 %, Deutsch: 9,23 %) auf eine positive Bewertung einer Fähigkeit oder Leistung.

Es lässt sich zusammenfassend festhalten, dass entsprechend den prozentualen Verteilungen im Bereich der Annahme im australischen und deutschen Korpus ein Kompliment zu einem Merkmal am häufigsten und zu einer Fähigkeit am seltensten angenommen wird, während ein solches zu einer Eigenschaft oder zu einem Besitzgegenstand im deutschen Datenmaterial gleich häufig akzeptiert wird und im australischen Korpus eher dasjenige zu einer Eigenschaft als das zu einem Besitzgegenstand angenommen wird.

Im Kompromissbereich sehen die Präferenzen anders aus: Während im deutschen Datenmaterial die Wahl einer Kompromissstrategie am häufigsten auf ein Kompliment zu einem Besitzgegenstand und dann zu einer Fähigkeit erfolgt, ist dies im australischen Korpus genau umgekehrt der Fall. Das Gleiche gilt für Komplimente zu einem Merkmal, auf die im australischen Korpus im Gegensatz zum Deutschen häufiger mit einer Kompromissstrategie reagiert wird, und einer positiven Bewertung einer Eigenschaft, der wiederum im deutschen Korpus häufiger mit einer Kompromissstrategie begegnet wird.

Im Ablehnungsbereich weisen die Teilnehmer in beiden Korpora bevorzugt ein Kompliment zu einer Eigenschaft zurück, gefolgt von dem zu einer Fähigkeit. Positive Bewertungen zu einem Merkmal werden dagegen häufiger von den australischen Teilnehmern und solche zu einem Besitzgegenstand eher von den deutschen Teilnehmern abgelehnt.

Zieht man zur Signifikanzermittlung der prozentualen Verteilung einen entsprechenden Test hinzu, so lassen sich bezüglich der Präferenzen im Hinblick auf die Reaktionen auf Komplimente zu Fähigkeiten, Besitzgegenständen und Eigenschaften keine signifikanten Unterschiede erkennen.

Schaut man sich dagegen die Verteilung der sieben von den australischen und deutschen Teilnehmern bevorzugt verwendeten Erwiderungsstrategien (zustimmende Bestätigung, Erklärung, Dank, Abschwächung, direkte Zustimmung, Nichtzustimmung und Abwertung) auf ein Kompliment zu einem Merkmal an, so ergeben sich in folgenden Konstellationen hinsichtlich eines Vergleichs beider Korpora signifikante Unterschiede in den australischen und deutschen Verteilungen: zustimmende Bestätigung – direkte Zustimmung ($p \leq 0.025$), zustimmende Bestätigung – Nichtzustimmung ($p \leq 0.01$), Nichtzustimmung – Abschwächung ($p \leq 0.05$). Alle weiteren Verteilungen weisen keine signifikanten Unterschiede auf.

Dies lässt den Schluss zu, dass sich die signifikante Relation zwischen der Teilnehmergruppe und der Strategiewahl insbesondere auf die vier Strategien der zustimmenden Bestätigung und direkten Zustimmung aus dem Annahmebereich, der Nichtzustimmung aus dem Ablehnungsbereich und der Abschwächung aus dem Kompromissbereich konzentriert.

## 7.3 Einfluss soziokultureller Faktoren

Die Faktoren Geschlecht, Status, Alter und Beziehungsgrad werden in der Fachliteratur (vgl. Duttlinger 1999) allgemein als besonders einflussreich im Hinblick auf den Komplimenterwiderungssprechakt, da sie insgesamt eine noch stärkere Personenbezogenheit aufweisen als die formale Struktur oder Themen und häufig in Wechselwirkung zueinanderstehen..

Zu weiteren einflussnehmenden Faktoren könnten insbesondere weitere persönlichkeitsspezifische Aspekte wie z. B. Sympathie oder Antipathie und Empathie dem Gesprächspartner gegenüber, Selbstvertrauen und Selbstwertgefühl im Hinblick auf die eigene Person sowie paraverbale Mittel wie etwa das Lachen oder Pausen gehören, Parameter, die schwer messbar sind und entsprechend in interdisziplinären Großprojekten hinsichtlich ihres Einflusspotentials auf Sprechhandlungen wie Komplimenterwiderungen zu untersuchen wären.

### 7.3.1 Geschlecht

Zu den in der Forschungsliteratur bisher in zahlreichen Sprachen (vgl. Holmes 1988; Herbert 1990; Duttlinger 1999; Nixdorf 2002) als besonders einflussreich dargestellten Faktoren zählt derjenige des Geschlechts.

Während sich die Forscher im Hinblick auf die Untersuchung dieses Faktors bei Komplimenterwiderungen in verschiedenen englischen Varietäten weitgehend einig sind und ihn als einflussreich bewerten, divergieren die Meinungen und auch Ergebnisse — u. a. aufgrund der Wahl unterschiedlicher Datenerhebungsmethoden — im Deutschen.

So lassen sich in Golatos (2002; 2005) konversationsanalytisch basierter Studie keine geschlechtsspezifischen Unterschiede erkennen, während in der auf Diskursergänzungsbögen und Ratingskalen basierenden Untersuchung von Nixdorf (2002) geschlechtsspezifische Präferenzen hinsichtlich der Wahl bestimmter Erwiderungsstrategien zu erkennen sind.

Schaut man sich die Verteilung der Reaktionen von Australiern und Deutschen beider Geschlechter auf die drei Bereiche der Annahme, Ablehnung und des Kompromisses an, so ergibt sich die in Abbildung 41 dargestellte Verteilung.

Dabei geben die ersten sechs Balken Auskunft darüber, welche Erwiderungsbereiche australische und deutsche Männer, die ein Kompliment von einer weiblichen Person erhalten, wählen, während die unteren sechs Balken die prozentuale Verteilung der Reaktionen der australischen und deutschen Komplimentempfängerinnen auf ein Kompliment eines weiblichen Gesprächspartners in den drei Bereichen präsentieren.

In den oberen sechs Balken ist zu erkennen, dass die Komplimentempfänger in beiden Sprachgruppen ein Kompliment bevorzugt annehmen (Australisch: 48,93 %, Deutsch: 53,53 %) und sich dann erst einer Kompromisstrategie bedienen (Australisch: 38,30 %, Deutsch: 37,37 %) oder ein Kompliment sogar ablehnen (Australisch: 12,77 %, Deutsch: 9,09 %). Leichte prozentuale Unterschiede in der australischen und deutschen Verteilung ergeben sich insbesondere im Annahme- und Ablehnungsbereich, in denen die australischen Komplimentempfänger seltener als die deutschen ein Kompliment annehmen und dafür häufiger ablehnen.

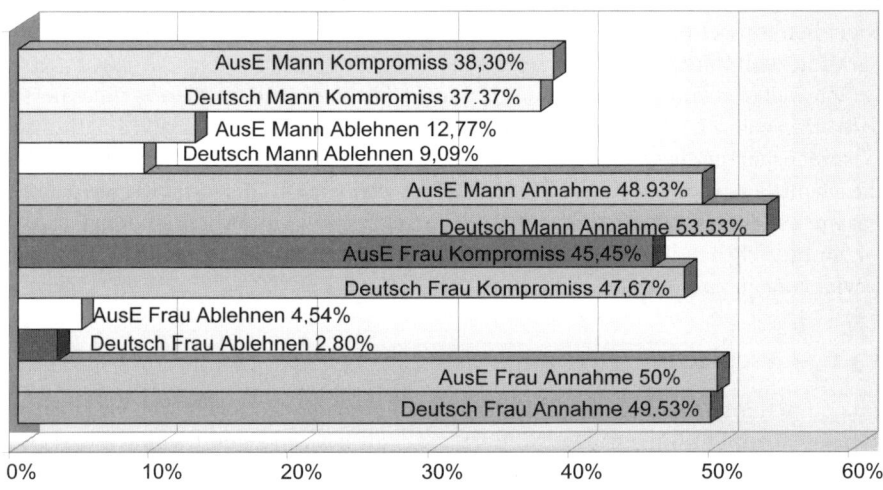

Abbildung 41: Prozentualer Vergleich der geschlechtsspezifischen Verwendung der Kategorien Annahme, Ablehnung bzw. Kompromiss im Australischen und Deutschen

In den unteren sechs Balken ergibt sich im Vergleich folgendes Bild: Die Komplimentempfängerinnen nehmen, ähnlich wie die Komplimentempfänger, in beiden Sprachgruppen ein Kompliment bevorzugt an (Australisch: 50 %, Deutsch: 49,53 %) und wählen dann erst eine Kompromissstrategie (Australisch: 45,45 %, Deutsch: 47,67 %) oder lehnen ein Kompliment ab (Australisch: 4,54 %, Deutsch: 2,80 %).

Während die australischen Komplimentempfängerinnen etwas häufiger ein Kompliment annehmen und entsprechend seltener auf eine Kompromissstrategie zurückgreifen, verhält sich dies bei den deutschen Komplimentempfängerinnen genau umgekehrt. Darüber hinaus lehnen die Australierinnen eher ein Kompliment ab als die deutschen Teilnehmerinnen. Vergleicht man wiederum die Verteilungen der Komplimentempfänger und Komplimentempfängerinnen untereinander, so lässt sich Folgendes feststellen: Alle nehmen ein Kompliment bevorzugt an, jedoch akzeptieren die deutschen Komplimentempfänger dieses von Seiten einer Gesprächspartnerin mit 53,53 % am ehesten, gefolgt von den australischen (50 %) und deutschen Teilnehmerinnen (49,53 %) sowie zuletzt den australischen Komplimentempfängern mit 48,93 %. Im Kompromissbereich sieht es dagegen anders aus, da dort die deutschen (47,67 %) und australischen (45,45 %) Komplimentempfängerinnen mit Abstand häufiger zu einer Kompromissstrategie greifen als die australischen (38,30 %) und deutschen (37,37 %) Teilnehmer. Dagegen lehnen die australischen (12,77 %) und deutschen (9,09 %) Komplimentempfänger ein Kompliment häufiger ab als die australischen (4,54 %) und deutschen (2,80 %) Teilnehmerinnen.

Die Tatsache, dass die australischen und deutschen Komplimentempfänger rund 10 % seltener eine Kompromissstrategie wählen und dementsprechend häufiger eine Annahme- oder Ablehnungsstrategie, lässt vermuten, dass die männlichen Teilnehmer in der Untersuchung nicht ganz so sensibel bezüglich der in Komplimenterwiderungen wirksamen Zwänge (Selbstlobvermeidung auf der einen und Zustimmung auf der anderen Seite), der notwendigen Regulierung der Höflichkeitsmaximierenden Wirkung sowie der Beachtung der gegenseitigen *face*-Bedürfnisse agieren, wie dies offensichtlich bei den australischen und auch deutschen Teilnehmerinnen der Fall ist. Zieht man zur Prüfung der Beziehungen einen Signifikanztest hinzu, so ergeben sich keine signifikanten Unterschiede zwischen dem Geschlecht des Komplimentempfängers, seiner Kultur und der Wahl der Reaktionen im Annahme-, Ablehnungs- oder Kompromissbereich.

Betrachtet man dagegen die sechs von den australischen und deutschen Teilnehmern und Teilnehmerinnen am häufigsten verwendeten Erwiderungsstrategien aus den drei Bereichen, so ergibt sich in Tabelle (10) ein diversifiziertes Bild. Während sowohl bei den deutschen Teilnehmerinnen (27,10 %) als auch bei den deutschen (37,37 %) und australischen (19,15 %) Komplimentempfängern bevorzugt die Strategie der zustimmenden Bestätigung der Komplimentaussage aus dem Annahmebereich verwendet wird, gefolgt von der Kompromissstrategie der Erklärung an zweiter Stelle (deutsche Teilnehmerinnen: 15,90 %, deutsche Teilnehmer: 15,15 %, australische Komplimentempfänger: 13,83 %) und bei den deutschen Teilnehmern derjenigen der Abschwächung der Komplimentbewertung mit gleicher Häufigkeit, bedienen sich die australischen Teilnehmer sowie die deutschen Teilnehmerinnen dieser zuletzt genannten Kompromissstrategie am dritthäufigsten (deutsche Teilnehmerinnen: 13,08 %, Australier: 12,77 %), wobei die deutschen Teilnehmerinnen die Annahmestrategie des Dankes genauso häufig wählen und die australischen Komplimentempfänger diejenige der Nichtzustimmung aus dem Ablehnungsbereich mit ebenfalls 12,77 %, die von den deutschen Teilnehmern wiederum mit 9,09 % ebenso an dritter Stelle folgt.

Der Annahmestrategie der direkten Zustimmung der Komplimentaussage, die von den deutschen Komplimentempfängern mit 7,07 % am vierthäufigsten eingesetzt wird, bedienen sich sowohl die deutschen Teilnehmerinnen mit 4,67 % als auch die Australier mit 9,57 % erst an fünfter Stelle hinter der Annahmestrategie des Dankes bei den Australiern (11,70 %) und der Kompromissstrategie der Abwertung der Komplimentbewertung bei den deutschen Komplimentempfängerinnen (7,48 %).

| Strategie | Deutsch % weiblich 100 % = 107 | Strategie | Deutsch % männlich 100 % = 99 |
|---|---|---|---|
| 1. Zustimmende Bestätigung der Komplimentaussage | 27,10 % | 1. Zustimmende Bestätigung der Komplimentaussage | 37,37 % |
| 2. Erklärung | 15,90 % | 2. Erklärung | 15,15 % |
| 3. Dank | 13,08 % | Abschwächung der Komplimentbewertung | 15,15 % |
| Abschwächung der Komplimentbewertung | 13,08 % | 3. Nichtzustimmung | 9,09 % |
| 4. Abwertung der Komplimentbewertung | 7,48 % | 4. Direkte Zustimmung zur Komplimentaussage | 7,07 % |
| 5. Direkte Zustimmung zur Komplimentaussage | 4,67 % | 5. Dank | 6,06 % |

| Strategie | AusE % weiblich 100 % = 88 | Strategie | AusE % männlich 100 % = 94 |
|---|---|---|---|
| 1. Erklärung | 26,14 % | 1. Zustimmende Bestätigung der Komplimentaussage | 19,15 % |
| 2. Zustimmende Bestätigung der Komplimentaussage | 17,04 % | 2. Erklärung | 13,83 % |
| Dank | 17,04 % | 3. Abschwächung der Komplimentbewertung | 12,77 % |
| 3. Direkte Zustimmung zur Komplimentaussage | 14,77 % | Nichtzustimmung | 12,77 % |
| 4. Abschwächung der Komplimentbewertung | 12,50 % | 4. Dank | 11,70 % |
| 5. Nichtzustimmung | 4,54 % | 5. Direkte Zustimmung zur Komplimentaussage | 9,57 % |

Tabelle 10: Vergleichende Darstellung der fünf von den australischen und deutschen Teilnehmerinnen und Teilnehmer meistverwendeten Strategien

Der Dank wird dabei von den deutschen Teilnehmern mit 6,06 % am fünfthäufigsten verwendet. Vergleicht man diese Verteilung mit den Wahlpräferenzen der Australierinnen, so fällt auf, dass die australischen Komplimentempfängerinnen als einzige Gruppe die Kompromissstrategie der Erklärung mit 26,14 % derjenigen der zustimmenden Bestätigung der Komplimentaussage und des Dankes aus dem Annahmebereich mit jeweils 17,04 % vorziehen, gefolgt von der Annahmestrategie der direkten Zustimmung zur Komplimentaussage mit 14,77 %, der Kompromissstrategie der Abschwächung der Komplimentbewertung mit 12,50 % und der Nichtzustimmung aus dem Ablehnungsbereich mit 4,54 %.

Während die Australierinnen also einer Kompromissstrategie den Vorzug geben, sind die deutschen Komplimentempfängerinnen die Einzigen, die im Rahmen der sechs meist verwendeten, d. h. bevorzugten, Strategien die Kompromissstrategie der Abwertung der Komplimentbewertung und dafür keine Ablehnungsstrategie, d. h. keine Nichtzustimmung, wählen, die allerdings auch von den Australierinnen nur am fünfthäufigsten, von deutschen und australischen Teilnehmern dagegen am dritthäufigsten und damit wesentlich frequenter verwendet wird.

Der Vergleich der Ergebnisse bestätigt, dass sich insbesondere die Australierinnen, aber auch die deutschen Teilnehmerinnen offenbar eindeutig häufiger und bevorzugt einer Kompromissstrategie bedienen im Gegensatz zu ihren männlichen Pendants. Dies lässt darauf schließen, dass die Teilnehmerinnen entsprechend kontextsensibler hinsichtlich der wirksamen Zwänge und höflichkeitsmaximierenden Aspekte agieren. Von den Unterschieden erweisen sich ausschließlich die beiden Annahmestrategien der direkten Zustimmung zur Komplimentaussage (Australisch: 14,77 %, Deutsch: 4,67 %) und zustimmenden Bestätigung der Komplimentaussage (Australisch: 17,04 %, Deutsch: 27,10 %) bei den Komplimentempfängerinnen als signifikant ($p \leq 0.01$).

Wie bereits in Kapitel 6.3.1 erwähnt, scheint es im Hinblick auf den Einfluss des soziokulturellen Faktors Geschlecht auf der Grundlage dieses australisch-deutschen Ergebnisvergleichs entsprechend weniger darum zu gehen, ob Männer oder Frauen überhaupt auf Komplimente reagieren — das tun sie gleichermaßen — sondern wie sensibel und nuanciert, d. h., mit welchen spezifischen Mitteln und Präferenzen sie dies tun. Dabei lassen sich feine Unterschiede in der Prioritätensetzung und Präferenz bei der Strategieverwendung erkennen, die ein erhöhtes Maß an Aufmerksamkeit und Sensibilität im Umgang mit dieser Sprechhandlung von Seiten des Komplimentgebers erfordert und nicht unterschätzt werden sollte.

Ob diese Beobachtungen auf die hier nicht untersuchten Konstellationen Kompliment Mann — Reaktion Frau und Kompliment Mann — Reaktion Mann ebenfalls zutrifft, und ob das Ineinandergreifen mit weiteren Faktoren zu dieser Nuancierung beiträgt oder sie intensiviert, wäre an anderer Stelle zu prüfen.

## 7.3.2   Status und Alter

Vergleicht man im australischen und deutschen Datenmaterial die Faktoren Status und Alter, die beide nicht sehr markiert sind und insbesondere als Distanz- oder Sympathiemarker fungieren, so weist die Tatsache, dass in beiden Korpora nahezu alle

Erwiderungsstrategien in jeder Alter- und Statuskonstellation verwendet werden — im Australischen und Deutschen jeweils zwischen Personen gleichen, höheren und niedrigeren Status im Alter von 19 bis 60 (Australisch) bzw. 21 bis 64 (Deutsch) Jahren — und sich in ihrer Struktur nicht nennenswert voneinander unterscheiden, darauf hin, dass Komplimente und ihre Erwiderungen auch in als problematisch empfundenen Alter- und Statuskonstellationen, also bei einem Alters- und Statusgefälle nach oben oder unten, vorkommen, nicht notwendigerweise distanzierend wirken (vgl. Duttlinger 1999, S.373 f.) und weder auf die Themen- und Strategiewahl noch auf die Distanz- und Sympathiemarkierung besonderen Einfluss ausüben.

Die Tatsache jedoch, dass im australischen Korpus die Strategien der Bewertung der Komplimentaussage, der gleichstark zustimmenden Bewertung der Komplimentaussage und humorvoll zustimmenden Bestätigung der Komplimentaussage im Annahmebereich sowie die Abwertung der Komplimentbewertung und das Scherzen im Kompromissbereich ausschließlich im Alter von 25 bis 36 Jahren zwischen Personen gleichen bzw. niedrigen Status verwendet werden und im deutschen Korpus diejenigen der humorvoll zustimmenden Bestätigung, der Referenzverschiebung zu einer anderen Person und der Rückgabe ausschließlich im Alter von 23 bis 28 Jahren, sowie diejenigen der gleichstark zustimmenden Bewertung, der neutralen Rückfrage und des Scherzens nur im Alter von 23 bis 47 Jahren in jeder Statuskonstellation eingesetzt werden, deutet insbesondere auch im Hinblick auf den Einsatz von Humor auf eine Alters- oder Statuspräferenz hin.

Da es sich jedoch bei all diesen genannten Strategien um im Korpus verhältnismäßig selten gewählte Erwiderungsstrategien handelt, wäre die Aussagekraft dieser Beobachtung an einem umfangreicheren Korpus zu prüfen.

## 7.3.3 Beziehungsgrad

Der Faktor des Beziehungsgrades als Nähe-, Distanz- und Sympathiemarker sollte in seiner Wirkung mit anderen Parametern, insbesondere denen des Geschlechts, Status und Alters, nicht unterschätzt werden. Die von den Teilnehmern im australischen und deutschen Korpus gewählten Komplimenterwiderungen wurden ausschließlich zwischen Fremden, Freunden und Bekannten geäußert, so dass sich in diesen drei Beziehungsgruppen hinsichtlich der gewählten Strategien des Annahme-, Ablehnungs- und Kompromissbereichs bei einem Vergleich der beiden Korpora folgende prozentuale Verteilung ergibt:

In Abbildung 42 ist zu erkennen, dass bei der Verteilung von Komplimenten in der Beziehungsgruppe der Freunde, die in den ersten sechs Balken dargestellt ist, die australischen Teilnehmer diese mit 55,81 % bevorzugt annehmen, während die deutschen Teilnehmer unter Freunden mit 50 % eine Kompromissstrategie präferieren, die von den australischen Komplimentempfängern erst an zweiter Stelle mit 34,88 % gewählt wird, wohingegen eine Annahmestrategie von den deutschen Komplimentempfängern mit 43,94 % am zweithäufigsten verwendet wird.

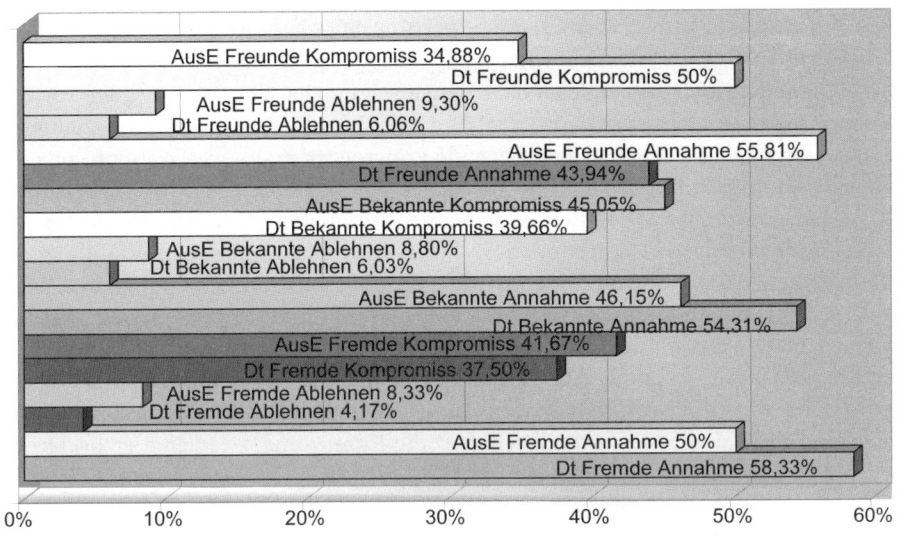

Abbildung 42: Prozentualer Vergleich der Beziehungskonstellation in den Bereichen Annahme – Ablehnung – Kompromiss im Australischen und Deutschen

Eine Ablehnung eines Kompliments von einem Freund erfolgt dagegen in beiden Korpora mit 9,30 % (Australisch) bzw. 6,06 % (Deutsch) verhältnismäßig selten, dies gilt ebenso für die beiden anderen Beziehungsgruppen der Bekannten (Australisch: 8,80 %, Deutsch: 6,03 %) und Fremden (Australisch: 8,33 %, Deutsch: 4,17 %).

Anders verhält es sich im Annahme- und Kompromissbereich in den Beziehungsgruppen der Bekannten und Fremden: Während ein Kompliment von einem Bekannten und Fremden sowohl im australischen als auch deutschen Korpus mit 46,15 % (australische Bekannte) bzw. 50 % (australische Fremde) und 54,31 % (deutsche Bekannte) bzw. 58,33 % (deutsche Fremde) bevorzugt angenommen wird, steht die Verwendung einer Kompromissstrategie mit 45,05 % (australische Bekannte) bzw. 41,67 % (australische Fremde) und 39,66 % (deutsche Bekannte) bzw. 37,50 % (deutsche Fremde) an zweiter Stelle.

Während die Verteilung bezüglich der Präferenzen in den drei Erwiderungsbereichen demzufolge unter Bekannten und Fremden ähnlich ausfällt — sowohl Australier als auch Deutsche nehmen dabei ein Kompliment von Fremden noch häufiger an und wählen entsprechend seltener eine Kompromissstrategie oder Ablehnung — gilt dies zwar ebenfalls für die Verteilung eines Kompliments von einem Freund mit 55,81% im australischen Korpus (ein Kompliment wird entsprechend der prozentualen Verteilung von einem Freund seltener als von einem Fremden, jedoch wesentlich häufiger als von einem Bekannten angenommen), jedoch nicht für diejenige im deutschen Korpus, in dem einer positiven Bewertung eines Freundes bevorzugt mit einer Kompromissstrategie vor einer Annahmestrategie begegnet wird.

Schaut man sich im Vergleich dazu die Verteilung der vier am häufigsten verwendeten Erwiderungsstrategien innerhalb der drei Bereiche in diesen drei Beziehungskonstellationen an, so lassen sich folgende Präferenzen erkennen: Während in allen drei Beziehungskonstellationen im deutschen Korpus (Fremde: 45,83 %, Bekannte: 32,76 %, Freunde: 25,76 %) sowie in derjenigen der Freunde im australischen Korpus (37,21 %) bevorzugt ein Kompliment in Form einer zustimmenden Bestätigung der Komplimentaussage angenommen wird — unter Fremden im australischen Korpus dagegen mit einem Dank (27,08 %) — folgt daraufhin auf einer Präferenzskala an zweiter Stelle bzw. im australischen Korpus innerhalb der Gruppe der Bekannten mit 21,98 % an erster Stelle (die Annahmestrategie der zustimmenden Bestätigung wird dabei mit 17,58 % am zweithäufigsten gewählt) in allen Beziehungskonstellationen und in beiden Sprachgemeinschaften die Kompromissstrategie der Erklärung (deutsche Fremde: 16,66 %, deutsche Bekannte: 14,65 %, deutsche Freunde: 16,67 %, australische Fremde: 18,75 % und australische Freunde: 16,28 %).

Neben diese Kompromissstrategie treten in der Gruppe der Fremden im Australischen ebenfalls an zweiter Stelle die Annahmestrategie der direkten Zustimmung zur Komplimentaussage (18,75 %) sowie im Deutschen die Kompromissstrategie der Abschwächung der Komplimentbewertung (16,66 %), die in den anderen Beziehungskonstellationen in beiden Korpora an dritter Stelle stehen (deutsche Bekannte (12,93 %), Freunde (15,15 %) sowie australische Fremde (14,60 %), Bekannte (13,19 %) und Freunde (9,30 %)).

Ebenfalls mit gleicher Häufigkeit treten an die dritte Stelle daneben im australischen Korpus im Austausch unter Bekannten die Annahmestrategie der direkten Zustimmung zur Komplimentaussage (13,19 %) und unter Freunden diejenige des Dankes sowie die Ablehnungsstrategie der Nichtzustimmung mit jeweils 9,30 %, die in der Gruppe der Fremden im australischen Korpus an vierter Stelle folgt. Im deutschen Korpus dagegen werden die Annahmestrategien des Dankes, der direkten Zustimmung zur Komplimentaussage, die Ablehnungsstrategie der Nichtzustimmung sowie die Kompromissstrategie der Abwertung der Komplimentbewertung mit jeweils 4,17 % am dritthäufigsten gewählt.

Hinsichtlich der prozentual dargestellten Präferenzen der einzelnen Erwiderungsstrategien in den drei Beziehungskonstellationen lässt sich demzufolge festhalten, dass bis auf die Verteilung eines Komplimentes von Seiten eines Bekannten im australischen Korpus, worauf bevorzugt mit der selbstlobvermeidenden Strategie der Erklärung aus dem Kompromissbereich reagiert wird, ansonsten in allen anderen Konstellationen bevorzugt eine Annahmestrategie verwendet wird, nämlich die zustimmende Bestätigung der Komplimentaussage und in der Gruppe der Fremden im australischen Korpus die idealtypische Erwiderung des Dankes.

In Anbetracht dieser Ergebnisse treffen sowohl die Beobachtungen Herberts (1990) zum amerikanischen Englisch hinsichtlich der bevorzugten Verwendung einer selbstlobvermeidenden Strategie unter Bekannten gleichsam auf die australischen

Ergebnisse zu als auch im Hinblick auf das Deutsche diejenige von Golato (2005) bezüglich eines erhöhten Maßes an Zustimmung, das auf die freundschaftliche Beziehung der Gesprächspartner zurückgeführt werden kann. Diese letzte Beobachtung gilt im deutschen Korpus dieser Studie ebenfalls für die Beziehungskonstellationen der Fremden und Bekannten.

Die zu verzeichnenden Unterschiede hinsichtlich der vier bevorzugten Erwiderungsstrategien erweisen sich in den drei Beziehungskonstellationen im australischen und deutschen Korpus als signifikant (p ≤ 0.01). Diese Unterschiede konzentrieren sich zum einen auf die australisch-deutsche Verteilung in der Beziehungskonstellation der Fremden zwischen den drei Annahmestrategien des Dankes, der direkten Zustimmung zur bzw. zustimmenden Bestätigung der Komplimentaussage (p ≤ 0.001) sowie zwischen der Annahmestrategie der zustimmenden Bestätigung der Komplimentaussage und der Ablehnungsstrategie der Nichtzustimmung (p ≤ 0.01) und zum anderen in der Gruppe der Bekannten auf die Annahmestrategieverteilung der direkten Zustimmung zur und zustimmenden Bestätigung der Komplimentaussage (p ≤ 0.01). Alle anderen Verteilungen weisen keine signifikanten Unterschiede auf. Entsprechend dieser Ergebnisse scheint der Beziehungsfaktor im Hinblick auf einen prozentualen Vergleich der verwendeten Strategien im australischen und deutschen Korpus ebenso wie derjenige des Geschlechts eine Rolle zu spielen.

Da es sich in dieser Arbeit um ein verhältnismäßig kompaktes Korpus handelt, wäre es von Nutzen, die dargestellten Ergebnisse hinsichtlich des Einflusses des Beziehungsfaktors auf das Erwiderungsverhalten und seine Korrelation mit anderen soziokulturellen Faktoren im Rahmen eines größeren Korpus zu überprüfen.

## 7.4 Zusammenfassung

Die vergleichende Analyse der australischen und deutschen Komplimenterwiderungen hat sowohl Gemeinsamkeiten als auch einige, überwiegend quantitativ-präferentielle Unterschiede in den beiden Korpora herausgearbeitet. Zu den Unterschieden gehören:

- Bevorzugung der zustimmenden Bestätigung der Komplimentaussage (Annahmestrategie) im Deutschen und der Erklärung (Kompromissstrategie) im Australischen mit wechselseitiger Überkreuzung hinsichtlich der an zweiter Stelle präferierten Strategie. Dies gilt gleichermaßen für die Annahemstrategie des Dankes (Australisch: 3. Platz, Deutsch: 4. Platz) sowie die Kompromissstrategie der Abschwächung der Komplimentbewertung (Deutsch: 3. Platz, Australisch: 4. Platz).

- Wahl vorwiegend explizit negierender Formulierungen hinsichtlich der Nichtzustimmung im australischen Datenmaterial und schwacher, impliziter Formen der Nichtzustimmung im deutschen Korpus.

- Keine Verwendung der Kompromissstrategie der Rückgabe des Kompliments im australischen Datenmaterial.

- Präferenz hin zur Wahl des Exklamativsatzformats innerhalb der australischen Annahme- und Ablehnungsstrategien im Gegensatz zum Deklarativsatzformat im Deutschen.

- Vielfältigere Verwendung affirmativer Partikeln im deutschen Datenmaterial im Vergleich zum Australischen aufgrund eines der deutschen Sprache inherenten umfangreicheren Partikelinventars.

- Insgesamt unruhig wirkender Tonhöhenverlauf in den deutschen Erwiderungsäußerungen und dagegen gleitender Verlauf in den australischen Reaktionen.

- Im Hinblick auf den Themenbezug gleich häufige Akzeptanz von Komplimenten zu einer Eigenschaft oder einem Besitzgegenstand im deutschen Korpus im Gegensatz zu häufigerer Akzeptanz zu einer Eigenschaft als zu einem Besitzgegenstand im australischen Korpus. Dies lässt auf eine weniger materielle Fokussierung der australischen Teilnehmer schließen.

- Bevorzugung einer Kompromissstrategie bei einem Kompliment zu einem Besitzgegenstand im deutschen Korpus (gefolgt von dem zu einer Fähigkeit, einer Eigenschaft und einem Merkmal) und zu einer Fähigkeit im australischen Material (gefolgt von dem zu einem Besitzgegenstand, einer Eigenschaft und einem Merkmal).

- Signifikante Unterschiede ergeben sich im Hinblick auf den Themenbezug zwischen den gewählten Strategien der zustimmenden Bestätigung, der direkten Zustimmung zur Komplimentaussage, der Nichtzustimmung sowie der Abschwächung der Komplimentbewertung.

- Bezüglich des geschlechtsspezifischen Parameters greifen die australischen und deutschen Komplimentempfänger häufiger zu einer Annahme- oder Ablehnungsstrategie und dementsprechend seltener zu einer Kompromissstrategie als die Komplimentempfängerinnen beider Sprachgruppen.

- Die Tatsache, dass sowohl die australischen als auch die deutschen Teilnehmerinnen im Verhältnis häufiger eine Kompromissstrategie wählen, deutet auf einen sensibleren Umgang mit diesem Sprechhandlungsmuster hinsichtlich der geltenden Zwänge und der möglichen linguistischen oder illokutionsindizierenden Regulierungsmechanismen hin.

- Alle außer den Australierinnen, die die Kompromissstrategie der Erklärung präferieren, bevorzugen die Annahmestrategie der zustimmenden Bestätigung der Komplimentaussage.

- Signifikante Unterschiede ergeben sich dabei zwischen den Annahmestrategien der direkten Zustimmung zur und zustimmenden Bestätigung der Komplimentaussage ausschließlich bei den australischen und deutschen Komplimentempfängerinnen.

- Bezüglich der Faktoren Status und Alter kommen einige Strategien nur in der Alterskonstellation zwischen jüngeren Teilnehmern oder Jüngeren und denjenigen mittleren Alters vor, dazu gehören auch die beiden Humor beinhaltenden Strategien, die entsprechend zumindest altersabhängig zu sein scheinen. Diese Beobachtung wäre jedoch an einem umfangreicheren Korpus zu überprüfen.

- Hinsichtlich des Beziehungsfaktors liegt die Präferenz in der Gruppe der Fremden, Bekannten und Freunde im Deutschen und der Freunde im Australischen eindeutig bei der Wahl der Annahmestrategie der zustimmenden Bestätigung der Komplimentaussage, in der Gruppe der Fremden im Australischen dagegen bei derjenigen des Dankes und in derjenigen der Bekannten im Australischen bei der Kompromissstrategie der Erklärung.

- Signifikante Unterschiede ergeben sich in beiden Korpora in der Gruppe der Fremden zwischen den Strategien des Dankes, der zustimmenden Bestätigung und der direkten Zustimmung zur Komplimentaussage sowie zwischen der zustimmenden Bestätigung der Komplimentaussage und der Nichtzustimmung und in der Gruppe der Bekannten zwischen der direkten Zustimmung zur und zustimmenden Bestätigung der Komplimentaussage.

Dagegen zählen zu den Gemeinsamkeiten der australischen und deutschen Reaktionen folgende:

- Es handelt sich um Reaktionen auf Komplimente als positive Bewertungen persönlicher Eigenschaften, Merkmale, Fähigkeiten oder Leistungen und Besitzgegenstände in der Gesprächsmitte.

- Die kommunikativ-pragmatische Funktion besteht überwiegend in der Honorierung des Kompliments selbst oder der in diesem integrierten positiven Bewertung als empfangenes Geschenk.

- Erhaltung des kommunikativen bzw. partnerschaftlichen Gleichgewichts unter Einsatz selbstlobvermeidender, zustimmender oder nichtzustimmender Strategien gemäß der zugrunde liegenden Zwänge zur Beziehungsfestigung, Solidaritätsbekundung und Kommunikationsförderung.

- Zur Funktionserfüllung trägt insbesondere eine sensible Wahrnehmung und Nuancierung der Ausdrucks- und Emotionsintensität, wie sie Held (1992) für das Sprechhandlungsmuster der Komplimente postuliert, besonders in den drei Bereichen der Annahme mit sechs Strategien und des Kompromisses mit sieben Strategien im Australischen bzw. acht im Deutschen bei.

- Bevorzugte Verwendung einer Annahmestrategie in beiden Korpora, gefolgt von einer Kompromissstrategie und erst dann einer Ablehnung.

- Sprachökonomische Gestaltung der Annahmestrategien (meist kurze, elliptische oder fragmentarische Sätze) und zumeist längere und komplexere Satzstrukturen im Ablehnungs- und Kompromissbereich.

- Gebrauch folgender illokutionsindizierender syntaktischer, lexikalischer und prosodischer Mittel in einfacher, mehrfacher oder kombinierter Ausführung: Satz- bzw. Äußerungsformat, Modus, Fokus, vor-, zwischen oder nachgestellte affirmative bzw. negierende Satzäquivalente, Partikeln und Interjektionen, Einstellungsverben, wertende Adjektive und Adverbien sowie Intonationskontur, Akzent sowie paraverbale Mittel (Lachen, Pausen, etc.).

- Bevorzugte Wahl des Indikativ Präsens, Präteritums oder Perfekts (zumeist im Deutschen) mit Adjektiven im Positiv und selten im Superlativ.

- Präferenz hin zu einem unpersönlichen Fokus, gefolgt von einem Sprecher- und selten einem Hörerfokus.

- Häufige Verwendung affirmativer Satzäquivalente, Partikeln und Interjektionen zum Ausdruck der inneren Haltung des Komplimentempfängers zur Komplimentaussage oder -bewertung, zur Regulierung der beabsichtigten emotionalen Ausdrucksintensität und zum Zweck der kontextuell und kommunikativpragmatisch adäquaten Verankerung der Erwiderungen zur Erleichterung des Interpretationsprozesses und zur Steuerung der Interaktion.

- Endintonation verläuft im Deklarativ- und Exklamativsatzformat tendenziell global fallend und im Fragesatzformat steigend.

- Eine steigende Endintonation im Deklarativsatzformat, die für das Australische (sogenannter *high rising tone*) typisch ist und in beiden Sprachen auftritt, signalisiert dabei entweder die weitere Beanspruchung des Rederechts oder dient als Sympathiemarker, um den Komplimentgeber durch Vermittlung eines höflich-verbindlichen Eindrucks zur Gesprächsfortführung zu animieren.

- Die tonale Struktur der affirmativen, in ihrer Grundbedeutung Zustimmung zur Komplimentäußerung oder -bewertung ausdrückenden Satzäquivalente, Partikeln und Interjektionen verläuft variabel (fallend, steigend, fallend-steigend und auch steigend-fallend), was auf einen kontext-, emotions- und einstellungssensiblen Umgang mit diesen Elementen hinweist.

- Hinsichtlich des Themenbezugs wird ein Kompliment zu einem persönlichen Merkmal am häufigsten und ein solches zu einer Fähigkeit am seltensten angenommen.

- Im Hinblick auf die soziokulturellen Faktoren des Geschlechts, Alters, Status und Beziehungsgrades sind insbesondere die Faktoren des Geschlechts und Beziehungsgrades einflussreich.

- Mit Blick auf den geschlechtsspezifischen Faktor geht es nicht darum, *ob*, sondern *wie* auf Komplimente von beiden Geschlechtern in beiden Sprachgemeinschaften reagiert wird und vor allem wie nuanciert im Rahmen einer Prioritätensetzung hinsichtlich der Strategienwahl agiert wird. Es ist eben dieses *wie*, auf das der Faktor Geschlecht offenbar Einfluss nimmt.

- Die Parameter Status und Alter nehmen keinen eindeutig nachweisbaren Einfluss auf Themen- oder Strategiewahl.

- Bezüglich des Faktors des Beziehungsgrades wird ein Kompliment häufiger von einem Fremden als von einem Bekannten angenommen.

# Kapitel 8

# Schlussbetrachtung und Ausblick

Die Analyse der australischen und deutschen Komplimentreaktionen hat sowohl Gemeinsamkeiten als auch Unterschiede in der Verwendung dieser insbesondere im Hinblick auf Funktion, Form, Häufigkeit, Einsatz illokutionsindizierender syntaktischer, lexikalischer sowie prosodischer Elemente, Themenbezug und einflussnehmende soziokulturelle Faktoren (Geschlecht, Status, Alter und Beziehungsgrad) aufgedeckt. Dabei geben besonders die Unterschiede in der Beobachtung anderer Häufigkeiten und Präferenzen, der unterschiedlich starken Betrachtung bestimmter Zwänge sowie der verschieden großen Bedeutungsbeimessung hinsichtlich syntaktischer, lexikalischer und prosodischer Merkmale Aufschluss über sprachliche, soziokulturelle und persönlichkeitsspezifische Divergenzen in beiden Kulturen, die potentiell Interpretations- und Verständigungsschwierigkeiten mit sich bringen können.

Es wurde gezeigt, dass sowohl den australischen als auch den deutschen Komplimentempfängern eine Vielzahl an Möglichkeiten oder Strategien zur Verfügung steht, um auf ein Kompliment in der Funktion einer positiven Bewertung als *preferred first part* für beide Gesprächspartner angemessen zu reagieren. Dabei hängt die Wahl u. a. von den genannten Situationsvariablen (Geschlecht, Alter, Status, Beziehungsgrad), vom individuellen Charakter, Selbstbewusstsein oder Selbstwertgefühl des Komplimentierten sowie seiner mentalen und emotionalen Verfassung zum Zeitpunkt der Komplimentäußerung ab. All diese Faktoren stützen die These dieser Arbeit, dass Komplimenterwiderungen komplexe, reaktive und keine schablonenhaften Sprechaktmuster auf eine vorausgehende positive Bewertung darstellen und dass der Komplimentempfänger im Umgang mit diesen trotz — oder vielleicht gerade wegen — der erwähnten zugrunde liegenden Zwänge, kulturspezifischen Normen und Konventionen den individuellen Ausdrucksspielraum nutzt, um implizit einhergehend mit der formal-inhaltlichen Bedeutung ganz im Sinne Helds (1992) auch die emotionale Einstellung, den Sympathiegrad und andere Bedeutungsschattierungen im Hinblick auf Komplimentäußerung, -bewertung und -geber zu vermitteln und somit Aufschluss über die Art der Beziehung zum Gesprächspartner zu geben. Insbesondere diesen individuellen Ausdrucks- und Handlungsspielraum nutzen die Gesprächsteilnehmer auch im Bestreben einer eigenen Identitätsmarkierung bei der Formulierung ihrer Komplimentreaktion (vgl. Vorderwülbecke 1986, 2001). Durch bestimmte syntaktische, lexikalische und prosodische Illokutionsindikatoren übermittelte und die persönliche Einstellung des Sprechers ausdrückende Zusatzbedeutungen können z. B. entsprechend im Kommunikationsprozess vom Gesprächspartner nur dann adäquat aufgefasst und richtig verstanden werden, wenn dieser die gängigen Muster sowie mögliche Abwandlungen mit den damit verknüpften Bedeutungsschattierungen kennt und kompetent beherrscht. Während ein Muttersprachler alle möglichen Muster und Varianten im Allgemeinen kennt und im Griff hat, muss ein Ausländer sie entsprechend erst im Rahmen des Erwerbs einer Zweit- oder Fremdsprache erlernen. In diesem Zusammenhang bleibt mit Blick auf die Forschung zu hoffen, dass diese sich im Rahmen größerer Forschungsprojekte zu Sprechhandlungen wie den Komplimentreaktionen über die Linguistik hinaus im Zusammenschluss mit anderen Forschungsdisziplinen darum bemüht, im Rahmen interdisziplinärer Untersuchungen neben den zugrunde liegenden kulturspezifischen, sich an bestimmten Normen und Konventionen orientierenden Formen der Höflichkeit, auch individuell persönlichkeitsspezifische Strukturen aufzudecken und diese mit in ihre Studien einzubeziehen, da diese meines Erachtens eine ebenso starke Wirkung auf die Wahl und Formulierung z. B. einer Komplimenterwiderung ausüben können wie andere kulturelle, konventionelle und soziale Aspekte oder Faktoren, derer sich insbesondere die linguistische Pragmatik derzeit bevorzugt annimmt. In dieser Hinsicht bleibt also noch viel zu tun, um die einzelnen Bausteine, zu denen sicherlich auch diese Arbeit zählt, zu einem umfassenden Ganzen zusammensetzen zu können. Hinsichtlich des viel diskutierten Aspekts der ‚adäquaten‘ Methodenwahl zur Sammlung authentischen Datenmaterials ist abschließend anzumerken, dass aufgrund der Tatsache, dass die Resultate dieser Arbeit den konversationsanalytischen, auf einem Datenkorpus spontaner Telefon- und Alltagsgespräche basierenden Ergebnissen von Golato (2002, S. 549) hinsichtlich der Präferenz bestimmter Komplimenterwiderungsstrategien sehr ähneln, die dieser Arbeit zugrunde liegende Methode offener, quasi-natürlicher Interviewgespräche als eine geeignete, ethisch-rechtlich vertretbare Alternative gewertet werden kann.

Es bleibt zu hoffen, dass die dieser Arbeit zugrunde liegende Studie mit ihrem Einblick in das komplexe Komplimenterwiderungsverhalten ausgewählter Australier und Deutscher einen Beitrag geleistet und einen kleinen Baustein zur Erstellung eines inter- und intralinguistisch und -kulturell umfassenden Gesamtbildes des alltäglichen Sprachverhaltens hinzugefügt hat. Vor dem Hintergund dieser Ergebnisse ließe sich auf die eingangs gestellte Frage jetzt noch einmal zurückkommen: „Already got a compliment today?" Und — wie reagiert nun der Leser spontan verbal auf ein Kompliment?

# Literaturverzeichnis

Adamzik, K., *Sprachliches Handeln und sozialer Kontakt. Zur Integration der Kategorie ‚Beziehungsaspekt' in eine sprechakttheoretische Beschreibung des Deutschen*, Tübingen 1984: Narr.

Aijmer, K., *Conversational Routines in English: Convention and Creativity*, London/ New York 1996: Longman.

Albert, R. / C. J. Koster, *Empirie in Linguistik und Sprachlehrforschung. Ein methodologisches Arbeitsbuch*, Tübingen 2002: Narr.

Altmann, H., „Satzmodus" in: Jacobs, J. et al. (Hrsg.), *Syntax. Ein internationales Handbuch der zeitgenössischen Forschung*, Berlin/New York 1993: de Gruyter, S. 1006–1029.

Arndt, H. / R. W. Janney, „Politeness revisited: Cross-Modal Supportive Strategies" *International Review of Applied Linguistics in Language Teaching*, Jg. 23 (1985), Heft 4, S. 281–300.

Auer, J. / S. Uhmann, „Aspekte der konversationellen Organisation von Bewertungen" *Deutsche Sprache*, Nr. 10 (1982), S. 1–32.

Austin, J., *How to do things with words*, Oxford 1962: Oxford University Press.

Bach, K. / R. M. Harnish, *Linguistic Communication and Speech Acts*, Cambridge, Mass./London 1979: MIT Press.

Barbosa, M., „Estrategias de polidez em repostas a elogios" *Trabalhos em Linguistica Aplicada*, Nr. 28 (1996), S. 5–17.

Barnlund, D. / S. Araki, „Intercultural Encounters. The Management of Compliments by Japanese and Americans" *Journal of cross-cultural psychology*, Jg. 16 (1985), Heft 1, S. 9–26.

Barron, A., *Acquisition in Interlanguage Pragmatics: Learning how to do things with words in a study abroad context*, Amsterdam/Philadelphia 2003: John Benjamins.

Beetz, M., *Frühmoderne Höflichkeit. Komplimentierkunst und Gesellschaftsrituale im altdeutschen Sprachraum*, Stuttgart 1990: Metzler.

Blum-Kulka, S., „You don't touch lettuce with your fingers: Parental Politeness in Family Discourse" *Journal of Pragmatics*, Nr. 14 (1990), S. 259–288.

Bortz, J., *Statistik für Human- und Sozialwissenschaftler*, Heidelberg ⁶2005: Springer Medizin.

Brezolin, A., „Elogios e repostas a elogios: Uma taxionomia descritiva" *Uniletras,* Nr. 17 (1995), S. 111–130.

Brinker, K. / S. Sager, *Linguistische Gesprächsanalyse,* Berlin ³2001: Erich Schmidt.

Brown, P. / St. C. Levinson, „Universals in language usage: Politeness phenomena" in: Goody, E. (Hrsg.), *Questions and politeness: Strategies in social interaction,* Cambridge 1978: Cambridge University Press, S. 56–310.

— *Politeness: Some universals in language usage,* Cambridge 1987: Cambridge University Press (Studies in Interactional Sociolinguistics, Bd. 4).

Bußmann, H., *Lexikon der Sprachwissenschaft,* Stuttgart ²1990: Kröner.

Chen, R., „Responding to compliments. A contrastive study of politeness strategies between English and Chinese speakers" *Journal of Pragmatics,* Jg. 20 (1993), Heft 1, S. 49–75.

Chick, J. K., „English in interpersonal interaction in South Africa" in: de Klerk, V. (Hrsg.), *Focus on South Africa,* Amsterdam/Philadelphia 1996: John Benjamins, S. 269–283.

Cordella, M., „Apologizing in Chilean Spanish and Australian English: a cross-cultural perspective" ARAL *Series,* Nr. 7 (1990), S. 66–92.

Cordella, M. / H. Large / V. Pardo, „Compliment behavior in Australian English and Spanish speech" *Multilingua,* Jg. 14 (1995), Heft 3, S. 235–252.

Coulmas, F., *Conversational Routine,* The Hague 1981: Mouton.

Couper-Kuhlen, E., *An introduction to English Prosody,* Tübingen 1986: Niemeyer.

Culpeper, J., „Towards an anatomy of impoliteness" *Journal of Pragmatics,* Nr. 25 (1996), S. 349–367.

Denzin, N. K. / Y. S. Lincoln, *Handbook of Qualitative Research,* Thousand Oaks ²2000: Sage.

Digeser, A., *Phonetik und Phonologie des Englischen. Ein Lernbuch mit Übungen,* Paderborn 1978: Schöningh (UTB 666).

Dittmar, N., *Transkription. Ein Leitfaden mit Aufgaben für Studenten, Forscher und Laien,* Opladen 2002: Leske & Budrich.

Duttlinger, C., *Das Kompliment im Spanischen,* Trier 1999: HochschulVerlag (Hochschulsammlung Philosophie Sprachwissenschaft, Band 12) [Phil. Diss.].

Edmondson, W., *Spoken Discourse. A model for analysis,* London/New York 1981: Longman.

Edmondson, W. / J. House, „Höflichkeit als Lernziel im Englischunterricht" *Neusprachliche Mitteilungen,* Nr. 35 (1982), S. 218–227.

Ehlich, K., *Interjektionen,* Tübingen 1986: Niemeyer.

— „On the Historicity of Politeness" in: Watts, R. J. et al. (Hrsg.), *Politeness in Language: Studies in its History, Theory and Practice,* Berlin/New York 1992: de Gruyter (Trends in Linguistics: Studies and Monographs, Bd. 59), S. 71–107.

Ehlich, K. / J. Rehbein, „Halbinterpretative Arbeitstranskription (HIAT)" in: *Linguistische Berichte,* Nr. 45 (1976), S. 21–41.

— „Erweiterte halbinterpretative Arbeitstranskription (HIAT)" in: *Linguistische Berichte,* Nr. 59 (1979), S. 51–75.

Erndl, R., *Höflichkeit im Deutschen. Konzeption zur Integration einer zentralen Gesprächskompetenz im Deutsch als Fremdsprache-Unterricht*, Aachen 1998: Becker-Kuns Druck & Verlag (herausgegeben vom Fachverband Deutsch als Fremdsprache).

Farghal, M. / M. A. Al-Kathib, „Jordanian college students' responses to compliments: a pilot study" *Journal of Pragmatics*, Jg. 33 (2001), Heft 9, S. 1485–1502.

Franke, W., *Elementare Dialogstrukturen. Darstellung, Analyse, Diskussion*, Tübingen 1990: Niemeyer.

Fraser, B., „Perspectives on Politeness" *Journal of Pragmatics*, Jg. 14 (1990), Heft 2, S. 219–236.

Fraser, B. / W. Nolen, „The association of deference with linguistic form" *International Journal of Sociology of Language*, Nr. 27 (1981), S. 93–109.

Frescura, M., „The conflictual behaviour of Italian speakers in responding to compliments" *Rassegna Italiana di Linguistica Applicata*, Jg. 28 (1996), Heft 3, S. 89–110.

Fritz, G. / F. Hundsnurscher, *Handbuch der Dialoganalyse*, Tübingen 1994: Niemeyer.

Gardner, R., „The Conversation Object Mm: A Weak and Variable Acknowledging Token" *Research on Language and Social Interaction*, Jg. 30 (1997), Heft 2, S. 131–156.

— *When Listeners talk. Response tokens and listener stance*, Amsterdam/Philadelphia 2001: John Benjamins.

Goffman, E., *Interaction Ritual: Essays in Face-to-Face Behaviour*, Chicago 1967: Aldine Publishing Company.

Golato, A., „German compliment responses" *Journal of Pragmatics*, Nr. 34 (2002), S. 547–571.

— „Studying compliment responses: a comparison of DCTs and recordings of naturally occurring talk" *Applied Linguistics*, Jg. 24 (2003), Heft 1, S. 90–121.

— *Compliments and Compliment Responses. Grammatical Structure and Sequential Organization*, Amsterdam/Philadelphia 2005: John Benjamins.

Grice, H., „Meaning" *The Philosophical Review*, Nr. 66 (1957), S. 377–388.

— „Logic and conversation" in: Cole, P. / J. Morgan (Hrsg.), *Syntax and Semantics, Vol. 3: Speech Acts*, New York 1975: Academic Press, S. 41–58.

— „Logik und Konversation" in: Hoffmann, L. (Hrsg.), *Sprachwissenschaft. Ein Reader*, Berlin/New York ²2000: de Gruyter, S. 163–182.

Gu, Y., „Politeness phenomena in modern Chinese" *Journal of Pragmatics*, Nr. 14 (1990), S. 237–257.

Habermas, J., „Vorbereitende Bemerkungen zu einer Theorie der kommunikativen Kompetenz" in: Habermas, J. / N. Luhmann, *Theorie der Gesellschaft oder Sozialtechnologie — Was leistet die Systemforschung?* Frankfurt 1971: Suhrkamp, S. 101–141.

— *Theorie des kommunikativen Handelns. Band 1 und 2. Handlungsrationalität und gesellschaftliche Rationalisierung.* Frankfurt 1981: Suhrkamp.

— *Vorstudien und Ergänzungen zur Theorie des kommunikativen Handelns*, Frankfurt am Main 1995: Suhrkamp.

Halliday, M., *Intonation and Grammar in British English*, The Hague 1967: Mouton.

Han, Ch., „A Comparative study of compliment responses: Korean females in Korean interactions and in English interactions" *Working Papers in Educational Linguistics*, Nr. 8 (1992), S. 17–31.

Harras, G., *Handlungssprache und Sprechhandlung*, Berlin/New York 1983: de Gruyter.

Hatch, E. / A. Lazaraton, *The Research Manual. Design and Statistics for Applied Linguistics*, New York 1991: Newbury House Publishers.

Helbig, G. / J. Buscha, *Deutsche Grammatik. Ein Handbuch für den Ausländerunterricht*, Leipzig/Berlin/München [19]1999: Langenscheidt Enzyklopädie.

Held, G., „Beziehungsarbeit und Konversationsanalyse am Beispiel eines Bittgesprächs" *Folia Linguistica*, Jg. 23 (1989), Heft 3-4, S. 405–431.

Held, G., „Politeness in Linguistic Research" in: Watts, R. J. et al., *Politeness in Language: Studies in its History, Theory and Practice*, Berlin/New York 1992: de Gruyter (Trends in Linguistics: Studies and Monographs, Bd. 59), S. 131–153.

Henderson, A., „Compliments, compliment responses, and politeness in an African-American community" *Texas Linguistic Forum*, Nr. 34 (1996), S. 53–63.

Herbert, R. / H. Straight, „Compliment-Rejection versus Compliment-Avoidance: Listener-Based versus Speaker-Based Pragmatic Strategies" *Language and Communication*, Jg. 9 (1989), Heft 1, S. 35–47.

Herbert, R., „Say ‚Thank you' — Or Something" *American Speech*, Jg. 61 (1986), Heft 1, S. 76–88.

— „The ethnography of English compliment and compliment responses: A contrastive sketch" in: Oleksy, W. (Hrsg.), *Contrastive Pragmatics*, Amsterdam/Philadelphia 1989: John Benjamins, S. 3–35.

— „Sex-based differences in compliment behavior" *Language in Society*, Nr. 19 (1990), S. 201–224.

— „The sociology compliment work: an ethnocontrastive study of Polish and English compliments" *Multilingua*, Jg. 10 (1991), Heft 4, S. 381–402.

Herbert, R., „The Sociology of Compliment Work in Polish and English" in: Coupland, N. / A. Jaworski (Hrsg.), *Sociolinguistics. A Reader and Coursebook*, London 1997: MacMillan Press (Modern Linguistics Series), S. 487–500.

Heritage, J., „Oh-prefaced Responses to Assessments. A Method of Modifying Agreement/Disagreement" in: Ford, C. E. / B. A. Fox / S. A. Thompson (Hrsg.), *The Language of Turn and Sequence*, New York 2002: Oxford University Press (Oxford Studies in Sociolinguistics), S. 196–224.

Hickey, L. / M. Stewart, *Politeness in Europe*, Clevedon/Buffalo/Toronto 2005: Multilingual Matters.

Hindelang, G., „Sprechakttheoretische Dialoganalyse" in: Fritz, G. / F. Hundsnurscher (Hrsg.), *Handbuch der Dialoganalyse*, Tübingen 1994: Max Niemeyer, S. 95–112.

Hoffmann, L. (Hrsg.), *Sprachwissenschaft. Ein Reader*, Berlin/New York [2]2000: de Gruyter.

Holly, W., *Imagearbeit in Gesprächen. Zur linguistischen Beschreibung des Beziehungs-aspekts*, Tübingen 1979: Niemeyer (Reihe Germanistische Linguistik, Bd. 18).

Holmes, J., „Compliments and compliment responses in New Zealand English" *Anthropological Linguistics*, Jg. 28 (1986), Heft 4, S. 485–508.

— „Paying Compliments: A sex-preferential politeness strategy" *Journal of Pragmatics*, Jg. 12 (1988), Heft 3, S. 445–465.

— *Women, Men and Politeness*, London 1995: Longman (Real Language Series).

Hymes, D., „On Communicative Competence" in: Pride, J. / J. Holmes (Hrsg.), *Sociolinguistics. Selected Readings*, Harmondsworth 1972: Penguin Books, S. 269–293.

Jaworski, A., „This is not an empty compliment! Polish compliments and the expression of solidarity" *International Journal of Applied Linguistics*, Nr. 5 (1995), S. 63–94.

Johnstone, B., *Qualitative Methods in Sociolinguistics*, New York/Oxford 2000: Oxford University Press.

Kasper, G., „Linguistic Politeness: Current Research Issues" *Journal of Pragmatics*, Nr. 14 (1990), S. 193–218.

— „Data collection in Pragmatics Research" in: Spencer-Oatey, H. (Hrsg.), *Culturally Speaking. Managing Rapport through Talk across Cultures*, London/New York 2000: Continuum, S. 316–341.

Kasper, G. / S. Blum-Kulka / J. House (Hrsg.), *Cross-cultural Pragmatics. Requests and Apologies*, Norwood/New Jersey 1989: Ablex.

Kasper, G. / M. Dahl, „Research Methods in Interlanguage Pragmatics" *Studies in Second Language Acquisition*, Jg. 13 (1991), Heft 1, S. 215–248.

Kasper, G. / S. Blum-Kulka, *Interlanguage Pragmatics*, New York/Oxford 1993: Oxford University Press.

Kelz, H. P., *Phonologische Analyse des Pennsylvaniadeutschen*, Dissertation, Univ. Bonn, 1969.

Kerberat-Orecchioni, C., „La description des é changes en analyse conversationelle: l'exemple du compliment" DRLAV, *Revue de linguistique*, Nr. 36–37 (1987), S. 1–53.

Klein, J., *Die konklusiven Sprechhandlungen. Studien zur Pragmatik, Semantik, Syntax und Lexik von Begründen, Erklären-warum, Folgern und Rechtfertigen*. Tübingen 1987: Max Niemeyer.

Knapp, M. / R. Hopper / R. Bell, „Compliments: A Descriptive Taxonomy" *Journal of Communication*, Jg. 34 (1984), Heft 4, S. 12–31.

Kotthoff, H., „So nah und doch so fern. Deutsch-amerikanische pragmatische Unterschiede im universitären Milieu" *Info DaF*, Jg. 16 (1989), Heft 4, S. 448–459.

Kunkel-Razum, K. / W. Scholze-Stubenrecht / M. Wermke, *Duden. Die Grammatik*, Bd. 4, Mannheim/Leipzig/Wien/Zürich ⁷2006: Dudenverlag.

Kvale, St., *InterViews. An Introduction to Qualitative Research Interviewing*, Thousand Oaks 1996: Sage.

Labov, W., *Sociolinguistic patterns*, Oxford 1972: Basil Blackwell.

Lakoff, R., „The logic of politeness: or, Minding your P's and q's" *Chicago Linguistics Society*, Nr. 9 (1973), S. 292–305.

Lakoff, R., *Language and Woman's Place*, New York 1975: Harper & Row.

Lambert, M., „Zu unterschiedlichen Realisierungen des Komplimentmusters in Altentagesstätten- bzw. Altenheimkommunikation" in: Fiehler, R. / C. Thimm (Hrsg.), *Sprache und Kommunikation im Alter*, Radolfzell 2003: Verlag für Gesprächsforschung, S. 161–174.

Leech, G., *Principles of Pragmatics*, London/New York 1983: Longman.

Leisi, I. / E. Leisi, *Sprach-Knigge oder wie und was soll ich reden*, Tübingen ³1993: Narr.

Levinson, St. C., *Pragmatik*, Tübingen ³2000: Niemeyer.

Lewandowska-Tomaszczyk, B., „Praising and complimenting" in: Oleksy, W. (Hrsg.), *Contrastive Pragmatics*, Amsterdam/Philadelphia 1989: John Benjamins, S. 73–100.

Linke, A. / M. Nussbaumer / P. R. Portmann, *Studienbuch Linguistik*, Tübingen ⁵2004: Niemeyer.

Liu, D., „Sociocultural transfer and its effect on second language speakers' communication" *International Journal of Intercultural Relations*, Jg. 19 (1995), Heft 2, S. 253–265.

Lorenzo-Dus, N., „Compliment responses among British and Spanish university students: a contrastive study" *Journal of Pragmatics*, Jg. 33 (2001), Heft 1, S. 107–27.

Lubecka, A., *Requests, invitations, apologies and compliments in American English and Polish: a cross-cultural communication perspective*, Krakau 2000: Ksiegarnia Akademicka.

Manes, J. / N. Wolfson, „The Compliment Formula" in: Coulmas, F. (Hrsg.), *Conversational Routine: Explorations in Standardized Communication Situations and Prepatterned Speech*, The Hague 1981: Mouton, S. 115–132.

Mao, L. R., „Understanding Self and face through compliment responses" *Anthology Series-Seameo Regional Language Centre*, Nr. 36 (1995), S. 209–226.

Márquez Reiter, R., *Linguistic Politeness in Britain and Uruguay: a contrastive study of requests and apologies*, Amsterdam/Philadelphia 2000: John Benjamins.

Marten-Cleef, S., *Gefühle ausdrücken. Die expressiven Sprechakte*, Göppingen 1991: Kümmerle [Phil. Diss.].

Meibauer, J., *Pragmatik. Eine Einführung*, Tübingen 1999: Stauffenburg.

Meibauer, J. et al., *Einführung in die germanistische Linguistik*, Stuttgart 2002: Metzler.

Moore, Z., „Teaching culture: A study of piropos" *Hispania*, Jg. 79 (1996), Heft 1, S. 113–120.

Morris, Ch. W., *Foundations of the theory of signs*, Chicago 1938: University Press.

— *Zeichen, Sprache und Verhalten*, Düsseldorf 1973: Schwann [übersetzt ins Deutsche von Morris, Ch. W. (1946), *Signs, Language, and Behavior*, New York: Prentice-Hall, Inc., Englewood Cliffs].

Mulo Farenkia, B., *Kontrastive Pragmatik der Komplimente und Komplimenterwiderungen. Kamerunisch-Deutsch*, Aachen 2004: Shaker.

— „Kreativität und Formelhaftigkeit in der Realisierung von Komplimenten: Ein deutsch-kamerunischer Vergleich" *Linguistik online*, Jg. 22 (2005), Heft 1, S. 33–44.

— *Beziehungskommunikation mit Komplimenten. Ethnographische und gesprächsanalytische Untersuchungen im deutschen und kamerunischen Sprach- und Kulturraum*, Frankfurt am Main 2006: Lang.

Mursy, A. A. / J. Wilson, „Towards a definition of Egyptian complimenting" *Multilingua*, Jg. 20 (2001), Heft 2, S. 133–154.

Nelson, G. / W. El-Bakary / M. Al Batal, „Egyptian and American Compliments: A Cross-Cultural Study" *International Journal of Intercultural Relations*, Nr. 17 (1993), S. 293–313.

Nelson, G. / M. Al Batal, / E. Echols, „Arabic and English Compliment Responses: Potential for Pragmatic Failure" *Applied Linguistics*, Jg. 17 (1996), Heft 4, S. 411–432.

Nixdorf, N., *Höflichkeit im Englischen, Deutschen und Russischen. Ein interkultureller Vergleich am Beispiel von Ablehnungen und Komplimenterwiderungen*, Marburg 2002: Tectum.

Norrick, N., „The speech act of complimenting" in: Hovdhaugen, E. (Hrsg.), *The Nordic Languages and Modern Linguistics*, Oslo 1980: Univ.-forl., S. 296–304.

Oksaar, E., *Kulturemtheorie. Ein Beitrag zur Sprachverwendungsforschung*, Göttingen 1988: Vandenhoeck u. Ruprecht.

Peretti, P., *Die Rückfrage. Formen und Funktionen eines Sprechhandlungstyps im Deutschen und Spanischen anhand eines Corpus der gesprochenen Gegenwartssprache*, München 1993: Iudicium.

Pomerantz, A., „Compliment responses: notes on the co-operation of multiple constraints" in: Schenkein, J. (Hrsg.), *Studies in the Organization of Conversational Interaction*, New York 1978: Academic Press, S. 79–112.

— „Agreeing and disagreeing with assessments: some features of preferred/dispreferred turn shapes" in: Atkinson, M. / J. Heritage (Hrsg.), *Structures of social action: studies in conversation analysis*, Cambridge 1984: Cambridge University Press, S. 57–101.

Probst, J., „Ein Kompliment in Ehren ... Aspekte eines ‚höflichen' Sprechaktes in mehreren Sprachen" in: Baumgarten, N. / C. Böttiger / M. Motz / J. Probst (Hrsg.), *Zeitschrift für Interkulturellen Fremdsprachenunterricht*, Jg. 8 (2003), Heft 2-3, S. 210–225.

Rehbein, J. / Th. Schmidt / B. Meyer / F. Watzke / A. Herkenrath, *Handbuch für das computergestützte Transkribieren nach* HIAT, Hamburg 2004: SFB Mehrsprachigkeit (Arbeiten zur Mehrsprachigkeit, Serie B (56)).

Rolf, E., *Illokutionäre Kräfte. Grundbegriffe der Illokutionslogik*, Opladen 1997: Westdeutscher Verlag.

Sacks, H. / E. A. Schegloff / G. Jefferson, „A simplest systematics for the organization of turn-taking in conversation" *Language*, Nr. 50 (1974), S. 696–735.

Saito, H. / M. Beecken, „An approach to instruction of pragmatic aspects: Implications of pragmatic transfer by American learners of Japanese" *Modern Language Journal*, Jg. 81 (1997), Heft 3, S. 363–377.

Schegloff, E. A., „Sequencing in conversational openings" in: Gumperz, J. J. / D. H. Hymes (Hrsg.), *Directions in Sociolinguistics*, New York 1972: Holt, Rinehardt & Winston.

Schegloff, E. A. / H. Sacks, „Opening up closings" *Semiotica*, Nr. 8 (1973), S. 289–327.

Schmidt, J. E., „Bausteine der Intonation?" *Germanistische Linguistik*, Nr. 157/158 (2001), S. 9–32.

Schmidt, Th., „Gesprächstranskription auf dem Computer — das System Exmaralda" *Gesprächsforschung. Online-Zeitschrift zur verbalen Interaktion*, Nr. 3 (2002), S. 1–23 [http://www.gespraechsforschung-ozs.de].

Schmidt, Th. / K. Wörner, „Erstellen und Analysieren von Gesprächskorpora mit Exmaralda" *Gesprächsforschung. Online-Zeitschrift zur verbalen Interaktion*, Nr. 6 (2005), S. 171–195 [http://www.gespraechsforschung-ozs.de].

Schneider, K., „Compliment responses across cultures" in: Wysocka, M. (Hrsg.), *On Language Theory and Practice: In Honour of Janusz Arabski on the Occasion of His 60th Birthday. Vol. 1: Language Theory and Language Use*, Katowice 1999: Wydawnictwo Uniwersytetu Slaskiego, S. 162–172.

Schneider, K. / I. Schneider, „Bescheidenheit in vier Kulturen: Komplimenterwiderung in den USA, Irland, Deutschland und China" in: Skog-Söders-ved, M. (Hrsg.), *Ethische Konzepte und mentale Kulturen 2: Sprachwissenschaftliche Studien zu Höflichkeit als Respektverhalten.* (= Vaasan Yliopiston Julkaisuja: Tutkimuksia 237, Kieltiede 39), Vaasa 2000: Vaasan Yliopisto, S. 65–80.

Schneider, W., „Annotationsstrukturen in Transkripten. DV-technische Strukturanforderungen für Annotate exemplifiziert an Exmaralda" *Gesprächsforschung. Online-Zeitschrift zur verbalen Interaktion*, Nr. 3 (2002), S. 192–236 [http://www.gespraechsforschung-ozs.de].

Schwarze, A., *Die Magie der schönen Worte. Alles über Komplimente*, Frankfurt am Main 1994: Eichborn.

Schwitalla, J., *Kommunikative Stilistik zweier sozialer Welten in der Mannheimer Innenstadt*, Berlin/New York 1995: de Gruyter.

— *Gesprochenes Deutsch. Eine Einführung*, Berlin ²2003: Erich Schmidt.

Searle, J., *Speech Acts. An Essay in the Philosophy of Language*, Cambridge 1969: Cambridge University Press.

— *Intentionalität. Eine Abhandlung zur Philosophie des Geistes*, Frankfurt am Main 1991: Suhrkamp.

— *Sprechakte. Ein sprachphilosophischer Essay* (übersetzt von R. und R. Wiggershaus), Frankfurt am Main ⁵1992: Suhrkamp.

— „Was ist ein Sprechakt?" in: Hoffmann, L. (Hrsg.), *Sprachwissenschaft. Ein Reader*, Berlin/New York ²2000: de Gruyter, S. 143–162.

Selting, M., *Prosodie im Gespräch. Aspekte einer interaktionalen Phonologie der Konversation*, Tübingen 1995: Max Niemeyer.

Sims, A. L., „The compliment sequence" *Southern Communication Journal*, Nr. 54 (1989), S. 171–184.

Slugoski, B. R. / W. Turnbull, „Cruel to be kind and kind to be cruel: Sarcasm, banter and social relations" *Journal of Language and Social Psychology,* Jg. 7 (1988), Heft 2, S. 101–121.

Sonntag, G. P., *Evaluation von Prosodie,* Aachen 1999: Shaker [Phil. Diss.].

Spencer-Oatey, H. / P. Ng / L. Dong, „Responding to Compliments: British and Chinese Evaluative Judgements" in: Spencer-Oatey, H. (Hrsg.), *Culturally Speaking: Managing Rapport through Talk across Cultures,* London/New York 2000: Continuum, S. 98–120.

Steves, S., *„So jung, so schön!" Ein Beitrag zur Geschichte und Funktion der Komplimente,* Wetzlar 1995: Kletsmeier.

Stubbs, M., *Discourse Analysis. The Sociolinguistic Analysis of Natural Language,* Oxford 1983: Basil Blackwell.

Tracy, K., „The Many Faces of Facework" in: Giles, H. / W. P. Robinson, *Handbook of Language and Social Psychology,* Chichester/New York/Brisbane/Toronto/Singapore 1990: John Wiley & Sons, S. 209–226.

Turnbull, W. / K. L. Saxton, „Modal expressions as *face* work in refusals to comply with requests: I think I should say 'no' right now" *Journal of Pragmatics,* Nr. 27 (1997), S. 145–181.

Valdés, G. / C. Pino, „Muy a tus órdenes. Compliment responses among Mexican-American bilinguals" *Language in Society,* Nr. 10 (1981), S. 53–72.

Vorderwülbecke, K., „Höflichkeit und Höflichkeitsformen" in: Zifonun, G. (Hrsg.), *Vor-Sätze zu einer neuen deutschen Grammatik,* Tübingen 1986: Narr (Forschungsberichte des Instituts für Deutsche Sprache Mannheim, Bd. 63), S. 247–279.

— „Höflichkeit in Linguistik, Grammatik und DaF-Lehrwerk" in: Lüger, H.-H. (Hrsg.), *Höflichkeitsstile,* Frankfurt am Main/Berlin/Bern 2001: Peter Lang (Cross cultural communication 7), 27–45.

Weinrich, H., *Lügt man im Deutschen, wenn man höflich ist?,* Mannheim/Wien/Zürich 1986: Bibliographisches Institut (Dudenverlag).

Werlen, I., „Vermeidungsritual und Höflichkeit. Zu einigen Formen konventionalisierter indirekter Sprechakte im Deutschen" *Deutsche Sprache. Zeitschrift für Theorie, Praxis, Dokumentation,* Nr. 11 (1983), S. 193–218.

Werthwein, D., *Komplimenterwiderungen im australischen Englisch. Eine empirische Untersuchung,* Staatsexamensarbeit, Univ. Bonn, 2002.

— „„Cut down the tall poppy, mate!' So klingt Australien! Sensibilisierung am Beispiel kultureller und sprachlicher Eigenheiten" in: Leewen, E. C. van (Hrsg.), *Sprachenlernen als Investition in die Zukunft: Wirkungskreise eines Sprachlernzentrums. Festschrift für Heinrich P. Kelz zum 65. Geburtstag,* Tübingen 2005: Narr, S. 103–116.

Wieland, M., „Complimenting behavior in French/American cross-cultural dinner conversations" *The French Review,* Jg. 68 (1995), Heft 5, S. 796–812.

Wolfson, N. / J. Manes, „The Compliment as a Social Strategy" *Papers in Linguistics: International Journal of Human Communication,* Jg. 13 (1980), Heft 3, S. 391–410.

Wolfson, N., „Compliments in Cross-Cultural Perspective" TESOL *Quarterly,* Jg. 15 (1981), Heft 2, S. 117–124.

— „An Empirically Based Analysis of Complimenting in American English" in: Wolfson, N. / E. Judd (Hrsg.), *Sociolinguistics and Language Acquisition*, Rowley 1983: Newbury House, S. 82–95.

— „Pretty as pretty does: a speech act view of sex roles" *Applied Linguistics,* Jg. 5 (1984), Heft 3, S. 236–244.

— „The Bulge: A theory of speech behavior and social distance" in: Fine, J. (Hrsg.), *Second Language Discourse: A Textbook of Current Research*, Norwood/New Jersey 1988: Ablex, S. 21–38.

— „The Social Dynamics of Native and Nonnative Variation in Complimenting Behavior" in: Eisenstein, M. (Hrsg.), *The Dynamic of Interlanguage: Empirical Studies in Second Language Variation*, New York 1989: Plenum Press, S. 219–236.

Wood, L. A. / R. C. Kroger, „The Analysis of *face* work in discourse: Review and proposal" *Journal of Language and Social Psychology,* Nr. 13 (1994), S. 248–277.

Wunderlich, D., *Studien zur Sprechakttheorie*, Frankfurt 1976: Suhrkamp (Suhrkamp Taschenbuch Wissenschaft 172).

— „Was ist das für ein Sprechakt?" in: Grewendorf, G., *Sprechakttheorie und Semantik*, Frankfurt am Main 1979: Suhrkamp, S. 275–324.

— „Wie kommen wir zu einer Typologie der Sprechakte?" *Neuphilologische Mitteilungen,* Nr. 87 (1986), S. 498–509.

Yang, S.-Y., „A comparison between Chinese and American cultures in forms of address, greetings and farewells, and compliments" *Cross-Currents,* Jg. 13 (1987), Heft 2, S. 13–28.

Yañez, R. H., „The complimenting speech act among Chicano women" in: Bergen, J., *Spanish in the United States. Sociolinguistic Issues*, Washington, D. C. 1990: Georgetown University Press, S. 79–85.

Yuan, Yi, „Responding to compliments: a contrastive study of English pragmatics of advanced Chinese speakers of English" *Proceedings of the Annual Boston University Conference of Language Development,* Nr. 20 (1996), S. 861–872.

— „An inquiry into empirical pragmatics data-gathering methods: written DCTs, oral DCTs, field notes, and natural conversations" *Journal of Pragmatics,* Jg. 33 (2001), Heft 2, S. 271–92.

— „Compliments in Kumming Chinese" *Pragmatics,* Jg. 12 (2002), Heft 2, S. 182–226.

Ylänne-McEwen, V., „Complimenting Behaviour: A Cross-Cultural Investigation" *Journal of Multilingual and Multicultural Development,* Jg. 14 (1993), Heft 6, S. 499–508.

Zajdman, A., „Humorous face-threatening acts: Humor as strategy" *Journal of Pragmatics,* Nr. 23 (1995), S. 325–339.

## Transkriptionskonventionen

Die Transkription eines gesprochenen Dialogs in eine schriftliche Form stellt für jeden Forscher eine große Herausforderung und gleichzeitig eine nie endende, weil nie rundum zufrieden stellende Aufgabe dar, denn:

> „[...] by neglecting issues of transcription, the interview researcher's road becomes paved with transcripts. The interview is an evolving conversation between two people. The transcriptions are frozen in time and abstracted from their base in a social interaction." (Kvale 1996, S. 166).

Jeder Transkribent muss sich mit der Tatsache abfinden, dass sein Transkript — so präzise, detailliert und sorgfältig es auch transkribiert sein mag — trotzdem nie die Gesamtheit und Reichhaltigkeit des mündlichen Originalmaterials widerspiegeln kann. In diesem Bewusstsein habe ich mich bemüht, das für die Analyse relevante mündliche Originalmaterial möglichst präzise zu transkribieren, ohne den Text mit zu vielen Details für den Leser anzureichern. Die australischen Transkriptionen und Übersetzungen sind, da es sich nicht um die eigene Muttersprache handelt, von einer australischen Muttersprachlerin überprüft und als adäquat verschriftlicht und übersetzt gewertet worden. Die Anzahl der in der EXMARALDA-Transkriptionssoftware von Rehbein et al. (2004, S. 74) verwendeten Spurtypen ist zu Bedarfszwecken reduziert worden. Den in die Analyse dieser Arbeit eingebundenen Transkriptionen liegen ausschließlich folgende Spurtypen zugrunde (X steht als Platzhalter für die jeweilige Abkürzung der Sprechernamen):

| Bezeichnung | Kategorie | Display-Name | Formatierung | Besonderheiten |
|---|---|---|---|---|
| Spur für Sprechge-schwindigkeit, Lautstärke und Sprechweise | sup | Leer | Sehr kleine Schrift-größe (6), ggf. farb-liche bzw. graue Unterlegung | Wenn die betreffenden Phänomene nur ver-einzelt transkribiert werden, kann auch die Kommentarspur ge-nutzt werden |
| Verbale Spur | v | X[v] | Größere Schriftgrö-ße (12,14,16) als andere Spuren | |
| Übersetzungs-spur | Sprachkürzel der Zielspra-che | X[ger] | Schriftgröße kleiner als verbale Spur und so, dass die ty-pographische Aus-dehnung der Über-setzung nicht größer ist als die des Übersetzten. | |
| (Externe) Kommentar-spur und gleichzeitig nonverbale Spur | k | X[k] | Kleinere Schriftgrö-ße (8,9,10) als ver-bale Spur; ggf. graue Unterlegung | Wird außerhalb des Partiturrahmens plat-ziert; da nonverbale Kommunikation keine vorrangige Rolle spielt, wird sie in der Kom-mentarspur transkri-biert |

Tabellarische Darstellung der in den EXMARALDA-Transkriptionen verwendeten Spurtypen

Die einzelnen Spurtypen erscheinen in folgender Reihenfolge:

| **Innerhalb des Transkriptrahmens:** | Für jeden Sprecher: *Spur für Sprechgeschwindigkeit<br>Verbale Spur<br>*Übersetzungsspur |
|---|---|
| **Außerhalb des Transkriptrahmens:** | Für jeden Sprecher: (Externe) Kommentarspur |

Tabellarische Darstellung der in der EXMARaLDA-Transkriptionssoftware verwendeten Spur-Reihenfolge (Rehbein et al. 2004, S. 75). — Mit * gekennzeichnete Spuren sind optional (ebenda).

Zu den in den Transkriptionen verwendeten Transkriptionszeichen gehören:

1. Äußerungsendzeichen

| Zeichen | Bezeichnung | Gekennzeichnete Phänomene | Hinweise |
|---|---|---|---|
| • | Punkt | Äußerungen mit deklarativem Modus | Nicht in Abkürzungen! |
| ? | Fragezeichen | Äußerungen mit interrogativem Modus | |
| ! | Ausrufezeichen | Äußerungen mit exklamativem, adhortativem, optativem Aufforderungs- oder Heischemodus | |
| • • • | Ellipsen-Punkt | Abgebrochene Äußerungen | Gesondertes Einzelzeichen. Nicht zu verwechseln mit dreifachem Punkt |
| —— | Gedankenstrich | Nicht abschließender Teil einer gemeinsam konstruierten Äußerung, Vorsprechen | Auch zur Kennzeichnung von Parenthesen |

Tabellarische Darstellung der in der Transkription verwendeten Äußerungsendzeichen (Rehbein et al. 2004, S. 76).

2. Pausenzeichen

| Zeichen | Bezeichnung | Gekennzeichnete Phänomene |
|---|---|---|
| • | Einfacher Pausenpunkt | Kurzes Stocken im Redefluss |
| • • | Doppelter Pausenpunkt | Geschätzte Pause bis zu einer halben Sekunde |
| • • • | Dreifacher Pausenpunkt | Geschätzte Pause bis zu einer dreiviertel Sekunde |
| ((5s)) | Numerische Pausenangabe | Gemessene Pause oder geschätzte Pause ab einer Sekunde |

Tabellarische Darstellung der in der Transkription verwendeten Äußerungsendzeichen (Rehbein et al. 2004, S. 77).

## 3. Zeichen für intrasegmentale Phänomene und sonstige Zeichen

| Zeichen | Bezeichnung | Gekennzeichnete Phänomene | Hinweise |
|---|---|---|---|
| , | Komma | Sprechhandlungsaugmente; Herausstellungen und Ausklammerungen; Nebensätze; Reihung | Nicht beim freien Thema (eigene Äußerung), nicht bei Planungsindikatoren |
| - | Bindestrich | Teilwörter | Auch bei Pausen innerhalb eines Wortes, auch in der Spur für besondere Betonung, unbedingt zu unterscheiden vom Gedankenstrich |
| — | Gedankenstrich | Parenthesen | Auch bei gemeinsam konstruierten Äußerungen, unbedingt zu unterscheiden vom Bindestrich |
| : | Doppelpunkt | Ankündigung | Nicht als Dehnungszeichen für Phoneme! |
| / | Schrägstrich | Reparatur | |
| ( | Runde öffnende Klammer | Beginn von schwer verständlicher Passage | |
| ) | Runde schließende Klammer | Ende von schwer verständlicher Passage | |
| (( | Doppelte runde öffnende Klammer | Beginn von unverständlicher Passage; Beginn von nicht-phonologischem Phänomen; Beginn von numerischer Pausenangabe | |
| )) | Doppelte runde schließende Klammer | Ende von unverständlicher Passage; Ende von nicht-phonologischem Phänomen; Ende von numerischer Pausenangabe | |

Tabellarische Darstellung der in der Transkription verwendeten Äußerungsendzeichen (Rehbein et al. 2004, S. 77 f.).

**Schriftliche Bestätigung der Ethikkommission** der University of Melbourne über die Projektgenehmigung und Registrierung:

THE UNIVERSITY OF
## MELBOURNE

17 November 2003

Professor H Kelz, Professor C Roever & Ms D Werthwein
Department of Linguistics and Applied Linguistics

Dear Professor H Kelz, Professor C Roever & Ms D Werthwein

I am pleased to advise that the Arts and Education Human Ethics Subcommittee approved the following project:

**Compliment responses in Australian English and German**
**Professor H Kelz, Professor C Roever & Ms D Werthwein**
**HREC No.   030661   A&E   3.480**

The Project has been approved for the period:   **14/11/03   to   31/12/04**   subject to printing the Plain Language Statement on University of Melbourne letterhead prior to distribution.

It is your responsibility to ensure that all people associated with this particular project are made aware of what has actually been approved.

Research projects are normally approved to 31 December of the year of approval. Projects may be renewed yearly for up to a total of five years upon receipt of a satisfactory annual report. If a project is to continue beyond five years a new application will normally need to be submitted.

Please note that the following conditions apply to your approval. Failure to abide by these conditions may result in suspension or discontinuation of approval and/or disciplinary action.

(a) **Limit of Approval:** Approval is limited strictly to the research proposal as submitted in your application.

(b) **Variation to Project:** Any subsequent variations or modifications you might wish to make to your project must be notified formally to the Human Ethics Sub-Committee for further consideration and approval. If the Sub-Committee considers that the proposed changes are significant, you may be required to submit a new application for approval of the revised project.

(c) **Incidents or adverse effects:** Researchers must report immediately to the Sub-Committee anything which might affect the ethical acceptance of the protocol including adverse effects on subjects or unforeseen events that might affect continued ethical acceptability of the project. Failure to do so may result in suspension or cancellation of approval.

(d) **Monitoring:** Projects are subject to monitoring at any time by the ethics committee.

(e) **Annual Report:** You must submit an annual report on this project at the end of the year, or, at the conclusion of the project if it continues for less than a year. Requests for annual reports are sent out by the Human Research Ethics Office in November/December of each year. Failure to submit a progress report at the end of the year will mean approval for your project will lapse.

(f) **Auditing:** All projects may be subject to audit by members of the Sub-Committee.

**Melbourne Research and Innovation Office**
The University of Melbourne Victoria 3010 Australia
Telephone: +61 3 8344 7114 Fax: +61 3 9347 6739

Please quote the HREC registration number and the name of the project in any future correspondence.

On behalf of the Sub-Committee I wish you well in your research.

If you have any further queries on these matters, or require additional information, please do not hesitate to contact me on telephone no. 8344 6099 or e-mail: jsa@unimelb.edu.au.

Yours sincerely,

**Ms Jacky Angus**
Ethics Officer, Human Research Ethics

# Sprachen und Sprachen lernen
Herausgeber: Prof. Dr. H. P. Kelz

universität**bonn**
sprachlernzentrum

**Fachsprache 1:**
**Sprachanalyse und Vermittlungsmethoden.**
Hrsg. von Heinrich P. Kelz
*ISBN 978-3-537-83021-0* € 19,80

**Fachsprache 2:**
**Studienvorbereitung und Didaktik der Fachsprachen.**
Hrsg. von Heinrich P. Kelz
*ISBN 978-3-537-83031-9* € 19,80

**Die Sprache des Kunden.**
**Fremdsprachenlernen für Wirtschaft und Beruf.**
Hrsg. von Jürgen Beneke und Reinhold Freudenstein
*ISBN 978-3-537-83113-2* € 15,80

**Thriving on Diversity.**
**Cultural Differences in the Workplace.**
Hrsg. von Jürgen Beneke
*ISBN 978-3-537-83114-9* € 15,80

**Kultur · Mentalität · Nationale Identität.**
Hrsg. von Jürgen Beneke
*ISBN 978-3-537-83111-8* € 15,80

**Communication in Aviation.**
Hrsg. von Jürgen Beneke
*ISBN 978-3-537-83112-5* € 15,80

**Who is the author?**
Von Irena Vassileva
*ISBN 978-3-537-83150-7* € 15,80

**Author-Audience Interaction.**
**A Cross-Cultural Perspective.**
Von Irena Vassileva
*ISBN-978-3-537-83161-3* € 19,80

**Second Service.**
**Kleine Geschichte der englischen Sprache.**
Von Heiner Gillmeister
*ISBN 978-3-537-83062-3* € 12,80

**Mabuhay. Einführung ins Filipino.**
Von Heinrich P. Kelz
*ISBN 978-3-537-81146-2* € 12,80
Mit 1 Audiokassette *ISBN 978-3-537-81147-9* € 15,80

**Sprache und Witz.**
Von Jürgen Macha
*ISBN 978-3-537-83041-8* € 12,80
Mit 1 Audiokassette *ISBN 978-3-537-83042-5* € 15,80

**Practical English Phonetics.**
**Praktische Englische Phonetik.**
Von Eckart Weiher
*ISBN 978-3-537-81073-1* € 12,80

**Deutsche Aussprache.**
Von Heinrich P. Kelz
*ISBN 978-3-537-81222-3* € 12,00
Mit 4 Audiokassetten *ISBN 978-3-537-81224-7* € 48,80

**German Pronunciation.**
**Deutsche Aussprache im Überblick.**
Von Heinrich P. Kelz
1 Audiokassette *ISBN 978-3-537-81223-0* C 15,80

**Deutsch in Europa.**
**Geschichte seiner Stellung und Ausstrahlung.**
Von Franz Stark
*ISBN 978-3-537-83090-6* € 29,80

**Wörterbuch der Wirtschaftssprache.**
**Deutsch-Chinesisch.**
Von Wei J. Chiao und Heinrich P. Kelz
*ISBN 978-3-537-82021-1* € 29,80

**Diksiyunaryong Aleman - Filipino.**
**Wörterbuch Filipino - Deutsch.**
Von Heinrich P. Kelz und Helen F. Samson
*ISBN 978-3-537-82015-0* € 19,80

**Internationale Kommunikation und**
**Sprachkompetenz.**
Hrsg. von Heinrich P. Kelz
*ISBN 978-3-537-83070-8* € 15,80

**Sprachen der Welt. Teil 1.**
Hrsg. von Heinrich P. Kelz
2 CDs *ISBN 978-3-537-82050-1* € 26,80

**Tendenzen der internationalen Germanistik**
Hrsg. von Axel Fliethmann und Christiane Weller
*ISBN-978-3-537-83201-X* € 15,80

**Zertifikat Deutsch für den Beruf.**
**Prüfungsvorbereitung.**
Von Heinrich P. Kelz und Carola Bleich
*ISBN 978-3-537-81310-7* € 12,80
Mit 2 Audiokassetten *ISBN 978-3-537-81320-6* € 26,80
und 2 CDs *ISBN 978-3-537-81321-3* € 26,80

**Koreanische Geschichte.**
**Einführung in die koreanische Geschichte von der**
**Vorgeschichte bis zur Moderne.**
Von Kim Hiyoul
*ISBN 978-3-537-82040-2* € 29,80

**Erlebnisse in Fernost.**
**Tagebuch des Maschinenmaats Franz Zak.**
Hrsg. von Manfred Kummer
*ISBN 978-3-537-82030-3* € 19,80

**Cours pratique de prononciation française.**
**Praxis der französischen Aussprache.**
Von Wilfried Heindrichs und Michel Métayer
*ISBN 978-3-537-81111-0* € 9,80
Mit 2 Audiokassetten *ISBN 978-3-537-81112-7* € 26,80

**Thailändisch.**
**Grammatische Übungen.**
Von Manfred Kummer
*ISBN 978-3-537-81332-9* € 12,80
Mit 2 Audiokassetten *ISBN 978-3-537-81333-6* € 26,80

**Brücken nach Südostasien**
**Beiträge zum interkulturellen Verstehen**
Südostasien-Institut e.V.
*ISBN 978-3-537-83011-1* € 9,80

**Dänisch 1.**
**Peter og Inger i København.**
Von Britta Skøtt
*ISBN 978-3-537-81054-0* € 12,80
Mit 2 Audiokassetten *ISBN 978-3-537-81055-7* € 26,80
und 2 CDs *ISBN 978-3-537-81056-4* € 26,80

**Dänisch 2.**
**Peter og Inger på rejse rundt i Danmark.**
Von Britta Skøtt
*ISBN 978-3-537-81352-7* € 15,80
Mit 3 Audiokassetten *ISBN 978-3-537-81353-4* € 37,80

**Chinesische Aussprache.**
Von Wei J. Chiao und Heinrich P. Kelz
*ISBN 978-3-537-81012-0* € 12,80
Mit 5 Audiokassetten *ISBN 978-3-537-81013-7* € 59,80

**Über die Verschiedenheit des menschlichen**
**Sprachbaues und ihren Einfluß auf die geistige**
**Entwickelung des Menschengeschlechts.**
Von Wilhelm von Humboldt
*ISBN 978-3-537-83180-4* € 19,80

**Atharva Veda Sanhita.**
Hrsg. von Rudolf Roth und William D. Whitney
*ISBN 978-3-537-83175-0* € 15,80

**asgard verlag**
Postfach 1465 ♦ 53732 Sankt Augustin ♦ Telefon 02244 - 31 64-0
e-mail: service@asgard.de